赢在博弈

民商诉讼技巧与代理实务精要

雷彦璋 阳 波 著

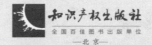

知识产权出版社
全国百佳图书出版单位
——北京——

图书在版编目（CIP）数据

赢在博弈：民商诉讼技巧与代理实务精要/雷彦璋，阳波著. —北京：知识产权出版社，2019.12

ISBN 978-7-5130-6511-5

Ⅰ.①赢… Ⅱ.①雷… ②阳… Ⅲ.①民事诉讼—案例—中国 Ⅳ.①D925.105

中国版本图书馆 CIP 数据核字（2019）第 217924 号

内容提要

本书以博弈理论提纲挈领，选取笔者亲历的大量案例，分析、解释博弈理论在民商诉讼中的具体应用，细致剖析了民商诉讼活动中证据的把握技巧、释疑技巧、庭辩技巧以及诉讼整体战略，深入研究当事人在具体情境中的策略选择，可作为相关从业人员及相关专业学生的参考书。

责任编辑：阴海燕　　　　　　　　责任印刷：刘译文

赢在博弈——民商诉讼技巧与代理实务精要

YING ZAI BOYI——MINSHANG SUSONG JIQIAO YU DAILI SHIWU JINGYAO

雷彦璋　阳波　著

出版发行：知识产权出版社有限责任公司	网　　址：http://www.ipph.cn
电　　话：010-82004826	http://www.laichushu.com
社　　址：北京市海淀区气象路 50 号院	邮　　编：100081
责编电话：010-82000860 转 8693	责编邮箱：laichushu@cnipr.com
发行电话：010-82000860 转 8101	发行传真：010-82000893
印　　刷：北京嘉恒彩色印刷有限责任公司	经　　销：各大网上书店、新华书店及相关专业书店
开　　本：720mm×1000mm　1/16	印　　张：26.75
版　　次：2019 年 12 月第 1 版	印　　次：2019 年 12 月第 1 次印刷
字　　数：540 千字	定　　价：88.00 元
ISBN 978-7-5130-6511-5	

序　言

民商事诉讼说到底，就是当事人对彼此之间的权利义务关系进行范围界定、利益争取和调解结案中讨价还价的过程。这里就会涉及决策主体（比如原被告）及其相互作用（比如质证与辩论），还涉及人们如何进行科学决策（比如对权利义务的取舍），更涉及如何达到利益均衡（比如接受和解或选择裁判）。严格意义上讲，民商事诉讼实际上构筑了一个完整的博弈论模型。

博弈论（Game Theory）又被称为对策论，本身起源于数学领域，但也是运筹学的一个重要学科，在 20 世纪 40 年代，当匈牙利的天才数学家约翰·冯·诺伊曼遇上了经济学家奥斯卡·摩根斯坦后，博弈论才正式成为经济学科的标准分析工具。

本书作者拥有法学与经济学的双重教育背景以及法律实务与企业管理的跨界工作经验，试图通过博弈论的分析工具对民商事诉讼的全过程进行学科的交叉研究。因此，作者严格按照博弈论的推演过程，对民商事诉讼全过程进行了深度解剖，渐次还原民商事诉讼过程中律师以及当事人的当然心理与必然行为，并精心选取近 70 个真实的典型案例，精彩再现律师以及其当事人在民商事诉讼博弈过程中应当承担的角色与职能。

在理念构建上，本书作者对照博弈论的所有要素，对民商事诉讼主体的身份进行甄别和确认，对当事人的行为模式也就是诉讼目的进行经济学思考，对诉讼计划的制订与落实进行模拟代入，对证据与证明进行必要性与充实性的审查，对当事人的权益在零和博弈的理念下进行合法归置，由此逐步搭建起民商事诉讼的博弈论理念框架。

在庭审实务上，本书作者系统还原了博弈过程。一是从博弈策略的角度制定合理的代理提纲，二是从博弈论证的过程收集并整理翔实的证据链，三是通过举证与质证还原博弈过程，四是要求博弈主体应该具备的辩论技能与辩论技巧，五是正确对待博弈起点也就是双方争议的焦点，这样律师就能明确庭审实务当中应当承担的角色与职能。

在法理准备上，本书作者较多借鉴了英美判例法的特点，通过对近70个典型案例的对照分析，假定民商事诉讼博弈中的博弈主体是理性人和经济人，能正视自己的权利与义务，而博弈过程也是在静态博弈的环境下进行，因而作者对合同相对性、优先受偿权、善意取得、不当得利以及撤销权等民商事诉讼中的恒定规则，做了条件上的特殊假设与论证。

在战术实务上，本书作者不仅将法律关系代入博弈关系，将案由梳理类比博弈成因，还合理建立标的物的合法性与博弈正当性之间的关系，明确博弈过程中主体归责原则、责任形式、责任竞合以及第三人诉讼拖延与反拖延等民商事诉讼博弈过程中的常用战术。

最后，在博弈主体的素质提升上，本书作者尤其关注律师的基本素质与综合素质，关注律师在法庭上的辩论基本功，强调律师在民商事诉讼中如何通过锤炼办案思维，做足心理分析，锻炼专业悟性，从而科学化、递进式地提升博弈水平。

当然，"全面依法治国是国家治理的一场深刻革命，必须坚持厉行法治，推进科学立法、严格执法、公正司法、全民守法"的法治精神，不能单纯以博弈为目的，影响与违背国家全面依法治国理念。维护国家宪法原则，是我们每一位法律人员应尽的职责。作为法律人要自觉违护国家法律的严肃性，不能以利益最大化的博弈为由而颠倒黑白，混淆视听，这也是我们法律人应当克服的人性弱点。

元旦前收到阳波兄快递过来的样书，嘱我写个序言。我自己以为还没有资格为他人著述作序，但对两位作者从交叉学科的视角研究民商事诉讼技巧与代理实务甚为佩服。利用元旦假期粗读了样书之后，斗胆草沥数行，聊以为序。

教育部"长江学者奖励计划"特聘教授（2017）
中国人民大学法学院副院长、教授、博士研究生导师
教育部人文社会科学重点研究基地中国人民大学
民商事法律科学研究中心副主任

2019 年 1 月 2 日于傲城尊邸寓所

前　言

　　斯宾塞·约翰逊（Spencer Johnson），医学博士，全球知名的思想先锋、演说家和畅销书《谁动了我的奶酪?》的作家。他的许多观点，使成千上万的人发现了生活中的简单真理，使人们的生活更加健康、成功与轻松。《谁动了我的奶酪?》（以下简称"原书"）描述是四个住在"迷宫"里的人物，竭尽所能地寻找能滋养他们身心、使他们快乐的"奶酪"的过程。一个简单的寓言故事，给人以启迪，充满了有关变化的寓意深长的人生真理。

　　或许"奶酪"就是代理律师一宗想赢的民商诉讼案件中的利益之争，或狭义地理解为诉讼标的、诉讼标的物或当事人所授权委托的需要代理律师用专业水准保护的既得利益。依法保护"奶酪"的完整性需要智慧与执着的专业精神。

　　斯宾塞·约翰逊原书中所谓的"迷宫"有两层含义：一个是现实的社会，另一种则是内心的世界。无论是对于当事人，还是代理律师，每一宗具体的民商诉讼的迷宫也有两个世界：一个是判例成堆的世界，一个是法理成文的世界。而每一个案件有其特殊性，或错综复杂，或头绪难理，但没有哪一位律师会拒绝当事人而不去代理复杂的案件，哪怕在迷宫里筋疲力尽，也毫无怨言。

　　如何从博弈角度发起民商诉讼保卫战，并找到胜诉的捷径，最终让当事人满意，完美地展示律师的代理思路与职业魅力？斯宾塞·约翰逊原书中，主人公匆匆的鞋子自始至终挂在他的脖子上，似乎给人一种傻里傻气的感觉，实则不然，脖子上的鞋子代表着匆匆超乎常人的行动力和决心。当生活中的改变猝不及防地出现时，匆匆能够迅速穿上鞋子，调转方向，向新的目的地前进，这不仅仅是一种难能可贵的魄力，还是许多人都望尘莫及的能力。而主人公唧唧的鞋子，在他寻找到自以为的理想的天堂的时候，就已经束之高阁了，这就代表了他已经被美好的现状冲昏了头脑，被暂时的成功蒙蔽了双眼，丢失了行动能力。终于有一天，他幡然悔悟，穿上久置不用的鞋子，这说明他已经开始踏入崭新而又充满希望的征程。对于代理律师来讲，专业技能十分重要，路径选择不容置疑，而高深的法理与专业的实践相结合所形成的悟性才是代理律师挂在脖子上的跑鞋，这关系到案件的成败，也反映出律师的技能与素养，还直接体现出代理律师自身的价值。

对于不同的民商诉讼案件来讲，当事人面临突如其来的案情变化，自然应诉的心路历程不一，要么亲自上阵，要么选择代理律师，无论如何，都是要选择一个对这些变化作出适当的应变的诉讼策略与路径选择。作为代理律师，归档闭卷时在自己的案卷小结上写下得以制胜的方式、方法与技巧，以及从中所得到的经验，记录下办案随手而就的心灵小贴士，如同写在心灵之墙上的幅幅标语，这些是以后回忆中的微笑，而不是悲伤。

每当回味或与人分享那些墙上或贴片上略显零乱的痕迹时，或许就能找出处理案件变化的方法，并且能够在生活中或工作中得到更多的成就感。本书的内容就是一种经验墙的快乐分享，是笔者办案贴士的感悟与心得。

"时间就是效益"对于代理律师来讲，毫不过分，作为直接相关方，人们若是冷眼旁观"奶酪"离自己远去，或是对其变质束手无策，这何其地令人恐惧。大多数人只是恐惧改变，并不恐惧现状。而残酷的事实证明，现状才是罪魁祸首，才最需要去恐惧。这两者到底孰轻孰重？在社会这样一个迷宫中，且不说"奶酪"会在将来的某一天远去，人们尚且不能保证其质量一成不变，还有数不清的因素威胁着"奶酪"的存在以及它的质量。最有效的判断方法是预测保持现状的后果，而非只关注保持现状能够得到的东西，利用对安于现状所带来后果的恐惧，去战胜对改变的恐惧。

当事人发现谁侵害了自己的切身利益并不可怕，可怕的是发现了改变却找不到保护利益的路径，涉诉保护不是提倡放弃已然拥有的，转而寻找新的"奶酪"，而是要坚守与执着地捍卫权利，为尊严，为一个简单的"理"字，找到胜诉路径。对于代理律师来讲，则要通过案件的代理，赢得案件，并且帮助当事人改变自我，提高自我，防止类似的案件再次发生，自身也要保证已有的知识不过时，不断学习、总结。

本书在知识产权出版社于 2008 年 6 月出版的《民商诉讼博弈与律师技能突破》的基础上修订而成。在再版修订的过程中，得到了仙桃籍法学家阳波的鼎力支持，他亲自对部分章节进行了增删修订，提出很多有建设性的修改意见，为本书的脱稿付出了心血，特此鸣谢。10 年过去了，《民商诉讼博弈与律师技能突破》的书名有了改变，但仍是原汁原味，只是原材料有了变换，笔者经办的案例增多了，办案的经验更丰富，对民商诉讼法理的研究更深入，理论与具体案例的结合更贴切，必然要通过增删为读者增加更多富含营养的新鲜"奶酪"。《赢在博弈——民商诉讼技巧与代理实务精要》比《民商诉讼博弈与律师技能突破》更加厚重，增添的几十个实用性、趣味性与博弈性的典型案例分析使这块"奶酪"更加美味可口。

受托一案，令人胜诉在握，应是律师的境界。

授人一书，令人终身受益，才是笔者的境界。

雷彦璋

2018 年 12 月于泉州御花园

目　　录

| 第一编　理念构建篇 |

| 第二编　法庭辩论篇 |

| 第五编　素质提升篇 |

─ 第一编 ─

理念构建篇

第一章
胜券在握：民商诉讼代理须懂点博弈论

笔者是一名执业律师，在各种案件的代理中匆匆而过，很多民商案件在归档闭卷的那一刻就有总结与分享的冲动，仔细想来，做民商诉讼案件有点博弈的味道。也如同"谁动了我的奶酪"一样地要过问究竟。有时"奶酪"一词就可喻为代理律师案卷中所呈现的民商诉讼案件，或狭义地理解为诉讼标的、诉讼标的物或当事人所授权委托的需要代理律师用专业水准保护的权益。在感叹"谁动了我的奶酪"之余，就要打响依法实施民商争议纠纷的维权保卫战，有时候，在不得已的情况下，还得拿起法律的武器通过司法途径解决纠纷。

第一节　适得其所：用博弈论研究民商诉讼的心得

民事诉讼包括实体和程序两个方面的内容，通过程序的规范解决实体问题。既然通过程序解决就意味着需要经过一个一个的诉讼环节，而对各个环节必然要加以法律上的界定，也就是每个阶段做些什么，应该做些什么，有什么样的权利，有什么样的限制，如何行使权利或义务在一定期间的限制，对于提供证据的形式要求，而这些也就演绎出了完整、严谨、科学的诉讼法。一旦诉讼的某一环节出了问题，就可能导致民商诉讼失败，而无论当事人对实体法遵循与否。

依照我国的民事诉讼程序，民商事维权通过诉讼解决纠纷需要经过立案、受理、交换证据、开庭审理、宣判、强制执行等几个重要环节，而其中的开庭审理就有各方陈述、举证、质证、最后陈述、法庭主持调解、休庭等待判决、执行等诸多环节。而实体问题则重在规范解决主张权利方受到了什么样的损害，产生了多大的损失，要求解决的方案或赔偿的范围是什么，解决争议的标准是什么，依据是什么等，进而确定赔偿数额，以此来实现彼此之间的价值平衡，达到心理的满足，从而使纷争得以平息。

那么，如何在民商诉讼代理中让法官认同己方的诉求，支持己方的诉讼主张呢？简单一点讲，要注意以下三个方面：

一是阐述清楚与民商诉讼有关的事实与主张；

二是提供与民商权益损害或变化有关的有足够证明力的证据；

三是阐明与民商诉讼有关的诉求相适应的法律依据。

那么，具体到要维护自己的民事权利，也就是准备打官司时，又需要准备哪些材料呢？

第一，准备起诉状正本一份，并按对方当事人人数提交起诉状副本。这是到法院立案必需的法律文件，法院通过该法律文件能够了解到原告的具体的诉求主张。

第二，证明当事人主体资格的材料。当事人为自然人的，应提交如身份证等有效证明材料；当事人为法人或其他组织的，应提交营业执照复印件与法定代表人身份证明。

第三，证明原告诉讼请求的主要证据。立案时一般向法院提供证据的复印件，而到开庭质证时，要向对方当事人及法官提供证据原件与复印件进行比对核查。

第四，提供起诉人准确送达地址及对方当事人准确送达地址和联系方式。

第五，还要根据法院的收费标准向法院缴纳诉讼费用。立案后，就可以等着法院开庭的传票了。传票一般会告诉诉讼当事人具体的开庭时间、开庭地点及主审法官与书记员的姓名及联系方式。

需要说明的是，对于民商诉讼来讲，诉讼之中所涉及的主体一般称为诉讼当事人，无论原告、被告，还是第三人，都可以自己亲自参加诉讼，也可依法委托律师或其他公民代为诉讼。委托代理人代为起诉的，还应提交授权委托书。无论如何最后的判决结果都由诉讼当事人自己来承担，而与代理人无关，除非能够证明代理人未充分尽到代理的职责，因失职失责给当事人造成了无法弥补的损失。

民商诉讼说起来简单，但实际的案情有差异，处理得不好，该赢的官司就可能打输了。一个民商诉讼案件的输赢对于旁人来讲无关紧要，而对于当事人来讲可能是一生的心血付之东流，更有甚者，倾家荡产遗憾终身。所以，要找专业律师作为自己的代理。即使是专业律师，也得学点博弈学，学点诉讼的博弈技巧，从博弈角度看问题、解决问题，这样才能做到不打无准备之仗，将民商诉讼代理做到令当事人满意的结果。

"博弈论"译自英文 Game Theory，其实 Game 的基本意思是游戏，因此，"博弈"这个外来词是指人们在一定规则下进行对弈或竞赛。博弈论是"研究决策主体的行为在直接相互作用时，人们如何进行决策以及这种决策如何达到均衡的问题"。通俗的说，博弈论就是研究不同情境下战略、战术选择的一种理论。

"谁侵犯了我的权益"，这是民商诉讼争议纠纷发生之后，原告当事人所面临的一个现实问题。开展民商诉讼博弈的基本前提是诉讼双方当事人就某一事项发生了争议，引起了纠纷，而纠纷的解决要依赖人民法院的公正裁判。

被告当事人自接到法院寄来的起诉状之后，首先想到的是"我哪点惹恼了对方"，自然要积极应诉，努力脱责。当然，各方当事人及其代理律师总希望法官偏袒己方，或者希望法官至少应当站在公正的立场，而不会损害己方。

纵观民商诉讼的冲突各方，如原告及其代理人、被告及其代理人、第三人及其代理人，为了获得最大的诉益，为了让对方的诉讼或反诉目的破灭，总是要设法与冲突对方进行博弈，在博弈中总是要通过事实澄清、法理应用、举证质证来均衡各方的诉益，在失衡中寻找平衡，从而获得最大的诉益。

在民商诉讼中，包括两个层次的参与人：一是向法院提起诉讼的原告、被原告要求承担一定责任的被告和有利害关系的第三人，在诉讼审理之前各方的诉讼地位一般已经确立；二是作为裁判的法官、证人、鉴定人及其代理人等。

为便于分析，本书将诉讼双方当事人、第三人及其各方的代理人统称为诉讼博弈者。

用博弈理论来研究民商诉讼适得其所，但有两点值得注意：

第一，博弈是一种人与人之间的对峙状态，但只是一种状态，而不是所有持续的过程。每一宗民商案件的案情不可能完全相同，通俗的讲，世界上没有完全相同的两块奶酪。各有具体的情境或状态，用博弈理念来研究民商诉讼，尤其是律师代理民商诉讼案件，只能根据具体的案情发展审时度势，具体分析，解决具体的问题。

第二，博弈本身包括合作状态下的相互关系，包括人与人之间的互相竞赛、比拼实力的关系。在民商诉讼的博弈过程中，各方无论是合作性博弈，还是非合作性博弈，都会选择最有利于自己的战略战术，以求自己的诉益最大化，而当事人往往不会在寻求最佳路径时去考虑对方是否也会同样寻求类似的战略，甚至是自己相反的战略，这可能是当事人败局的致命所在。

有些案件我们一分析，无论是当事人，还是专业律师都认为己方占理，认为稳操胜券，但判决下来，该赢的案件却打输了。代理律师有时也觉得官司难打，一到开庭，就会出现证据上的被动。这里抛开司法腐败问题及影响案件胜败的其他因素不谈，仅以此作为借鉴，寻找代理中的漏洞，减少民商诉讼中的不利因素，保证办案质量，又能够提高自己的业务水平。

通过众多的案件代理实践和案情分析线索，笔者有三个方面的体会比较深刻。

一、关于事实的自认

在证据规则释义上，一方当事人对案件事实的陈述，对方不持反对意见的称为自认。自认的案件事实不需要证据证明，法官就可直接认定为法律事实。一方提出的案件事实，对方持反对意见的称为否认，经一方否认的事实，需要主张方提出相关证据来证明或澄清所陈述的案件事实。证据材料经合法程序质证、认定，法官才能将案件事实认定为法律事实。一般的证据原则是依照"谁主张，谁举证"，但有些案件适用"举证责任倒置"，也有的案件由法官根据证据材料与当事人的远近程度来决定应由哪一方负责举证证明。民商诉讼过程中，当事人及其代理人无论是开庭前的询问笔录，还是开庭中的当庭质问，法官对各方当事人及其代理律师提供的对事实的澄清或认定都可能形成对证据的自认情形。有很多当事人案件的败诉往往是忽视了自认这一证据规则，在庭审中信口开河，被对方抓住把柄或被法官引为自认，输得实在冤枉。

二、关于事实的认定

案件事实与法律事实是不同的，两者之间总会存在差异。案件事实是基本的事实，也可以说是事情的前因后果。这些事实并不一定都能被双方一致认定。一般来讲，案件事实只有经过双方的一致陈述或经过证据证明才能成为法律事实。法律事实与案件事实往往存在很大的差异。有些法律事实只是法官根据不完整的证据借助心证原则推断的，所以才会出现一方当事人不服判决的情形。

三、关于行为的合法问题

诉讼当事人的诉讼行为既要符合实体法的规定，又要遵循程序法的约束，只有这样，才能称得上严格意义上的合法。一般来讲，败诉的当事人，肯定有行为违反了法律或双方的约定，但他们不接受败诉的现实就要抗辩。无论是申诉理由，还是要求再审理由，一般都会从对方当事人的行为是否符合法律规定的程序上做文章来进行申辩。

败诉的当事人一般不愿意承认案件是由于自己的不当行为影响了诉讼的结果，也不想听他人指责自己的行为与诉讼结果存在什么因果关系，更不会谈论自己的诉讼行为违反了实体法的明文规定。一旦意识到在实体法上不占理时，往往便会在时效、期间、行为方式上寻找对方当事人的某些不妥之处，或称作程序上的瑕疵，甚至有的总纠结于代理律师接受委托时的一句话，如律师说，"这案件小事一桩"。当事人会认为代理律师没有尽到责任。一些程序上的问题也成了一些较为精明的代理律师的较为简洁的抗辩思路，事实证明该思路并非一劳永逸。一般法官倾向于实体合法，程序违法只要不足以影响判决的公正、公平与正义，往往会行使自由裁量权，容忍程序合法上的瑕疵。这是成文法与判例法与程序法思维上的差距。

抛开法官办案不公的非正常因素外，民商诉讼博弈者的博弈技能在一定程度上是决定案件胜败的关键因素，如举证、质证、辩技与庭审发挥及代理律师的专业水准和道德准则都是不可忽视的因素。很多人认为决定案件胜败的关键因素是公共关系，而不是代理律师的代理水平。如果有这种认识，那就认输算了，何必去诉请或抗辩呢？我们应当相信代理律师在其中起着重要作用，应坚守"专业的事应让专业的人去做"，要相信代理律师的水平能够在一定程度上左右案件的胜败，更要相信专业的代理律师能够让你赢得明白、输得心服。即使败诉了，代理律师一定会给当事人解释原因，关键是还会提醒当事人防止类似的问题再次发生。因此，如果我们是当事人就要放心地让代理律师发挥才智，如果我们是代理律师，就要自觉或不自觉地应用博弈理念，努力寻找制胜的招法，为委托人赢得诉讼尽职尽责，为当事人的败诉寻找原因或管理上的漏洞，制定防范类似案件发生的措施。

总之，民商诉讼博弈因博弈而有序地展开。民商诉讼属于技术性很强的职业，需要有专业背景与较多实务经验的律师去做。

第二节　理解博弈：从原告、被告间的善意"串通"谈起

笔者曾经代理过一宗设备租赁维权的案件，通过原告、被告间的善意"串通"，打赢了一宗官司，很有启示，摘录于此。

典型案例：甲公司诉乙公司设备租赁纠纷案

入选理由：原告、被告间的善意"串通"非法律所禁止行为

案情简介：甲公司与乙公司签订一份设备承租协议，双方约定了租金、租期及必要的条款，并同时约定未经甲公司同意，乙公司不得将设备租予第三人。在租赁期间，乙公司又与朱某签订了一份设备保管合同，双方对保管期限、保管事项进行了约定；同时还约定朱某在设备保管期间可以利用所保管的设备对外加工，并约定由朱某利用租赁设备免费为乙公司完成 60 天的工时数；还约定若甲公司追要设备时，朱某应无条件地将所保管设备交还甲方。甲乙双方签订的承租协议到期后，甲公司多次向乙公司追要设备，但乙公司不予返还，理由是朱某不守信誉。甲公司与乙公司多次派人到朱某处谈判也没有结果。无奈之下，甲公司与乙公司协商，通过诉讼来解决相互之间的纠纷。

在商谈中，甲公司要求乙公司到朱某所在 A 市起诉朱某，以请求朱某返还设备；乙公司提出可以授权甲公司到 A 市起诉朱某，也可将乙公司列为第三人，开庭时乙公司一定支持甲公司的诉讼主张。作为甲方的代理律师力主由甲公司到乙公司所在地 B 市直接起诉乙公司，由乙公司向法院提出追加朱某为第三人；或者由甲公司到乙公司所在地 B 市直接起诉乙公司，同时在起诉状中提出追加第三人朱某，由法院通知第三人参加。最后经甲乙双方商定，由甲公司到乙公司所在地 B 市以乙公司为被告立案，同时在起诉状中将朱某列为第三人，并由乙方垫付诉讼费用。

在开庭时，朱某提出了管辖权疑异，理所当然被法院驳回，因为第三人没有管辖权疑异权；接着朱某的律师提出，原、被告双方串通进行诉讼，违反法律的

规定，甲方代理律师当庭辩解，甲乙双方的沟通属善意行为，并没损害国家、集体及第三人的合法利益，理当受到法律的保护，而朱某恶意占有甲公司的设备，对甲乙双方构成了侵权，尽快归还设备才是最好的辩护。法官说，现在只谈事实，朱某占有甲公司的设备属实，无论如何，将设备返还才是合理合法的事，至于程序方面的问题，法院自会主持公道。经过庭审，第三人朱某自知理亏，同意与甲公司和乙公司达成调解协议，让甲方顺利拉走其保管的设备。

法理明晰：看来在民商诉讼中，原告、被告并非总是对立的，有时也有共同的利益指向。善意的"串通"应当称为"庭前的战略"较为严谨。巧妙地列入第三人是民商诉讼博弈降低诉讼成本的学问所在，合适地选择诉讼法院立案也是社会资源的合理利用，完全符合博弈理论的基本原理。

上述案例中，甲公司、乙公司与第三人朱某之间的诉讼争议解决过程实质上就是一场民商诉讼博弈。甲公司与乙公司之间的战略攻防选择，正是为了在保持自身利益能够得到满足基础上谋取更大利益所为。有利益的诉讼是博弈的目的，也是形成博弈的基础。

经济学的最基本的假设就是经济主体属经济人或理性人，其行为目的就是为了收益最大化，参与博弈的博弈者正是为了自身收益的最大化而展开相互间的争斗。参与博弈的各方形成相互竞争、相互对抗的关系，以争得利益的多少决定胜负，一定的外部条件又决定了竞争和对抗的具体形式，这就形成了博弈。从经济学角度来看，有一种资源为人们所需要，而资源的总量具有稀缺性或是有限的，这时就会发生竞争。竞争需要有一个具体形式把大家吸引到一起，一旦找到了这种形式就形成了博弈，竞争各方就会走到一起开始一场智力、体力或资源比拼的博弈。

第三节　关注重点：弄清民商诉讼博弈的几个基本要素

通过分析，我们从原告、被告间的善意"串通"案例中了解到，形成一个民商诉讼博弈起码有 5 个基本的要素：

一、博弈要有两个或两个以上的参与者（Player）

在博弈中存在一个必需的因素，那就是并非一个人在一个毫无干扰的真空状态中作决策。例如，前例中只有甲公司，而没有与之对抗的第三人朱某，就不存在甲公司与乙公司善意串通的精彩博弈。从经济学的角度来看，如果是一个人做决策而不受其他人干扰，那就是传统经济学或管理学中经常研究的优化问题，也就是一个人或一个企业在一个既定的局面或情况下如何决策的问题。

单一的行为选择不能称为真正的博弈者，博弈者的身边充斥着具有与之相互关系的主观能动性的决策者，他们的选择与其他博弈者的选择相互作用、相互影响。这种互动关系自然会对博弈各方的思维和行动产生重要的影响，有时甚至直接影响其他参与者的决策结果。因此，博弈的构成至少有两个同时参与影响的参与者，或称为博弈主体。

二、博弈要有参与各方争夺的资源或收益（Resources 或 Pay Off）

博弈中的资源不仅仅是指自然资源，如矿山、石油、土地、水资源等，还包括了各种社会资源，如人际、信誉、学历、职位等。如果这些资源是无限供给的，那么我们就不需要在具体的利益冲突中苦思冥想了，因为既然一招就可达到预期目的，何必煞费苦心呢。当然，不可否认的是：一方面博弈者之间会发生冲突；另一方面他们当中也可能包含着合作的潜力。在上述案例中甲公司和乙公司有着利益冲突，但也包含着合作，如果反过来事先甲公司不与乙公司进行协商，直接将乙公司列为被告要求其返还所承租的设备，那么乙公司与第三人朱某合作的可能性就很大，博弈结果就可能与甲公司的初衷截然相反。不可否认乙公司在选择与甲公司合作的过程中也考虑选择与朱某合作的意向，只是与朱某合作的诉讼风险明显要大于与甲公司合作的诉讼风险。

笔者在这里还要强调一点，资源不仅具有客观性，有时也反作用于人的主观能动性。人们之所以会参与博弈是受到利益的吸引或驱动，预期将来所获得利益的大小直接影响到竞争博弈的吸引力、参与者的关注程度和博弈者的预先付出（包括时间成本）。经济学的效用理论可以用来解释这个问题，凡是自己具有强烈占有欲的对象肯定就意味着资源稀缺，反之则相反。如果人人礼让使得客观的资源就变得毫无价值，犹如沙漠的沙子，自然就不会吸引博弈者争抢了，相反，如果沙子在采沙场就不一样了，会引来众多的采沙者，如果引进建筑市场就会有众多的供给者（不一定就是采沙者）与众多的消费者来参与沙子供需谈判，就会产生供给各方对市场分配、占有及控制的竞争与博弈。

三、参与者有自己能够选择的战略（Strategy）

所谓战略，通俗地说就是计策、谋划，是博弈参与者所能够选择的手段、方法。例如甲公司就采用了说服乙公司合作的战略及选择对自己最有利的管辖法院，以及一系列制服第三方朱某的诉讼技巧。

日常生活中，战略选择仅是解决问题的方法，并不牵涉分析关键因素、确定局势特征这些理论化的内容。而博弈论的战略选择，是先对局势和整体状况进行分析，确定局势特征，找出其中关键因素甚至关键路径，然后在最重要的目标上进行战略选择。由此可见，博弈论中的战略是可以纲举目张的，直接对整个局势形成重大影响。

当然对战略应用得最完美的博弈案例莫过于"田忌赛马"了。"田忌赛马"的寓意其实就是运用战略产生的优势，以己之长攻彼之短，以集中攻零散，以错位方式攻对方薄弱环节，运用战术得当就能以弱胜强。

在诉讼博弈的辩论中要学会控制时机，学会转移论题，对自己不利的论题要及时回避，对自己有利的则要抓住战机，形成集中优势。

四、参与者拥有一定的信息量（Information）

信息是博弈者必须掌握的要素，博弈的胜败往往取决于各方对信息的掌握程度。有时候博弈双方所掌握的信息是相当的，如在上个案例中，甲公司、乙公司与第三人朱某之间所拥有的信息（证据）就是完全的，因为各方向法院提供的证据基本上是各方都已掌握的，主要是设备租赁合同及设备清单。但有些时候，信息的掌握并不是完全对称的，人们决策的信息条件是不确定。因此，得益的大小也与博弈者掌握信息的多少有关，但绝不能理解为信息掌握的多，就一定能够得益大。在实际的博弈过程中，不可否认的是博弈者在行动之前总要收集更多的信息以便充分利用。

五、参与者行动的秩序（Order）

博弈者拥有了一定的信息，制定了自己的战略，赢得胜利的另一个因素就是博弈者行动的先后次序。如民商诉讼中证据出示的先后顺序对于原告、被告及其代理人来说就十分重要。田忌赛马中，先出场哪一匹马，接着出场哪一匹，最后出场哪一匹，就是秩序的选择问题。

通俗地说，博弈就是个人或组织在一定的环境条件与既定的规则下，同时或先后，仅仅一次或是进行多次地选择战略并付诸行动，从而得到某种结果的过程。当事人在民商诉讼中，不可避免地要与对方打交道，这是一个利益交换的过程，也就无可避免地要面对各种矛盾和冲突。博弈论听起来似乎深不可测，但其精髓极易理解。简单地说，博弈论就是研究、分析、运筹，反复行动，并不时修正自己的偏差，从而寻求可获得最佳效果的行为方式，解决如何行动以及这种行动如何达到均衡的问题。每个博弈者在决定采取何种行动时，不但要根据自身的利益和目的行事，还必须考虑到自身的决策行为对其他人的可能影响，以及其他人的反应行为反过来对自己产生的可能后果，通过选择最佳行动计划，来寻求收益或效用的最大化。

第四节 对照分析：用博弈论理解民商诉讼的要素

笔者之所以将博弈理念植入民商诉讼活动，用博弈论来研究民商诉讼行为，因为民商诉讼双方当事人的利益总是对立的，一方的失必然是另一方的得。双方相互的行为战略会影响法官对案件的裁决，双方在庭内、庭外策划的目的就是为了说服法官去信任己方，或者希望法官公正执法而不损害自己的切身利益。在实际的诉讼行为中，当事人的行为往往表现为前者。一般来讲，在诉讼过程中，双方都不知道对方是否采用了程序法所规定的其他行为，从而影响法官的公正裁决，即使法官的思想不受任何当事人的左右，也存在各方当事人在法庭上说服方式、方法及专业水平的表现问题，这就使得民商诉讼行为具有了博弈的特征。

一、民商诉讼参与人与博弈参加者

很多人在研究民商诉讼法学时，通常认为民商诉讼由主观要素和客观要素两方面组成，这两个要素相互联系、互为因果。主观要素就是作为诉讼主体案件的双方当事人，即因民事权利义务关系发生争议，能够以自己的名义向法院提出权利保护请求的人。人民法院受理一宗民商事案件，必须首先弄清楚纠纷是在谁与谁之间发生的，更主要的是在确定谁与谁之间后，要查清以下几个问题：

第一，该案件的当事人是否具有法定的行为能力；

第二，该案件的当事人是否具有法定的诉讼行为能力；

第三，该当事人是否是适格的当事人。也就是民事实体权利义务的承受者，或者因法律上规定而成为诉讼上的权利义务的主体，如主审法官在开庭前还要依职权审查代理人形式上是否有合格的授权委托。例如，如果被委托人是涉诉主体企业上级的法律顾问，则认为他不适格，会被取消代理资格。这样，民商诉讼的主观要素具有博弈论中的参与者特征。

在民商诉讼博弈中，由于原告与被告的诉讼行为不可能引起无关的第三方来承担诉讼责任和诉讼费用，可以看成是一个完全的零和博弈。

一个零和博弈需要设定几个方面：

第一，每一个基本的博弈至少有两方或两方以上的参加者，且各方都必须按一定的规则行事，并且博弈的规则确定以后，各参加方都具有平等的人格，行为的机会均等；

第二，博弈方各自可选择的全部战略或行为的集合，战略不仅至关重要，而且具有相互依存性；

第三，进行博弈的次序十分重要。在博弈中，一方作出选择后，另一方必须有相应的回应，而且各方不止一次的选择虽有先后之分，还要规定必要的秩序；

第四，博弈的得益，也就是说博弈最后总有一个结果。得益即收入、利润、损失、量化的效用、社会效用和经济福利等，在具体的民商诉讼中被告向原告的赔偿、补偿、返还等都属于具体的得益。得益可以是正值，也可以是负值。

不难分析，民商诉讼当事人就是零和博弈中的参加者，他们各有得益。双方当事人在整个民商诉讼的过程中，无不充满双方为追求得益最大化的相互指责、相互攻击或少许的让步，从而实现自己维权诉讼的目的。

二、民商诉讼标的与博弈的得益

民商诉讼程序作为一种解决纠纷的手段，其特点是法院在诉讼程序中始终处于相对被动和消极的中立地位，对当事人之间的民事争议进行审理，公正地作出裁决，并保证其裁决的实现。这种在民商诉讼中予以审理和判断的对象就是诉讼标的。诉讼标的是民商诉讼的客观要素，也叫诉讼对象、诉讼客体，可以认为是原告在诉状中所明确提出的具体的诉讼请求或权利主张或法律关系的存在与否。诉讼标的实质上是实体法的一种请求权。民商诉讼的每一个具体的诉讼请求，在零和博弈中也就是博弈双方的各自得益，它是各方在诉讼中所追求的根本目的所在，也是他们行为和判断的参照点，可以具体地体现在原告的诉讼请求之中，也可以是被告的反诉请求或原告的请求追加。无论哪一方都有事先设定的期望值，有的会得到法院的支持或因对方当事人的让步而认同，也可能会因一方当事人获得新信息而增加，也就有和解、达成调解协议、获得胜诉或者败诉的结果，对于不同的诉讼来说，得益情况也会不同，而得益的差异和不同的特征也会影响博弈方的行为方式。

需要指出的是，诉讼当事人追求诉讼标的的最大化行为并不能导致社会利益最大化，也常常不能保证自身诉讼成本的降低或诉讼目的的完全实现。况且诉讼标的的极小化行为也不符合博弈者得益最大化的心理特征。因为在民商诉讼中，一方的收益必定是另一方的损失，不管诉讼双方如何举证、质证，最后的社会得益即诉讼双方得益之和为零，但是如果考虑双方诉讼成本的情况下，意味着不同的诉讼战略下各诉讼方的得益是不相同的，因此，就可能转化成变和博弈，这样对双方都是不利的，争斗的结果是两败俱伤，这也是任何民商诉讼案件都能够假定以调解结案的价值取向为最大的理由所在。

三、民商诉讼证据与博弈的信息

在民商诉讼程序中，举证、质证是重要的一环，从我国诉讼证据的规则来看，一方面规定了某种事实的存在与否需要确定时（真伪不明的状态），规定应由哪一方当事人承担对其不利法律后果的一种负担，即在"谁主张，谁举证"和"举证倒置"两种规则中，承担举证责任的人就要承担因举证不能而败诉的结果；另一方面当事人在诉讼的过程中，要按照法律设定的规则（包括举证程序、举证时限、举证责任分配）进行举证，并进行证据释明，否则，也要承担败诉的风险。

由此可见，在民商诉讼过程中，掌握证据较多，并不能保证诉讼结果一定满意，有时举证过多，给对方透露的信息也较多，则面临被质证或抗辩的不利因素，从而使自己处于不利地位，为了避免不明智的累诉，避免因提供了被对方抓住的反证而败诉的结果，只能采取守势，从而提出较少的诉讼请求，或者作出对另一方的让步。相反，对于证据较少的一方来说，对诉讼风险了解甚少，因用不着顾忌后果而掌握了主动，从而提出较高的诉讼请求（如举证责任较少的一方，往往具有较高的期望值，从而提出较大的诉讼标的）。

一般来说，在各自的博弈过程中，后行为方是有利的。因为他们可减少决策的盲目性，有针对性地选择合理的行为。不过具有较多信息就一定有较好的结果这个结论却并不总是成立的。从诉讼角度来讲，也即无论原告还是被告，都可能认为自己是最优化的决策，认为获得的信息越多肯定收益就越大，这也是为什么都千方百计地收集证据。有时可能忽略了取证成本，更为严重的是可能忘了证据也会被对方利用起到反证的不利作用。证据是需要质证的，即使是经过司法鉴定的结论，还需要被法官采信，这也说明博弈的异常情况是存在的。事实上，在民商诉讼过程中，正是因为能够揭示诸如"信息多反而得益少"表面上不合常规的现象的存在及其根源，才使诉讼过程中引入博弈的恰当性问题。

四、民商争议焦点与博弈的战略

在民商诉讼双方的初始条件完全平等的诉讼中，战略选择也就显得十分重要，当然如果说是结果的唯一的决定因素就有点夸大了。在诉讼的过程中，无论是举证、质证过程，还是双方的辩论过程，笔者认为各方的战略是有限的，但对于争议焦点的归纳就是博弈战略的线索所在，这一点毋庸置疑。

所谓争议焦点是主审法官通过阅卷、双方陈述后总结出的辩题，也是双方应当围绕其展开举证、质证和法庭辩论的辩题，也可说是双方当事人及其代理律师论证的对象，并将制约着整个民商诉讼的进程和发展态势。它又是双方组织论据材料即提供证据，反驳对方证据的红线或尺度，在整个庭审中博弈方的战略都是围绕双方争议焦点展开的。

任何一宗具体的民商诉讼纠纷案件，总有其具体的争议焦点所在。在实际的庭审过程中，主审法官归纳争议焦点花费的时间虽少，但它在整个庭审中的作用却不容忽视。因为争议焦点的归纳对于诉讼双方辩论的集中、举证责任的分担，甚至对于胜诉与否都起到了举足轻重的作用。所以，民商诉讼中，无论是原告方及其代理律师，还是被告方及其代理律师，在向法庭阐述意见时，总是争取法官归纳出利于己方举证与质证的争议焦点，并能围绕主审法官归纳的争议焦点进行举证、质证和法庭辩论。也就是说争议焦点的归纳，能够引导诉讼博弈者拟定博弈的战略，从而在庭审中掌握主动。

五、民商诉讼程序与博弈的次序

民商诉讼显然可看作一种动态的零和博弈。因为诉讼双方当事人在法官的主持下实施自己的诉讼行为，而且民事诉讼法及其司法解释对各个诉讼阶段作了程序性的规定。规定了各方该做什么、不该做什么，规定了谁先做、谁后做、什么时间做，这就是双方当事人在诉讼程序中博弈的次序要求。

在民商诉讼博弈过程中，如果一方当事人事先知道了对方的决策选择，或者说是和解条件，就可以有针对性地安排自己的行为、战略，或相应调整、改变自己的决策选择，从而使自己立于不败之地或获取更多的利益，这肯定对相对方不公平、不平等，如果是法官事先为一方作试探，那就是司法理念上的不公正了。为公平合理起见，民事诉讼法设计了一套合理的、对双方来说是公平的诉讼程序，即诉讼双方当事人在庭审的过程中，同时进行决策选择，同时行动，或者虽然各方作出决策的时间上有先后顺序，但至少在他们各自的诉讼行为发生之前不会知道对方的战略选择，在知道之后，也不可能很快调整战略而改变自己所作出的选择。这种无论在哪种意义上都无法被看作同时决策的静态博弈，各方不是同时，而是先后，依次进行选择、行动，而后选择、行动的博弈方在自己选择行动之前一般都能看到此前对方的选择、行动的博弈称为动态的博弈。

由于民商诉讼处于动态博弈中，双方的诉讼行为有先有后，因此，在博弈方之间肯定是有某种不对称性的，后行为博弈方可根据先行为博弈方的行为作针对性的选择，而先行为的博弈方却是在自己决策选择时非但不能看到对方后行为博弈方的选择，而且还要顾忌、考虑到后继行为博弈方的反应。按照辩论原则的基本要求，法院在作出判决时，应限于当事人在诉讼请求中主张的范围，没有经过当事人主张的事项，法院不得判决，无论何种案件，一旦纳入诉讼程序，必然存在当事人的诉讼请求是否能够变更的问题。一般来说，庭审中举证、质证程序终结后，原告是不再许可变更诉讼请求的，否则，就会对被告不公。也就是说，诉讼进行到一定程度后，即使民商诉讼发起方以原告身份明知诉讼请求错了，也不能改变，只能任凭法官驳回诉讼。这就为博弈的次序维持提供了逻辑上的充分条件。

在民商诉讼程序中，被告事先知道了原告的诉讼请求，可以通过以前的往来推出对方所握有的证据，从而事先也知道了对方的请求选择，就可以有针对性地提出答辩状，收集证据，引用法律，合理地安排自己在诉讼中的战略，并且为自己设定和解的极限，从而使自己立于不败之地或获取更多的利益，这好像造成了对原告方的不公平、不公正等。但在开庭过程中，为了公平合理起见，也就是所谓的程序上的合法，在法庭主持调解前，他们各自还是相对独立的，他们的选择也是各方战略的选择，因而，我们仍可将原告、被告双方的和解条件看作是同时进行的，不能认为有先后，这种先后基本上是难以让后发牌方的改变他预先的战略。尽管他可能对对方的要求有所思考，但他的条件必然是提前就设计好的。

第二章

纳什均衡：博弈论应用到民商诉讼的模式分析

一谈到博弈，不得不用一定的篇幅来谈谈纳什均衡，因为纳什均衡是博弈的精华所在，也是其理念构建基础的分析模式。对于民商诉讼的博弈者来讲，在力求纳什均衡的博弈思考中必须遵循四个基本前提假设。

第一节　行为假设：民商诉讼博弈的基本前提

在民商诉讼博弈中，笔者认为维权者一般遵循四个基本前提，或者说是遵循纳什所提出的四种行为假设，即严格占优、适度谨慎、帕累托效率准则与损失求偿。

一、严格占优原则

在民商诉讼的动态博弈中，纳什均衡的要义：即使在对抗条件下，双方当事人可以通过向对方提出威胁和要求，找到双方能够接受的解决方案而不至于因为各自追求自我利益而无法达到妥协，甚至两败俱伤。稳定的均衡点建立在找到各自的"占优战略"（Dominant Strategy），即无论对方当事人作何选择，这一战略优于其他战略。

民商诉讼的任何一方当事人都会选取一个严格占优战略，并且总是不会选取任何严格劣势战略。这是博弈者的共同心理。在预测对方的行为中，他们还会假设任何一方不仅自己选取严格的占优战略，同时还会预测对方也将选取占优的战略并从而相应地采取对策。被预测的对方也会预测对方也将选取占优的战略，从而相应地选择自认为有利于己的对策。

严格占优原则无论是在举证中，还是在法庭辩论中，双方代理律师时刻都会思考。代理律师总会猜测对方是否会有新的证据，对方是否会突然提出诉讼请求变更或提出反诉，是否会切换辩题等。因此，代理律师在改变自己战略时，也同时要假设对方会改变什么战略。

二、适度谨慎原则

在博弈的过程中，处于第一层次的人总是有着利益最大化的预期。他们都要保持适度谨慎，而不是对诉讼风险预期承担 100% 的责任。

利益最大化暗示当事人会对激励作出反应，即如果一个人的环境发生变化，而他通过改变其行为就能增加他的满足感，那他就会这样去做。在民商诉讼中，诉讼成本总是随着诉讼程序的延伸而增加，其不可能返还的风险也在增加，因此，适度的谨慎就是要假设原告、被告双方在诉讼的过程中都是"风险中立"的人。

"风险中立"是相对于"偏好风险"和"回避风险"而言的。虽然现实生活中的大多数人是回避风险的（偏好风险的人只占少数，因此这里不作论述），例如司机会购买第三者责任保险而行人可能选择人身保险。诉讼当事人会选择讨好法官或代理人，而相对于诉讼请求来讲愿意接受除缴纳诉讼费用、代理费用外额外支出，这也是当事人有时赢了官司，而得益小于零的主要原因所在。

个人偏好是基于偏离一个相对的参照水平的程度而变化的，而非取决于一个绝对量。相对于这个参照水平，"得"带来快乐，"失"导致痛苦。这说明：人们对损失的感受性要大于对收益的感受性，即我们平时所说的损失厌恶。因此，人们经常的行为反应就是回避损失。

按照传统经济学理论"经济人"的假设，人们应该是风险的回避者。但事实上，人们往往对收益持风险回避的态度，而对损失持风险偏爱的态度。

在民商诉讼实践中，代理律师总是要弄清当事人及对方当事人的实际支付能力。作为原告的律师在明知对方当事人没有支付能力时，是不会高估诉讼标的额的，即使高估也会在和解中作出很大的让步。这也是为什么开豪车的司机与违章骑三轮车的搬运工发生轻微事故，一般都选择放弃索赔的道理。

再者，适度谨慎是说当事人的请求应当相当于所受到的损害，而自己也尽到了应尽的责任，原告提起诉讼起码认为自己的主张得到法官的支持后被告是有支付能力，否则，原告就不会去到法院起诉了。在民商诉讼中，谁都不愿冒承担支付诉讼费用、律师代理费及浪费宝贵时间的风险的。也就是说谁都不愿意先期支付一笔不小的费用后，所期盼的结果却是一无所获。

三、帕累托效率准则

在经济学中，帕累托效率准则是经济的效率，体现于社会资源配置改善人们的境况，主要看资源是否已经被充分利用。如果资源已经被充分利用，要想再改善我就必须被损害，或者要想再改善就必须损害另外某个人的利益，相反，如果还可以在不损害别人的情况下改善任何人，就认为经济资源尚未充分利用，就不能说已经达到帕累托效率。一句话，要想再改善任何人都必须损害别人了，这时候就说一个经济已经实现了帕累托效率。

在民商诉讼上，原告、被告及第三人彼此之间面临一个帕累托优势的问题，在相互之间的关系里，从整体上说，各方总是希望自己达到帕累托效率，但是在局部的包括诉讼费用上的让步及诉讼标的物的实现，却存在着一个零和博弈，即一方的得必定伴随着另一方的失，这种零和博弈又成为各方当事人及其代理律师彼此争辩的着力点，为双方合理解决问题蒙上了阴影。要从总体上达到帕累托效率，各方必须摒弃自己所持立场，在某些地方作出让步，从解决问题的大局出发，全面审视案件，以达到整体的帕累托效率，实现彼此利益的最大化。例如，常见的离婚案件，对于夫妻财产的分配，就是一种帕累托的改进，只要有一方不满意，就存在优化与改进的可能，即使暂时同意，也是为了达到离婚的目的，以后可能还会存在新的诉讼。如果是房产，无论是折价，还是出卖，似乎都都不能达到各方满意的结果，如果一方提议约定将房产归入婚生孩子名下，一般来讲，双方都会持满意的态度，因此，可认为达到了帕累托改进的最优。而对于孩子抚养问题，无论交由谁抚养，都会存在实际履行中形成另一方的不满意，要么是抚养费支付的问题，要么是探视权问题，这就是无法达到帕累托的最优化，因此，还会有一方提出改进的诉求。当然，只有彼此的合作才能使整体损失最小，总体的效益最优，这一点完全符合我国"和为贵"的做人准则。也就是说对于某一方的帕累托效率最优，但对于整体来讲，就未必是利益最大化了，而只有彼此都遵循"和为贵"的做人准则，才能够真正达到整体的帕累托效率最优，这对于财产纠纷，特别是家庭之间的财产纠纷解决更具有现实意义。

四、民事损失的求偿原则

在比较疏忽制度的前提下，一般来讲法律追求根据当事人的相应的疏忽过错来划分当事人的责任，而严格制度对麻烦的制造者就要采取一种严厉的惩罚措施，从而减少损失的发生。法律规则只保护受损者的合法权益，同时其保护范围限于其所受的损失。在民商诉讼前，受损失的当事人（吃亏者）总认为法律规则是保护吃亏者的，在民事行为遇到损失时，总会通过法律途径求得补偿，相反，造成损失或麻烦制造的当事人（受益者）的行为会将获得的收益支出一部分给吃亏者，以达到均衡。受益者之所以面对诉讼，而不是自愿地履行，而是认为责任没有划清，或者没有完全的支付能力，或者是在责任的大小分担上出现了与对方的分歧。因此，基于民事损失的求偿性原则，一些本可以很快解决的问题，由于双方的互不让步导致持久的民商诉讼博弈。

第二节　纳什均衡：从"鹿兔之猎"谈起

一谈到博弈，无不以"囚徒困境"来理解纳什均衡的。为便于理解，先谈个"鹿兔之猎"的小故事。

设想在原始社会，人们靠狩猎为生。某一天有两个猎人围住了一头鹿，他们分别卡住鹿可能逃跑的两个路口。只要他们齐心协力，鹿就会成为他们的猎物，不过仅凭一个人的力量是无法猎捕到鹿的。如果此时周围跑过一群兔子，两位猎人中的任何一个只要去抓兔子一定会获得成功，他会抓住 4 只兔子。从能够填饱肚子的角度来看，4 只兔子可以供一个人吃 4 天，1 只鹿如果被抓住将被两个猎人平分，可供每人吃 10 天。这里不妨假设两个猎人分别为 A 和 B。

我们引入一种矩阵式的对两人博弈的描述方法，见表 2-1。

2-1 "鹿兔之猎"纳什均衡矩阵表

		猎人 B	
		打鹿	打兔子
猎人 A	打鹿	(10, 10)	(4, 0)
	打兔子	(0, 4)	(4, 4)

显然，对于任何一方，最优选择是与对方合作，二者才能共同达到最佳效益。

2017 年 8 月 18 日，最高人民法院终审判决：广药集团与加多宝公司对涉案"红罐王老吉凉茶"包装装潢权益的形成均作出了重要贡献，共同享有"红罐王老吉凉茶"包装装潢的权益。可以说，红罐凉茶王老吉商标战的博弈如火如荼，最高人民法院的一纸折中判决，才使战火熄灭。广药集团与加多宝公司最终之所以能够接受法院的"共同享有红罐王老吉凉茶包装装潢的权益"的判决，必然是双方合作收益大于单独收益的道理。认识到了各自利己主义相对于同行业竞争者来讲不是利益最大化的选择，同时也得反思或为对方着想，而意识到彼此都对涉案"红罐王老吉凉茶"包装装潢权益的形成均作出了不可否认的贡献，双方在不损害他人合法利益的前提下，共同享有"红罐王老吉凉茶"包装装潢的权益并不损害国家、集体、社会与对方的利益。法院也算做了一次符合"囚徒困境"的"和事佬"。其判决结果达到了应有的效果，能够在有效提升企业知名度的同时，也让彼此获得了巨大的市场利益。

不得不承认在"王老吉"商标许可使用诉讼终止后，双方所涉知识产权纠纷不断、涉诉金额巨大，引发了社会公众的一些关注与担忧，还有可能损及企业的社会评价。对此，双方应本着相互谅解、合理避让的精神，善意履行判决，秉持企业应有的社会责任，珍视经营成果，尊重消费者信赖，以诚实、守信、规范的市场行为，为民族品牌做大做强，为消费者提供更加优质的产品才是双方应秉持的正确态度。这完全符合纳什均衡的帕累托效应最优。

我们已经知道，博弈论的基本前提是某人的行为效果如何，有赖于他人的行为。而人类属于有智慧、群居的高级生物，个体很少不依赖于群体中的其他人的行为而独立行事。在依赖过程中，有时相互合作，有时各自独立，有时强调个人利益而发生冲突，处于非合作甚至对抗的、博弈的冲突。例如，"零和博弈"就是典型的非合作博弈，它是指博弈各方的所得之和为零，在特殊情况下如两人博弈时，一方所得与另一方所失相等。在博弈过程中，双方都各自有自己的战略，有其分析问题的模式，并假定对方实行什么样的战略，并以此来修订自己原先的战略。

比如，围棋定式就是从战略层来分析问题的，如一方的战略是抢占实地，另一方是获得外势，而发展到中局在棋盘上的表现是棋力相当，互有所得，难分胜负。围棋术语"金角、银边、草皮肚"是对弈者抢占有利点位考虑的现实利益战略，如对弈者想尽快占据要点实地，就暂时不要建立做活根据地而放弃取外势准备将来发展的招法，那么棋手就要静心研究抢占关键点位，与对手避免激烈的子力胶着，尽量经营自己的一亩三分地，稳招为安；另一方面，"均衡与失衡"的战略引导可以从具体行棋效果来看，如果一步棋能考虑到对手各种应招而依然成立，对手也运用同样法则找到应手，则可以说双方达成了"均衡"，尤其是行棋快至中局时，有一定棋力的棋手总要对盘面进行粗略判断，看看自己是否在布局上吃亏，实质上就是要分析自己的抢点意图是否达到，自己的棋子布置在盘面上是否失衡，如果失衡，就要在失衡中寻找追回的着手点，尽快达到平衡，并力争向有利己方的方向发展。

在经济学中，均衡（Equilibrium）意即相关量处于稳定值。例如在经典的供需分析中，若某一商品的市场价格使得欲购买该商品的人均能买到，同时想卖的人均能将商品卖出去，此时该商品的供求达到了均衡。这个时候该商品的市场价格也就趋于平稳，不会出现较为剧烈的波动。这个市场价格可称之为均衡价格，产量可称之为均衡产量。均衡分析是经典经济学中的重要方法，民商诉讼博弈者在诉讼的过程中也时刻在不断地均衡自己的情势与利益。

博弈的结果并不必然成为均衡。博弈的均衡是稳定的，则必然可以预测。纳什均衡的另一层含义是：在对方战略确定的情况下，每个参与者的战略是最好的，此时没有人愿意先改变或主动改变自己的战略。

围棋是对弈双方相继按照一先一后次序行动的博弈。对于一人一步的相继行动的博弈，每个参与者都必须向前展望或预期，估计对手的意图，从而逆向推理，决定自己这一步应该怎么走。这是一条线性的推理链："假如我这么做，他就会那么做——若是那样，我会这么反击"，后面的步骤依此类推。也就是说，你怎么走棋，完全取决于对手的上一招。这在博弈论上叫作"逆推法"。在动态博弈中，存在明显的马太效应，也就是说凡是少的，连他仅有的也夺过来；凡是多的，就加给他，让他更多。例如在围棋上，就有"一招不慎，满盘皆输"的感慨。当然我们在民商诉讼博弈中也要应用动态博弈的马太效应原理，在获得优势的情况下能够再扩大优势，直至最后取得绝对的胜利，让对手一败涂地或求和。

为了更好地说明逆推与博弈，下面介绍一个有趣的"剪刀、石头、布"的博彩。

"剪刀、石头、布"并非概率那么简单

相信很多人玩过"剪刀、石头、布"，这种游戏实质上是一种概率问题，从理论上讲，当游戏无限次玩下去时，各方出"剪刀""石头""布"的概率应当说是一致的，即各为1/3，各方的胜率也应当均等。但由于各方会在出哪一种手形时，或多或少地会因为自己预先出什么，猜测其他二人会出什么，甚至通过向其他人事先表白自己准备出什么，或预测对方要出什么来影响其他方的思维，从而获得胜利。虽然理论上各方制胜的概率是一样的，但对于有限次来说，还是会有胜出方的。这种事先的"预先出什么，猜测对方出什么，甚至通过表白自己要出什么，对方要出什么"来影响对方的思维是否也隐含着博弈的信息呢？是否有诀窍可寻呢？有人宣称他们已经找到了有限次"剪刀、石头、布"游戏的获胜秘诀。大多数人知道，"石头"能赢"剪刀"，"剪刀"又能赢"布"，"布"反过来又能赢"石头"，但很少有人知道这个游戏其实存在着一种博弈的战略，尽管这一战略可能是心理因素占主导，但战略本身不就是一种典型的心理活动吗？

据《新科学家》杂志刊登的一项研究称，若想在游戏中获胜，首先应该出"剪刀"。研究表明，在"剪刀、石头、布"这三种招式中，人们最喜欢出"石头"。这意味着你的对手有可能选择"布"，因为他们大多以为你第一招便会出"石头"。而你选择"剪刀"的话，自然就胜了对方。同样，如果你在出什么之前事先告诉对方自己要出什么，或者说对方会出什么来影响对方的思维也会谋略出制胜招法。

"剪刀战略"在过去已有许多成功案例：2005年，这种战略使得佳士得拍卖行赢得了价值一千万英镑的交易。那一年，一名日本艺术收藏家想拍卖一幅印象派大师的画作，佳士得拍卖行和竞争对手苏富比拍卖行都想获得这幅佳作的拍卖权，这让日本收藏家左右为难，最后，他想出了一个妙招——让这两家拍卖行以"剪刀、石头、布"游戏决出胜负。

佳士得拍卖行向员工寻求意见，后来，他们接受了公司一位主管11岁女儿的建议，选择出"剪刀"。这位小女孩平素十分喜爱这种游戏，她煞有介事地解释说："因为每个人都以为你会出石头。"果不出小女孩所料，苏富比果然以为佳士得想要出"石头"，结果选择出"布"，没想到佳士得棋高一着，出的却是"剪刀"，苏富比就这样无奈地退出竞争。研究人员表示，一旦游戏开始，除了先出"剪刀"胜算最大外，还有其他很多不同的战略。《新科学家》建议："你可以采

用'双重诡计'战略，也就是试着连续出同样的招式。你告诉对手你要出的招式，接下来，你真的这样出招。当然，一开始没有人会相信你真的这么做，而你真的这么做了。当他们回过味来，准备擒你时，这个时候你要突然变招。"当然，时机的把握非常重要。

你也可以采用下面的战略：如果上个回合你赢了对手，这次还选择同样的招式。这里的战略是，对手会下意识地选择打败自己上一招式的新招。这样，你即使不赢，至少也不会输。

笔者也曾经对"剪刀、石头、布"进行过心理研究，认为游戏者由于受概率相当的习惯思维影响，在开始一局会不假思索（特别在酒场）直接出"石头"招式，因为"石头"招式比其他任何两种招式来得简单，其生理反应成本最低，同时"石头"的拳形让游戏者感到藏有秘密，还有对对手的藐视，这一心理定式都或多或少地影响了游戏者的行为。

"剪刀战略"说明在同时行动的静态博弈里，没有一个博弈者可以在自己行动之前得知另一个博弈者的整个计划。在这种情况下，互动推理不是通过观察对方的战略进行，而是必须通过看穿对手的战略才能展开。要想做到这一点，单单假设自己处于对手的位置会怎么做还不够。即便你那样做了，你只会发现，你的对手也在做同样的事情，即他也在假设自己处于你的位置会怎么做。因此，每一个人不得不同时担任两个角色，一个是自己，一个是对手，从而找出双方的最佳行动方式。与一条线性的推理链不同，这是一个循环，即"假如我这样做了，对方会如何做；同时还假设对方那样做了，我如何去做……"，多个假设后，必然会产生一个最佳的选择。

在民商诉讼博弈的过程中，各方都要清醒地认识，证据的"高度盖然性"缺陷所产生的不利因素需要我们努力寻找最有证明力的证据材料来弥补，而绝不要预测可能的胜利，而要立足必然的胜利。这就需要时刻有一种逆推思维，假设对方如何，而己方有什么应招或变招化解不利因素。

一句话，聪明的代理律师绝不打无准备之仗，也不打无谋略之仗。

第三章

策略构思：民商诉讼从博弈角度分析问题的首要任务

民商诉讼有时是一个漫长的过程，不是几天就能解决的问题。这样，对于各方当事人来讲，就要有一个长期参与诉讼的心理准备，并构思与制定好己方的民商诉讼策略。

可以说，博弈策略的制定和构思是民商诉讼从博弈角度分析问题的首要任务。无论在立案阶段还是在庭审阶段，策略的本质是相同的。被告一方具有各式各样的应付手段，而原告一方的诉讼理由与诉讼请求也可在许多目标和实现它的道路面前作出利己的选择，并从中寻找最佳方案。善于制定策略并坚定地使之实现是诉讼满意的可靠保证，这就意味着仅制定策略不够，还要使战略按照预先的目标得以实现。在拟定某一目标时，还必须针对具体的目标可能受到的阻碍进行分析。每位诉讼当事人及其代理律师在实现其目标努力的过程中，或多或少地都会受到对方当事人及其代理律师的干扰。常会有这样的情况：由于对方出示了不利于己方的证据而改变策略或从主张性策略转为让步性策略。尽管情况随时会发生变化，但不制定好策略来指导诉讼行为则不可能达到让当事人满意的效果。

第一节　策略谋划：从民商诉讼博弈的策略制定开始

怎样才能制定出一个既切合实际又方案可行的民商诉讼策略呢？笔者认为应当从策划一个好的诉讼博弈计划开始。

一般来讲，策划出一个好的诉讼博弈计划，得按照下列的程序思考：

首先，要客观地分析当事人的陈述，针对当事人的心理弄清当事人的诉讼缘由，搞清当事人持有证据对诉讼请求或诉讼理由是否有足够的证明力，并能准确把握双方争议的焦点和诉讼标的额；

其次，再根据具体案情中诸要素现时的呈现及对方当事人可能持有的证据作出某种假设，粗略地估算出诉讼标的及案由，并能说出几种可能的诉讼方案与相应的代理思路；

最后，选择适合当事人的诉讼请求及诉讼理由，并选出最有利、最有说服力的证据，也就是用强势证据说话。或找到最有利的法条、法理与对方相抗衡。还要针对对方可能提出的相反或不相同的诉讼理由，拟定与对方主张或让步的应诉方案。

民商诉讼策略构思就是一个代理律师的诉讼思路。这不仅包含从现实的局势出发去确定一定的目标，而且也包含方法，特别是后者要进行详细的分析。如果目标选择不正确或者模糊不清，那么这一构思就不够具体，恐怕其诉讼结果注定是要失败的。

一个好的民商诉讼策略构思应包括策略构思分析与诉讼策略的初步形成两个部分。

第一，策略构思分析。一个好的诉讼策略构思一般要从策略的程序上着手，通过策略的阶段划分掌握策略的核心，从而谋划出具体的策略构思。

没打过官司的人往往认为，在立案阶段不必确定比较切合实际的行动计划，也不必有什么策略，因为那是非常复杂的，总是按照自己的想法把该说的不该说的都表现在诉状中，这样可能达到了发泄的目的，但事与愿违。这是因为原告一方提出任何请求或诉讼理由后，被告方可以提出相应证据或抗辩理由。在诉讼程序不断完善、证据的要求不断严格、诉讼法理不断丰富的今天，我们知道立案时所揭示的信息都只是表面的、暂时的，在庭审阶段随着庭审程序的纵深发展，就可能出现这样或那样的变数，有可能原告会增加诉讼请求，或改变诉讼理由，被告可能提出反诉。一位优秀的代理人在提交诉状时就会拟定好几种可能的局势，并对各局势确立相对应的方案。

具体构思可以分为战略构思和战术构思。战略构思是总的计划，战术构思则是实现计划的独立行动。具体的战略构思是在某一阶段的总的任务，它以当时的局面为依据，而产生并据此拟定解决面临任务的办法。代理律师在战略构思策划时就要思考哪些是他立案时所料到的，哪些是他不希望的，而且他所关注的也应该是他制胜战略的出发点或归属所在。

第二，诉讼策略的初步形成。对于代理律师来讲，策略的构思从接案一开始就已经拉开了序幕。一般要思考以下问题，也是其诉讼策略的初步形成：

（1）代理人要考虑如何解决纠纷才最为有利。包括法院管辖权的选择，诉讼时效的挽救措施，立案前是否需要向对方当事人发份律师函以巩固还不强势的证据，或试探对方对于解决纠纷的态度等。

（2）分析有否足够立案的证据；如被告的选择是否合适，是否还应追加被告，是否存在第三人，第三人是属于有直接利害关系的，还是属于没有直接利益关系的，防止因没有考虑到维护第三人的利益而在判决生效后，因第三人行使撤销权之诉而处于被动地位。

（3）分析一下时效、除斥期间与撤销权行使的胜诉权问题。

（4）与当事人沟通如何确定具体的诉讼标的或标的物等。

随着庭审的深入和不断进行，策略的重要性会愈发清晰，主张或让步都将有条有理，策略也会随着诉讼阶段的转变而有所修正，但其稳定性是相对的。

第二节　胸中有数：弄清民商诉讼策略的分类

一般来讲，民商诉讼策略可分为战略性策略与战术性策略两类。战略性策略是方向，是满足诉讼请求的诉讼行为指导性原则，代理律师一定要做到心中有数，不能轻言放弃。战术性策略是围绕诉讼请求根据诉讼环境的变化对诉讼行为所作的不断修正，对战术实施人来说，其选择总是最优的。

一、战略性策略分类

诉讼策略按诉讼主体对时间的要求可分为：持久性策略和程序性策略；

诉讼策略按诉讼主体根据自己所处诉讼地位是否有利可分为：让步性策略与主张性策略；让步性策略又叫防御性策略，主张性策略又叫攻击性策略。

二、战术性策略分类

战术性策略主要可分为求胜性战术、逼和性战术和防御性战术三种。

代理律师在诉讼一开始就要拟定诉讼当事人的最佳诉讼请求，并且预测最坏的诉讼结果及最好的诉讼结果，以及是否存在和解的可能，这一和解的均衡点在哪一范围会被双方接受。如果预料最坏的诉讼结果，就要重新组织、认识自己的代理意见，如果预料最好的结果，就要作出适当让步，进行有效防御，将取得的战果保持到让法官写进判决诉讼文书之中。

战术不能脱离战略，但诉讼战略也不能时时束缚战术。代理律师要在战略战术的应用中有所关联，又有所拆分，目的就是要用最合理的方式达到最佳的诉讼效果。

第三节　具体分析：确保民商诉讼策略的方向正确

代理律师在制定诉讼策略时，一般要对其内容进行具体分析，确保民商诉讼策略的方向正确。民商诉讼策略一般包括诉讼证据链分析、诉讼争议焦点分析、诉讼成本和诉讼风险等几个方面的因素。

一、证据链分析

要想打赢官司，当事人必须具备证据优势。当事人的诉讼请求要想得到人民法院的支持，必须有充足的证据，否则将承担举证不能的后果。这就要求每个当事人，在民商活动发生过程中，保管好一切与此行为有关的材料，特别是证据原件，为将来在法庭上一旦发生纠纷要求当庭提供证据材料做好准备。

通过证据链的分析，初步掌握诉讼纠纷事实形成争议的前因后果。一般按照时间先后顺序对基本事实进行梳理，也可根据证据性质进行分类整理。通过证据链分析确定诉讼请求是否合理，是否有足够的法律条文的支持。

典型案例：甲诉乙及第三人（乙方父母）离婚财产分割纠纷案

入选理由： 巧用证据链，众多旁证锁定案件事实

案情简介： 甲、乙二人系夫妻关系，甲所在单位分得 A 处单位新建经济适用房一套，由于夫妻俩结婚不久，没有足够的经济支付能力，于是夫妻俩同意由乙的父母购买，同时约定房屋购买后，以乙个人名义办理房产证，该房屋由乙的父母居住并所有。乙的父母作为回赠条件，在同城的 B 处帮助甲、乙购得两室一厅房屋一套，并将房产证办在甲、乙名下，登记为房屋共有。由于甲、乙二人离婚，甲主张 A、B 两处的房屋都属夫妻共同财产，要求按共同财产实施分割。乙不同意其诉讼请求，以"A 处房屋名义上属乙，实际上属乙的父母所有，B 处房屋属乙的父母赠予乙的个人财产"为由，要求追加乙的父母为第三人，法官通过调查了解，确定追加乙的父母为第三人。

法理明晰： 由于该案中，乙的父母属与本案标的物有直接利害关系的第三人，笔者作为其代理律师，深感获胜的难度较大，由于缺少直接证据，只能通过组织强有力的证据链来说明 A 处房屋属第三人所有。

常言道"清官难断家务事"，笔者在详细了解情况后也倍感困惑，真是"剪不断，理还乱"。乙的父母主张 A 处房屋所有权的唯一证据就是一张约定凭据："高某出钱购×小区×号楼×室经济适用房一套。并支付×万元房款。因房屋属单位筹建的经济适用房，暂以乙某的名字办理房产证，故×号楼×室的产权属于高某所有。特立此据。×年×月×日。"而原告甲以登记了妻子乙名字的房产权证及妻子乙每次缴款的收据的事实予以反驳。而且双方对 B 处房产没有任何约定，也没有赠予字据，这就增加了第三人维权的难度。面对这种对第三人极其不利的局面，必须有其他旁证来佐证，也就是说要通过若干间接证据组成一条牢不可破的证据链，才能维护第三人的合法权益。证据链在形成之前，单一的间接证据在证据环未产生之前，都是孤立存在的，不具有法律效力。即本案中的约定字据，由于不是房产证直接证据，难以单独证明案件事实。

证据环是指证据能够互相印证。证据链是由证据环构成的，表现了证据与待证事实之间的关联性。即这些证据环，足以证明案件全部事实。

笔者通过艰苦工作，收集了相关的间接证据：

(1) 第三人提前支取储蓄存款的流水单若干张，其数额与两套房屋的购买价款相当。

(2) 第三人随同被告及原告至 A 处看房，由第三人及原告与该市某装修公司分别签订了 A 处、B 处单元装修合同各一份。

(3) A 处房屋由第三人验收签字认可单，B 处由原告、被告共同验收签字认可单。

(4) 系争房屋的相关合同、住房贷款申请表、相关费用的发票原件等均在第三人处；物业管理费及一次性维修基金的收款通知单，款项均由第三人陪同被告缴纳，原件由第三人收存。

(5) 由第三人一直缴纳水电费、取暖费的收据。

(6) 装修购买材料及向装修公司支付装修费的收据。

(7) 第三人因新房乔居向其主要亲属发的请帖。

(8) 第三人购买新房、购买家电的发票原件。

经过举证质证，扑朔迷离的间接证据一下有了很强的证明力。

综合所有证据及双方陈述，法院判决认定：第三人有购买系 A 处房屋的支付实力和筹资经过、购买并宴请亲朋的过程，有实际入住并支付装修费、水费、电费及取暖费的经过，以及大量单位筹资购买经济适用房房主与房产证不相符的走访调查情况综合判定，A 处房产的实际所有人应属第三人，而非甲、乙的夫妻共同财产。

二、争议焦点分析

在庭审过程中，主审法官总要用三五分钟的时间对诉讼争议焦点进行分析，代理律师就要在庭前弄清诉讼纠纷案件可能的争议焦点：事实认定产生的争议焦点，法律引用可能产生的争议焦点，当事人及证人指认争议产生的争议焦点，相关证据解释和理解上产生的争议焦点等。如有必要，可提前利用与法官沟通的时间探讨争议焦点或法官关注的重点。

三、诉讼成本分析

在诉讼战略制定过程中，代理律师应当为当事人做好诉讼成本分析，估算可能需要发生的诉讼费用，以及代理人可能支出的现金量，并且提示各诉讼程序需要的大致时间，这些都要向当事人说清楚。

四、诉讼风险提示

代理律师不对当事人进行诉讼风险提示是十分有害的，也有违律师职业道德准则。代理人要根据案情的进展情况不时地提醒当事人诉讼风险存在的可能性。这一战略就是要弄清如何向当事人提示诉讼风险，提示哪些诉讼风险，并不是所有风险一发现就要提示，也不是要对诉讼风险和盘托出。代理律师必要时谨慎作出提示，并努力去化解风险。

依照最高人民法院《人民法院民事诉讼风险提示书》的内容，代理律师起码要当心 18 种民商诉讼的风险，归纳如下：

（1）起诉不符合法定条件或者列错诉讼当事人；

（2）起诉不符合管辖规定；

（3）诉讼请求不适当或者诉讼标的额明显不当；

（4）没在合理期限变更诉讼请求；

（5）超过诉讼时效或不在除斥期间主张权利；

（6）授权不明，或授权可能不被法院认可，如新的民事诉讼法明确规定集团总部法律人员不得为子公司履行代理权限，一般公民代理需要相应组织的认定资格证明等；

（7）不按时交纳诉讼费用；

（8）申请财产保全不符合规定；

（9）不提供或者不充分提供证据；

（10）超过举证时限提供证据；

（11）不提供原始证据；

（12）证人不出庭；

（13）不按规定申请审计、评估、鉴定；

（14）原告不按时出庭或者中途退庭；

（15）被告不按时出庭或者中途退庭；

（16）不准确提供送达地址；

（17）逾期申请强制执行；

（18）逾期不自动履行判决义务。

此外，对于授权代理律师来讲，还应当注意的执业风险就是：

（1）不按时出庭的风险；

（2）不保管好当事人提供的证据，特别是造成原始证据丢失；

（3）在法庭上不遵守法庭纪律被驱逐出庭；

（4）提供假证、伪证；

（5）不依照程序法的规定时间代理诉讼权利或督促当事人履行诉讼义务；

（6）因明显代理意见错误给当事人造成损失；

（7）超越代理权限或滥用代理权限；

（8）泄露因代理工作所知晓的当事人的商业秘密。

需要说明的是：如果一名代理律师以所谓的坚守正义为理由而大闹法庭，会被法官驱逐出庭；若指使他人在法院门前扯起横幅，围攻法院，阻扰法官执法，或静坐示威，有可能被法院以破坏司法秩序而失去人身自由。上述行为如何能够有效保护当事人的权益？值得同仁反思。

第四节　评估检验：确保民商诉讼战略的可执行性

民商诉讼策略构思完成后，要对策略构思进行评估，即对策略内容实施性质分析，从而更好地把握策略构思，分析实施过程中的难点所在，从而确保民商诉讼策略的可执行性。民商诉讼博弈的策略构思是否科学，是否具有可执行性，是否符合诉讼目的的整体计划，我们要不时地从以下几个方面分析。

一、策略构思的关联性评估

计划的具体构思，不仅要确定目标，而且要确定达到这一目标的路径。诉讼的某一阶段，诉讼请求与诉讼理由是十分重要而不可改变的，它可以表现为支持请求的一个固定证据或一条引用的法条，也可能是对自己十分有利的法理应用，而通向目标的道路，则是由具体构思确定计划的一个关联性因素。

诉讼的关联性表现为经常不断地在诉讼过程中作重要更替，其内在表现则为"以统一的具体计划构思为背景而实现一系列创造性思想"。诉讼的关联性与具体的思路密切相关，正如思路的具体性同样在很大程度上取决于关联性一样。

关联性既不是等同，也不是连接，更不是一一对应，而是要用证据链将引用的法条或法理与认定的事实串接在一起，使之成为不争的事实。

关联性所包含的内容是：寻求达到诉讼请求或支持诉讼理由的途径和最有效的手段。诉讼请求符合归责原则，诉讼的理由包含有能够引起诉讼请求的损害事实或结果，同时损害事实与可能的结果之间存在因果关系。

二、策略构思的协调性评估

在诉讼博弈中，除了具体性和关联性之外，诉讼主体间相互的协调也是十分重要的。

理解民商诉讼"协调"的概念，能有助于我们在战略的构思中创造性地发挥各诉讼参加者的最大效能。但是各方的协调应服从于总的行动战略，服务于特定的作战目的。一旦离开了局面的具体需要，诉讼主体之间的协调也就失去了价值。在证据均衡的局面中，各方主要是在诉讼庭审中的协调上较量，哪一方忽略了这一点，即刻就会导致被动，甚至直到最后的结果出来，其被动的局面也难以挽回。

如在二审庭审中，主审法官都要对双方的争议焦点进行归纳，并指出是否有新的不同看法，作为诉讼当事人及其代理律师就要和主审法官协调，尽量肯定法官归纳且符合自己主张的焦点为不争的事实，同时要将对自己有利的焦点归纳出来并能被法官所认同，从而有利于下一步庭审的展开。

在诉讼博弈中，有关协调性应从诉讼参加人之间的协调与证据的协调两方面加以理解。

三、诉讼参加人之间的协调评估

诉讼参加人之间的协调就是诉讼参与人之间如何协商与对手的关系及其他诉讼参与人之间的关系问题。

（1）原告与第三人的协调。原告与第三人之间的协调主要看原告与第三人之间在诉讼利害关系上是否处于同一指向，也就是说某一预期的诉讼结果是否对双方有利，还是对双方都不利，这就要求在诉讼中双方在举证、质证、辩论过程中要考虑协调性，做到相互支持、相互印证。

（2）被告与第三人的协调。如果某一预期的诉讼结果对被告和第三人有利或不利，这就要求在诉讼各阶段两者做到相互协调，以共同来反诉或抗辩原告的诉讼请求，从而使双方不至于两败俱伤，在诉讼上形成共同体，让对方无懈可击。

（3）当事人与代理人的协调。代理人本身就代表着被代理人的利益，但是如何在庭审中与被代理人保持相互间的协调也十分重要。也就是说当事人在陈述上要与代理意见相协调；当事人所质证与所举证相协调；还有代理人的意见应当与当事人对事实的陈述不相矛盾；在诉讼过程中双方更不能相互指责，从而影响代理的效果。

（4）代理人与法官的协调。代理人与法官的协调主要是指代理人在庭审过程中要服从诉讼程序的需要，积极配合法官开展法庭调查，而不能任意打乱诉讼程序，影响诉讼程序的正常进行。如在对方陈述时，尽量不要发言或打断对方及法官的发言，否则很容易引起法官的反感。在辩论阶段，一定要围绕法官归纳的争议焦点展开，在法官提示自己注意发言节奏时，要尽快结束发言，对于确实需要说明又没有来得及说明的问题可以看准机会再发言。

四、证据之间的协调

证据之间的协调也叫证据之间的相互印证，就是要分析同种形式证据、不同种形式证据以及它们之间的相互关系。看是否存在相互矛盾或互斥的关系。不时要根据逻辑的同一律、排中律来梳理证据中是否存在违反逻辑或不合理的地方。通过梳理明确下一步还应当补充哪些证据，同时要弄清楚哪些证据应当被剔除，从而使组织起来的证据链整体上更具有说服力，己方的证据链看起来更加牢固。

同样也可通过对方的证据不具有协调性而取得制胜的把柄。

第五节　最佳选择：根据制胜战略评估实施路径优化

根据一般民商诉讼的战略特点，制胜战略分为诉讼总体战略和阶段性战略两个部分，诉讼阶段性战略包括庭前战略、庭中战略和庭后战略。制胜战略路径选择属于诉讼总体战略层面，它指的是为实现诉讼总体目标而作出的战略调整、战术行为、诉讼成本的投入及诉讼风险的化解等。

对于较大标的额的民商诉讼，诉讼总体战略十分重要，必须从更高层面来考虑诉讼制胜战略。制胜战略目标是要最终赢得诉讼。但它绝不仅仅是起诉、应诉、举证、质证、庭辩等简单的诉讼程序问题，也不仅仅是诉讼当事人与代理律师如何配合的问题，更重要的是要以最小的代价选择最优的战略路径。无论诉讼程序多么繁杂，无论对方当事人采取什么不正当的手段，都无法动摇自己具有明显优势的诉讼地位。要做到这一点，代理律师绝不能仅仅为短期与法官的一次约见，或一次证据的质证有利就妄下断言，而感觉胜诉在握，必须有漫长的诉讼过程的准备，充分认识诉讼多变的重要性，并建立起诉讼战略路径，并优化和选择最佳的制胜战略组合。

我们认为，制胜的战略路径至少包括庭前战略、庭中战略、庭后战略三个环节，每一个环节都有制胜的机会，代理律师要敏锐地捕捉，寻找制胜的机会。

一、庭前战略

庭前战略是指代理律师从接待当事人开始到开庭审理前所做的策划工作。包括立案要件审查、庭前证据交换、补证、与当事人交换意见等。一般来讲，包括弄清诉因、确定当事人、提交证据，准备法条等基本工作。在庭前阶段，代理律师最好不要轻易对案件性质进行定性分析，更不能向当事人吹嘘案件一定会如何，只能做一些释疑性咨询工作，因为在没有完全获得案件的全部信息之前，任何意见都显得唐突，意料不到的事情随时会给案件增加变数。

（1）确定当事人。从接案开始，代理律师就要确定该案是采取寻求诉讼判决为主线，还是始终贯彻和解为主线的诉讼战略意图。要从战略上把握如何立案才能有利于己方，如合理选择当事人，根据诉讼纠纷是否存在多方当事人的问题，分析连带责任、共同责任、按份责任及同类诉讼标的众多纠纷等，选择好共同原告、共同被告；是否能够依据与诉讼标的物有直接利害关系而确定第三人。

（2）弄清诉因。当民事权利主体认为自己的民事权利受到侵害或与他人发生争议时，向人民法院提起民事诉讼的时候，必然要有提出诉讼的原因，这就是所谓的诉因。

诉因具有两个基本功能：一是确定法院审判的对象，它被限定在人民法院的案件受理范围；二是明确告知被告方行使抗辩权的范围。同时诉因在一定程度上也限制了第三人的确定及对方当事人提起反诉的范围。

在民商诉讼中，诉因是诉讼双方当事人的攻防要点所在，也是主审法官归纳争议焦点所在。诉因一般是由当事人在起诉时自行确定的，原告可以依其对引发争议的事件或行为的认识和判断，决定提出何种诉讼。针对原告所选择的诉因，被告可以提出自己的抗辩意见，来证明原告的诉因与其请求没有因果关系，或者被告认为自己的行为属合法合理，与对方所受损害或侵害没有事实上和法律上的因果关系。

当事人正确选择诉因，可以顺利实现诉讼目的，如果选择诉因不恰当，致使案件审理朝不利于自己的方向发展，最终可能导致败诉。

典型案例：乙方诉甲方拖欠工程款纠纷案

入选理由：实际施工人将业主列为共同被告还是第三人的纠结

案情简介：甲方与乙方均为吉林市的两位自然人，双方经协商签订一份《合作承揽协议》，约定双方共同参与南方某央企一宗油罐建设项目施工。合同约定甲方负责建设项目的前期运作，包括施工队伍的资质挂靠、前期拿到项目合同。乙方负责承揽工程的项目实际施工、现场管理及结算工作，并约定由甲方负责与挂靠单位联络沟通，帮助解决相关问题。协议签订后，甲方开始运作项目，先是与北京的施某、深圳的任某共同签订一份《A单位油罐建设项目合作协议》，协议约定施某、任某负责承揽到南方某央企的一宗油罐建设项目施工，并保证A设计单位能够中标南方某央企的油罐建设项目的EPC（设计、采购与施工）总承包合同，后再将主体施工工程分包给甲方，由甲方负责运作，包括组织施工队伍，并挂靠有甲级资质的建设施工单位，甲方承诺事成后，按照所建设油罐总重量的每吨×元提取相应的中介劳务费用支付给施某、任某。随后，施某、任某运作成功，将工程施工事项交由甲方开始运作。甲方随后按照与乙方的《合作承揽协议》运作，与吉林市某具有甲级施工资质的B建设单位签订《A单位油罐建设合作协议》，协议规定以B建设单位名义承揽油罐的施工。B建设单位与A设计单位签订《A单位油罐施工的专业分包合同》后，B建设单位又与B建设单位的全资子公司C建设单位劳务分公司签订一份《A单位油罐建设劳务分包合同》，将A单位的油罐施工分包给C建设单位劳务分公司。随后，C建设单位劳务分公司聘请某某为该公司副总经理，并与某某签订一份《A单位油罐施工总承包责任书》，承包责任书约定将A单位的油罐建设施工交由某某负责施工直至交付A单位投产使用。

各方协议签订生效后，乙方开始组织施工队伍，并租赁相应的建设施工设备、机具以 B 建设单位的名义进驻 A 单位施工现场，开始实际进行施工。乙方在建设施工过程中，作为 B 建设单位项目经理并以 B 建设单位的名义与 A 单位及与 A 设计单位进行联络沟通，工程临近完工时，A 设计单位以影响施工进度，质量不符合要求为理由将乙方及其施工队伍驱离施工现场，乙方自行组织离开现场时，A 设计单位以没能建设完成为由，扣留了乙方现场施工的主要设备、机具，并自行组织人力、设备、机具将油罐建设完成，交由 A 单位投入正常使用。

油罐建设完成投产后，乙方以 B 建设单位名义编制的结算报告交与 A 设计单位实施结算，双方因结算分歧，没能完成结算。乙方先是以与甲方签订的《合作承揽协议》约定仲裁解决纠纷为由先行向吉林市某仲裁委提出仲裁，要求甲方依照合作承揽协议支付合作费用，后仲裁委以该争议实际涉及工程项目结算，且工程建设结算纠纷涉及其他相关当事人为由，裁定不适用仲裁方式解决纠纷，因此驳回乙方的仲裁申请。后乙方以甲方为被告，其他相关方 A 设计单位、B 建设单位、C 建设单位劳务公司、A 单位为共同被告，向吉林市中级人民法院提起诉讼，要求甲方支付合作承揽工程项目的结算费用，其后乙方又重新立案，其他被告承担相应的连带责任。一审乙方败诉，二审乙方撤诉，不久，当地基层受案法院经审查以工程建设项目结算争议诉讼的管辖适用以施工项目建设所在地法院管辖地为由将案件移交到南方某县基层人民法院。案件历时近 4 年，乙方又回到了起点。

法理明晰：从该案所显示的案情来分析，乙方以协议约定仲裁为由，而实质涉及工程与其他当事人进行结算的纠纷，也就是说，相关当事人不只是涉及合作协议约定仲裁的两方，还涉及工程建设的 A 设计单位、B 建设单位及 C 建设单位劳务分公司有关 A 单位油罐项目建设的结算问题，并非甲乙双方因合作协议引起的合作承揽油罐的分配纠纷，因此并非仲裁可以主管的范围，而应由人民法院审理才可以确保各方的利益。

需要指出的是，该案确定由人民法院审理，不仅是"原告就被告"那么简单的一般管辖的原则问题，涉及法院的特殊管辖权问题，同时也涉及各方当事人应承担的责任性质问题，不是乙方想的那么简单。

实质上该案的案由也随着人民法院的移交发生了改变，原告从合作者身份主张合作协议争议的当事人变成了 A 单位油罐建设的实际施工人。这样，作为原告，作为 A 单位油罐建设的实际施工人将业主 A 单位列为共同被告还是第三人就产生了不小的纠结，法律的适用也发生了显著的变化。

（3）确定责任形态。在确定诉因后，代理律师要用很大精力分析当事人的责任形态，首先确定是违约、侵权、竞合，还是存在其他特殊责任形态。对于已明确责任人的情形下，通过连带责任（含共同责任）、按份责任（含独立责任）、不真正连带责任和补充责任四种形态来确定当事人的责任形态。

违约责任是违反合同的责任，侵权责任为侵犯人身权、财产权等所应承担的民事责任。当某一违约行为构成违约方对对方人身和财产权益的损害负有部分或全部责任，即该行为既符合违约要件又符合侵权要件时，则形成民事责任中违约责任与侵权责任之竞合。现实生活中有不少类似事例，例如，酒店就餐交付的啤酒因啤酒瓶爆炸致就餐人受伤；出差途中的员工发生交通事故等。

典型案例：赵某诉乙轮船公司工伤赔偿案

入选理由： 搭乘顺风船途中身亡，受害人享有工伤待遇，就不能再行索赔吗？

案情简介： 1999年11月，甲集团公司因重庆一工程施工需要，与重庆乙轮船公司签订了沙石采挖协议。2000年2月24日下午5时许，该轮船公司一艘驳船装载完沙石料后，甲集团公司职工付某6人因回项目部开会，便搭乘上该驳船。

当日下午5时40分许，该驳船倾覆翻沉，付某等12人落水失踪。经多方搜寻，有7人获救，4人死亡，付某失踪。2007年6月28日，某市人民法院作出判决，宣告付某死亡。

事后，付某妻子赵某因未收到付某死亡赔偿款，多次与乙轮船公司进行协商，未果。法院判决宣告付某死亡当年的5月，赵某向某海事法院提起诉讼，索赔25万余元。12月17日，某海事法院作出一审判决，支持受害人家属的索赔请求，依法判决肇事公司给付死亡赔偿金、安葬费20余万元。

法理明晰： 该轮船公司辩称，事发后，该公司已向甲集团公司支付了赔偿款21万元，付某的赔偿金亦包含在内。同时，付某在工作期间死亡，其所在单位应按工亡对其进行赔付，该公司只应承担工亡赔偿后的不足部分。且此前双方曾约定，原则上甲集团公司人员不得搭乘轮船公司运输船舶，如确因工作需要搭乘，其安全及经济责任自负。

某海事法院审理后认为，根据《合同法》，双方关于人身安全责任的约定无效。乙轮船公司作为承运人，应当对其运输过程中付某的死亡承担损害赔偿责任。付某所在单位虽然有义务对其进行工亡赔偿，但并不影响原告向直接责任人请求赔偿。乙轮船公司称支付付某死亡赔偿款7万元，但未能举出证据。因此，某海事法院依法驳回了乙轮船公司的辩解，作出上述判决。

（4）其他因素分析。代理律师在立案前还要思考是否有管辖法院交叉的问题，最有利的管辖权法院是哪一个；是否有与诉讼时效及除斥期间有关的胜诉权丧失问题等。

二、庭前诉讼战略实施

一般来讲，代理律师在庭前做好了充分准备，在开庭时就会表现得游刃有余，能够充分发挥专业水平和实战技能。庭前诉讼战略主要从以下几个方面开展工作。

第一，梳理案情，注意一个中心：通过当事人的陈述，了解案件的基本性质和相关当事人。一切事实（包括证据组织）都是围绕诉讼请求这个中心进行准备的；要去粗取精，提炼与诉讼有关的事实，这一事实必须是与基本证据相印证的事实。

第二，要确定一个主线：一般以事件的发展顺序为主线，如常以时间顺序为主线，把握案件事实的基本脉络。

第三，做好一个链条：通过对基本证据的分析，弄清做牢证据链的关键环节所在。

第四，确定法条：针对案件中的法律关系和争议要点，及时检索法律、法规及相关行业标准与司法解释，从中抽取适用的法条。

第五，提出疑问：抽出一定时间，细听当事人对案件的认识，适时地向当事人提出和求证，以获得对案件全面的了解。对于细节和背景问题要追根溯源，对于当事人的一些隐私问题，代理律师要静听其说，并给对方以诚信，建立律师与当事人之间的信任，并从中更深层次地了解原告、被告及第三人间的背景关系、纠纷产生的主观、客观原因，以及形成纠纷前后的行为状态和行为差距。这些都是当事人提供的材料中反映不出来的，需要律师敏锐地发现问题。

第六，补充收集证据：在诉讼进行案前准备分析后，代理律师通过对当事人材料的审核及对当事人的进一步询问，着手补充证据。该过程有代理律师的主观判断，是律师对案件的感性理解并加入一定的专业技术含量。在这一过程的战略中要注意举证时效与举证成本的限制，并要切记"细节决定成败"，要有敏锐观察细节的能力。

立案后，法院会进行诉讼风险及证据的举证时限提示。代理律师要从战略上考虑证据的组织、整理、提交。哪些是关键证据，哪些适宜出示原件，哪些证据还需要补充等，同时要分析对手可能持有哪些强势证据，或者估计对手是否会申请证人出庭作证等，对于证人出庭问题，要考虑证人是否绝对可靠，是否会临场退堂，是否会被对方说服等，要综合分析，并作好预案分析。

民商案件胜诉不仅仅只是一个"理"的问题，有"理"还得有"据"，当事人不能举证或延迟举证也可能导致有"理"而败诉；有"理"还得守"时"，如果纠纷超过了诉讼时效或请求权超过了除斥期间，即便有理也得不到法律的保护；另外，有"理"还得遵守法律的程序性规定，例如不出庭应诉，有理照样会输官司。当事人选择诉因不当，也是造成有"理"败诉的一个重要原因。

第七，法庭阅卷：法庭阅卷的首要目的是了解对方提交的证据。不能忽略"知己知彼"的重要性，这对形成代理思路很有影响。另外，在阅卷的过程中，既要重视对自己有利的细节，也要重视对自己不利的细节。为了使对方尽量少、尽量晚地了解己方的战略和思路，自己的证据要在阅卷之后提交，尽量晚提交。

第八，借"他山之石"，优化制胜的战略路径：代理律师要及时与主审法官联系，分析对手提交的证据。重点要分析对手的证据是否形成完整的证据链，是否存在反证，要学会借"他山之石"，拿来优化制胜的战略路径。有时候，可能由于对手的疏忽，让自己找到对手证据中存在的破绽，从而对于优化战略路径十分有利，分析证据时要分析直接证据与间接证据，主证与反证，证据强弱、证据的可靠性等方面引发优化战略路径思维。有时候要通过"外部发掘"思考是否存在相关的第三方加以利用，是否能够从相关第三方获得难以收集的证据，是否有同类型案件的制胜良方可供借鉴。有时候要通过"内部风暴"提供线索，把己方证据做足、做强。

三、庭中战略

庭中战略是指代理律师在庭审过程中，根据庭前掌握的信息，针对庭审情况所采取的一系列临战手段或技巧。

（1）制胜思路。经过庭前战略的实现，代理律师应当结合总体制胜战略路径，确定庭中战略，并勾画出制胜思路，这一制胜思路总体应该从多点出发、多角度把握、多方面分析。这一思路犹如工程设计的蓝图，让法官一听就明白，并能够很快与其思路产生共鸣，在审理中或多或少地要受这一清晰思路的影响。

（2）找准切入点。代理律师有了清晰的制胜思路，还要学会恰到好处地掌握案件的切入点。弄清楚所代理案件的薄弱环节、命门、死穴。任何复杂的案件，都有其突破口，即使看似将败的案子，也要不惜动用所有手段和才智，从对手的每一个漏洞中寻找制胜切入点，达到制胜的目的。这就要求律师不遗余力地去寻找案件的切入点。如笔者曾经代理过两起通过找准切入点使案件很快得到主审法官认可并当庭结案的案子，很有教益。

一起是在庭审辩论中笔者提出了"续租权是相对权而非绝对权"这一法理切入点。

典型案例：甲诉 A 公司房屋租赁纠纷案

入选理由：续租权是相对权而非绝对权的辩护理由

案情简介：甲承租 A 公司门面房一间，到期后，A 公司贴出招租通告，乙等参与招租，最后乙获得承租权，并在中标后支付押金 2 万元，双方当场达成租赁协议。6 个月后，甲起诉到法院认为乙侵犯了自己的续租权，主张要求法院判决 A 公司与乙签订的租赁协议无效。

法理明晰：在审理过程中，笔者提出甲的续租权是一种相对权，而非绝对权，甲在 A 公司招租的合理期限内没有参与招租活动，其行为说明甲放弃了续租权，也就是说续租权必须相对于另一承租人的提出时间与承租条件，而不是说双方签订合同后以同等条件续租。代理意见很快得到主审法官的认同，从而判决支持了乙具有合法承租的主张。

另一起是在庭审辩论中提出了"公平原则的适用以既无比较责任又无严格责任为前提"这一法理切入点。

典型案例：甲诉乙单位道路通行安全保障纠纷案

入选理由：公平原则的适用以既无比较责任又无严格责任为前提

案情简介：某日晚 10 点左右，甲骑两轮摩托并带一人经过一段正在修缮的公路，摩托大灯不亮，两人都没戴安全帽等防护装备。甲等人经过修缮路段时，发现维护路面后处理不当，撞在公路左侧的大树上，搭载人员当场死亡，甲负重伤，经交警认定该事故由甲负全责，后甲将路权物主起诉到法院，以公平原则为由，要求路权物主乙单位给予甲一定经济补偿。

法理明晰：笔者作为路权物主的代理人，在法庭上指出"公平原则的适用以既无比较责任又无严格责任为前提"。本案交警认定甲负全责，根本不能适用公平原则，主审法官持赞同代理人意见，从而乙单位获得胜诉。

从上述两起案件的审理来看，代理律师找准切入点至关重要。同时也说明代理律师代理战略的合理制定与正确贯彻实施、成功切入，关键是要谙熟法律的规定、诉讼的技巧和法理。

（3）如何配合法官的工作。庭审是在法官的主持下进行的，代理律师一定要记住自己所做的一切是有利于配合法官的审理工作。开庭时，代理律师要配合举证、质证情况，及时调整自己的庭审辩论战略，分析哪些证据有疑问，哪些证人需要进一步质问，哪些证据需要申请法官协助调取，同时思考该案最容易制胜的因素是什么，能够做到一语制胜，弄清对手最大的漏洞在哪里，通过分析，确定最佳的制胜战略路径。其战略路径的实施一定要明白如何与法官有效沟通。庭审是代理律师诉讼博弈中最具表现张力的部分。庭审是代理律师的角斗场。任何一个代理律师都不会也无法忽视庭审这个阶段。但是，对于该阶段的操作技巧和战略设计，却不是每个律师都能有意识地加以注意的。要注意与法官的沟通，配合法庭调查。

要能够根据法官的审理节奏，及时、恰当地选择发言时机，如在补充陈述时，着重表达在起诉状或答辩状中故意遗漏的事实和观点（起诉状、答辩状往往只表达能够支撑诉讼请求的事实和理由），或者提出新的事实和观点，在现阶段的庭审中，最好避免采取突然袭击的手段，让对方措手不及，因为这样也会让法官措手不及，容易让法官反感。必要时，要求向对方当事人询问，这是在事实调查阶段最好的狙击手段。

（4）举证质证。代理律师在法庭上不能轻易认可对方的证据。

从以下几点上对实物证据（包括书证）进行质疑。

第一，质疑证据的客观真实性（是否是原件）。

第二，质疑证据的证明力（即证据与本案的关系）——律师不是关心事实上发生了什么，而是要关心证据能证明什么。

第三，质疑证据的证明内容（时间、地点、人物、事件、各要素间的关系以及事件发展的过程，等等）。

第四，质疑证据搜集程序是否合法。

要明确证人证言主要询问的目的：

第一，寻找案件疑点的答案，并让法官听清楚；

第二，达到自己要证明的目的。

明确反询问的目的：

第一，暴露对方证人的证词矛盾、错误或不实之处，以降低其证据的价值；

第二，证明这个证人是不可靠的，使对方承认某些有利于本方的事实。

要认真听对方对证人的主询问，敏锐地捕捉询问中的破绽。

（5）法庭辩论。如果说之前的工作是搭建高楼的钢筋，法庭辩论就是浇筑在上面的混凝土。法庭辩论的作用往往是锦上添花。律师在法庭辩论中要善于归纳总结，特别是要善于帮对方归纳总结（其间常常可以偷换概念）。在找不到具体规则时，可以上升到法律原则，以寻求有利地位。当庭辩论要针对双方争议的焦点，一一论证和反驳。要不断强化自己的观点，辩论要设计恰当的语气，并且在考虑法官的个人身份和特点的基础上进行。代理词需要具有感染力。法庭辩论应当展现律师的素质。

（6）局面评估。所谓局面评估，就是代理律师通过当事人陈述、举证、质证、法庭辩论后对案件情况进行判断，以确定是否能够达到诉讼目的，并在最后陈述中完善、补充相关事宜。

评估局面的过程大致可以从以下几个方面展开：

第一，考虑证据的对比；

第二，考虑双方制胜的关键因素及庭审对哪方有利；

第三，研究战术组合的动因及是否达到战术目的；

第四，法官运用自由裁量权的可能性。

四、庭后战略

代理律师一定要记住：没有亲眼看到判决书之前，不要轻言案件了结，什么事情都有可能发生。

开庭后，一般来讲双方该出示的证据都已开示，该陈述的理由也已明了。但代理律师不能认为开完庭，随后向法官提交代理词就可以高枕无忧了，应当从战略上分析庭审是否对己方有利，己方是处于绝对强势，还是绝对弱势，还是不分上下，关键是要考虑如何扩大有利面，如何减少不利面。分析是否需要采取拖延与反拖延战术，是否需要申请调取新的证据，是否需要申请新的证人，如果有必要，可要求主审法官考虑第二次开庭，或申请延后审理等。还有的代理律师在诉讼参与人的适格问题上做文章，达到预期目的，弥补第一次开庭的准备不足。如果拿到了判决书，代理律师也要有战略地向当事人交代判决结果。

在申请执行期间作为代理人也应具备两个意识：

第一，继续举证意识。应当向人民法院提交必要的文件和证件，包括向人民法院提供其了解的被执行人的财产状况或线索。这是民事诉讼中"谁主张，谁举证"责任制度原则的延伸。

第二，市场风险意识。在实践中，并不是所有的裁判文书都能得到执行，司法文书只是对双方的权利义务作出的判断和确定，能否实现还取决于很多因素。如被执行人是公民的，他生活困难无力偿还欠款，无财产，亦无收入来源；被执行人是企业的，该企业可能停产甚至破产。那么，此类案件只能中止执行，待其有执行能力时再恢复执行。像这样的案件执行不了，应该说不是法院的原因，而是当事人应该承担的市场风险。任何人搞经营做买卖，都应有市场风险意识，不可能保证只赚不赔，更不能保证对方永远都能有偿付能力。代理律师一定要向当事人交代清楚，不要认为审理已经终结。

代理律师收到判决书后，一定要认真研究，反复研读，并与自己的诉讼战略相对比。如果是一审胜诉要做好应诉的准备，如果是二审胜诉，要明确下一步执行的方案。如果是一审败诉还要向当事人说明判决的不当之处，以及判决的合理之处，让当事人明白案件赢在什么地方、输在什么地方，是否需要上诉，并提醒上诉的合理期间。对于二审判决，代理律师还要预测对方可能采取的强制执行行为，以及对抗强制执行对当事人可能产生的后果及应负的责任，包括要向当事人说明有执行能力而抗拒履行生效的判决所应承担刑事责任的法律后果。

第四章
驾驭诉讼：从博弈信息的角度理解民商诉讼的证据

民商诉讼需要代理律师的专业知识，如果说博弈的均衡取决于知识结构，那么我们可以理解为，诉讼（博弈）的均衡取决于证据（信息）的获得、构建和组合。自然，证据在诉讼中的作用就体现为：证据的多少、强弱及不同组合对诉讼结果形成重大影响。同时在诉讼中，代理律师可以利用自己掌握的知识（如某些自然状态）参加庭审，完成举证和质证，发出信息、信号（如提出和解，对当事人进行质问），进而使对方当事人改变原先的战略，得到新的诉讼的均衡。或者隐匿、故意泄露自己的信息，使诉讼的结果对自己有利（如不完全信息重复博弈中如何确定信息战略）。但在动态博弈过程中，外部信息和类型依存的参与人行动所发出的信息对其他参与人的信念具有修正作用，使博弈最终达到一定的均衡。另外，信息也能通过一个调解人（即一个能够帮助参与人通信并获得信息的人或机器）对某些博弈均衡的影响，达到相对均衡。

而民商诉讼的证据就是双方博弈中的信息，信息的对称与否，是否对己方有利，这也看代理律师的构思如何，反映出其专业水平与代理技能的高低。

第一节　证据在民商诉讼中的作用

代理律师在法庭上要按照一定先后次序向法庭提交证据材料，并能逐一向庭审法官释明证明方向，回答对方当事人的质证，得到法庭的认定，才能作为判案的依据。在诉讼中证据起着十分关键的作用，对众多的证据材料，代理律师必须经过审查形成证据链，这样才能使法庭的辩论对自己有利。

民商诉讼证据，是指能够证明民事案件事实的依据。在民商诉讼中，案件事实是已经发生的事实，法院要对当事人有争议的民事法律关系作出正确的裁判，必须建立在对该民事法律关系产生、变更或消灭的事实予以认识的基础上，而要认识这些事实，就必须借助于各种证据。所以，证据是诉讼的基础，一切诉讼活动都是围绕证据而进行的，可以说没有证据也就无所谓诉讼。证据对官司的输赢起着至关重要的作用。

证据在民商诉讼中的作用主要体现在以下几点。

一、证据是人民法院查清案件事实、作出正确裁判的基础和依据

案件中的某一事实是否存在，其存在的具体状况如何，审判人员只能依据各种证据材料来认识，只有通过依法审查、判断和运用证据，才能弄清案件事实的真相、分清双方当事人的责任。除调解结案的以外，人民法院在案件审理结束后要作出裁判，正确的裁判只能建立在证据可靠的基础上，否则难以保证公正与合法性。对法官而言，他并未亲自经历案件事实，又不能使案件事实重现于法庭，要辩明当事人争议真实的真伪，靠什么呢？只有靠证据，别无他法。我国法律明确规定，人民法院审理案件的基本原则是"以事实为依据，以法律为准绳"。"以事实为依据"是法官判断官司谁赢谁输的原则，即要看哪一方提供的证据确实、充分。为了在判决中正确地认定案件事实，法官必须以真实可靠的证据为依据证实事实。所以，"以事实为依据"在诉讼中的真实含义又可解释为"以证据为依据"。

在法庭的举证、质证过程中代理律师不要认为证据只是交给对方当事人看的，证据实质上是提供给法官看的，是要通过举证、质证向法官说明一些问题，以便法官查清案件，从而能够居中作出裁决。

二、证据是当事人进行诉讼和维护其合法权益的手段

当事人进行民商诉讼，目的是维护自己的合法权益，因而在诉讼中就必然会提出利己的主张或反驳对方的主张。根据法律规定，当事人提出主张或反驳对方的主张，必须提供证据加以证明，唯有如此，才能达到维护其合法权益的目的。可见证据是决定当事人官司输赢的关键。对当事人而言，在案件事实发生争议时，提起诉讼首先是准备必要的证据。因为当事人到法院打官司，就是为了让法官相信他的起诉或反驳是正确的，从而使法官作出有利于他的裁决。而要使法官相信其主张是真实的，不是虚假的、编造的，除了向法官提供证据加以证明外，别无他法。在诉讼中，原告无证据证明他所主张的事实，诉讼请求就得不到法院的支持，甚至在某些场合还要被驳回起诉；被告如果提不出有力的反证，就有可能导致败诉的结局；第三人、共同诉讼人要想保护自己的合法权益，也必须提供证据加以证明。因此，证据既是当事人打官司的必要条件，也是维护自己合法权益的有力武器。

可见，在民商诉讼中，不论是人民法院还是当事人，证据的运用都是一个十分重要的问题。证据是诉讼开始的基础，也是诉讼继续进行的推进器，还是引导诉讼走向终结的决定性因素。所以，证据制度构成了民商诉讼制度的核心。我国民事诉讼法对证据问题作出了原则规定，最高法也作出了一些司法解释。2002年4月1日颁布实施的《最高人民法院关于民事诉讼证据的若干规定》（以下简称

《民事诉讼证据规定》），是我国目前最为完整、系统规定证据制度的司法解释。

证据对官司的结局，对当事人胜诉或败诉的结局，具有决定性的作用。可以说代理律师能够从当事人提供的证据材料中提出确实充分的证据，官司也就赢了一大半。

第二节　证明责任分配与证明方向

在民商诉讼中，双方当事人都要对自己的主张或抗辩提供有说服力的证据，但由于证据存在的方式可能不同，当事人对证据持有的可能性也难以衡量，这就存在一个证明责任的分配问题。一般来讲，应当遵循"谁主张，谁举证"的原则，但举证责任倒置的例外，同时法官有时也会根据案情和当事人可能持有证据的可能性或证据材料距当事人的远近程度来指定由哪一方出示证据。例如，劳动合同关系一般由用人单位来出示没有劳动合同的证据，而不是要求劳动者出示具有劳动关系的证据。作为代理律师在举证或质证过程中，就要综合分析证明责任分配问题，如果对于自己的主张实在无证可举，就要考虑是否应当属于己方举证的问题，同时还要分析证据存在的可能，以此来向法官说明应当由谁举证更符合事实和法律的要求。若不该属于己方所持有的证据在法庭上出示了，就可能被精明的对手用来抗辩另一客观事实的存在，从而对出示者不利。

确定了证明责任分配，代理律师就要分析证据的证明方向问题，有时一个证据站在不同角度就可能证明不同的事实，也就是说证据具有不同的证明方向。如某事实的存在与不存在就存在两个截然相反的证明方向，有时确实会得出相反的结论，虽然同一证明方向"真""假"只有一个，但不同方向就可能不止一个，代理律师就要把握好所出示证据的证明方向是否在自己预料之内，要谨慎出示。

第三节　分析：判断民商诉讼证据的基本方法

律师分析判断证据的基本办法，主要可概括为，甄别、比较、综合、取舍、做好标志与识别。

一、甄别

甄别是指对收集的证据，逐一地进行单个审查、辨别其真伪和确定其证明力的方法。在书证的甄别过程中，一定要结合证据时间、书证载体、书证内容及提供证据人的品行等方面综合考虑。

二、比较

比较是指对两个或两个以上具有可比性的证据加以辨别，区别异同，发现矛盾，而确定证明力的方法。代理律师在证据的比较过程中要注意同种载体证据的比较，不同载体证据的比较，同一证明方向证据的比较，不同证明方向证据的比较，正方证据的比较，反方证据的比较，以及正反证据之间的比较。

三、综合

综合是指代理律师要对所收集的证据结合案情的具体情况进行综合分析。要综合诉讼请求、诉由及诉讼的具体标的额及证据比较情况制定自己的诉讼战略，拟定好代理思路，通过综合找到单个证据的不足之处，通过综合检验整个证据的矛盾所在、缺陷所在，从而发现问题，找到症结。

四、取舍

取舍是指代理律师对全案证据进行全面的综合分析，形成对该案的基本看法后，把支持自己观点的证据挑选出来加以组织，再根据组织起来的证据检验形成的观点是否正确、证据是否充分，取其强势、优势，舍其劣势、弱势。通过取舍使证据链牢靠，难以被对方折断。

五、做好标志与识别

做好标志与识别是指代理律师通过对证据材料的甄别、比较、综合、取舍后根据自己的认识和证据材料的重要程度进行有规律的标志与识别，包括所有要在法庭上出示的证据或所要涉及的法律，通过对证据材料的标志与识别，以利于法庭辩论的思维引发。即结合认证内容和认证对象针对案情的基本情况，联系法律道德和实际的社会状况，在法庭辩论上据理力争。在辩论中，证据与证据之间，证据与法律适用之间，法律条款与法律条款之间通过识别与标志的语言来清楚地说明如何引用证据、法条。这一过程有递进，有层次，有关联，有思维链环或有思维节点，能够清楚地向法官及双方当事人对案情予以说明、予以补充。

第四节　整理：通过诉讼证据分析厘清代理思路

代理律师花很大精力取证、固证的目的就是为了分析案情，弄清案情的真相，是要在法庭上用证据说服法官，来认同己方的诉讼理由或反驳依据。

形成证据链的证据材料都必须符合证据的"三性"，即客观性、合法性与关联性。证据的关联性、客观性、合法性是证据的三要素，三者相互联系缺一不可，否则，证据就不能够被采用。

我国民事审判证据规则列举了一些说明证据证明力大小的方式方法，同时也就高度盖然性证明标准作了说明，即在证明某一事实存在的证据无法达到充分、确凿的情况下，由人民法院对双方当事人提供的证据的证明力进行分析衡量。如果认为一方提供的证据的证明力明显大于另一方，则可以认定证明力较大的证据支持的事实具有高度盖然性，并据此作出裁判。如果通过比较，双方提供的证据证明力大小区别不明显，即案件事实处于真伪不明状态，则由负有举证责任的当事人承担不利后果。

一般来说，代理律师在完成取证与固定后就要结合案情对证据材料进行分析。

一、分析证据材料是否缺失关键性证据

代理律师要学会推理与演绎，要能够通过现有的证据材料与当事人的陈述对情况进行基本的复原，从而弄清证据材料是否属已发生的事实应当留下的必然痕迹，是否存在多余的证据材料（多余的必然要慎重处置），是否缺失关键性证据，还要求补充哪些证据。

二、认真解读证据材料的信息

在证据材料与案情基本吻合后，代理律师首先分辨出哪些案情与证据所显示出的信息是重要的，同时代理律师要凭专业的敏感与直觉悟出本案是什么性质，违约还是侵权？如两者都有，需要竞合时，如何选择才能对当事人最有利。这些还要与当事人进行沟通。代理律师要充分解读每一个每一组及所形成的整体的证据材料所存在的信息。同时还是明确哪些是重要的，哪些是次要的，哪些是需要补强的，哪些会在将来的庭审中成为优势证据。代理律师在分析解读证据材料时，要做必要的记录或标记。

三、正确看待事实没有印证的问题

在解读证据材料的过程中，可能会出现对基本的事实没有印证的问题。会出现证据材料的空白，代理律师就要凭自己的经验（学识经历与办案经历）来推测应当存在的证据材料，那些难以收集的证据材料也可能就在对方当事人手中，或者应当在被代理人手中，一旦丢失，就会出现难以印证的问题。如果是前者，就要分析案情是否属应当由对方出示的证据材料，从法理上来分析缺失某些证据材料对哪一方有利的问题。如果因为缺失对己方不利，就要想办法补强，或者改变诉讼技巧，迫使对方在法庭上出示其掌握的证据材料，或者通过间接材料来形成证据链，或者从已有的证据材料中寻找对己方当事人最有利的法理解释或选择最

有利的法律法条，从而得出最有利的结论。当然代理律师所形成的预期结论是要得到法官的认同，所以就要想到如何去寻找说服法官的最好理由。

四、放弃想象中的材料

在证据分析与当事人沟通的过程，代理律师可能会凭想象认为应当存在哪些证据，而事实上那些证据却不存在，这样就会出现想象中的证据材料。一方面是事实中本来应当存在，但确实不存在的证据材料，如借钱应当出具借条，但由于借贷双方关系很好，当时就没有出具借条。另一方面，由于某些事实并不存在或不真实，但代理律师就可能凭想象认为某些证据材料应当存在或者是真实的。对于前者，代理律师就要想办法帮助当事人进行回忆，收集到间接证据材料，如证人证言、发生纠纷事实的环境条件或其他痕迹材料。对于后者，代理律师就可能忽视去收集、整理分析某些证据材料，如对双方当事人的身份查实证据没有落实，到开庭时才发现对方当事人不具备诉讼主体资格，这样就会使代理律师陷入尴尬的境地。所以代理律师要对证据材料逐一核实，并对法庭上可能出现的问题进行预测，想到对方会提出哪些质疑，从而心理上有所准备。心理上准备的关键还是证据补强的问题，不能有半点的疏忽。否则，一个小的失误就可能成为被对方利用的致命点。

五、"无关"与"有关"的正确区别

有证据材料的整理分析中，代理律师应当清楚的是，在法庭上不是看证据材料出具的多少，而是要看证据材料的证明力，在同一份证据材料中可能会出现既有利己方的证明点，也会存在有利对方的证明点，所以代理律师就要努力进行分析，看证据材料哪些是对己方有利的，哪些是对对方有利的。同时还要分析哪些证据材料属于对方提供，哪些属于己方提供。分析本不该自己提供的证据，是否应当在法庭上举证。对自己不利的可以不出示，对己方不利的事实可以不陈述。"利害相权取其利"，这是代理律师基本的职业素质，这符合法律的规定。因此，代理律师在出庭前要分析证据材料，弄清哪些是与有案情有关的证据，哪些是与案情无关的证据，哪些证据材料不属于己方举证的。"有关"与"无关"的标准就是分析证据出示后是否对己方当事人有利，或者两相权衡取其利。

六、正确对待难以收集的证据

在证据的收集与整理过程中，总会有难以收集的证据材料。代理律师就要从两个方面考虑，一方面思考目前的证据材料是否足以证明己方的诉讼请求；另一方面考虑收集难以收集的证据在成本上是否适当的问题。如果为了一份本可用证据链的方式来证明的问题非要花很大的精力去完成收集难度很大的证据，这样就

可能事与愿违。再者是能够通过协助等方式委托其他人员帮助收集，或者申请人民法院去调查收集。分析现有证据是否需要专家意见，如交通事故认定、伤残等级鉴定、环境评估等。对难以收集的证据进行分析，还可以从中掌握已收集证据材料的重要与否。

七、重视关键证人的出庭

在某些案件中，可能需要一些关键证人出庭。在关键证人出庭前，要提前做好证人证言，并能让他签字确认。证人不是任何时候都可以出现在法庭上的，千万不要让他去法庭旁听。如果因为忘了让证人回避，其一同去法庭旁听了开庭情况，就会受到对方的质疑，法官就会取消他的证人资格。

八、最佳证据问题

当事人提供的证据材料与诉讼请求相比是否属有完全证明力的证据，如果不是就要进行补强，还要分析取证的成本。对于当事人所陈述的事实存在与否不能确定时，应当规定由哪一方当事人对不利后果进行负担，对风险和责任进行评估，从而确定最佳证据。

第五节 补证与固证：一切为了做牢证据链

当事人向代理律师提交的证据一般都不具有充分性，因此，代理律师就要为当事人提供补证的线索，从中收集到足够支持诉讼主张或反驳对方诉讼请求的证据。对于难以保存的证据材料还要及时固证或直接向法院提交协助取证申请。

那么，究竟如何完成补证工作呢？

一、由当事人提供

对于当事人提供的证据材料，代理律师不能一一留存，要分析重要与次要，对当事人提供的书面证据原件要进行复印，一般复印两份，自己留存一份，提交法院一份，原件最好让当事人自己保存。代理律师如果保存，存在很大风险。

二、从当事人所控制的范围内取得

有很多证据，不是以书证的形式存在，代理律师就要在征得当事人许可的情况下，到当事人所控制的范围获取有信息的证据材料。如绘制相邻关系的边界草图，必要时，再委托专业部门进行测绘，也可通过摄像、照相等技术获取证据材料，还可以邀请主审法官到现场察看，让法官有直接的感观印象，这对于法官形成审判意见十分有利。

三、从当事人经手事项的留存中提取

当事人所做的每一项工作都会留有痕迹，代理律师可以要求当事人对往事进行回忆，帮助他们发现、整理工作中留存的材料，这些往往会成为案件的优势证据。比如，去办事的车票、住宿票（在证明时效时往往要用的证据材料）、看病的医疗单、报销凭证、合同、购物发票、交接清单、遗嘱等。甚至一些微不足道的小纸片，也可能在庭审中起到关键的作用，比如电话记录、银行的回执、保险单、股票交割单、缴费凭证、电子通信记录等。

四、从当事人所在单位收集

有些证据材料，由于各种原因可能由单位保存，或者只有单位才能提供的材料，如职工的出勤情况，收入状况等。有的材料保存单位设有专门的查询部门，比如工商查询、政府部门的统计数据查询等。对于由单位提供的证据材料，代理律师前往调取时，要带上相关的调查函和立案通知，有的还要求代理律师的执业执照。对于需要做摘录的，要编号，记录页码，对重要书面材料进行复印，备注复印时间，并要求保存单位加盖公章。如果有条件，还可由保存单位用电脑打印查询结果，让复印人员签上"与原件核对无误"字样并盖上公章，否则，你的辛苦可能因对方的一句"没有与原件核对"为由而付之东流。

五、从当事人提供的证人中提取

证人证言有时在法庭上能够对案件的审理起到关键作用。代理律师要当事人尽可能提供对案情或现场十分熟悉的证人出具证言材料，尽管现在的庭审要求有条件的证人必须到庭参加庭审，但在开庭前，代理律师想办法与证人当面接触，弄清案情的真相，也可从中弄清当事人提供证据材料的真实性，代理律师最好找一位同行，作好对证人的询问笔录，在征得证人同意的情况下还可形成录音，对于不便出庭的证人最好请主审法官前往做询问笔录。这样在法庭上会处于十分有利的地位，可减少很多证据不足带来的麻烦。

六、从相关的场所与环境中获得

由于相关场所与环境不在当事人的控制范围内，所以证据就可能灭失与变化，因此，代理律师要对可能因环境与时间变化而引起事实变化的证据材料及时固定，比如环境污染对庄稼的损害、人身伤害的伤情等。

第一，最好用录音、照相及摄像等方式固定；

第二，邀请公证人员进行公证，以公证书的形式固定证据，或以律师见证的

形式进行固定；

第三，对证人进行询问，制作询问笔录，最好找一位同行；

第四，要求专业部门到现场进行取证，如邀请环保部门对污染源进行采样分析，对污染点进行采样分析，如申请水产部门对损失进行评估；

第五，申请专业机构进行评估。

七、申请人民法院对证据进行保全

《民事诉讼法》第七十四条规定："在证据可能灭失或者以后难以取得的情况下，诉讼参加人可以向人民法院申请保全证据，人民法院也可以主动采取保全措施。"人民法院对不同的证据应采取不同的保全措施。对证人证言、当事人的陈述，可采用笔录或者录音的方法加以保全。对物证，可通过勘验笔录、拍照、录像、绘图、复制模型或者保持原物的方法保全。对书证要尽可能提取原件；提取原件确有困难时，可提取复制品、照片、副本、节录本等加以保全；对视听资料，可通过录像、录音磁带反映出现的形象或音响，或利用电子计算在实验的过程中能够利用合理的实验收集证据。

八、申请鉴定也是取得证据的有效方法

在举证期限内代理律师对一些涉及行政管理与专业性很强的问题要及时提出申请鉴定。鉴定机构和鉴定人员由双方当事人协商确定，协商不成的，由法院指定。对对方的鉴定结论有疑问，还可以申请重新鉴定。一般存在以下几个疑问时应当提出申请重新鉴定：

第一，鉴定机构或者鉴定人员不具有相关鉴定资格的；

第二，鉴定程序严重违法的；

第三，鉴定结论明显证据不足的；

第四，经过质证认定不能作为证据使用的其他情形。

如果鉴定结论仅仅是有缺陷，可以通过补充鉴定、重新质证或者补充质证等方法解决的，则没有必要申请重新鉴定。

九、申请人民法院调查收集证据

诉讼代理人及当事人受到某些客观因素难以收集证据时，可以申请人民法院调查收集证据。人民法院依照当事人申请调查收集的证据，应当作为提出申请的一方当事人提供的证据。主是包括：证据属于国家有关部门保存并需人民法院依职权调取的档案材料；涉及国家秘密、商业秘密、个人隐私的材料；当事人及其诉讼代理人确因客观原因不能自行收集的其他材料。

应当指出的是，当事人请求人民法院调查收集证据应当提出申请，而且不得

迟于举证期限届满前 7 日。

需要说明的是，在民商诉讼中，举证责任由当事人承担并不意味着人民法院绝对不主动调查收集证据。根据最高人民法院的《民事诉讼证据规定》，有两种情况可由人民法院依职权调查收集证据：

第一，涉及可能有损害国家利益、社会公共利益或者他人合法权益的事实；

第二，涉及依职权追加当事人、中止诉讼、终结诉讼、回避与实体争议无关程序的事项。

代理律师要培养收集证据的执着的精神，为了一份证据要做到费心尽力，要有"不到黄河不死心"的决心。

笔者曾经办理一件某市甲公安分局诉某油田乙公司要求返还其退还的追缴赃款案，对于证据整理的理解十分有益，摘录如下：

乙公司的一位财务人员王某因贪污公款×万元被甲公安分局追缴并退还给乙公司，乙公司向甲公安分局出具了收到退还赃款的收据。由于在刑事判决中王某的几笔退还"赃款"没有被法院认定，王某就要求甲公安分局退还未予以认定的"赃款"。由于乙公司破产清算多年，乙公司的股东丙公司成了连带被告。

甲公安分局的诉讼案由是要求丙公司连带承担乙公司不当得利返还案。笔者作为乙公司代理律师接手案件后，感到甲公安分局诉请过于勉强，又感到丙公司的抗辩证据不足。原因是丙公司已被工商部门吊销营业执照多年，是否合法清算，清算是否在相关的报纸发布债权人公告成了丙公司抗辩的重要证据。查遍当事人提交的所有的材料，就是没有有关清算公告的证据，询问相关证人，都说不清楚。

如何才能收集到决定案件性质的关键证据呢？自然收集证据的线索落在了当时丙公司破产清算时的公告上。凭职业嗅觉，就联想到要到丙公司所在省城报业中心档案馆借阅相关报纸。案件已 5 年了，只有从丙公司因一起经济纠纷案案发时查起，好在档案馆的报纸按月装订，查阅十分方便。先从 2001 年 1 月查起，一直查到次年 6 月，没有结果，对所有借来的报纸又重翻了好几遍，也没有结果。总是说服自己再来一遍，终于在当年 3 月份的报缝中查找到了一则清算公告。公告提示债权人登记日为 4 月 15 日，想到另一份公告一定在 4 月 15 日以前，重新查找但没有结果。换个思维，去广告部找业务员，业务员说一般公告登三期，但没有规定的间隔期。于是又从元月查起，终于在 2 月的报纸中找到，而这次不在中缝，清算公告登在第三版的右下角。

通过这次证据收集使笔者感到：执着能够成就事业，换过思维，总会有所收获。

第五章

祸福相依：民商诉讼证据的双刃性分析

无论是原告及其代理律师，还是被告及其代理律师，为了达到诉讼目的，除了虚构法律关系或法律事实而故意提供虚假的证据被对方或法官识破外，有的会由于一时疏忽，将原本真实的证据出示给法庭，却事实上被法官认定为不利于己方的证据，从而与制胜的诉讼目的相背；有的被对方当事人及其代理律师当场提出存在相互矛盾或冲突，因存在漏洞而难以说服法官，从而不利于己方。这就涉及证据的双刃性问题。

第一节　寻找漏洞：从证据内涵理解上的差距着手

当事人提供的证据为什么会出现漏洞而被对方利用，甚至成了反证呢？这就是民商诉讼证据的双刃性问题，值得代理律师深入研究。民商诉讼证据这种双刃性是什么原因产生的呢？下面主要从 5 个方面来分析研究。

一、法律事实与客观事实之间的差距

当事人提供证据一般都是希望能够对客观存在的事实进行证明，但这并不能被法官所认同，因为当事人提供的所谓客观事实与要成为写进判决的法律事实还有一定差距，这种差距导致了诉讼证据的双刃性。

二、文语释义与法理释义的差距

有时，当事人对于证据的理解与代理律师会产生偏差，代理律师与法官也会产生偏差，这种差距往往是由于对证据所表现的文语释义与法理释义的理解不同而产生的。这种差距也会导致诉讼证据的双刃性。

三、证据材料的形式与反映内容间的差距

证据材料总是以一定的形式存在，并能够反映一定的客观事实，但证据材料的形式与所反映内容间往往也会产生一定的差距，这种差距同样会体现证据的双刃性。而产生的冲突可以从以下三个方面去捕捉：

第一，单一证据材料形式与反映内容间的冲突；

第二，同种类证据材料间形式与反映内容及内容间的冲突；

第三，不同种类证据材料反映内容间的相互冲突。

四、证据材料形成内容与记载内容间的差距

证据材料在形成过程中，总是以一定的载体在特定时间融入了特定的信息，但当事人所提供的证据材料往往会与要说明的事实产生差距。以借款纠纷为例，原告向法庭出示了一张"借条"，为了证明借款人向出借人借了 20000 元，时间是 2001 年 10 月 26 日。但在质证时，"借条"上反映的是"收条"而非"借条"，20000 元写成了 200.00，没有货币单位。"借条"是从一个笔记本上撕下来的，"借款人"向法院出示了那个笔记本，撕页完全相合，但笔记本的出厂日期显示是 2002 年的。显然原告出具该证据材料的内容与记载内容间有很大差距。事后原告承认他本人确实是借款人，只借了 200 元，时间是他自己后来根据记忆补上去了，只有签名是被告的。

五、个人对证据的理解与本质内容间的差距

在质证过程中，有时候当事人所要证明的问题并不像当事人当初预料的那样，甚至恰恰相反。主要是当事人对证据材料的理解与证据材料本质上所反映的内容有差距。如一方当事人认为对自己有利，谁知，证据材料证明的内容并非他所想象的那样。

第二节 攻防着力点：从分析证据的双刃性中寻找

代理律师要想在举证质证阶段占有优势，就得善于从证据的双刃性分析中寻求有利于己方的地方，并以此作为攻防的着力点。

一、程序性与实体性问题

代理律师要弄清对方提供的证据证明是想说明程序性问题，还是想说明实体性问题，并从中找到对己方有利的攻击点。如果对方提供的证据材料是想说明某一程序性问题，就要看能否借来证明对己方有利的实体性问题；如果对方是想以此证明实体性问题，己方就要重点看能否拿过来证明程序性问题。

二、合理性与合法性问题

在举证质证的过程中，对方可能会出示某一证据材料来说明其行为的合理性，但可能违背了合法性原则，同样也可能会出示某一证据材料来说明其行为的合法

性，但可能不近情理，甚至缺乏合理性或有悖科学性。就可以此来指出对方证据材料的不足，或拿过来为己方所用。

三、人为性与客观性问题

在对方出示的证据中，可能一眼就看出存在人为性问题，代理律师就要从客观性角度来分析对方证据材料是否存在人为造假的重大缺陷，从中找到破绽。代理律师要能够从法律专业的角度查找到证据材料的人为性痕迹，并能够作出科学的判断，以此来反驳对方的证明观点，从而有效利用证据的双刃性。例如在一次庭审中，有一方当事人出具了一张欠条，其落款日期为 1997 年×月×日，而该欠条的稿纸印刷标记日期为 1998 年，对方代理律师抓住此点后一下子使案件性质发生了逆转。

四、案情定性与标的额定量问题

从证据的功能上来讲，有些属于案情定性的证据，即用来证明行为的合法性，有些属于案情定量的证据，即用来证明行为损害程度或双方经济往来的具体数额的。代理律师就要利用对方证明此点而忽略了彼点的可能，看对方拿来证明案情性质的证明材料是否含有与对方的诉讼请求额不一致的内容，或者要分析对方拿来证明诉讼请求额合理的证明材料是否有能够说明案情性质的证明着力点，以此寻找推翻对于己方不利的事实。例如，在一次庭审中，原告向法庭出示了很多货物收条，以此来说明请求数额的真实性，但对方代理律师突然从证据日期上推出该行为不在原告所主张的范围内，因为有双方在某一时点的对账单为零的其他证据显示在该期间发生在双方之间的经济往来已完全结清，一下改变了案件的性质。

五、证据的真伪与取得途径的问题

在甄别证据的真伪性时，代理律师一定要注意对方证据的取得途径是否符合常规，从中也可利用证据的双刃性置对手于死地。因为有些证据的取得途径本身就能够说明证据的真伪。

甄别证据是诉讼代理律师的一项基本技能，运用证据、质证询问来揭露对方证据间的冲突之处，很容易达到制胜的目的。如解除合同通知、送达证据，能够从时间上推出一些事实问题，并以此进行认定。例如有一出租房屋合同解除案，承租人向法庭出示装修房屋的支出票据，希望能够得到出租人的补偿，但票据又从侧面证明承租人改变了房屋的用途，被承租人的代理律师抓住此点，证明承租人有重大违约行为，马上使案情性质发生了重大改变。

证人出庭对于当事人来讲，具有很大的双刃性，下面这段庭审记录很能说明其重要性。

典型案例：甲单位诉乙单位拖欠工程款纠纷案

入选理由：对出庭证人两面性询问的实战记录

案情简介：甲单位与乙单位×年×月×日签订一份《乙单位幼儿园施工总承包合同》，次年的×月×日签订另一份《乙单位工会俱乐部改造总承包合同》。甲单位以执行第一份合同时乙单位欠付工程款为由起诉，要求乙单位支付拖欠工程款。

法理明晰：笔者作为乙单位的代理律师参加了甲单位诉乙单位拖欠工程款案庭审。开庭不久，甲单位申请方某作为证人出庭作证，方某为甲单位聘用的农民工。证明的目的是想说乙单位付给甲单位的某一数额的工程款与本案争议款项无关，是另一工程乙单位工会俱乐部改造的结算款，而实际用于乙单位幼儿园施工工程的款项是甲单位自己垫付的，要求乙单位支付甲单位的工程款。根据双方的举证质证情况，笔者作为乙单位的代理律师，向出庭证人问了两个问题：

第一个问题是要求证人回答是否代表甲单位签收了某一数额的工程款。

问：请问证人，你是否收到某一数额的工程款，回答是与不是？

答：是，但那是属于另一工程的，已用于那一工程购买相关材料了。

接问：你说用于另一工程了，你如何知道？

答：我听说的，确实用于另一工程了。

接问：另一工程有合同吗？

答：没有。

接问：你是这一工程的代表吗，为什么拿钱去管其他工程？

证人无言。

第二个问题是要求证人回答支付施工单位人员的工资是从哪儿来的。为解决拖欠民工工资问题，乙单位曾预付工程款给甲单位，用于发放民工工资。但甲单位予以否认，认为工人的工资是由甲单位支付的，乙单位预付的工程款用于另一工程了。

问：请问证人，你说你负责甲单位的人员的工资发放，请问发了多少？

答：10多万元。

接问：钱从哪来？

答：甲单位给的？

接问：以什么方式给的，是现金，还是通过银行转账？

答：反正是甲单位给的，具体说不清楚？

接问：给你多少？

答：6万多元。

接问：甲单位给你6万多元，你付出去了10多万元，差额从哪儿的？

答：我自己垫的。

接问：该工程是你承揽的，还是甲单位承揽的？

证人无言。

接问：你平时在家放这么多钱吗？显然没有，充分证明你在说谎。好，询问完毕，从中可以分析出，证人作为一位农民，说自己拿出 4 万多元为甲单位农民工支付工资，分明是在说谎。

从该证人的询问可以体会到，询问证人得弄清证人的真实身份，善于询问对方申请出庭的证人，能够获得意外的收获。这就是证人证言的两面性，在采取询问方式上，要一环扣一环，让证人难以自圆其说，以达到让法官一听就明白的目的。

对于证据的甄别确实体现代理律师的办案水平与敬业精神，现将笔者的一篇有关证据甄别的博客文章摘录入此，以飨读者：

卷发、染发与长发

受到微雨轻寒《卷发》的启示，联想到证据材料如一束乱发，也难免受其博客习文风格的影响，随心沿意，偶发于此。

这世上对于长发者的讨厌，莫过于美发师了。你想，如果都留长发的话，美发业还会那么兴望吗？我想如此。女人看来是天生的情感型消费群体，而代理律师的职业更多的应当是理性。

如果女人的长发飘逸犹如"疑是银河落九天"，自然会引来无数的赏心悦目者，起码不乏回头一笑。三月雷考证"优秀"一词："优"渊于发黑，"秀"源于发长。当然见到黑而长的一头秀发气得要死的肯定是美发师了。

一般来讲，美发师首先会动员修长发者变成短发，会说短发是多么简洁；短发者变成卷发，会说她的脸型如何适应卷发；如果她是卷发，会说染发如此之个性展示；但染发之后，他绝不会说卷发好，更不会说长发好，只会说其他的发色更适应顾客个性了，当顾客的头发被其折腾得开始掉发时，他又会向顾客极力推荐营养护发素了。总之，美发师会根据顾客的情况不断推销他的产品。代理律师作证据时需要的就是这种收敛性思维，更重要的是学会还原证据的本质。

对于代理律师来说，把弄证据犹如美发师的心境。对于不良执业者来说，希望长发变短发，短发变卷发，卷发变染发；而优秀者总是要将染发还原卷发，将卷发还原短发，将短发还原为长发。染发非发！

说起染发，从证据甄别的角度分析，被染的发质是油脂性的，还是中性的，还是干性的，从发色来看，是黑色、灰色、杂色还是白色，从发型来讲是直发、自然卷，还是物理成型。甄别证据的目的就是要学会还原证据的本质。应当指出的是证据是通过代理律师的慧眼收集而来，而不是通过代理律师的巧手创造出炉。

谈到卷发，就想起前段时间的一次庭审质证，对方向我方出具了很多手写的收据，几十张，以证明某工程垫支几十万元。由于第一次庭审中对方并没有提供该重要证据，怀疑证据是后补的，但从何下手呢？如何证明它是假的呢？把几十张证据复印一份，反复研究，左翻过来，右翻过去，把弄了半天，发现通过复印件中留下的纸边色度，可识别具有很多相同的齿印，经按齿印分类，结果发现所有证据可以还原为十多张作业纸，看来所有用于证据的纸质是从同一本作业本撕扯下的，并且是分三次撕的（每次多页一起撕的），再看看收据的时间，跨越期间3年，而收据的出具人员从事不同行业，且都居住地相隔很远，再看笔迹是四个人写的，把这些分析展示给法官及对方当事人，让对方当事人哑口无言，最后不得不承认所有资料是经一审后补的。补的东西就称不上严格的证据了，可想其证据的证明力就尽失无遗了。

由此，不应当算作为微雨的卷发泼凉水，但对于从事代理律师多年的三月雷讲，微雨始终是站在海边的长发者。任海风吹起那飘逸的长发，在银浪、细沙的衬托下，不远处的海鸥，赶海者都会蜂聚而涌，这如诗般的美景需要智慧的碰撞，而不是一味地兴赏？！

谁能够掌握证据的真实性、关联性与合法性，谁能够还原证据的本质，谁就能拥有成功者的喜悦。因为，证据的甄别是代理律师生存的基本能力。

（微雨轻寒：文虹，四川兴恒平律师事务所律师网络实名。

由于本作品中的绝大多数文章，是在《法律博客》（http://www.fyfz.cn/）上认识微雨轻寒等一批博友后所写，微雨轻寒称得上最知心的读者，给了很多灵感、启发或建议。值此，对文虹律师、法律博客上的博友及法律博客的主办人表示深深的谢意！）

第六章

权衡与取舍：民商诉讼制胜因素分析

在民商诉讼博弈中，当事人为了获得诉讼的胜利，必然要权衡与取舍制胜的诸多因素，包括分析权衡与取舍的动因、权衡与取舍的条件等。

第一节　权衡与取舍的动因

一、保证诉益最大化是权衡与取舍的动因实质

在民商诉讼中，无论原告、被告和第三人及其代理律师，在每一诉讼程序中都要作出各种抉择，都要选择办案的最佳方案。也就是说当事人及其代理律师要对全局性进行权衡与取舍，而诉益最大化是其权衡与取舍的动因所在。

我们知道，在法庭上当一方围绕诉益作出某种选择时，对方也会作出相应的对策，于是便形成了战略互动，一般情形下属于非完全信息博弈，存在冲突各方作出的选择是利己的，这时就成了非合作博弈，在博弈中最好的选择是双方都选择合作，并在合作中作出既有利于自己同时又符合集体的抉择，诉讼中，一般来说，双方当事人选择达成调解协议，就是一种合作的抉择。

经济学中有两个均衡概念，一个是市场供求平衡所达到的市场相对稳定状态的市场均衡，另一个是经济个体不再改变自己行为的博弈均衡。它们在民商诉讼中可以说是无处不在，双方当事人都均衡利益，包括对社会资源的占有与利用。民商诉讼参与人在法官主持的诉讼环境中，按照诉益最大化的设想来最优化自己的目标，并采取相应的诉讼对策，其实际结果反过来又会成为对方当事人及其代理律师的诉讼环境。这实际就是诉讼参与人在和他所处的诉讼环境进行博弈。例如，民商诉讼中原告的均衡和被告的均衡，以及第三人的均衡问题都不是孤立的，都要依存于其他人的行为来作出选择。由于人们的决策目标各不相同，约束条件也各不相同，所以他们会作出各种不同的选择。这些选择相互影响，相互作用，最终将汇成一个动态化的诉讼路径。这个路径的实现就是每个民商诉讼参与人与环境相博弈的结果。如果在一个民商诉讼状态下，每个人都不愿改变自己的均衡状态，那么这种状态就是博弈论中所谓的"纳什均衡"。民商诉讼中如果原告与被告能够达成调解，实质上就是双方通过博弈得到的结果之一。

博弈均衡是微观个体依据最大化原则作出选择，并且相互博弈而最终得到的结果。演化就是从一个博弈均衡到非均衡，再到另一个博弈均衡，这样一个不断反复的过程。因此，演化的方向就是由现在的诉讼民事状态指向由所有各方当事人及其民商诉讼博弈者的优化选择行为所确定的一个博弈均衡。如果诉讼状态已经处于均衡状态，就可以维持下去；如果处于非均衡状态，就一定要改变这种状态。那么诉讼和解条件从一个非均衡态可以走向另一个均衡态，可一旦到了均衡态，是不是就永远不再改变了呢？显然不是这样。诉讼当事人及其代理人的优化选择不会使均衡态失衡，那么是什么改变了均衡态呢？不同的诉因肯定有着不同的博弈均衡，博弈均衡偏离双方预期均衡的差距肯定也不一样，从而其办事效率与操作技能也就表现出很大的差别。正如谁都知道以无限次"剪刀、石头与布"的游戏胜负率几乎相等，但对于有限次来讲，总会决出胜负一样。任何诉讼，法院总要给出判决或裁定，判决与裁定也不可能是各家都欢喜的事，大多都有一方表示不满意或委屈。

二、了解自己是权衡与取舍的条件

在民商诉讼代理过程中要得到一个满意的结果，必然涉及各方因素的权衡问题。

第一，诉讼过程中权衡的重要性。就是我们的每一诉讼活动所产生的社会效果及当事人在衡量利弊得失后是否满意的问题。

第二，权衡哪些因素。也就是诉讼当事人在提起民商诉讼时应当考虑的基本事项。

第三，权衡后如何取舍的问题。就是当事人按照诉益最大化目的，选择有利于己方的因素，舍弃不利于己方的因素。

作为一个有诉讼知识的人，起码要对博弈论有大致的了解。相信我们学习以后，在决策的选择上会显得更成熟、更合理。均衡、权衡与取舍都是建立在自我的认识上的，也就是说无论是原告方还是被告方，要想使诉讼结果满意，必然先认识自己。

所谓"自己"，即诉讼过程中，当事人自己的主张、自己的证据、自己对于法律的理解、自己对于对方基本情况的掌握，自己在诉讼开始后的心理状态等。我们生存于复杂的人际关系中，虽然不能清楚地了解自己，但可以肯定的是，诉讼当事人未必都能权衡自己。

处于诉讼中的当事人，有时不能正确地评价自己，有时会对客观事实产生偏差，即使是自己所做的事也可能会遗忘，有时会积极评价自己，有时又会消极地评价自己。所以，由于每个人的思想圈的大小不同，权衡自己的能力也就不同，从而导致每个人的思想意识与素质高低均不同。

第二节　围绕诉讼权益进行权衡与取舍

在民商诉讼博弈中，需要权衡的因素很多。诉讼当事人及其代理律师如何权衡自己的权益呢？我想重点需要考虑的是以下几点。

一、分清敌与友是取胜的首要问题

诉讼中原告、被告双方的利益并非总是对立的，皆因价值取向不同。在价值领域里，得此一方必要失去另一方。同价值取向的人能够相互理解，随时沟通，并互相配合，而不同价值取向的人则采取排斥态度，会发生较为激烈的冲突，难以在诉讼程序中相互配合。

民商诉讼当事人及其代理人要想使争议的解决获得满意的结果，达到自己的诉讼目的，首要的问题应当是分清敌友，结成诉讼联盟。应当指出的是诉讼中的敌人只能作为根本的对立面理解，而不是战场上的你死我活的敌人。

我们知道，在诉讼中，并不是只有唯一的原告和被告，具有诉讼主体资格的人在同一案件中可能涉及共同原告、第三人、共同被告，以及各方的代理人、相关证人等，我们不能有为对方出庭的证人就是敌方的心理定式，要学会站在对方的角度去思考问题，有时明明理解却不能放弃己见，这是权衡利弊的结果。因此，在诉讼的过程中，我们要根据具体的案情，分清敌友，特别是共同诉讼人，不管是必要的共同诉讼人还是普通的共同诉讼人，他们都有相同的诉讼标的或同类的诉讼标的，即对同一诉讼标的或同类诉讼标的具有相同的权利和义务。共同原告不一定没有利益上的冲突，因此要做到团结，做好诉前的沟通；对于共同被告，要分清利益冲突的强弱，对于处于弱势冲突方要尽量低调处理，集中证据对待强冲突方的被告；对于第三人，要分清有独立请求权的和没有独立请求权的，由于诉讼第三人既非与原告有共同的权利义务客体，也非与被告就同一诉讼标的共享权利和义务，但第三人与案件的处理结果有法律上的利害关系，所以，无论是原告方还是被告方，要争取使第三人成为友，而非敌，对于有利益冲突的，要根据具体情况确定敌友，有利于证据的组织和诉讼思路的展开。

一时一事虽见对立，但仅凭一时一事却难下断言为敌或为友，在诉讼的过程中，随着谜团的解开，双方当事人争议焦点的缩小，一些当事人在思想斗争后公心战胜私心，从而转变自己的诉讼态度。也就是所谓的"此一时敌，彼一时友"，因此，应当学会把握当事人态度的转变，使自己的对立面减少，诉益最大化。

二、弄清得失是制胜的关键因素

人生的烦恼常常来自于得与失的思虑，患得患失常是痛苦的渊源。在每一个具体的诉讼案件中，总会有得失的权衡，得与失是辩证的统一，有所得必有所失，有所失必有所得。得与失的"天平"失衡，从而形成了诉讼纷争的多样性，也体现了诉讼当事人的人生观与价值观，对于代理人来说，就要学会应用得与失的权衡，这主要指心理平衡。得自己该得的诉益自然就是一种权衡。作为诉讼当事人，应树立正确的得失观。适当的放弃能赢得心安、赢得良心、赢得人格与尊严，放弃、奉献自己该得的诉益，必然得到对方当事人的理解和主审法官的首肯。

有得必有失，特别是对于诸如家庭婚姻纠纷、劳资纠纷、相邻纠纷，双方当事人之间没有根本的利害关系，只要一方当事人作出适当的让步，矛盾和纠纷往往就能很友好地得以解决。争取诉益最大化是每个当事人的共同心愿，但诉益最大化，不能说明最后的得益最大化，从整个诉讼过程来看，对一方当事人来说，得到的越多，可能失去的也越多；放弃个人得失的忧虑，同时会得到很多；适当地让步，尽快与对方当事人化解矛盾，有更多的时间去做自己该做的事。不必轻论得与失，这就是所谓"得即失，失即得"的道理。

对于当事人来讲，适当的放弃是一种难以评估的价值取向，是因为放弃者在鱼和熊掌不能兼得的情况下，作出了明智的选择，体现了聪明和智慧。对于一名让当事人切实满意的代理律师来讲，坚持用证据说话，以法律为镜，努力维护当事人的合法权益，但又不能意气用事，损害对方当事人的权益和感情。这就要求办案律师切实为当事人着想，想到进入诉讼程序后，当事人真正能得到什么，因得到会失去什么，争取让当事人在诉讼过程中，时刻把握得与失的机会，"失"是要让当事人在心情较好时被说服，"得"是要替当事人考虑是否会产生其他不利后果。

对于每一个具体的诉讼，当事人及其代理律师在权衡得失时，主要是区分得主要的、失次要，得时间、失金钱，得精神的慰藉、失物质利益。在权衡的过程中，还要考虑得与失的取舍是否影响整个案情的诉讼结果，也就是说失的目的是为了得，得的目的不是为了失，最终的目的是让当事人心理平衡。这就要求代理律师有进退思想、有利弊思想，同时还要在情与法中进行权衡，从而完善自己的代理方略，掌握办案的主动权。

三、采取"和"与"诉"是把握胜利的开端

人们总是在生活、工作与社会的交往过程与其他人产生互爱、互助、互动的活动，同时由于个体间主观意识的差异和客观环境的不同，不可避免地会发生各种各样的冲突。冲突的发生使社会处于一种非正常的状态，也会对自己产生不利

影响，因此，人们互相之间在不断产生冲突的同时，也在不断寻求解决冲突的途径和方法，由此产生了三大民商纠纷解决方式：仲裁、诉讼与和解。因此，无论是当事人还是其代理人，在立案前要考虑是通过仲裁、诉讼还是调解解决争议纠纷。在案件即将进入诉讼程序时，还要思考的一个问题就是该案是否存在和解的可能，在什么时机达成和解对当事人的权益更大。

《民事诉讼法》第五十条规定："双方当事人可以自行和解。"但是对于和解的操作规范、法律效力等未做进一步的界定。近年来的审判实践中，当事人在诉讼中为了降低诉讼成本，规避诉讼风险，在互谅互让的前提下，自行达成和解的情形较多。和解协议达成后，如果原告申请撤诉，法院一般裁定准许，诉讼即告终结。同时通过裁定撤诉结案的，原告还可退回一半的诉讼费用。但是，由于这种和解协议不具备法律上的强制执行力，当事人一方反悔的，另一方又得另行起诉。因此，当事人在自行达成和解协议后，总是希望法院能确认其和解协议的法律效力，有些甚至是在事先达成了和解协议后，为了获得一份具有法律强制力的法律文书而起诉。因此，选择和解要能使纠纷得到完全的解决，不能留下法律上的漏洞。促成当事人和解的目的是"化干戈为玉帛"，使双方共释前嫌，握手言和。

在很多民事纠纷争议中，我们常见一些人把芝麻大的小事闹成大事，最后不得不走上法庭，希望法官给予一个公正的说法，实质上，很多民商诉讼纠纷很难判断谁是谁非，法官也只能本着"以和为贵"的原则促成当事人达成调解协议，有时甚至近乎和稀泥，充当和事佬。需要说明的是，对于代理律师来讲，"以和为贵"并不是意味着不分是非曲直，遇事视若无睹，麻木不仁，不讲原则。以和为贵，不是没有原则，应以维护当事人的合法权益为限度，把握好"和"与"诉"的时机。

促成双方当事人和解的方法很多，调解成功与否，调解率的高低，调解后和解协议能否真正得到履行，这些都能反映一位代理律师把握"和"与"诉"的时机的综合素质。因为促成双方当事人达成调解还可能涉及代理律师的既得利益受到的损失的问题。一般来讲，当事人达成和解协议后，总认为没有进入诉讼程序，代理律师的报酬是否应当减少，他们往往不以解决纠纷为案件的终结。这就要取决于代理律师的责任心和责任感，同时通过选择和解还可折射出一个人的业务素质和调解技能。有责任心的代理律师千万别以一己之私，动不动就"一审不行，就上诉；上诉不行，启动审判监督程序""这案件一定能赢"缠诉。

在每一个具体的诉讼案件中，就权利义务本身而言，和解中的让步基本上只能是一种单方面的让步，而且是合法有理的一方向对方作出的让步。和解中的让步大多是由原告单方面作出的是不争的事实。而原告作出让步后的调解协议并不能等同于权利的实现。调解协议中确定的义务虽说是义务人同意履行的，但义务的实际履行在时间上往往迟于调解协议的达成。从诉讼实践看，近年来向法院申请执行调解协议的数量增多，不少权利人在调解中作出的让步并未换得义务人自动履行协议，到头来仍不得不申请强制执行，而执行中为了换得义务人履行协议而再让步的情况也不在少数。况且目前客观上还存在"执行难"问题。这种情况下，代理律师也应当向当事人讲清达成和解后，和解协议的最后履行也存在一个执行不能的风险。

四、弄清彼此的强弱是制胜的必要权衡点

在民商诉讼的代理过程中，代理律师的思维是基于利己主义的，也就从"性恶论"演绎而来的。对于每一个具体的案件，民法调整的是平等主体之间的财产关系、人身关系，在法制时代，尽管倡导人人平等，但平等之中有强弱。作为代理律师不得不思考与权衡这一问题，从而制定好自己的诉讼战略。

"强"与"弱"不是绝对的，"强"与"弱"对于诉讼如何有利也不是绝对的，这要看代理人的把握。在每一个具体的案件中，一般来说，代理律师应当从以下三个方面权衡诉讼双方当事人的强与弱。

（1）经济实力的强与弱。

诉讼是要凭实力的，这一实力在很大程度上体现双方当事人的经济实力，尽管目前有法律援助，让打不起官司的人都能享受到司法的正义，这只是一种理念，即使在法律援助中，也不可能一分钱都不花，至少要坐车去法律援助中心吧。作为代理律师，要充分权衡双方当事人的经济实力的强与弱，从而选择最佳的诉讼方案。如果原告一方的经济实力较强，不仅不用为诉讼费用发愁，还会选择诉前财产保全、证据公证、司法鉴定等必要的手段；如果对方当事人属被告，且经济实力较强，可优先考虑申请法院冻结其银行账号，查封其经营资产，使其生产经营受到影响，让对方产生心理压力，这对以后的调解无不产生积极的影响。

（2）证据掌握的强与弱。

在当事人与代理律师的交谈中，一般来讲代理律师会要求当事人提供自己所掌握到的证据材料，同时要分析对方当事人可能持有的证据材料，这就要求对证据材料掌握的强弱进行分析。诉讼是要讲证据的，只有证据才能在法庭上说话，法院不相信眼泪，只相信证据。法院有法院的规矩，不是说觉得有道理就偏向你。《民事诉讼证据规定》第七十条规定：一方当事人提出的有完全证明力的证据（四种情形），对方当事人提出异议但没有足以反驳的相反证据的，人民法院应当确认其证明力。有完全证明力的证据属于强势证据，对于弱势证据就要考虑补强的问题。从证据的开示角度来讲，无论是哪方当事人都要在合理的时间内向法庭提交证据，以此来支持自己的主张，如果当事人在庭审阶段提出新的证据，即使是当事人认为的强势证据，有可能被对方不予质证，而成为弱势证据。因此只有

在庭审前交换证据让双方对对方证据都有充分了解，则双方当事人都有相同的、公平的机会去准备质证意见，以便在庭审时对对方证据的客观性、关联性和合法性进行质证，这样双方的诉讼地位才可能真正平等，基本上不会出现一方处于劣势而另一方处于强势的情况，只会出现一方理由充足而另一方理由不充足或双方理由相当的情形，这样也有助于法院认证，法院依此作出的裁判也才可能公正。也就是说证据的"强"与"弱"不仅是证据的内容，而且在程序上也存在"强"与"弱"的问题，这是代理律师一定要把握好的。

（3）双方社会资源的强与弱。

在每个具体的诉讼案件中，代理律师还要考虑双方当事人所拥有的社会资源的强与弱的问题。比如一宗劳动争议案件。劳动者的权益受到了损害，律师在为其代理的过程中，就可能考虑到他的社会资源相对于实力较强的企业或公司来讲显然处于弱势，还有双方的社会关系、各方的社会地位都将使劳动者个体处于不利地位。这些是否会影响到法官的公正判决，代理律师要作出正确的判断，并可在代理意见中提请法官要对弱势群体的利益予以保护。因此，双方社会资源的强与弱也是律师在代理过程中必须权衡的因素。

五、因与果是民商诉讼博弈中权衡的重中之重

在民商诉讼中，法律专业人员思考最多的另一个权衡问题是"因"与"果"。任何一件民商诉讼案件，之所以产生纠纷，双方的意见达不成一致，总有其因果关系。从法理上来分析存在必然因果关系、偶然因果关系、相当因果关系及其他逻辑关系。相当因果关系理论由于更贴近人们的社会理念，更能够解决民商诉讼实践的问题，也被大多数法律工作者接受。

分析因果关系主要从几个方面展开。

（1）因果关系的客观性。

因果关系作为客观现象之间引起与被引起的关系，它是客观存在的，并不以人们主观意志为转移，任何一件民商案件的争点都有其因果关系，如侵权纠纷的侵权行为与损失有因果关系才构成侵权，才考虑索赔与反索赔问题。

（2）因果关系的特定性。

事物是普遍联系的，为了了解单个的现象，我们就必须把它们从普遍的联系中抽出来，孤立地考察它们，一个为原因，另一个为结果。民诉中的因果关系的特定性表现在它只能是人的侵权或违约行为与损害结果之间的因果联系。

（3）因果关系的时间序列性。

原因必定在先，结果只能在后，二者的时间顺序不能颠倒。在民商诉讼案件中，只能从损害结果发生以前的侵权或违约行为中去查找原因。而不能从损害结果发生后推出可能存在的侵害事实或行为。

（4）因果关系的条件性和具体性。

民商诉讼的因果关系是具体的、有条件的。因此，查明因果关系时，一定要从实施侵权行为或违约的时间、地点、条件等具体情况出发作具体分析，如时间的先后性、地点的相对性、条件的继承性等。

（5）因果关系的复杂性。

辩证唯物主义认为，客观事物之间联系的多样性决定了因果联系复杂性。我们要思考一因一果、一因多果、多因一果与多因多果等较为复杂的问题，把握纷争的主要因果关系。

六、因果关系标准的效益价值

效益是产出减去投入后的结果。因果关系标准的效益价值，集中反映在对自然资源和社会资源的有效利用与分配上。加强对土地、矿藏、森林、水和大气等自然资源的保护和对政策、信息、权利、义务等社会资源的合理配置，提高资源利用效益，应成为因果关系标准的另一价值追求。也就是说，无论选择或创建因果关系标准理论学说，还是制定或适用因果关系标准进行具体的因果关系判断，我们都应顾及效益价值的取向，在保障公平正义的前提下，注意以较少的成本投入实现最大的公平和正义。

在民商诉讼中探求因果关系时，也要考虑追求高效益的价值取向。

首先，要注重程序效益，尽可能降低诉讼成本。如果因果关系标准过于烦琐或难以把握，专业技术条件要求太高，必将增大当事人和代理律师的精力投入。追求因果关系标准的效益价值，就是要调整诉讼结构，优化配置诉讼资源，确立的因果关系标准，以及对该标准的证明应当简明扼要、方便实用。

其次，要重视实体效益，最大限度地接近客观事实真相，以利于对加害人、受害人等各方当事人实体权利的最佳保护，减少不必要的成本投入和浪费。体现了效益价值的因果关系标准，过严或过宽的因果关系标准都是不当偏离，都将导致公正和效益价值的丧失。因为标准过于严密，因果关系难以成就或不易证明，不利于对受害人的保护，就会加大受害人的损失。

最后，要注重科学的相对性。对于因果关系的探求，每个人都想追求完善、科学，但由于受客观条件与时代发展的限制，因果关系的探求也存在认知问题，因此，代理律师进行因果分析时，要有科学的态度、时代的认同感，更主要的是代理律师所主张的因果关系能够被主审法官所认同。

七、情与法是民商诉讼博弈中不可不思考的重要问题

"情"人皆有之，"情"无处不在，表现形式各有特点。"情"就是人与人之间的感情，包括亲情、友情和双方多年之间的合作等诸多方面。在民商诉讼中，

由于原告、被告间往往在以往存在或多或少旧情新怨，因此，代理律师在民商诉讼博弈中一定要通过当事人之间纠纷产生原因，分析弄清当事人之间的特殊社会关系，并弄清楚双方当事人目前处于何种情感状态，是否还有特殊的社会关系、亲属关系、同学关系、朋友关系等。代理律师要分析能否从降低诉讼成本，加强双方互信合作等方面通过强有力的说服力来缩小双方争议的差距，从而通过以情感人促成双方和解。

"法"是由国家制定或认可的，调整人的行为，以权利义务为内容的，具有普遍性的社会规范。"法"是一种以公共权力为后盾的，具有特殊强制性的社会规范，要求人们普遍遵守。"法令行则国治，法令弛则国乱。"因此，遵守法律，依法办案应是人们的正确选择，作为职业律师绝不能违法办案，更不能为了满足当事人的要求去贿赂法官。我们坚决反对"情大于法"的执业思维，坚决抵制利用关系亵渎法律。代理律师在民商诉讼代理过程中，决不能为了胜诉，不择手段地实施同行业恶性竞争，也不能因为代理费低而拒绝代理，对于一些有困难的当事人要对他们施以援助，给他们提供详细的法律讲解，将案件的代理作为一种乐趣，成就一番事业。

代理律师不是生活在真空之中的，有时也会被情所困，这就要求代理律师能够摆脱情源，抵制诱惑，一心办案。如果面对只重情的法官，就要想法说服他合法判案。有很多判决合法不合情，有很多判决合情不合法，很多是当事人对法的片面理解，特别是法官动用心证原则判案，这一疑问就会更突出。可以说，法官在很大程度上行走在"情"与"法"的边缘。律师办案不一定每个案件都要胜诉，也不一定每个主张都要得到法官的支持，关键是判决下来后要说服当事人，案件是否判得合法，是否存在不公正判决，要告知当事人，让当事人输得心服、赢得坦然。

第三节 哲学理念：弄清案件引发的本质

实质上，代理律师在诉讼代理过程中存在很多哲学方面的理念，有时近乎玄学，因此，代理律师必须具有辩证的事物认识观，用发展的眼光、矛盾的眼光、曲折的眼光看待案件，从而寻找制胜的突破口。

在民商诉讼博弈中，代理律师重点要弄清"虚与实""正与奇""息与争""方与圆""形与神""舍与得"的辩证哲学关系。

一、虚与实

在诉讼代理中，无论是辩论过程，还是举证、质证，都存在"虚"与"实"

的问题。在辩论中虚辩是为了气氛的需要，在一定程度上是做给双方当事人看的演说；实辩是给法官听的，是围绕法官归纳的争议焦点而做的有理有据的符合逻辑与事实的评说。在举证与质证中，对于时间、序号、数字等的具体应用与核查是实，实要有据，实要可查；对于证据的理解与释明及法理与法律的应用是虚，虚可张扬，虚可腾挪。

法律的适用需要事实的支撑，因此代理人就应当懂得虚构与事实的区别。懂得用虚构的数字来说明事实，懂得用事实来澄清数字的虚构。对于民商诉讼来说，诉讼标的额的多少最终要用数字来确认或等值代换，这得用具体的证据作镜像。需要用数字来支持其主张时，数字来源的真实性就越发重要，也越应精确地引用。实质上，民商诉讼博弈中的"虚"有时也可看作对事实的定性分析，而"实"则可完成对事实的定量计算。也就是说，我们为了证明自己的主张，就要用数字来阐明观点，准确地说明事实，也会用数字来否定对方的错误认识，准确地否定虚假事实。

二、正与奇

在民商诉讼中应该提倡以正合、以奇胜。行为要适度，避免正面冲突，应懂得使用不战而胜的方法。就是如何正确理解和运用五子棋谋略中"见合点"技术。见合点就是放子的一方要谋划两个点都是成功点，对方只能堵一个点，另一个点必然就是必胜的成功点了。

正确理解和运用"见合点"技术，也就是正确理解和运用"正"与"奇"的谋略关系，就是以正合、以奇胜。在诉讼代理中，对于举证与质证尤其重要。静静等待对方出错机会，让对方释证时出错，或者说有利于己方，与己方的证据相补充，成了己方证据链的一环，然后再点到为止，出奇制胜。

以正合就是要符合诉讼的规律，遵循法律的逻辑，然后集中优势证据、强势证据，说服法官，击倒对方。说理、引法、举证、质证等都是以正合的上策。

以奇胜，就是不要拘泥于程序，要在程序上将对方引入败途，如时效、管辖权疑异、第三人的引入、诉讼拖延与反诉讼拖延、连带责任的牵强等。"正"也可以说是正道，是符合民事诉讼程序规则的正确的行为方式，"奇"是旁门左道，是一些与民事诉讼程序规则格格不入的行为方式，但"奇"在民商诉讼过程中，也有其使用的价值，并非一概不能为我所用。只是无论"正""奇"都要因事、因人、因时而异，不可盲从。因此，代理律师要遵守规则，同时要利用规则的不完善之点。

三、息与争

"息诉止争"应当是法律人的最高境界。对于代理律师来说，采取"息"还是"争"反映出了不同的人格魅力。在一审中一般的代理人都不希望当事人握手言和，总会认为被代理人有理由将官司打赢，但他决不会告诉被代理人最后将得到什么。为什么二审中和解的可能性大于一审，代理律师的作用不可小觑。特别是对于有经济实力的被代理人而言，挑诉几乎成了代理律师职业技能的体现，一审不行，二审，二审不行，申诉，申诉不成，抗诉，总有将诉讼进行到底的决心，甚至弄出案中案，让当事人陷于诉讼之中不能自拔。最终，被代理人成了代理律师的助手，代理律师成了办案的高手。

《易经》对讼卦的解释是："诚实守信的人虽吉，但也有德行被阻的时候；长久的争端则会使事情不顺，终凶。"还有："因为打官司获胜而得到赏赐，是没有什么可以值得尊敬的。"从中可以看出，代理律师通过证据评估后，觉得被代理人处于明显的优势地位，就应当找出制胜的最佳点，让诉讼尽快结束，或判，或和，不能让自己的被代理人陷入无限期的纷争之中。

但是，明显处于劣势的一方，当然最佳的应对战略就是拖延了。他会利用程序法所给定的期间，能拖就拖，更有甚者通过外围的工作与法官相沟通，使诉讼久拖不决，让对方当事人陷入有苦难言的境地，最后只有答应久拖者开出的和解条件，从而息诉。

四、方与圆

"方"是做人之本，是堂堂正正做人的脊梁。代理律师仅仅依靠"方"是不够的，还需要有"圆"的包裹，需要掌握"方圆"的技巧，才能无往不胜。

"圆"是处世之道，是妥妥当当处世的锦囊。在庭审中，我们既要坚持法律的刚性，又要有协助法官做好双方当事人和解的柔性，讲究办案处事的灵活性。正如卡耐基所说："一个人的成功只有15%是依靠专业技术，而85%却要依靠人际交往、有效说话等软科学本领。"

五、形与神

"乞讨"与"坐监"是成就伟人的两大必修课。因为一个人能够不耻乞讨，就更会不耻下问、不耻穷求。能够在身陷囹室时渴望自由，他就会用心去为自己研究解开枷锁的秘诀。

要做一名好代理律师，何尝不需要通过"乞讨"成其"形"，通过"坐监"成其"神"，做到"形"与"神"的完美相融。"形"与"神"也是"读书"与"行路"的问题。一方面，要有身陷囹圄司马迁之精神，潜心研究法理精神，养成惜时、守时的习惯，对每一个案件都能预测其结果；另一方面，炼就学者的智慧、外交家的风范、历史学家的深沉、数学家的精细，这就是代理律师的"形"，它表现为一名代理律师的气质与悟性，这也是一名代理律师的"神"的外在表现。代理律师的"形"还体现在代理律师要有强健的身体。朝在 A 市夕居 B 市的生活会让代理律师经常疲于奔命，没有健壮的身体是难以胜任的。

六、舍与得

的确，舍得之间暗藏玄妙，意境很深，只能自己去琢磨、去感悟。如何"得所能得，舍所能舍，得所当得，舍所当舍，得所必得，舍所必舍"，不但需要一种认识、一种清醒和一种能力，更需要一种果断、一份执着和一定魄力。这是一种"机会成本"，也是一种人生的哲学。作为代理律师在为当事人争得利益时，要说服舍，要学会舍，要把握舍。舍的目的是为了缩小纷争，舍的目的是为了使当事人获得更大利益。

"舍"与"得"如同"因"与"果"，是相关也是互动的。"送人玫瑰，手留余香。"我们说，一分耕耘一分收获。没有付出，怎么可能有收获呢？如果你能把自己心中的偏执、多虑、烦恼、悲伤和迷茫都舍去，你就能得到轻松和快乐，你自然就会得到人生一个新的境界。孟子《鱼我所欲也》云："生，亦我所欲也；义，亦我所欲也。二者不可兼，舍身而取义者也。"在"舍"与"得"必须选择时，孟子态度明朗，毫不含糊。"舍得"并非盲目的，"舍"是有目的的舍弃，"得"是有选择的得到。

欲壑难填，欲望常常使人对"舍"与"得"把握不定，不是不及，便是太过，于是产生了许多原来不应该发生的悲剧。正所谓"鱼和熊掌不可兼得"，在面临选择时要看到事物的大体趋势和重点，学会舍弃，而非一味地索取。代理律师无论小案大案，无论是否胜任，来者不拒，有案必接，也不知自己的能力是否胜任，也不知自己是否有足够的时间来办理，没有丝毫的责任感，必然失去做律师的信誉，必然会陷入当事人的指责之中。因此，对于代理律师来讲，适当的"舍"是必需的。但"舍"与"得"并不是完全独立的。舍弃并不意味放弃，而在于将来更高层次的获得。正确地舍弃有助于我们更好地获得，不仅是为了自身"得"，也是为了大家"得"。一味盲目地追求"得"，到头来只会得不偿失。把握好"舍"与"得"，是一种心境，更是一种智慧。

第四节　诉讼和解：零和博弈的思考

权衡取舍的目的一定要致力于通过法官的参与以调解结案，以达到零和博弈。

在零和博弈中，双方总是存在利益上的根本对立，没有合作机会。尽管博弈理论属于经济学范畴，但笔者通过多年的诉讼代理实践和认真思考，认为民商纠纷双方在诉讼中的行为具有零和博弈的基本属性，前面已通过诉讼标的与得益、证据与信息、代理思路与战略、程序与次序的关联进行了详细的讲解，下面通过零和博弈基本思路的分析对民商诉讼调解的思维线索产生实践性的指导，以促成更多的民商诉讼以调解结案，无论是对当事人、代理律师，还是居中裁判的法官，都具有十分独到的抛砖引玉作用。

一、法理思考：民商诉讼植入零和博弈的理念

在零和博弈中，博弈的参加者属非合作方，各方的行为都以实现自身的最大利益为唯一目标，除非为了实现自身最大利益的需要，否则不会考虑其他方或社会利益。而且"非合作博弈"是指各博弈方之间不能存在任何有约束力的协议，也就是说各博弈方不能公然"串通""共谋"的博弈问题。如何将零和博弈理念植入民商诉讼的调解活动中，笔者认为首先要熟悉零和博弈的基本理念；其次要善于将两者的观念融合；再者要学会将零和博弈的理念贯通到民商诉讼调解的各个阶段，从中把握其法理的精髓所在。

在零和博弈中各博弈方决策时都以自己的最大利益为目标，结果是既无法实现集体的最大利益，也无法实现个体的最大利益。除非在各博弈方中存在可信性的承诺或可执行的惩罚作保证，否则各博弈方中难以存在合作。当然，博弈双方不可能不考虑完全处于不利诉讼地位时出现的一败涂地的尴尬。也就是说在民商诉讼中，零和博弈理念对和解、调解具有什么十分重要的指导意义，关键是我们要如何应用、掌握这一理论。

二、寻求理性得益：找准诉讼请求

按照博弈理论，我们将诉讼请求分为适中标的、低位标的与高位标的三种。适中标的就是依据所掌握的证据，提出对方确实存在违约或侵权的事实而确定的诉讼标的，这一诉讼标的也能经得起已生效法律条文的佐证。低位标的就是提出诉讼请求的一方在考虑己方应分担相应责任，依据"标准就低不就高"的原则所确定的诉讼标的。高位标的就是在不考虑己方应承担责任的前提下同时采取了高套标准或重复计算，以及已解决的问题一并列入解决所确定的诉讼标的。对于标的额的确定本身是一次博弈过程，这一过程也将影响到以后的过程，如果采用了高位标的，以后的调解中让步就可能大一点，但也要承担诉讼成本偏高的风险。如果采用了低位标的，让步就相对小一些，这样承担诉讼成本的风险相对小一些，但也可能没有调解让步的余地，而使调解陷入僵局，从而影响博弈的得益。

三、把握各方得益：寻求最佳证据

民商诉讼中双方当事人对证据的收集、整理、提交、质询与固定，实质上是在"零和博弈"中，对博弈信息的掌握与分析。现代证据理论提倡有完全证明力

证据和最优证据。有完全证明力证据就是对于符合"客观性、合法性、关联性"的证据在一方当事人提出后，人民法院对对方当事人提出异议但没有足以反驳的相反证据的，确认其证明力。这些证据主要是原始证据或与原始证据核对无误的派生证据，以及法院的勘验证据。这些证据可以采信，并且都具有完全的证明能力，不需要其他证据予以补强。

最佳证据规则来自普通法传统上的证据规则。其含义是，某一特定的有关案件的事实，只能采用能够寻找到的最令人信服和最有说服力的有关最佳证据方式予以证明。也就是说人民法院就数个证据对同一事实都有证明力，不同证据证明了相反的事实主张的情况下，有关各个证明力的大小所作的规定；也就是说原告、被告当事人所提供的证明虽然对己方有利，但还要与对方所提供的证据进行证明力的比较。

无论是完全证明力证据理论还是最佳证据方式理念，始终都阐明着效益为先的原则，这里包含着司法效益与当事人得益两种注重效益的观念。在证据没有完全公开前，每一方总是希望知道对方的证据是否有较强的证明力，对方持有什么优势证据，是否会有关键的人出来作证，以及法律的适用上是否对自己有利。因为只有对自己和他方的处境、条件了解清楚，并且将至关重要的证据握在手中，就对诉讼的结果充满了信心。不可否认的是，对于证据以外的诉讼中相关人的社会背景也是重要的决策依据和决定博弈结果的重要因素。当然，我们并不是说缺乏某些证据就一定不能进行决策或取胜，但至少风险要大些，有时还可通过行使抗辩权来反驳对方的请求，但证据的差异必然会造成诉讼请求或抗辩行为的差异和博弈结果的不同，这一点可以肯定。

四、寻求和解均衡：缩小双方分歧

在民商诉讼的过程中，调解成功总是法官自始至终所追求的完美目标，除非居中裁判的法官没有站在公正的立场上或者忘记了自己的身份。在每一件具体的诉讼案件中，无论是原告方及其代理律师，还是被告方及其代理律师，面对一定的环境条件（如获得的证据，支持诉讼请求的法规标准等），在一定的规则下（如民事诉讼法），同时或先后，一次或多次，从各自允许选择的行为或战略中进行选择并加以实现，并从中各自取得相应的结果。在每一诉讼阶段各方无不希望达成调解协议，以尽快结束诉讼纷争，但由于民商诉讼双方当事人总是由于利益上的冲突难以达到平衡点而引起矛盾的激化，甚至走到对抗的地步，因此，以调解协议结案方式成功的比例就显得十分有限，如果我们能够从零和博弈的理念出发，尽量促成当事人调解成功，对于双方的代理律师和法官来说，就要善于捕捉信息，自觉或不自觉地应用零和博弈对民商诉讼调解进行指导，从对抗中找到双方的平衡点，这一平衡点就是双方能够接受的得益，比如在一审即将结束时，无论是代理律师，还是法官都可以通过利益一致的情形来说服双方当事人达成调解协议，这一利益点就是原告撤诉可以退回一半的诉讼费用，如果形成判决，一方不服将进入新的诉讼程序，这样双方都要付出时间、金钱的诉讼成本，即使是二审终结，对于胜诉方来说，可能因对方无履行能力而加大付出不能收回的风险，对于败诉方来说就可能出现承担双重的诉讼费用，并有可能付出更大的损失。因此，诉讼调解中，善于寻求双方的平衡点是十分重要的办案思路之一。

首先，在零和博弈战略的运筹中，要达到减少分歧的目的，各当事人及其代理律师首先要分析争议的焦点是否符合焦点的诉讼特征：

一是必须与诉讼请求或反诉请求相关联；

二是争议焦点能够得出明确的结论，而不是学术问题或需要假设的证据才能成立的辩题；

三是争议的焦点必须是双方有分歧的辩题，如果是一审双方达成共识或庭前就已形成共识的结论，那么就不能成为争议的焦点。

其次，要尽量将自己拟定的辩题建议法官归纳为争议的焦点，这就必须遵循几条规则：

一是提出的争议焦点清楚、明确，能够让主审法官听得明白，弄得懂你提出争议焦点的实质意义，不能含糊不清或故弄玄虚，让法官反感而不被接受；

二是提出的争议焦点既不能与已经认定的事实和法律相矛盾，又不能违反同一律而偷换辩题概念，以避免尴尬的辩论局面；

三是提出的争议焦点必须有足够的新证据或对原质证过的证据提出新问题来支持辩论。否则，如果无的放矢，就会自陷其井，影响诉讼的效果。

最后，民商诉讼的各个环节当事人及其代理律师要有缩小争议分歧的心理准备，并能够在缩小分歧的过程中，提出合理的解决问题思路，尽量避免将双方的矛盾扩大化，从谈判艺术的角度来看，应考虑一套能够供各方满意，又不违背原则的折中方案在民事调解博弈中要充分应用。这一过程可反映为争议焦点的产生—双方围绕争点提出主张—各方主张对立—各有所让、共同选择—第三方案的出台—争议分歧的弥合—调解协议的签订。

五、力求达到和解：降低诉讼成本

在民商诉讼代理过程中，"战略"与"民商诉讼成本"无不左右着原被告双方及代理人的思维，民商诉讼主体可运用博弈思想以达到得益最大化管理。当获得某种诉讼请求的成本到了民商诉讼主体可以承受的限度时，诉讼成本可能相对于请求来讲显得较高了，因为通常可用时间造成的机会套利或对利用时间开发未使用的资源，时间很重要，所以拖延行动成本也很高。如果没有一定的策划能力，在代理民商诉讼中，即使为当事人打赢了官司，也未必使当事人感到满意，而却要为此付出很大的成本或心血。决策改善诉讼处境或尽快摆脱诉讼纠纷，以及是否能抵偿付出的诉讼成本，这就是在民商诉讼博弈中，无论原告还是被告都要考虑的影响博弈思维的重要因素。

一般来讲，民商诉讼成本主要分为社会成本、时间成本和价值成本三种。社会成本就是因为诉讼可能引起周围人对自己的社会评价所产生的影响。时间成本又可分为可定量的时间成本和不能定量的时间成本两种。可定量的时间成本是指诉讼可能使被冻结的资产难以发挥效能，或者因违约承担按标的额支付的利息或罚息，以及结案过迟对可支配标的额的支配权推后所形成的套利损失等；不能定量的时间成本就是因诉讼所引起的对自己工作、生活的影响，这一影响是难以用价值确定的。所谓价值成本就是在诉讼过程中应当支付的各项费用，这一费用是可以定量的，比如诉讼费用的分担，代理律师费用、差旅费用，诉讼文书的打印复印费用、鉴定费用，证人出庭的费用，执行费用，等等。这些费用与诉讼标的额大小有关，也可能与主管法院的距离有关，还与案件的复杂程度有关。在博弈的过程中，一般考虑可定量的诉讼成本，但对于标的额较小的案件来说时间成本也是一项重要的因素。

六、促成调解结案：防控诉讼风险

民商诉讼是有风险的，无论是原告还是被告，风险一方面来自诉讼没有达到预期的诉讼目的；另一方面来自达到诉讼目的后法律文书难以履行（或强制执行）；再一方面来自过高的诉讼成本使当事人心力不济。无论是法官还是代理律师，都会适时地以合理的方式向当事人提示诉讼存在风险的信息。诉讼存在风险是基于博弈的实质——有风险才会有博弈，无风险的博弈是不存在的。

诉讼风险按照风险相对诉讼进程来讲，可分为诉前风险、诉中风险和诉后风险三种。诉前风险主要存在于对于诉讼时效、撤销权、除斥期间的胜诉权丧失或不能在合理期间提出诉权而失去法律保护的机会之中；诉中风险是指原告举证不能或举证不完整或不按时到庭参加诉讼承担起诉被视为撤诉的风险，被告承担缺席审理甚至举证不能而败诉的后果。诉后风险就是在法院依法裁判确定权利义务后，仍存在不能完全实现已确定的权利的执行风险。因为执行结果受诸多因素的影响，具有不确定性。如在案件执行阶段，确无证据证明被执行人有履行能力，则申请人的权利将难以兑现。没有财产可供执行的，会导致法院依法中止执行的风险；申请执行人不能及时提供被执行人的准确地址又不能提供执行人的财产清单或线索等证据，将承担案件不能得到及时执行的风险。

在诉讼中往往会遇到这样的情况，当事人起诉的请求范围大大超过了原本的数字，以至超过的请求得不到支持，因而增加了诉讼成本；有的当事人或因超过诉讼时效，或不按时到庭，不及时举证，以及举证的不能，导致败诉，当事人反而指责法院或法官判决不公正，缠诉不止；有的当事人因无财产可供执行，最终使案件不能执行终结，但当事人却四处上访告状，把个人商业交易的风险转嫁到法院，指责法院"打白条"，有的还无端指责代理律师办案无能。因此，促使当事人正确行使诉讼权利，理智认识可能承受的诉讼风险，减少诉讼的盲目性和对代理律师的依赖性，是诉讼各方及其代理律师应努力探究的。

在民商诉讼过程中，由于在纠纷发生之前，大家都是平等的民事主体，都具有平等的民事关系，在法律上也是平等的，因此双方获得信息的途径都是对等的。每一个案件的胜诉属于哪一方，除了证据因素、法官因素、不正当因素等外，当事人的诉讼零和博弈的理念建立也是十分重要的。这就要求无论是法官还是代理律师，都应当适时地向提醒当事人寻求理性的得益，找到促成双方达成和解的均衡点，还要帮助当事人核算诉讼成本，不时地对当事人进行诉讼风险提示，当事人具有息事宁人的心态，尽快从诉累中解脱出来。笔者主张努力促成诉讼双方达成调解协议，应当是法律人所追求的社会正义所在。实质上，民商诉讼调解的目的也是使双方的损失降到最小，而不是收益最大，因为一方的收益最大，按照零和博弈理论，另一方必然是损益最大。为了尽快体面地缩小双方的争执差距，使损失降到最小限度，民商诉讼各方又有什么理由不选择与对方进行和解或达成调解协议呢？

典型案例：丙诉乙手钩背心加工承揽合同纠纷案

入选理由： 利用零和博弈理念促成双方达成调解协议

案情简介： 甲与乙签订一份代理出口女装手钩背心 2.4 万件（标的额约 40 万元）到美国纽约的协议书。协议书约定由乙方负责生产出口货物及办理出口配额许可证给甲方，并由乙方负责保证出口货物质量及交货期；甲方负责办理出口货物报关所需的一切手续，按离岸价的 2% 扣除代理费后，将收到的货款（含退税）汇到乙方账上。如成交乙方可获收益 6 万元，退税成功扣除代理费后，还可返税 4 万元。

协议签订后，乙方就与丙方签订一份加工承揽合同，合同约定，丙方为乙方加工五个品种的手钩背心 2.4 万件并垫付辅料费用，由乙方提供样品和原材料，加工费总额为 8.1 万元。乙丙双方发生纠纷时减去乙已付的 3.1 万元，尚欠丙方加工费 5 万元，丙方另为乙方后期整理垫支费用 4.2 万元（含辅料费用），由于丙方未能按时交货，使一半的出口货物的时机延误，给甲方造成损失约 20 万元。在乙方到丙方仓库拉货时，丙方以乙方没支付全部费用为由，将车辆扣压，乙方被迫为丙方出具 9 万元欠条一张，后乙方以造成损失为由不承兑欠款，丙方为此提起诉讼，要求乙方按欠条支付 9 万元。一审判决欠条为无效协议，但乙方应支付丙方加工费 5 万元，垫支费用 4.2 万元，诉讼费用 3400 元。乙方不服一审判决提起上诉，二审发回重审，在重审时乙方又提出反诉20万元，重审判决维持初审，并判决反诉费3800元由乙方承担。

法理明晰：作为乙方的律师，在二审的调解过程中，向乙方提出了如下博弈思维：如果愿意与丙方达成调解，这样乙方可向丙方支付约7万元。加上已经支付的律师费、差费和诉讼费约为3万元，乙方可预见支出是10多万元。如果双方都不愿意调解，法院既可能支持丙方的诉讼请求，约9万元，加上经过二次一审，一次二审，历时达三年之长，乙方可能还承担相应利息约6万元，判决生效后乙方只能提出申诉，还可能新增约2万元的各项费用。可以预测二审法院支持丙方的概率为70%，支持乙方的概率为30%。同时乙方律师要求丙方同意上述意见，他认为如果法院支持乙方的请求，丙方可能向乙方支付20万元，如果支持丙方的请求，虽然可能判决乙方支付丙方各项费用15万元，但丙方还得垫付执行费用1万元，同时也面临执行难的风险，因为乙方正处于改制过程中，到时丙方将是血本无归。最后双方各有让步，在法官的主持下，历经三年的经济纠纷以二审的双方达成调解协议终结。

为了很好地应用博弈理念，说服当事人以和解结案，重点对案件的利益情况进行了利益分析。

(1) 博弈过程得益分析。

从上面的事实可以分析：甲方与乙方签订出口代理协议，乙方希望能够获得约10万元的利益。乙方与丙方签订加工承揽协议是希望能够保证10万元得益的实现，丙方希望能够得到约5万元的加工费，扣除人工费用等预期得益为3万元。问题是由于丙方将部分承揽业务交由别人后，没能在当年完成承揽任务，使得乙方的出口配额的50%作废，同时已花原材料费6万元，成品已回收，不能出口变现10万元，以及其他费用3万元难以回收，预计乙得益-1万元，而此时丙的得益也为负数，即垫付辅料4.2万元，先期支付他人人工费2.5万元，合计得益-6.7万元。轮到丙方作出选择，要么让步，互不追究，丙乙双方的得益为-6.7万元和-1万元，如果丙方认为乙方没能在规定时间提供原材料，应当对延期交货负责，通过法律途径解决，则一审可能的诉讼成本是1万元（主审法院在丙方所在地），乙方的诉讼成本可能是1.5万元（主审法院距乙方所在地约100公里），如果法官支持丙方的诉讼请求，则得益为1.3万元和-11.5万元。现在的问题是乙方认为丙方违约在先，没能按期交货，如果判决丙方胜诉，则双方得益为-2.5万元和-7.7万元，通过一审和二审发回重审，判决结果是重审法院支持了丙方的诉讼请求。此时双方的得益为-0.7万元和-14.5万元。在二审中代理律师向法官提出了调解条件，乙方向丙方支付7万元，双方各承担一半的诉讼费，约1万元，这样丙乙双方的得益为-5.5万元和-6.2万元。如果达不成调解协议，将维持一审判决，这样双方得益为5.3万元和-7.6万元。但乙方的代理律师及法官同时指出，如果达不成调解协议，丙方要考虑垫付执行费及实施费用约 1 万元，同时乙方正在改制重组，可能面临执行难的风险，如果执行不回，则双方得益为-14.2 万元和 5.4 万元。

（2）调解期望值优化。

从分析上面的案例来看，民商诉讼博弈实际上是由若干个相对独立的博弈所组成的动态博弈，某个动态博弈是从某个阶段开始的后续阶段，它必须有一个初始信息集，且具备进行博弈所需要的各种信息。无论乙方还是丙方，在进行选择时意味着此前对手进行了选择，也意味着对手还要进行新的选择，因此每个阶段是一个子博弈。实质上民商诉讼过程就是原被告双方的博弈过程，而判决结果并不是双方所期待的预期得益。

由于子博弈的存在，那么最后一个阶段或最后一个子博弈开始，逐步向前推以求解动态博弈的方法是逆推归纳法。在民商诉讼中，无论原告还是被告都会采用逆推归纳法，从而使自己的博弈得益最大，也就是努力让自己的主张或抗辩得到法官的采信。

第七章

民商诉讼大忌：形成悖论与矛盾的代理意见

在民商诉讼过程中，代理律师最担心的恐怕就是案件输了，不被当事人理解，认为代理律师曲解了自己当初表达的意思，而自己的代理意见也似乎难以自圆其说。而在民商诉讼维权的博弈过程中，个别当事人的一些行为让代理律师也难以理解，甚至觉得唐突，但却不得不去面对。这些可能不是用一般的知识能够解释清楚的。下面将笔者的"罗素悖论与诉讼怪圈"一文摘录如下，或许能给出一点答案。

第一节　罗素悖论与诉讼怪圈

悖论自古有之，说谎者悖论是其中之一。一个人说了一句话："我现在在说谎。"假设这句话是真话，由它的内容所指，则这句话是谎话；反过来，假设这句话是谎话，那么"我现在在说谎"就是谎话，因此他说的是真话。

由这句话是真话，可以推导出这句话是谎言；由这句话是谎话，又可以推导出这句话是真话，这就称为悖论。

一、罗素悖论

如果集合具有自己属于自己的性质，那么我们称这个集合是"自吞的"，如所有集合的集合。现在假设T是所有不自吞集合的集合。如果说T不是自吞的，那么T将属于自己，即T就是自吞的。如果说T是自吞的，那么T便具有T内元素的性质"不自吞"，即T是不自吞的。

"理发师悖论"是罗素悖论的通俗形式：一个理发师声称他只给不为自己理发的人理发。如果他不给自己理发，那么按照他的声称，他应该给自己理发。如果他给自己理发，那么他便具有"不为自己理发"性质的，也就是他不为自己理发。

二、哥德尔自指

哥德尔在第一个不完全性定理的证明中，构造了一个G公式，使得这个G是真的，但在这个系统内却是不可证的。这个G可以这样理解："这个数论语句在系统中是不可证的。"这个G是不可证的，也就是"这个数论语句在系统中是不可证的"

在系统中是不可证的。在这里，我们看到了"自引用"（或称"自指怪圈"）。

这种怪圈在诉讼中也经常可以发现，但它往往是以反面的形式出现，也就是"不自指"的。习惯于指责他人，很难做到"责人先责己"。当事人不是严于律人，而是宽以待己。当事人习惯于指责社会的物质化，却很难控制自己对物质的欲望。当事人习惯于指责社会在堕落，却很难反省自己是否也参与了整个社会的堕落。在民商诉讼博弈中，一方当事人总习惯于指责对方如何不讲理，如何不守信，如何不依法行事，却很难反省一下自己有时也会不讲道理，也会不接受他人的劝说，否则双方就不会吵到法庭上。

三、诉讼怪圈

其实，一切诉因都应该是"自指的"。希望我们指责别人的时候，多些反省，多些自指，如此就会使诉因减少，这也是"罗素悖论"在诉讼实践中的积极意义。当然这里要排除代理律师因寻找案源的动机而发生的挑诉行为。诉讼怪圈的实质就是当事人不能够站在第三方的立场看待纷争，对同一事情在要求对方做到时，而自己往往却做不到，当跳出自己划定的圈子时，方能有所感悟。

下面是民商诉讼中容易形成的三种诉讼怪圈。

（1）得不偿失的讨个说法。

在现实生活中，为了讨个公道，有很多得不偿失的事情，但人们还是执意要去做，如曾经有一位同事为了追回 3.15 元找零钱，而花费了 12 元的合理消费令笔者对罗素悖论有了新的思考。

有一次，同事因为到菜市场买菜，菜贩没有找她 3.15 元的零钱，她没加思考地出门去讨，打车花了 10 元，路上用 2 元买了瓶水，追回了 3.15 元。她认为菜贩没找零，属不当得利，理应返还给她，而花 10 元出租车费是司机的劳动所得，2元是自己的消费。追回 3.15 元与花去 12 元好像没有什么关系，冷静下来后，还是觉得不合算。笔者认为很多当事人打官司，结果与这位同事的所遇相似。

（2）法官总是偏袒对方的，我要将官司打到底。

一般的当事人都会认为法官总是偏袒对方，除非有自己的亲朋好友出面帮忙。因此，他总要将官司打到底，好似打官司不是与对方当事人讲理，而是要与主办法官的对错讨个说法。这是很多诉讼难以结案的症结所在。

（3）对方总是要贿赂法官的，我也要有所表示。

如果说上述买菜居家争吵是一种过激行为，那么下面的一个典型案例实证，就更能证明得不偿失这种诉讼怪圈的现实性。

典型案例：李某诉牛某牛肉买卖纠纷案

入选理由：不计鉴定成本的牛肉诉讼纠纷的思考

案情简介：×年6月，李女士在某市农贸市场买了7两牛肉，拿到家后，在切丝的过程中越看越觉得不对劲，怀疑自己买的不是牛肉，很可能是猪肉。她气往心头涌，情感的冲动令她决定返回到菜市场与商贩讨个说法，急忙封存好肉丝，拿到牛肉摊位与摊主（本姓王，因长年卖牛肉，别人都叫他老牛，以下简称"老牛"）理论。老牛坚持自己卖的是正宗的牛肉。双方在肉摊前争执得不可开交，要不是周围人劝架，差点就互殴起来。好在农贸市场领导及时出面，努力从中协调。爱找热点的记者也掺和了进来，经协商，老牛和李女士都同意把封存好的肉丝，交到权威部门进行鉴定。

"牛肉还是猪肉，肉眼当然可以鉴别得出来。"次日，某市肉类协会一位工作人员说，分辨猪肉牛肉，凭生活经验，看看摸摸就足够了。可现在的问题是，这块肉已经切成了肉丝，不像整肉那么容易分辨，而看过的人中，有些人一口咬定是牛肉，有些人则坚定地说是猪肉，如果单纯从统计学的角度，对现场判定人员的结果进行分析，认定为牛肉的人不到50%，还有不到一半的人十分肯定地认为是猪肉，只有少数几位围观者回答不能确定是牛肉还是猪肉，还有个别人判断可能是鸭肉，但绝对没有说是羊肉的，因为当时羊肉的市场价格比牛肉高出近20%，所以没有围观者认为商贩会将高价肉充当低价肉来出售。现场的统计数据坚定了双方对各自所持观念的信心。怀疑论者自然是存在以次充好的情感暗示。

李女士和老牛各有主张，但能够说到一起的是都认为需要权威部门做一个科学鉴定。老牛发狠说，就算花几万块钱，哪怕是委托权威部门做DNA，也要做这个鉴定，这是关系他生意人名誉的大问题。李女士也撂下话，如果鉴定报告说不是猪肉，她愿意到市场当面给老牛道歉。双方僵持不下，都想要一个科学权威的鉴定结果。

第二天，老牛主动联系了杭州的一家基因技术有限公司，他们的主要业务是通过DNA做亲子鉴定。李女士和老牛一起商定后，两人在市场管理人员和市场诸多经营户的见证下，从冰箱冷冻室取出封存的肉丝，然后乘坐同一辆车，在市场管理人员的陪同下将封存的样品肉送到那家基因技术公司做DNA鉴定。基因公司的工作人员说，做DNA鉴定，结果要一周后方可拿出。其中的一位博士还说，为了使鉴定结果更具科学性，他准备做一个详尽的DNA序列比对。

老牛和李女士都表示同意做鉴定，鉴定费为2800元，在谁出这笔钱的问题上双方产生了分歧。李女士不同意自己出钱，理由很简单，她认为要证明自己卖的肉为牛肉的人是老牛，而不是客户。争到最后，老牛决定自己出这笔鉴定费。博士给他出具了正规发票，老牛接过发票，仔细叠好，装进口袋。不久DNA鉴定结果出来了，证明它是牛肉。李女士同意按照承诺公开道歉，但拒出鉴定费用。

法理明晰：历时一周的牛肉、猪肉之争终于有了结果，老牛拿到了DNA鉴定报告。报告结论："待检测样品为牛肉，不含有猪肉成分。"老牛花了2800元为自己讨回了一个清白。李女士说：鉴定结果知道了，她是认可的。她也是愿意道歉的，错了就是错了，不管是当面道歉还是在报纸上公开道歉，都可以。但是做DNA鉴定的费用，她是不应该出的。理由很简单，作为消费者，她有权利怀疑他卖的不是牛肉，而且又不是她一个人怀疑，很多人看过都说是猪肉。后来要做DNA，她也在事先说过，结果她认可，但是费用她坚决不出。

对于老牛来讲，小本经营，却花了2800元来证明自己的信誉，使顾客对牛肉质量放心。这样的顶牛，是值得称赞的。事后老牛生意兴隆的情况证明，老牛掏腰包对有疑问的牛肉做真假鉴定值得。因为他自从得出牛肉的DNA鉴定结论后，牛肉生意比往年的同期都好，价格也有所上升，这场闹得满城风雨的纷争等于给老牛做了一个现身说法的广告。广而告之，老牛所卖的牛肉货值价实，质量响当当。甚至有人怀疑，这是一场由记者参与的闹剧，很有可能就是老牛策划的一宗现身展示自己所卖牛肉货真价实的活广告。

该案最终以和解结案，老牛的一番话引发了笔者长时间的思考："这不是钱的问题，是我卖肉十几年的名誉问题，我用一盘肉丝，2800元，捍卫了自己诚信经商的名誉。"

第二节　民商诉讼博弈中的非理性思维

某些案件原本有足够的把握通过调解结案，但随着案件审理的深入，通过当事人对案件的理解或与对方当事人的接触，感到调解的可能性越来越小，代理律师就要冷静思考，及时疏通当事人的心结，争取和解结案，避免无休止的争端，最重要的是要让委托人具有理性思维，有了理性的思维，就不会再盲从、固执己见。

所谓理性思维，就是某人接受了外部信息，并对这个信息进行批判、分析、消化，最终产生对这个信息的反应，或赞成，或反对，或不置可否。这还不是最终的判断，他还要对这个判断保持着一份怀疑的心态，并愿意倾听乃至接受不同的观点，盲从产生于非理性思维。

所谓非理性思维就是某人接受了外部信息，没有或少有批判、分析、消化。他基本上是机械地认同或是反对某个观点，并且他对不同的观点没有保留出倾听乃至接受的余地。判断一个人的思维究竟是理性还是非理性，一个重要的标准就是看他对与他对立的观点及持这样观点的人是否具有包容的心态。这一标准对于代理律师把握案件的调解十分重要，包容能够让双方当事人化干戈为玉帛。

在民商诉讼博弈的过程中，非理性思维往往会支配当事人及其代理人的行为与战略。

目前，一般认为非理性思维形式有三个直接特点区别于逻辑思维：非感知性、快速性、受诱发性。但如果认真考察起来，只有非感知性是它所独有的，其他两个特点在逻辑思维中也可见到。所以，非感知性是非理性思维形式区别于逻辑思维的唯一特点。换句话说，直觉是非理性思维方式的代表。

非理性的冲动来自于人的心灵深处，扭曲的外力激发出反扭曲的冲动，带来的快感使你沉醉其中，美好地过上几分钟或更久。但民商诉讼博弈过程中的非理性思维有时是在理性的思考之后的选择，需要时间的推敲与经验的熏陶。这就是决定诉讼裁判无法在很短的时间内作出的原因，理性的判断绝不包含"剪不断，理还乱"的情结。但同样的事情，不同的两个人作出的选择可能完全相反。比如在婚姻危机中，有的首先选择逃避，有的选择激烈的冲突，有的干脆选择到法院提起诉讼。也就是说在博弈中，理性与非理性都会对当事人的决策产生影响。

由于非理性的行动带有太多的不可知性，而理性的思维又可能经常弄得你筋疲力尽，作为代理律师要能够时时分辨理性与非理性思维，这对于案件的代理是十分重要的。

常见的非理性思维主要以下几种。

一、框架效应

所谓框架效应，即一个问题有两种在逻辑意义上相似的说法却导致了不同的决策判断。在民商诉讼中，当事人分别表现出对损失的回避和对利益的偏好，这就是框架效应的影响结果。在案件的代理过程中，诉讼当事人总会先有一个预期，这一预期往往是当事人对已有事实或证据全盘肯定的结果，而不容代理律师有丁点的反对，否则就可能会怀疑律师不帮助他，转而去选择别的赞同他的观点的律师，至于什么是真正的帮助，不是他在处于纠纷中时智力所能够思考的问题。

原告在起诉被告时会对自己的损失或从被告那获得的补偿有一个预期值，往往会先对诉讼请求作出粗略的估计（锚定），亦即锚定值，以此提起诉讼，并依此展开诉讼理由或对事实的说明，然后根据进一步的信息进行调整，形成比较理想的判断，这就是所谓的锚定和调整。最初作为锚定值的诉讼请求可能是原告自己的心理价位，也可能是朋友的看法或代理律师通过专业计算后的意见。原告的态度也会影响到锚定价格，如认为对方有较好的经济实力，原告往往设定的锚定值比较高；而认为对方经济实力较弱时，原告往往设定的锚定值比较低。有些诉讼请求的标的额看似天价，但仍然可能具有锚定作用。例如，在人身伤害赔偿案件中，原告对有经济实力的被告往往会提出很高的诉求标的额。

巧妙运用变形锚定点，可以说服对方接受你对问题的认知，逐步达成有利于己的协议。当代理律师把握不准和解范围时，就容易受"锚定效应"的影响。随着不确定性的增加，受变形锚定影响的程度也会上升。

二、损失厌恶

我们常常陷入种种情绪化的诉讼得益预期误区。当事人就像那些买了贬值股票不肯出手的股民一样，就是由于不愿接受损失、不愿承认自己的错误。这种心态是"厌恶损失"现状偏向。既然卖掉手里所有的股票是那么痛苦，而别人得到股票也不如自己当初买进时值钱，那他又何必急着去购买呢。人们会倾向于保持现状，不愿意重新去作出选择，因为"损失"总是比"收益"带来更大的情绪反应。这也是当事人不愿意降低预期的原因所在。在民商诉讼中，不理智的当事人总会抱着原有的想法，不愿意改变初衷，即使法官发出了这案件很难判的败诉信息，当事人也总要安慰自己，这案子不会输的。不是当事人不相信即将到来的判决，实质上是当事人对可能面临的损失产生了厌恶，难以从心理上接受可能产生的损失。

过度自信。在民商诉讼中，有自信心的人往往能够充分发挥自己的长处，泰然自若，以积极的心态处理可能产生的各种问题和矛盾，而且当自己处于不利境遇时，自信也能积极地起到自我暗示、自我鼓励的作用，从而保持心理平衡，变不利为有利。拥有自信心固然可贵，但切不可因过于自信而使自己变得固执。

人类倾向于从无序中看出规律，尤其是从一大堆随机的经济数据中推出所谓的规律。有经济学家提供了大量的统计数据说明许多事件的发生完全是由于运气和偶然因素的结果。特别是对于事故的发生，有时确实有它的偶然性因素。民商诉讼纠纷即使案件相类似，但原因各有不同，很多当事人对于败诉的原因要么归于法官的素质，要么归于律师的不尽责，由此产生了所谓过度自信的心理现象，特别是一些当事人看了几个与自己同类型的案例，一旦片面地理解了其他案件获胜的理由，类比后的过度自信会更加高涨。

三、固执己见

如果说自信是促进人际交往的一大优势，那么固执则是妨碍正常人际交往的一个阻力。固执的人往往自以为是，听不进别人的意见和建议，只想让别人接受自己的观点。同时，还会有一种盲目的自我崇拜心理，以为自己处处都比别人高明，自觉不自觉地把自己凌驾于他人之上。

当事人的固执行为是促成诉讼达成和解的一个障碍，是由于它使人不能理智地评价自我的行为是否符合法律的规则，是否会对他人的生活产生影响，当然也就不能客观公正地去评价别人，认识自己，更无法赢得别人的理解和信任；另一方面，过于自信而固执的人总是习惯性地把自己的观点强加于他人，这种做法势必会造成别人的心理反感，从而在诉讼的过程中产生了一种"心理对抗"。

固执己见的人通常免不了与他人发生争执，从而影响到与他人的思想交流和融洽相处。过于固执就无法与人顺畅地交流，即使与自己聘请的律师也难以沟通，这会使自己处于孤立无援、举目无亲的境地，最终会降低诉讼行为的功效，甚至弄得一败涂地。

其实，自信与固执虽然很接近，但毕竟有着本质区别。有自信心的人不仅敢于表明自己的观点，而且勇于接受别人的批评、忠告和建议。

可见，在民商诉讼博弈中不可失去自信，也不可过于自信而沦为固执。

四、证实偏好

所谓证实中的偏好是指在科学证明中倾向于预先确定一种理论，随后寻找数据来证实其成立而不是反驳其成立，该偏见与现代证据证明模式是格格不入的，尤其要被听审的法官所排斥，否则作为法律审判代言人的法官，将使居中的内心心证先天地偏向事实成立与否的一边，这不但有违神圣司法裁判的公平性、公正性，也是法官自由心证的一种过度，进而可能背离了诸如"以法律为准绳，以证据为依据"（如果法官先偏向罪行成立的心态），或者是证人自由陈述等等的法律原则（特别是在大陆法系法官主导询问，其先存的心理偏好会不自觉地在询问时干预了这种本应毫不受影响的证人陈述空间的要求）。

而证明错误可以更有效地在民商诉讼庭审过程中展开，一则便于构架当事人双方的交锋形态，从而在彼此的交锋中形成对各自证实中的纠偏，使证明在对方证错的制衡下回归到正确的轨道上；二则证明错误借助双方各自立场的出发点，可以有效地纠正法官不自觉（因为自觉是不被法律允许的）形成的先决的内心偏向：无论法官先行倾向任何一方，对方的证错行为都会有利于减少法官上述的对于居中公正立场的背离，从而实现整个诉讼状态的动态均衡。也就是说即使法官具有了私心，他也要通过寻找当事人的证错来证明自己的心证。可想而知在民商诉讼博弈中提供真实证据是多么重要。要知道当事人对于自己有利的证据多提供，及时地提供，对于自己不利的证据可以不提供，并不违反现行的证据规则，这样可以起到有效保障权利的作用。

五、心理定式

所谓心理定式，是由一定的心理活动所形成的倾向性准备状态，决定同类后继心理活动的趋势。这个概念是苏联定势心理学派的基本概念。原初由德国心理学家缪勒和舒曼在1889年提出，后经苏联心理学家乌兹纳捷加以改造，发展成为一种理论。

心理定式在认识事物时有积极作用，也有消极作用，关键看是什么样的心理定式。正确的心理定式有利于正确认识事物，错误的或不良的心理定式对于正确认识事物则起阻碍和干扰作用，心理定式主要包括认知定式、情感定式、思维定式，以下重点谈谈思维定式。

在日常生活中，时常能看到这样一些现象，比如，当看到一个笑模样、胖乎乎的人，你可能认为他是一个厚道、宽容的人，因为人们总认为心宽才能体胖；男人总认为女人是弱者，需要男人的保护，甚至也有些女人也承认自己是弱者，能力不如男人等。这些都是人的思维定式在作怪，这是一种简单化的思想认识方法。在民商诉讼博弈中，这种思维对代理律师来讲是十分有害的，它会导致代理律师片面、静止、简单地看问题，或以点带面、以偏概全，这容易使代理律师迷失前进的方向，或遭受挫折或失败。因此，代理律师要学会认识事物的本质，善于把握、研究事物的正负两方面，使自己的思维具有全面性，防止错误、僵化。

第八章
证据审查：为诉讼博弈奠定制胜基础

对于代理律师来讲，研究任何一个案件，都要采用一种特定的分析方法来弄清案情。笔者喜欢通过当事人的法律行为来梳理民商诉讼法律关系，以此来吃透案情。通过梳理民商诉讼法律关系，确定案件性质，从而分析诉讼当事人的选定是否正确、诉讼案由是否明确、当事人的具体诉讼请求是否恰当、如何认定或划分当事人之间的责任等，这样才能吃透整个案情，厘清自己的代理思路，才能通过诉讼战略制订达到制胜的目的。而每一宗诉讼案件的开端，无不是从立案开始，这样就要关注立案证据材料的必要性审查，以免走诉讼路径上的弯路。

第一节　立案证据材料的必要性审查

庭审前，代理律师要做好证据的收集整理，并分析是否构成立案条件，是否能够支持自己的基本诉求，并就时效、诉讼管辖权问题进行证据的分析。

在到法院立案前，代理律师应当知道当事人的证据是否具备立案的基本要素，也就是说要对诉前证据材料进行必要性审查：

第一，看是否有能够证明当事人身份与双方法律关系存在的证据材料；

第二，看是否有应当由立案法院管辖的证明材料；

第三，看是否有在诉讼时效内的证据材料；

第四，看是否有与当事人请求所主张的标的额大致相当的证据材料。

如果具备了上述四种基本的证据材料，代理律师就可为当事人写出诉状，到法院立案。立案后，代理律师就着手为出庭做准备工作，要对证据材料进行逐一整理、分析并完善，通过系统分析理出自己的代理提纲，形成构思图。同样作为被告的代理律师也要审查原告的基本证据是否具有上述内容，从而尽早拿出自己的抗辩理由或组织对抗证据链。

第二节　确保案件胜诉的充要性审查

作为代理律师，除需要对立案证据材料实施必要性分析审查外，还需要实施确保案件胜诉的充要性审查，即立案后，再通过补证，使证据材料为胜诉奠定充要性的条件。

一、梳理的主要内容

经过当事人陈述，收集到基本证据材料之后，代理律师就应该着手梳理当事人行为与业已存在的事实中所包含的民事法律关系。对于民事法律关系的分析，不仅要求律师具有扎实的法律基础知识、法理分析能力，还要求律师有丰富的办案经验、敏锐的眼光和特殊的思维线索。

一般来讲民商诉讼法律关系的梳理主要从下面几点展开：

第一，从当事人对案件事实的陈述中，寻找其中所涉及的民商法律关系；

第二，确定引起该民商法律关系、变更或消灭的民事法律事实（也可以先从此环节入手，找出由其产生、变更或消灭的民商法律关系）；

第三，确定构成该民商法律关系的主体、客体和内容；

第四，运用有关的民法理论和法律规定，判定相应的民事法律事实和民商法律关系（三要素）是否合法；

第五，对于判定合法的民事法律事实和民商法律关系，依法确定民事责任（侵权的民事责任或者违反合同的民事责任）的承担；而对于判定为不合法的，则应当按照民事法律的有关规定予以处理。

需要说明的是，民商法律关系与民商诉讼法律关系不是等值的概念，它们之间有严格界限。一般来讲，民商诉讼法律关系的确立不能离开民商法律关系，它们之间有某种内在联系，这需要代理律师通过法理知识和代理实践去分析、把握。

二、梳理诉讼参与人

代理律师接触案情后，首先应当从当事人的法律行为着手，梳理诉讼参与人，即弄清民商法律关系的主体。在我国，民商主体包括自然人、法人、其他组织和国家等。任何个人和组织要成为民商主体，必须由法律赋予其主体资格。

民商主体人格的确定，应依据以下条件：

第一，具备独立法律人格者应有自身的独立性；

第二，赋予主体独立法律人格，必须对第三人有益无害；

第三，赋予主体独立的法律人格，对其内部成员应利多弊少。

民商法律关系作为人与人之间的社会关系，总是要有多方主体参加。在参加民商法律关系的当事人中，享有权利的一方是权利主体，承担义务的一方是义务主体。在某些民商法律关系中（比如赠予等），一方只享有权利，另一方只承担义务，而在大多数民商法律关系中，双方当事人都既享有权利，又承担义务。当事人的这种双重主体身份，是由这些法律关系的双务性决定的。民商法律关系的每一方可以是单一的，也可以是非单一的原告或被告，可以是几位共同原告，也可以是几位共同的被告，还可以追加多位第三人。实质上，正确理解实体法上的民商法律关系主体的目的就是为了民商诉讼当事人的界定。因为参加民商诉讼的第一要务就是明确诉讼主体，也就是确定诉讼参与人，无论是对于原告、被告和第三人，还是人民法院正确审理案件都具有较强的实践意义。

代理律师接受委托后，必须首先弄清楚纠纷是在谁与谁之间发生的。

要弄清纠纷是在谁与谁之间发生的，涉及以下几个问题：

第一，该当事人是否具有法定的当事人能力；

第二，该当事人是否具有法定诉讼能力；

第三，该当事人是否是合格的当事人。

三、梳理案由

代理律师梳理好法律关系中的当事人后，就要着手梳理案由，看自己所承接案件的案由应当如何确定。

根据 2011 年 2 月 18 日《最高人民法院关于修改〈民事案件案由规定〉的决定》，将案由划分为 16 部分作为一级案由，又细分为 43 个二级案由，424 个三级案由。代理律师在选择案由时，一般要对照遵行。代理律师的工作就是根据分析确定自己所承接的案件属于哪一种案由。

从案由的定义上可以看出，确定案由的依据应当是包含在案件之中的、决定案件本质的民事法律关系。代理律师应当知晓现行的民事案由是以《中华人民共和国民法通则》（以下简称《民法通则》）《婚姻法》《继承法》等民事法律为实体依据建立的，经济案由则是以《中华人民共和国合同法》（以下简称《合同法》）《商标法》《专利法》《破产法》等经济法律为实体依据建立的。但由于我国实行统一的民事诉讼法，经济案件同民事案件一样都适用该法，而且在实体法上，民事、经济的界限也仅是相对的，如《合同法》规定的许多是经济合同，但也有不少的是民事合同。因此，可以把民事、经济案由作为一个整体来研究，统称民商诉讼案由。

下面摘录一宗关于如何梳理案由的案例。

典型案例：张某法定继承人诉张某所在甲单位抚恤金纠纷案

入选理由：抚恤金不属遗产范围

案情简介：张某是甲单位的营销业务员，经常外出推销本单位的产品，在单位以备用金的形式借款 10 多万元。2004 年×月×日不幸遇车祸身故。甲单位在处理张某的后事时，对其备用金进行了清理，要求其法定继承人对其欠款进行归还，但其继承人以继承人没有继承张的遗产为由不予理睬。单位通过计算，其相关亲属应得一次抚恤金×万元，账上有住房公积金×万元，医疗账号余额×千元，按规定还应向张某的继承人支付 6 个月的工资等。张某与其妻拥有属张某所在单位非完全产权的房屋一套，价值×万元左右。单位将除房屋以外的资产全部充销张某所借备用金后，备用金还剩×万元没有冲销。单位充减备用金后，张某的继承人要求单位按规定支付抚恤金。

法理明晰：笔者认为单位按规定应向张某的继承人支付一次性抚恤金与张某欠款是两个不同的法律关系，应区别对待。特别是继承人中既有父母、子女，又有配偶时，更要区别对待。因为张某的欠款可认定为夫妻共同债务，可用夫妻存续期间的共同资产抵偿，而抚恤金具有特定的对象，非常明确。

（1）抚恤金不是张某的个人遗产，而是死者单位按照国家有关规定对死者直系亲属的抚慰金，不属遗产的范围；

（2）张某生前的住房公积金、医疗账号余额、补发的 6 个月工资及无完全产权的房屋是张某与其妻在夫妻关系存续期间所得，应为夫妻共同财产。

《继承法》第三十三条规定："继承遗产应当清偿被继承人依法应当缴纳的税款和债务，缴纳税款和清偿债务以他的遗产的实际价值为限。超过遗产实际价值部分，继承人自愿偿还的不在此限。"另据《最高人民法院关于贯彻执行中华人民共和国〈继承法〉若干问题的意见》第六十一条规定："继承人中有缺乏劳动能力又没有生活来源的人，即使遗产不足清偿债务，也应为其保留适当的遗产。"根据上述法律规定和司法解释，死亡职工生前债务应当以他的遗产清偿，死亡职工的子女缺乏劳动能力又没有生活来源，还应为其保留必要的遗产份额。死亡职工的子女所享受的抚恤费、一次性抚恤金，其所有权归死亡职工的亲属（包括父母、子女及其配偶等），不应直接作为张某的遗产折抵死亡职工生前的债务予以扣发。

当然，甲单位如果知道张某具有一定的遗产，认为张某的债务应以其遗产清欠为由，直接以其亲属应得的抚恤金扣抵也不是没有道理。如果甲单位以一次性抚恤金扣抵备用金没有征得张某继承人的同意，张某的亲属可以要求甲单位支付抚恤金为由起诉甲单位，甲单位可以要求张某遗产继承人偿还债务为由提起反诉（一般来说抚恤金的受益者大都为遗产继承人，两者的民事诉讼关系可以等同，如果不能一一对应，可以追加第三人），通过计算来实施债务互抵，但其扣减额应以张某的遗产为限，而不能用所有抚恤金直接冲抵。

该案如果立案，是以继承纠纷、债权纠纷还是以要求支付抚恤金为由起诉，成为各方关注的重点。

民事案件案由是民事案件名称的核心，反映案件所涉及的民事法律关系的性质，是将诉讼争议所包含的民事法律关系进行的概括。其对于人民法院进行民事案件的公正审判和高效管理的意义不言而喻，有利于对受理的案件进行正确审理，有利于对受理的案件进行分类管理，有利于确定各民事审判业务庭的管辖分工，有利于提高民事案件司法统计的准确性和科学性。但是，其对于律师办案的重要性却遭到忽视，致使在律师行业普遍存在这样的误区，即案由的确定是法官的职责，律师无能为力。其实，原告律师在法官对案由的确定上大有作为，在诉讼阶段通过合理选择诉讼请求，可以左右法官对案由的确定，可以影响诉讼的走向，甚至可以直接决定案件的成败。

不同的案由呈现不同的举证责任。对于代理律师业讲，一定要弄清案由，案由决定了各方的举证责任。

不同的案由决定不同法院的管辖权。不同案件的案由选择可能决定着案件的管辖范围，尤其是在侵权责任与违约责任竞合的情况下，如果提起侵权之诉，则一般由被告所在地或侵权行为地管辖；如果提起违约之诉，则一般由被告所在地或合同履行地管辖。对于工程项目建设合同可能还涉及工程项目建设所在地法院管辖。管辖法院的不同，在方便当事人诉讼、降低诉讼成本方面具有重大影响。

不同的案由决定着案件的诉讼时效。不同案件的案由选择可能决定着案件的诉讼时效，尤其是在侵权责任与违约责任竞合的情况下，如果提起人身损害的侵权之诉，则诉讼时效为 1 年；如果提起环境污染损害赔偿的侵权之诉，则诉讼时效为 3 年；如果提起违约之诉，则诉讼时效一般为 2 年。

不同的案由决定各方举证责任的分配。不同案件的案由选择可能决定着案件举证责任的分配。除了上述案例之外，如张某被某栋大楼上的住户李某阳台上坠落的花盆砸到头部，造成脑震荡，前后花去医药费近 10 万元。如果张某事先了解到李某有赔偿能力，以物件脱落、坠落损害责任纠纷为案由提起诉讼，则由李某承担过错推定责任，给予赔偿；如果张某事先了解到李某没有赔偿能力，以不明抛掷物、坠落物损害责任纠纷为案由提起诉讼，则按照共同危险行为致人损害赔偿处理，由包括李某在内的所有可能加害的建筑物使用人承担无过错责任，给予补偿。

不同的案由决定不同的法律适用。不同案件的案由选择最直接的后果是导致法律适用的不同，进而影响案件的实体权利主张与义务的履行。例如，同一侵权纠纷，如果认定为一般侵权案件，则适用过错责任规则原则，由原被告双方按各自的过错程度分担损失；如果认定为产品责任、机动车交通事故责任、环境污染责任、高度危险责任、饲养动物损害责任、物件损害责任等特殊侵权责任，则一般适用无过错责任或过错推定责任归责原则，被告无法定减免责任事由的，往往承担全部责任，即使原告有过错，也只是适用过错相抵原则，对被告适当予以减轻责任。

四、梳理具体的诉讼请求

代理律师在梳理当事人的具体诉讼请求时，一般要对当事人的诉讼请求进行定性与定量分析，看其诉讼请求是否合适。

所谓定性分析就是分析请求权的属性（包括当事人的行为责任担当）。如当事人的请求权是基于确认之诉、给付之诉还是变更之诉；当事人的行为属侵权还是违约；当事人应当承担什么样的责任，是按份，还是连带，还是补充。

确认之诉是指民事权利主体请求人民法院确认其与被告之间存在或不存在某种民商法律关系的诉讼。确认之诉的意义在于为给付之诉、变更之诉的裁判奠定基础，并对给付之诉、变更之诉起预防作用。

给付之诉是指权利主体请求人民法院判决由被告履行特定民事义务的诉讼。如权利主体请求对方当事人支付款项、交付货物、赔偿损失、停止侵害、排除妨碍、消除危险、恢复原状、消除影响、赔礼道歉等。

变更之诉是指权利主体请求人民法院改变或消灭其与被告之间现有的民商法律关系的诉讼。变更之诉是双方当事人对现存民事权利义务关系并无异议，而是对这一民事权利义务关系是否应当变更或消灭形成争议。这种诉讼请求一般适用于身份、合同关系，如抚养权关系变更，房屋产权关系变更。

代理律师在梳理民商诉讼请求权时应注意以下几点：

第一，诉讼请求必须具体，具体请求哪些项，具体的数额是多少，不能用可能是多少、大概是多少之类的模糊说法。

第二，当事人提出的诉讼请求既可以是实体权利方面的权益请求，也可以是程序上的权益请求。如请求法院判令诉讼费用由被告承担的诉讼请求就具有程序上的权益请求属性，与实体权利的争议没有直接的关系，却与案件的胜败相关联，因为我国民事诉讼法规定败诉方承担相应的诉讼费用。

第三，诉讼请求可以随着案件的进程发展，由当事人在诉讼进行过程中随意处分、变更。当民事争议发生以后，当事人以某一诉讼标的向法院起诉，可以依法主张若干实体权益请求。对于这些权益请求，当事人可以基于处分权全部主张，也可以只主张一部分，在诉讼过程中可以随意变更、放弃或者增加这种权益请求，而诉讼标的一经提出不能随意变更、放弃和追加。

例如，甲单位以乙旷工为由解除与其劳动合同关系，经乙申请仲裁，判令甲单位恢复与乙的劳动合同关系，甲单位不服劳动仲裁，向当地人民法院提起诉讼，要求解除与乙的劳动关系，原告因提出与被告解除与其存在的劳动合同关系，被告抗辩要求维持其与原告的劳动合同关系。在诉讼过程中，原告提出要求被告归还其所欠原告借款2000元（挂在财务备用金账户），由于在劳动合同关系的解除过程中，一般都涉及双方未了结的工资、借款及补偿数额问题。因此，原告所提出要求被告归还欠款问题不涉及案件基本标的的性质改变，因此是可以的。但是，如果在诉讼过程中，原告另行提出被告私自将商业秘密泄露给第三人构成侵犯其商业秘密权要求其赔偿经济损失20万元，且承担全部诉讼费用，则法院不会准许，会告知当事人另案处理。

在确定请求权时，还要分析是否存在责任竞合问题。按照要求，代理律师从得益最大化考虑，帮助当事人进行选择。

五、梳理责任承担

民事责任，是指民商主体违反合同义务或法定民事义务而应承担的法律后果。任何一宗民商诉讼纠纷案件，法院在审理的过程中，都要对当事人所应承担的责任进行划分，以此来确定诉讼请求是否合适，是否应当给予支持或部分支持。

六、民事责任的分类

（1）民事责任依据其行为所涉及民事内容性质可分为合同责任（因违反合同约定的义务或违反《合同法》规定的义务而产生的责任）、侵权责任（因侵犯他人的财产权益与人身权益产生的责任）与其他责任；一般来讲，如果某一行为既有合同产生的违约责任，又有因民事产生的侵权责任时，法院只能"二选一"进行判决，当事人就要作出责任竞合性选择。

（2）民事责任依据其法律主体是否涉及以相关财产来承担，可分为财产责任（指让民事违法行为人承担财产上的不利后果，使受害人得到财产上补偿的民事责任）与非财产责任。

（3）民事责任依据行为人所控制的财产责任承担限额，可分为无限责任（责任人应以自己的全部财产承担的责任）与有限责任（债务人得以一定范围内或限额的财产承担民事责任）。

（4）民事责任依据行为人责任承担主体承担方式，可分为全部责任（由一个民商主体独立地承担的民事责任）、按份责任（指多数当事人按照法律的规定或者合同的约定各自承担一定份额的民事责任，各责任人之间没有连带关系）与共同责任。

（5）民事责任依据行为是否存在过错，可以分为过错责任（指行为人主观上有过错而给他人造成了损害而应承担的责任）、无过错责任（指行为人只要给他人造成损失，不问其主观上是否有过错，都应当承担的责任）、公平责任（指当事人对造成的损害都无过错，不能适用无过错责任要求加害人承担赔偿责任，但如果不赔偿受害人遭受的损失又显失公平的情况下，由人民法院根据实际情况，依公平原则判双方或多方分担损失的一种责任方式）。

（6）民事责任依据行为人的承担方式，可分为连带责任、补充责任及单一责任。民事责任的承担方式是指依法应负民事责任的行为人承担民事责任的具体形式。连带责任是因违反连带债务或者共同实施侵权行为而产生的责任，各个责任人之间具有连带关系。所谓连带关系是指各个责任人对外都不分份额、不分先后次序地根据权利人的请求承担责任。补充责任，是指在责任人的财产不足以承担其应负的民事责任时，由有关的人对不足部分依法予以补充的责任。单一责任是指某一民事主体独自对其行为负责，不与其他人的责任相关联。

七、梳理司法途径与司法管辖机关

代理律师之所以对管辖地很重视，是因为管辖地法院对当事人的诉讼利益有直接的关系。一方面对于代理律师来说是否在该法院办案能够有利于当事人，是否能够在该法院有认识的人。当然这种认识也是在法律范围内能够多多地提醒对自己应当如何办理的问题。要知道"法官是最好的老师"。代理律师选择了与自己熟悉的法官，就可能有更多的机会与主审法官进行有效沟通，法官也会就诉讼技巧问题给代理律师以点拨。

如何确定对自己有利的法院，也就是在什么地方起诉的问题。笔者认为代理律师应从博弈的角度思考以下几个方面的问题。

（1）作为原告最好能够依据法律选择自己觉得合适的管辖法院。

一般来讲，按照"原告就被告"的原则，原告得到被告所在地法院立案，但也有例外情况。如《民事诉讼法》适用意见对以下四类案件实行"原告就被告"的例外，即案件由原告的住所地或经常居住地法院管辖：①对不在中华人民共和国领域内居住的人提起有关身份关系的诉讼；②对下落不明或者宣告失踪的人提起的有关身份关系的诉讼；③对被劳动教养的人提起的诉讼；④对被监禁的人提起的诉讼。

同时规定：

第一，当事人的户籍迁出后尚未落户，有经常居住地的，由该地人民法院管辖。没有经常居住地，户籍迁出不足1年的，由其原户籍所在地人民法院管辖；超过1年的，由其居住地人民法院管辖。

第二，追索赡养费案件的几个被告住所地不在同一辖区的，可以由原告住所地人民法院管辖。

第三，非军人对军人提出的离婚诉讼，如果军人一方为非文职军人，由原告住所地人民法院管辖。

第四，夫妻一方离开住所地超过1年，另一方起诉离婚的案件，由原告住所地人民法院管辖。夫妻双方离开住所地超过1年，一方起诉离婚的案件，由被告经常居住地人民法院管辖；没有经常居住地的，由原告起诉时居住地的人民法院管辖。

第五，在国内结婚并定居国外的华侨，如定居国法院以离婚诉讼须由婚姻缔结地法院管辖为由不予受理，当事人向人民法院提出离婚诉讼的，由婚姻缔结地或一方在国内的最后居住地人民法院管辖。

（2）作为原告可以通过行为地、标的物所在地选择管辖法院。

适用意见共有9款：

第一，购销合同的双方当事人在合同中对交货地点有约定的，以约定的交货地点为合同履行地；没有约定的，依交货方式确定合同履行地：采用送货方式的，以货物送达地为合同履行地；采用自提方式的，以提货地为合同履行地；代办托运或按木材、煤炭送货办法送货的，以货物发运地为合同履行地。

购销合同的实际履行地点与合同中约定的交货地点不一致的，以实际履行地点为合同履行地。

第二，加工承揽合同，以加工行为地为合同履行地，但合同中对履行地有约定的除外。

第三，财产租赁合同、融资租赁合同以租赁物使用地为合同履行地，但合同中对履行地有约定的除外。

第四，补偿贸易合同，以接受投资一方主要义务履行地为合同履行地。

第五，因保险合同纠纷提起的诉讼，如果保险标的物是运输工具或者运输中的货物，由被告住所地或者运输工具登记注册地、运输目的地、保险事故发生地的人民法院管辖。

第六，《民事诉讼法》第二十七条规定的票据支付地，是指票据上载明的付款地。票据未载明付款地的，票据付款人（包括代理付款人）的住所地或主营业所所在地为票据付款地。

第七，债权人申请支付令，适用《民事诉讼法》第二十二条规定，由债务人住所地的基层人民法院管辖。

第八，《民事诉讼法》第二十九条规定的侵权行为地，包括侵权行为实施地、侵权结果发生地。

第九，因产品质量不合格造成他人财产、人身损害提起的诉讼，产品制造地、产品销售地、侵权行为地和被告住所地的人民法院都有管辖权。

（3）原告还可通过追加适当的被告选择对于自己有利的法院管辖。

这主要包括：通过连带责任找出一个连带被告，在连带被告所在地法院立案；通过链接一个共同被告选择对自己有利的法院管辖。

（4）原告可通过将第三人列入被告寻找管辖法院。

原告还可以看该案是否有第三人，将其列入被告，也是很实用的方法之一。无论有否利益关系；这也是寻找管辖法院的连接点。还可以通过寻找不实际的被告，将真正的被告列为第三人，从而使真正的被告失去法院管辖疑异权。

（5）可通过担保、专利专属、商标侵权等找到对原告有利的管辖法院。

当然，既然是博弈，对双方当事人来说是公平的，被告也可以因此而提出管辖权疑异，从而达到自己选定管辖法院的目的。

当然，在管辖法院选择的过程中，要分析案件是否有仲裁协议，或者依照法律规定需要提起仲裁。如果仲裁对己方不利，是否可以通过法律的链接手段使自己选择法院管辖合情、合理、又合法。

典型案例：孙某诉刘某合作工程建设结算纠纷案

入选理由：实际施工人因选择有利于己的法院管辖，导致诉讼请求错误而败诉

案情简介：×年×月×日福建某炼化公司与北京某建设设计公司签订了一份《某库区油罐施工总承包工程合同》，其中合同标的为×万元人民币。同年×月×日北京某建设设计公司与吉林某建设施工公司签订《建设工程专业施工合同》，其中合同标的为×万元人民币，同年×月×日与吉林某建设劳务公司签订一项《建设工程劳务分包合同》，同年×月×日吉林某建设劳务公司又将涉案工程以内部责任承包形式交由刘某内部承包。后刘某又与孙某签订一份合作协议，协议约定涉案工程由孙某与刘某作为合伙人共同完成涉案工程的建设施工。后由孙某负责施工机械及人员组织，并以吉林某建设施工公司项目经理的身份参与施工建设，并负责现场管理。主体工程完工后，总包方以质量、施工进度等为由，将孙某及其领导的施工人强行清场，并将机械设备扣留。随后，孙某以吉林某建设施工公司预算员的名义完成预算编制，预算书上并加盖吉林某建设施工公司现场项目专用章，将编制好的预算书向总包商提交结算，因各方意见产生较大分歧，没能完成实际结算。因结算不能，孙某以与刘某存在合作协议纠纷为由向吉林某中级人民法院起诉讼，要求刘某支付所欠工程款，并要求业主及总包方、专业分包商及劳务分包商共同承担连带支付责任。

孙某代表吉林某建设施工公司完成了1号、6号储罐的部分施工任务。涉案工程的材料（除业主供料外）、人工工资及实施机械等都由孙某负责办理。孙某向法院提供了相关资金往来的账户及代表吉林某建设施工公司的纳税情况，而吉林某建设施工公司及吉林某建设劳务公司并没提供实际资金往来账户与纳税票据，福建某炼化公司向法院提交了与北京某建设设计公司的合同全额支付凭证。法院立案时，涉案工程已验收投产。

法理明晰：依照国家相关法律规定，工程建设纠纷应以项目所在地法院为管辖地法院，该案件涉案标的物在福建某地，被告有北京、福建及吉林三地的公司或个人，孙某以合作协议纠纷为由，自主选择吉林作为主管法院立案地，意在节省交通费用，同时认为当地法院人熟，便于沟通关系，但实际把自己置于败诉的境地。从诉讼结果来分析，孙某败诉有两点：一是错误地将业主列为被告，而不是第三人，这样不利于原告的诉讼主张。

法律对于工程项目建设合同纠纷明确规定业主在所欠工程款范围内对实际施工

人承担还款责任，孙某将业主列为被告，显然不利于己方的举证责任及诉求主张的实现。二是案由选择错误，不应以合作协议纠纷为由提起诉讼，应以实际施工人的身份向发包方提起工程款结算之诉，并主张已验收完工建设项目工程款的权利。

笔者作为业主福建某炼化公司的授权委托代理人，参与了诉讼，并提出了如下代理意见：

（1）孙某不具备诉讼主体资格。

从庭审举证质证情况来看，原告孙某虽有明确的诉讼主张，但对于主债权人的最后陈述与起诉状自相矛盾。孙某在起诉状中称因与刘某的合作协议而产生纠纷，要求其他被告承担连带责任，在庭审中法庭质证陈述时说主债务人是北京某建设设计公司，而孙某又与北京某建设设计公司不存在任何合同关系，因此，孙某不具有该案的诉讼主体资格。

再者，从法律关系来看，孙某与刘某存在合作关系，吉林某建设劳务公司、吉林某建设施工公司与北京某建设设计公司存在劳务分包、转包关系，而北京某建设设计公司与福建某炼化公司存在工程建设合同关系。合作关系、劳务分包、劳务转包与工程建设合同关系属不同性质的法律关系，诉讼标的指向不一致，不能并案审理，更不能连带指向。何况孙某、刘某都是吉林某建设施工公司的授权委托人，职务是项目经理，不具有独立向北京某建设设计公司主张、提起诉讼的诉权。如果说存在结算纠纷，也应是吉林某建设施工公司与北京某建设设计公司之间的工程建设项目建设专业分包合同纠纷，吉林某建设施工公司可以以北京某建设设计公司为被告提起诉讼，与项目经理孙某、刘某无关。孙某恶意提起诉讼的动机十分明显。

（2）原告孙某与福建某炼化公司没有法律关系。

福建某炼化公司只与北京某建设设计公司有工程建设合同关系，没有证据证明，原告孙某与福建某炼化公司有工程合同关系及其他法律关系。福建某炼化公司认为，孙某诉请福建某炼化公司在该案中承担连带责任是无理要求，这是该案诉讼主体资格不清或法律关系不清导致的。

对于承担连带责任，属于严格责任，只有符合法律明确规定的，法院才会根据事实与法律规定支持。福建某炼化公司与孙某没有任何法律关系，也没有合同约定，要求承担连带责任纯属无理取闹。

再者，依据《最高人民法院关于审理建设工程施工合同纠纷案件适用法律问题的解释》（以下简称《建设施工合同司法解释》）第二十六条之明确规定，作为发包人只在欠付工程款范围内对实际施工人承担责任，而不是对违规、违法分包、转包的施工单位或个人承担连带责任。孙某并非实际的施工人，福建某炼化公司作为发包人（业主）没有义务或法定责任向其与其他人的合作协议纠纷承担连带责任。

（3）孙某与福建某炼化公司没有债权债务关系。

没有证据证明，4名被告都与原告孙某存在欠付的法律关系，或都与孙某存在债权债务关系。福建某炼化公司认为该案的债权债务关系或合作纠纷与福建某炼化公司无关。

同时，孙某也没有一份证据能够说明其诉讼主张或所要求支付的工程费用和具体金额与福建某炼化公司有关。

（4）福建某炼化公司作为业主，已实际依与北京某建设设计公司之间签订的工程建设总承包合同实际履行完成、结算完毕。

福建某炼化公司已按照与北京某建设设计公司签订的工程建设总承包合同全额支付了相关的工程费用，包括质保金也已全额释放。也就是说福建某炼化公司与北京某建设设计公司目前不存在结算纠纷、合同纠纷，也不存在其他法律纠纷。

（5）孙某要求释放的设备与福建某炼化公司无关。

福建某炼化公司与孙某不存在法律关系，福建某炼化公司与北京某建设设计公司有工程合同关系，福建某炼化公司认为项目现场所有施工设备均是北京某建设设计公司拥有的自有设备。福建某炼化公司依法行使所管辖范围的门卫管理制度，对于总承包商的施工设备进出厂门凭总承包商的现场经理签字确认方可放行并无不当之处。

福建某炼化公司依据与北京某建设设计公司的工程合同关系，已经同意北京某建设设计公司在现场施工结束时，将所有施工设备撤离项目现场，所有施工设备早已不在福建某炼化公司控制范围内。

（6）福建某炼化公司没有约定或法律上的责任与义务支持或反对施工承包商与其供应商、分包商之间的结算纠纷、合同纠纷、法律纠纷。

（7）福建某炼化公司在该工程建设承包合同中，原则上不反对劳务分包，但没有批准施工总承包商可以进行工程分包或转包。对于擅自违约违法转包、分包的行为，福建某炼化公司保留追究相关责任方的权利。

综上所述，福建某炼化公司请求人民法院依法驳回原告孙某要求福建某炼化公司承担连带责任的诉讼主张，以维护第三被告福建某炼化公司的合法权益不受非法侵犯。被答辩人要求答辩人支付相关费用和承担连带责任的诉讼理由于法不依、于理无据，理应被人民法院依法驳回。因此请求人民法院依法驳回被答辩人对答辩人的诉讼主张，以维护答辩人的合法权益不受非法侵犯。

第九章
代理提纲：拟订好民商诉讼代理的构思图

收集、整理与分析证据材料的目的是支持自己的诉讼主张。代理律师在开庭前就要分析哪些是用来支持诉讼主张的，哪些是用来驳斥对方的，哪些是用来对案情进行定性的，哪些是用来对具体的诉讼主张进行定量的，哪些是用来支持具体的诉讼请求的。在出庭前代理律师要形成自己的代理提纲。这个代理提纲要有异于起诉状或答辩状，与起诉状或答辩状有各自不同的目的。提纲就相当于一张代理律师的构思图，是代理律师对整个案情的把握与庭审中辩论的预测。

民商代理提纲主要包括基本的代理框架或代理线索、证据清单与法律的适当引用。

第一节　充分准备：磨刀不误砍柴工

代理律师在构思代理框架前，应做好充分的准备工作，切忌"临时抱佛脚"，仓促上阵。一般安排在开庭前两三天做好这些工作。

一、做好时间安排

代理律师应当提前对开庭时间做好安排，防止出现冲突，并根据安排做好备忘提示。

二、倾听当事人陈述

代理律师要不厌其烦地倾听当事人或委托人对案情的叙述，并要善于提问，就其陈述中不清楚或不十分清楚的情节或案件细节反复询问，让其解答，有些证据线索就是从当事人认为无关紧要甚至完全无关的细节中挖掘出来的。当事人道听途说、街谈巷议的内容有时也不能放过。

三、阅读和研究证据

代理律师应当反复阅读、抄写、摘抄证人证言、鉴定结论、报案材料、被害人陈述，仔细研读对方当事人陈述笔录，查阅书证，认真研究物证照片，查看原物，辨别真伪。争取把每个证据的基本内容与要点熟记于心，不仅要研究关键性的证据，对不引人注意甚至被认为是枝节的问题，也应反复推敲，加深记忆，破绽往往就在这些地方。

四、编写证据目录与说明

编写证据目录与说明是一项非常重要的工作，目录与说明应对每个证据的形式、证明对象、举证目的、证据来源、编号及各证据的内容摘要进行详细列举，逐一说明，末尾为"××代理律师编制，××××年××月××日"这使人看后一目了然。事实上法官、仲裁官们对编写证据目录及说明都很乐意接受，并给予肯定。

五、吃透基本案情

代理律师在占有大量证据的基础上，应当反复熟悉案件事实，吃透案情。弄清案件事实后方能给案件定性，确定一个案子是何种法律关系，对诉讼的胜败至关重要，法律关系决定于法律事实和与之相适应的法律规定，所以代理律师必须培养对事物的洞察力和高深的法学理论功底，并善于灵活运用，才能判断准确，恰当定性，正确适用法律、法规和司法解释。

六、形成自己的诉讼观点和意见

诉讼观点是代理律师经过认真研究、准确记忆和反复思考检索这样一个复杂的脑力劳动后所形成的对案件的基本看法，它将对委托人有利的证据和事实上升到法律的高度，得出己方当事人行为合法性或者对方当事人行为违法性的主观意见，以引导法官的裁判思路。

第二节 厘清思路：通过案件线索草拟代理构思

代理律师在出庭前，要提前组织好庭审的代理提纲，或称为代理框架，一般来说可通过以下线索草拟代理构思：

（1）按事情发生线索；

（2）按时间发生线索；

（3）按当事人提供的材料组成的线索；

（4）对案件的信息和细节进行仔细考证，分析、推理形成思维链；

（5）依据法理关键词来形成代理构架，特别是对于己方绝对优势的法理关键词要及时抽取；

（6）按照已厘清的法律关系来草拟代理构思，一旦厘清基本的法律关系，就可以从法律关系中找到不同寻常的地方，这样就能够发现问题的症结所在，也就有了基本的代理思路。

组织代理框架前一定要分析案件应当具备哪些证据，而目前还缺少哪些证据；厘清适用哪些法律、法规、司法解释，哪些又是不适用，还要寻找哪些相关法律来支持自己的观点，而这些都是形成代理框架的基础或支撑所在。

第三节　证据了然：制作好证据清单

代理律师面对繁杂的证据材料，要想在有限的时间内说服法官，就得抽出时间，静下心来制作好证据清单，让案件一目了然。制作证据清单，一般在分析完已收集的证据材料之后，在法院提交证据的时限内进行，需要对证据材料进行编号、分组，分类，简要说明证明方向。对于制作的证据清单，在法院不硬性要求提交的情况下，最好在开庭时交予法庭，在质证的过程中拿出来效果最好，这样法官就会静心对照你提交的证据清单，认真听你对于证据的解释，会对你的代理思路产生认同感。

证据清单一般要有以下清晰的内容：

（1）分组、编号、简要证明方向；

（2）证据的法理分析；

（3）优势证据分析说明。

优势证据规则是基于盖然性证明标准而形成的规则。在传统民事审判实践中，要求负有举证责任一方提出"清楚和有说服力"的证据，以此成为法官认定事实的唯一标准显得过于苛刻。不少民商案件往往诉辩双方会就同一事实提出不同的证据，这时就自然产生判断证据证明力大小的问题。法官在认定证据时，对证明力较大的证据加以确认，也就是说以优势证据作为认定事实的依据，这一原则经最高人民法院证据规则规定后，运用于司法实践便成为必然。笔者认为，以"高度盖然性"证明标准为理论依据形成的"优势证据规则"，是判断证据证明力的规则，优势证据的证明程度尽管要达到高度的盖然性，但与其他证据规则所确认的证据证明力相比，优势证据的盖然性较低，故在认定证据时，法官应当优先适用证明力高的证据规则，在当事人无法提供具有高度证明力的证据时，才可以适用"优势证据规则"。简言之，依"优势证据规则"所确认的证据的证明力较依其他证据规则所确认的证据的证明力低，故不可优先适用。

代理律师在向法庭提交证据时一定要对其优势程度十分明了。

第四节 代理提纲：用简洁明了的语言表述代理意见

笔者一向倡导代理律师要预先做好庭审提纲，用简洁明了的语言表述代理观点。

代理提纲的内容无非包括下面几个方面。

一、法律、法规

代理律师接受案件后，首要的事是把案件所涉及的法律规定都检索出来，穷尽法律之规定。

把可能需要用到的法律条文和规定都按照一定的先后顺序收集整理好，把相关的条文单独列出来，放在一个文件里。

笔者查找法律法规的顺序一般是：

人大制定的法律，国务院及部委颁布的行政法规，省、市级人大或政府机关部门制定的地方性法规，最高人民法院的司法解释，高级人民法院、中级人民法院的纪要等，如果上述法律法规还没有具体的规定，就要再收集相关判例以及专家的意见。

这些基础工作做好了，以后再遇到同类案件，只要搜索一下有没有最新规定就可以了，但是一案必须有一个单独的记载具体法律、法规条文文件。这样保证在法庭上不适用法律错误、不说漏法条，或者不出现代理律师不知该适用哪一法条的笑话。

将案件所需要适用的法律、法规及司法解释的条款摘录下来单列一页，作为开庭的备忘材料，注意注明出处、颁布时间、生效时间、颁布部门和法规性质、效力等级等内容，以备当庭引用，最好提前给主审法官也准备一份。

二、事实和证据摘录或摘要

对案件中所有的事实与证据都必须按递交法院的或法院交付的证据顺序编号，并逐一作简要说明，对存在的问题和质疑重点予以说明，并用荧光笔作记号。

这是代理律师在开庭前最重要的一项准备，往往因此直接决定庭审的效果，这是一项很细致也是很烦琐的工作，但又不能不做，尤其是对案情复杂、证据种类庞杂、数量繁多的，不做此准备在法庭上根本无法应对。

代理律师在法庭上，主要是以此为本，照本宣读，所谓质证与审查原件等几乎是做样子给人看，或者是为自己争取思考判断的时间。条件允许的可直接带着电脑出庭，既简单又方便。而且当你对一个证据一个证据的整理中，对案件的整体判断和方案就会形成一个清晰的思路，在法庭上就能轻松应对，对接下来的辩论会有极大的帮助。

三、分析好法律关系

分析好法律关系，是代理律师弄清案情的基础，如果连法律关系都没有厘清，代理思路不可能正确。

前面的章节用很多案例讲解了如何梳理法律关系，下面再列举"甲单位诉乙单位房屋租赁案"来加深梳理清法律关系的印象。

典型案例：陈某诉甲单位房屋拆迁装修补偿纠纷案

入选理由：通过法律关系说明此案非彼案的道理

案情简介：甲单位建有一临街的门面房，依双方签订的房屋租赁协议出租给了陈某，双方约定了租期、租金及其他事项。陈某承租后用作饭店，取名××大酒店。

在租赁期接近期满时，甲单位书面通知陈某租期已到，期满时不再对外出租，将要对原房拆迁后重建，并随之下达了拆迁通知。陈某得知后，随即到法院立案，以甲单位下属的某单位（独立法人单位）为被告，要求清偿所欠用餐费用×万元及环境整改费，所欠餐费有某领导的签字，陈某同时提起诉讼财产保全，法院对该大酒店进行了保全查封。

为了尽快完成拆迁工作，甲单位派人与陈某协议，达成了有关协议，约定陈某向法院提出撤销保全申请，甲单位向陈某支付×万元（约为查封的诉讼标的额一半）后，甲单位具有处置该房屋的全部权利。

在甲单位完成拆迁后，陈某又以甲单位为被告，以装修物未获补偿为由向法院提起诉讼，其理由是甲单位未能对大酒店的装修物进行补偿，拆除了房屋，构成侵权。

法理明晰：在诉讼中，陈某出具了某公证处的现场拍照公证书，某装修公司出具的装饰收据等。甲单位出具了双方的租赁协议及三方达成的拆迁协议。陈某认为甲单位向其支付×万元是为了尽快完成拆迁任务替其下属单位支付的餐费，而非装修补偿。后经一审、二审两级人民法院审理后判定甲单位向陈某支付××万元的装修补偿款。

抛开该案审理结果的公正性不谈，此案涉及4个法律关系：

（1）甲单位的下属单位与陈某存在房屋租赁的合同关系；

（2）甲单位的下属单位与陈某存在餐费的债权债务关系；

（3）甲单位与陈某存在因房屋拆迁而形成的装饰物损坏的侵权关系；

（4）甲单位与其下属存在代为清偿的债务履行关系。

不难分析，第一次协议的达成涉及第二个及第四个法律关系。

而第二次起诉涉及第一个及第三个法律关系。

分析法律关系能够让你知道权益如何保护，否则，难以厘清解决纠纷的思路。

厘清思路后，代理律师就要着手整理代理提纲，要使代理提纲发挥最大的作用，需注意以下几点。

一、界定双方争议的焦点

代理律师应对起诉状和答辩状进行比较研究，将有争议的事实和理由罗列出来，以确定双方争议的焦点，并围绕该焦点筛选有关的证据，将原告起诉证据与被告答辩证据进行比较和鉴别，寻找事实上和法律上的突破口。在争议焦点界定的过程中，最好能够根据所涉及的法理问题抽取几组关键词，便于辩论时临场发挥。

二、代理提纲和代理意见

代理律师可根据案件基本事实，编写一个代理提纲。代理提纲主要是针对证人、鉴定人、对方当事人发问内容、举证顺序及与对方证据的质证要点和反击要点所形成的基本思路或代理行动顺序。

代理意见主要根据手头掌握的正反两方面证据所证明的案件事实，以及已经界定的法律关系，针对双方争议的焦点，依据法律、法规及司法解释及法学理论形成。代理意见不宜过细，因为代理律师还必须根据庭审中出现的新情况、新问题及时充实内容、进行修改完善，过于具体详细反而会束缚手脚。

代理词或辩护词的主要内容和依据的法律、法规，以及事实的陈述，代理律师庭前应该有个大概的准备，文书主要内容应该具备，只是枝叶细节要根据庭审情况予以调整。这样辩论或辩护时，条理就会非常清晰，起码不会颠三倒四的，给人以语无伦次之感。

还有一点就是与诉讼主张相关的一些数字性的请求，需要事先的计算，一般要在庭前按多种方案计算，包括标的额、违约金及利息等。

三、特殊的标记符号

在代理提纲中，要有自己一眼就能明辨的习惯性标记符号，如诉讼参与人之间的业务关系流程等，这些符号能够说明哪些是重点，哪些能够代表先后发言的顺序，哪些能够代表关键的有利因素等。有的还能表明哪些是要当庭让步的，哪些是绝对不能退让的。根据个人习惯做标记，可以是问号，可以是三角形。

四、根据提纲临场发挥

代理律师出庭，80%以上的学问都在一张提纲中，这是保证代理律师在法庭上应付自如的最好的工具。代理律师最不好的习惯的就是临场去翻证据、找条规、整理发言的内容或提纲。这样肯定会无暇顾及对方的意见和法官的意见，而且一旦找不到、找不准，自己就会心里发慌，乱了方寸。代理律师更不能按照已写好的代理词一字不差地在法庭上通篇一念。因为通过举证、质证后，你的代理意见可能要发生变化，甚至有些观点要被推翻。

在法庭上无论如何都要保证自己已经准备好的东西能够说出来、提出来、交出去。对对方的意见只记录与案件有关的，对案件定性和主张成立有影响的内容。对于无关紧要的话只能"左耳朵进右耳朵出"了，同时一定要给自己争取思考的时间，以发问或者让对方查找相关证据的方式为自己争取时间，所以代理律师出庭前也要为自己准备一些发问的问题，哪怕是根本用不着，也要多准备几个。这往往是由被动到主动，为自己争取法庭主动权的有效手段。

并不是说临场发挥不重要，当然很重要，但是这其中一定有个熟能生巧的过程，刚做代理律师不要太迷信权威，遇到重大问题一下子解决不了，最简单的方法就是申请延期开庭，或者庭后补充，或者干脆找法定理由让主审法官决定休庭。

代理律师在法庭上一定要有说"不"的勇气和能力，这也很重要，很多新手在法庭上不懂得如何应对法官的提问或安排，结果在法庭上死拼硬打，出不了好的效果。

五、切忌当庭将代理词提交法庭

代理律师最不负责的是将早以打印好的代理词没经与开庭情况联系做一些修改完善，就当庭交给法官。一是显得不够严肃，二是显得不够专业。因为代理律师失去了一次通过提交代理词与法官沟通的机会。通过开庭，提前所写的代理词总有不尽如人意的地方，回去再总结、修改，最后以代理词或辩护词的方式进行补充。代理词补充后，提前与主审法官预约提交时间，在提交时将自己的观点再次向法官阐述，以打探出法官的判案倾向。

第十章
证据链：代理律师专业的绝佳展现

一般来讲，证据链能否形成是代理律师把握案件的工作中心，围绕这一中心的展开得看所代理案件争议焦点是什么，也就是说代理律师的工作就是如何围绕争议焦点形成证据链的问题。从证据链组织的侧面能够透视代理律师是否专业。下面从证据链的形成、如何拧断对方的证据链两个方面谈点体会。

第一节　如何围绕争议焦点组织证据链

在民商诉讼过程中，如果任何一方都举不出具有完全证明力的证明材料，那么双方当事人就要组织证据链，以此来符合"高度盖然性标准""最佳证据规则"或"优势证据规则"。例如，被告提出新的证据，该证据不利于原告，而有利于被告，且被告提出的是一个具有证据链特征的证据集合。这是具有很大说服力的证据集合。那么，就要看原告的代理律师如何形成自己的证据链，否则，原告就要努力寻求如何拧断被告的证据链。

所谓证据链，是几个证据同时能证明一件事情，并且相互能够印证，在这个链条中即使缺少了某个证据，依然可以证明一件事情或能够帮助解决一个争议焦点问题，并且解释起来十分充分。

一般来讲，证据链具有"相互印证性、不矛盾性、证据链的闭合性与证明结论的唯一性"四个特征。在民商诉讼案件中，代理律师只要能形成证据链，证据的证明力就是很强的。

证据的相互印证性是要求不同的证据之间所要证明的事项及方向是基本一致或大致相同的，能够符合基本的钩稽关系或相互佐证，或相互补充说明某一事项的合理性。

不矛盾性是要求不同的证据之间不能相互矛盾、相互冲抵或相互反对。

证据链的闭合性是要求各证据之间能够有效配合说明某一实质问题，而无须其他待证的事实来佐证，也就是不具有待其他证据材料来确认。

证据的证明结论的唯一性是要求各证据之间所需证明的事项得出的结论具有唯一性，不能模糊不清，或者有两种以上的结论。

所谓证据的证明力很强，应该是有与之相关联或逻辑性的另一证据相支撑。

所以说证据链应该是证据与证据之间环环相扣，就证明某一件事实而言，不存在被对方用证据证明是虚构的可能，从证据的盖然性讲，制胜的把握应当是百分之百了。

原告、被告在开庭之前要交换证据。在立案之后、开庭之前，法官会给双方当事人一个提示，就是要说清楚必须在什么时间之前（法官指定的日期）把证据提交给法庭，若不能及时提交，则在开庭后会形成巨大被动，因为法庭只就已提交的证据进行质证，对于没有提交的证据是否进行当庭质证就只能听对方的意见了。对方显然是要根据利弊来取舍的。如果对方同意质证说明其还有没掌握的证据，希望从中得到什么，否则对方会一口回绝。

一般来讲，证据具有关联性、客观真实性、合法性，代理律师一定要在证据的真实性上下功夫。

证据的客观真实性其实就是为反映案件的本来面目，对反映的事实内容应该为真实可靠的、确凿无疑的，而不是猜测、假设和自己想象的或者强迫情况下表达出的不真实的东西。就是说只有客观存在的事实所反映和包含的内容，不能以司法审判人员的意志或当事人的口头说明去确定案件的事实，而是要以真实存在的事实证据去确定案件的事实。

如果使用一些不真实的证据那就极容易造成错案，还会损害另一方当事人的合法权益。

笔者曾经代理一宗甲诉乙借款纠纷案，很有启发。

典型案例：甲诉乙借款纠纷案

入选理由：通过筹集资金的证据来佐证借款收据，形成证据链

案情简介：甲称自己借款给乙，有乙出具的收条为证。证据显示："收条：今收到甲人民币5万元，利息3000元。收到时期×年×月×日，收到人乙签名落款。"甲的主张是借款给乙1年多了，原来口头约定是1年，现在1年已过，甲应当按规定收取本金5万元及利息3000元，现乙一直不予归还，无奈，甲只有诉诸法律，希望得到法院的公正判决。

法理明晰：通过与乙交谈，乙辩称，在2年前，乙曾经借款5万元给甲，双方口头约定年利息为3000元。1年到期后，在乙多次催要下甲归还了借款本金及利息，归还时甲还事先草拟了一张收条要求乙签字，也就是法庭上出示的证据。乙称自己并没有向甲借过钱，自己2年前借钱给甲，乙说自己当时收钱时打过一张收条，并非是乙所写，只是签名是自己的，谁知是甲设的局。

为了查实此案，法官要求双方背靠背地提供借款资金来源情况，连各自的律师也不许可在场，并要求各自说明当时是如何还钱的。开庭时，法官向双方代理律师通报了事先了解的情况，并对双方的经济状况进行了分析，最后判定，此收

条并非借条。判决甲败诉。

　　法官判决的理由是，在 2 年前乙筹集 5 万元的证据具有说明力，而甲拿不出筹集资金证据。从上述案子反映的问题来看，收据本身不存在真实性问题，但却被难以分清谁说的真谁说的假，但关键是如何证明其真实意思反映，而不能够单凭字面去理解。所诉内容是否真实，关键是看是否有其他证据来印证。所以甲诉乙的请求就根本不能够成立。可见，在案件的审理中，如果忽视了证据内容的真实性，就会影响到另一方当事人的合法权益，而造成错案，但代理律师的职责不同于法官，不是去避免错案的发生，有时是制造错案的高手，故在代理实践中确定一个证据的真实性极其重要，不仅是形式的真实性，更主要的是注意所反映内容的真实性。

　　从上面的案例可以看出，证据的内容在法律上是真实的才有可能具有证明力。证据内容的真实主要看是否是双方当时的真实意思的表示，有没有存在着欺诈、胁迫等问题，有没有存在着显失公平的问题？

　　证据链形成之后，就是法条引用问题，原告依据什么法律的哪条哪款，被告又根据什么法律的哪条哪款：是合同纠纷，寻求合同法；是侵权纠纷，去找民法总则；是不服行政处罚，就找行政性规定；是刑事犯罪，就找刑法，是刑法附带民商诉讼，就综合几方面的因素去找自己认为适用的刑法和民商法。

　　任何证据的来源要符合法律的规定，否则就可能失去证明力，如果是无关紧要的证据还不会出大问题，假设是原始的孤证，官司肯定不好赢，这样便寻求和解，可以减少损失。

　　所有证据是否能够形成证据链，根据这个证据链得出的结论是否具有唯一性和排他性。如果以上条件均符合，则可以定案；反之，则不能定案。

　　实事上，证据之间形成锁链，都是相对而言的。间接证永远也无法完美地前后衔接，不能相互印证，也难以证明案件事实。即使是形成所谓的锁链，这一锁链也是建立在经验、教条上的推理。同时，对于当事人行为主观上的认定，也应有与之相适应的推定规则。我们应建立和完善这方面的规则，这样才可以减少不必要的证明，更可以避免难以完成的证明。

第二节　巧用证据链，众多旁证锁定案件事实

　　以下摘录笔者经手的张某诉某油田湖泊污染索赔案，来说明较为复杂的环境污染案的证据链组织。

典型案例：张某诉某油田湖泊污染索赔案

入选理由： 环境污染案证据链的组织

案情简介： 某油田利用冬季湖区冰冻季节，在新疆某湖泊实施大面积地震地质勘探。第二年开春，某湖泊养殖户以地震地质勘探对水体振动造成大面积养殖产品死亡为由提起诉讼，索要高额的赔偿费用，笔者参与了被告方证据的组织。最后该案以原告撤诉结案。

法理明晰： 环境污染案一般以环境污染造成的结果为损失索赔的依据，因此对于环境污染形成的原因及造成的损害成为证据收集的关键。这样，对于代理律师来讲，证据链的组织就显得十分的重要。

一般来说，环境污染案件往往要涉及地方利益，是地方经济发展与地方环境保护的博弈。因此，做好环境污染案件的诉讼代理工作，代理律师的精力主要集中在两个层面上：

第一，代理律师要做好外围的工作。争取能够得到地方政府或环境所在地的村民的理解与支持。

第二，代理律师要做好制胜的诉讼准备工作，特别是做好证据的整理、分类、分析工作，看缺少哪些证据，分析证据间的相互配合。

证据收集基本完成后，重点要做好固证工作。

从最坏处着想，对证据进行整理、加工，提高证据质量。通过强有力的证据链来配合外围的工作。在证据的组织上要进行科学分组，针对原告诉讼中提出的请求或被告抗辩中的事实。

一般来说环境污染案除要组织双方当事人的诉讼主体资格的证据外，作为被告方（环境污染方）的代理律师还要注意收集形成以下6组抗辩证据来证明其行为的合法性。

第一组证据。证明方向为被诉企业行为的合法性与规范性（包括已依法进行作业区补偿的证据），说明其行为可以免责，不构成侵权。

第二组证据。证明方向为案件所涉环境造成的污染是由于对方的直接行为引起的。

第三组证据。证明原告行为的恶意性及诉讼动机。从时间上分析其恶意诉讼的可能性，影响主审法官对该案的主观认识。

第四组证据。证明方向为受污染环境真正被污染的原因。污染是人为、虚构或是自然环境的突变形成的，还是原告的工作程序违反了科学性原则引起的。重点介绍被告方科学施工的证据材料。

第五组证据。证明被告行为与原告造成的损失之间没有直接的因果关系。

第六组证据。证明方向为原告的损失是虚构的或者是不实的。重点在损失的认定上。因为无论是一般侵权还是特殊侵权都要归于对损失的认定与赔偿问题。没有损失也就谈不上赔偿了。

第三节　如何有效拧断对方的证据链

在民商诉讼法庭上，代理律师质证对方证据主要从以下几个方面展开。

一、通过找寻关键词，以适当的法言法语发问进行质疑

思源于疑，疑就是问题，问题是思维的火花。代理律师在诉讼过程中能从对方提供的证据中发现问题和以合理的关键词向对方当事人提出问题，是实证的最好质证方式。尤其对于民商诉讼案件来讲，由于某一方持有或收集证据的局限性，只能借力发挥，通过否定证据来达到抗辩反驳的目的。

二、通过对诉求方证据的再组织，形成反证的证据链，以此达到质证的目的

作为代理律师，要组织自己的证据链，必须借助诉求方的证据，通过自己对证据的解读，达到拧断对方证据链的目的。笔者认为，尽管文无定法，但有规律可循，主要体现在以下几个方面：

（1）通过分类思考对方的证据链是否合理；

（2）通过了解各分类中的证据是否能够形成完整的证据链；

（3）通过要看证据与证明对象及证据的特定形式分析是否吻合，达到质证的目的；

（4）分析对方出示的证据中是否有能够形成自己证据链中的一环，以此来作为反证，这样就避免质疑的盲目性、随意性；

（5）分析对方证据是否符合证据的"三性"，以此达到质证的目的。

三、通过不同证据比较进行质疑

将有可比意义的不同证据一起进行同中求异、异中求同的分析、比较，从中挖掘出更为深刻的疑点进行质证，这不仅有助于代理律师对庭审进程的具体把握，还可大大提高代理律师对法官思维的适应能力。可从下列几方面进行：

（1）比较不同分类证据，比如书证与证人证言进行比较，当事人陈述与物证比较；

（2）比较同一类证据原件与复印件；

（3）比较不同证人间的言辞，比较同一证人不同时间的证言；

（4）比较不同当事人、证人证言的陈述与诉求方提供的证据，从中发现它们的异同，由此达到质证的目的。

当然质证的目的是实证，自己所阐明的证据方向能够得到法官的采信或者能够在质证程序中得到固定，这样法官在庭审后对证据的取舍就会有利于己方。所以代理律师在民商诉讼过程中要具有质证之实证性思维，特别是在庭审过程中，如果应用熟练，就会对案件的发展及与法官产生相同的价值取向起到十分重要的作用。

由于证据链一般都是在缺少直接证据的情况下所采取的一种证据组合，也称为证据间的技术组合，因此，再完好的证据链也有其被攻击的薄弱环节。一般来讲，应从以下几个方面加以关注，学会拧断对方的证据链。

（1）查明对方的某一单一证据违背众所周知的事实、自然规律及定理，来说明其证据不能被引用。

（2）说明己方持有的已为有效公证文书所证明的事实、人民法院或仲裁机构发生法律效力的裁判（裁定）所确认的事实等足以驳倒对方的某一单一证据。

（3）查实对方某一单一证据是否因摘录有关单位制作的与案件事实相关的文件、材料，没有注明出处，或没有加盖制作单位或者保管单位的印章，或没有摘录人和其他调查人员在摘录件上签名或者盖章的情形。同时分析其摘录文件、材料是否保持了内容相应的完整性，是否有断章取义的情形。

（4）分析对方当事人逾期提交证据材料，要求人民法院对逾期提交的证据材料不予组织质证。如分析当事人提出的证据构成增加、变更诉讼请求，或者形成了反诉，不予质证。

（5）查看某一单一证据是否为原件、原物，分析复印件、复制品与原件、原物是否相符，如果提供不了原件或不符，不予质证。

（6）某一单一证据应与本案事实相关，证据的形式、来源应符合法律规定，证据所反映的内容应真实，以及证人或者提供证据的人应与当事人有利害关系，否则不予质证。

（7）分析案件的全部证据，从各证据与案件事实的关联程度、各证据之间的联系等方面进行综合审查判断，并提取法官注意事项。

（8）分析对方提出的某一单一证据是否当事人为达成调解协议或者和解的目的作出妥协所涉及的对案件事实的认可，如果是，及时提醒法官不得在诉讼中作为对己方不利的证据。

（9）分析对方是否有以侵害他人合法权益或者违反法律禁止性规定的方法取得的证据，如果有，提醒法官不能作为认定案件事实的依据。

（10）分析是否存在未成年人所作的与其年龄和智力状况不相当的证言，与一方当事人或者其代理人有利害关系的证人出具的证言。

（11）分析对方提供的证据是否存有疑点的视听资料；是否有无法与原件、原物核对的复印件、复制品；是否存在无正当理由未出庭作证的证人证言。如果出现这三种情况，要及时提醒法官，不能单独作为认定案件事实的依据。

（12）根据《民事诉讼证据规定》第七十七条的规定，提出自己所提交证据的证明力大于对方的某一单一证据。第七十七条规定："人民法院就数个证据对同一事实的证明力，可以依照下列原则认定：①国家机关、社会团体依职权制作的公文书证的证明力一般大于其他书证；②物证、档案、鉴定结论、勘验笔录或者经过公证、登记的书证，其证明力一般大于其他书证、视听资料和证人证言；③原始证据的证明力一般大于传来证据；④直接证据的证明力一般大于间接证据；⑤证人提供的对与其有亲属或者其他密切关系的当事人有利的证言，其证明力一般小于其他证人证言。"

在注意上述事项时，还要从逻辑上对对方证据进行分析，看有无自相矛盾、难以自圆其说的本质性内容。

第十一章
围绕争议焦点进行举证、质证

依照"谁主张谁举证"的民商诉讼原则，当事人在提出诉讼后要在法院规定的时间向法庭提交证据。作为代理律师首先接触到的是当事人提交的还称不上严格证据的证据材料，代理律师就要应用自己的专业知识对即将向法庭提交的证据进行收集整理，并通过合法的手段对证据进行固定，同时写出自己的代理提纲，对案情进行分析，以便代理工作按照拟定的方向进行。

在民商诉讼博弈中，证据因素至关重要。证据因素不是看证据的多少，而是要看证据的强弱、证据的优劣。当事人举证、质证必须围绕双方的争议焦点进行，否则就是无的放矢了，还有一点就是看案情的发生是否符合概率上的规律，也就是证据的高度盖然性证明标准。

第一节　质证：弄清证据材料的"三性"

《民事诉讼证据规定》第五十条规定：质证时，当事人应当围绕证据的真实性、关联性、合法性，针对证据证明力有无以及证明力大小进行质疑、说明与辩驳。这说明质证是指在庭审过程中的诉讼当事人就法庭上出示的所有证据材料提出质疑和询问，以对其真实性、关联性及合法性作出判断的诉讼行为。

首先，代理律师应当围绕主审法官归纳的争议焦点来确定质证客体的真实性，看对方当事人及其代理律师所举的证据材料本身是否真实，而不论其是否客观、如实地反映了案件事实。

其次，证据的关联性是民事诉讼中的证据应与证明的案件事实之间有内在的必然联系。这就要求代理律师紧密围绕主审法官归纳的争议焦点在质证过程中紧紧把握住关联性这一特点，排除与案件事实无关的证据材料，及时地提出此证据材料与本案无关，而不能简单地回答"是"与"不是"，因为证据材料的真实性成立后，对于"是"的理解就是与本案有关，而不可能被理解为对真实性的否定，这样证据材料就可能被法官采用。

最后，证据的合法性是指证据符合法定证据形式并且依法取证。因此，代理律师在质证时应同时注重证据材料是否符合法定证据形式，以及是否以合法方式取得，只有既符合法定形式又为合法方式取得，才可能成为定案的证据，如二者中只具其一或二者都不具备，则必不能成为判决的依据。

庭审质证时，代理律师应紧密围绕上述三方面进行，并不时地引用庭审中已经认定的对己方有利的证据，来支持自己的观点或驳斥对方的观点，达到使对方提出的证据不能被采用或者反倒能够证明自己的主张的目的。但无论如何，代理律师要将法官归纳的争议焦点作为质证的靶心，通过证据来证明争议是对方引起的，或者说通过质证能够说明解决争议焦点的办法是对手需要作出让步或拿出诚意。

第二节　关键点：证据材料的证明力

《民事诉讼证据规定》第四十九条规定：对书证、物证、视听资料进行质证时，当事人有权要求出示证据的原件或者原物。在对书证、物证、视听资料进行质证时，代理律师要在对方出示非原件或原物时，及时要求与原件或原物相核对，防止移花接木，还要通过对其制作者、提取者、收集者的询问，来考察其证据的真实性及收集过程的合法性。其次，就这些证据材料与案件事实之间是否有关联性，可以通过双方当事人对制作者进行询问来达到。

可直接由双方当事人询问证人来实现质证的目的，从而揭示证人证言的可信度和证明力。在质证时对证人进行要及时提问，特别是对于证人与对方当事人及己方当事人的关系，以及证人知情时的时间、气候环境，或对事物的认知要及时发问，发现疑点，找出突破口，从而把争议的焦点转化成对己方有利的辩论结论。

举证和质证不能简单地、人为的被阶段性地分割开，质证不仅仅是回答是或不是、认可或不认可，其实质是要求双方当事人在就证据材料的正面交锋中来判断该材料的证据效力问题。如果不经过双方当事人的质疑和询问，证据材料是否真实、与案件有无关联、是否具有合法性都是不能得到认定的；而通过正当程序使证据材料成为诉讼证据，才能成为法官内心确信的依据。因此，代理律师要学会将举证、质证过程与法庭辩论交叉进行，不要人为地割裂开，否则就有可能失去申辩的机会。

上述分析说明，证据材料的关键点是证明力，而不在于证据材料的多少。有时候，一个直接证据即便是孤证同样具有极强的说明力和证明力，如借款中的借据原件就具有极强的证明力。直接证据的证明力甚至强于完整的证据链。

第三节　胜败点：证据材料的自认

《民事诉讼证据规定》第八条是关于诉讼上的自认的规定。自认是指一方当事人就对方当事人所主张的不利于己的事实作出明确的承认或表示，从而产生相应法律后果的诉讼行为。自认包括当事人的明示自认和默示自认（或称"拟制自认"），以及代理人的代为自认。自认的法律后果是明确的和严重的，即一方承认对方的诉讼陈述或主张，就意味着承认方无条件地免除了对方的举证责任，而且自认一般是不得撤回的。该条第三款是关于委托代理人的承认（即代理人的代为自认）。根据该款规定，在当事人不在场的情况下，代理人的承认将被视为当事人的承认，产生诉讼上自认的效力，这对代理律师来说是一种考验。正如前述，代理律师在选择代理权限时往往选择一般代理，而且代理律师往往单独出庭。但如果单独出庭的代理律师在质证时语意不详，或闪烁其词，或左顾右盼，法官就有可能援用该条第二款的规定，将代理人这种含糊其词的表示视为对该项事实的承认，从而产生诉讼上自认的效力。第三款还规定，当事人在场而对代理人的承认不作否认表示的，视为当事人的承认，同样产生自认效力。这一条规定对代理律师的庭审习惯是一个挑战，过去代理律师的庭审重心在法庭辩论阶段，代理词洋洋数言、滔滔不绝，但对庭审调查时的举证质证，总是不那么重视；而现在，代理律师必须将庭审重心前移至举证、质证阶段，要相对淡化法庭辩论，要认识到法庭辩论无非是对举证质证的总结。否则，在举证质证时的心不在焉将可能导致自认，而这个后果是再多的代理词也无法抵消。笔者认为，尽管有代理人代为自认的规定，一般代理仍将是代理律师的主要代理方式，当事人不出庭的情况也会经常发生，关键还在于代理律师自身。较可行的办法是在接受委托、与委托人订立委托合同时，让委托人签署一份委托须知，将上述义务体现在该须知上。另外，在选择代理权限时，要根据委托人的情况酌情确定。一般授权代理也是一种选择，因为第三款对非特别授权代理人的承认有例外规定，即"但未经特别授权的代理人对事实的承认直接导致承认对方诉讼请求的除外"。因此，笔者认为，对双方争议较大，案情复杂的案件，选择一般代理或可相应减少代理律师的风险。

在组织证据链的过程中，更要留心直接证据，直接证据的作用远大于间接证据。下面这段"半截残墙为证"诉讼工作小结是笔者的诉讼实践。

典型案例：甲企业诉林某非法使用土地建房纠纷案

入选理由：通过红线及土地原状锁定侵权事实

案情简介：林某是某村的一位会计，甲企业建在该村旁不远处。×年，甲企业要进行门前公路扩宽工程，在施工中遇到了麻烦，因为林某正在后院施工两个门面宽、三层高的框架结构房屋，而临道房屋是一层高的简易房，影响了甲企业的施工进度，在与林某的协商中，林某索要很高的补偿款，协商不成，甲企业无奈，将林某起诉到法院，要求林某拆除房屋，恢复土地使用原状。

法理明晰：一般来讲国有大中型企业，通过政府实施拆迁，会存在被拆迁户乱要补偿费用的问题。甲企业聘用笔者为代理律师，选择通过诉讼解决，达到了预期的效果。

在诉讼中，甲企业拿出了土地部门颁发的土地使用证，上标有四界桩点坐标。但林某出具了所在镇政府土地部门的现场测绘图，该测绘图正好将林某的房屋排除在甲企业使用土地之外。

作为甲企业的代理律师，在坚持土地使用证具有排他权的过程中，总想找到更具说服力的证据，就与甲企业委托代表到现场进行了调查，在对林某的临道房屋进行察看时，发现与甲企业相向的一面墙与其他墙面不同，是青色的老砖，上面还留有"文革"时期的标语。发现这一问题后，忙走访了当时的一些老工人，说原来那里有个公共厕所，显然那面墙是公共厕所的一面外墙。也就是说林某借用了原来公共厕所的墙面，而室内占着整个厕所，因为标语只能写在厕所外侧，不可能写在厕所内侧。作出判断后，就到甲企业的资料室查到了设计图及征地的相关资料。

第二次开庭时，让林某哑口无言。法院判决林某侵权，限其在十日内撤除。最后，甲企业通过终审判决，申请法院强制执行。

第四节　高度盖然性：正确理解法官的内心确认

"高度盖然性"是指基于主观反映客观的限制，司法上要求法官按照一定的庭审程序，在对证据进行调查、审查、综合的基础上形成相当程度上的内心确认的一种证明规则。

证据的"高度盖然性"可以从下面几点加以理解：

第一，当事人持有某一证据材料的可能性。这一规则从方法上讲是按照统计学中的概率来实际运作的，即对于当事人来讲，若一方主张事实的盖然性高于另一方，那么主张该事实的当事人不负有举证责任，相对一方当事人则应当对其否定该事实负举证责任。

第二，当事人承担对某一持有证据材料的说明责任。对于法官而言，则在事实不能客观"再现"而难以查明时，对盖然性高的事实主张进行认定。所谓的

"盖然性占优势"标准主要是使负有举证责任一方当事人为了支持自己的诉讼主张，必须向事实审理者承担说明责任，只要当事人通过庭审活动中的举证、质证和辩论活动，使得事实审理者在心证上形成对该方当事人事实主张更趋相信上的较大倾斜，那么，该方当事人的举证负担即告卸除。

第三，法官通过双方所持证据材料的优劣比较实施心证裁决。法官对事实的认定并非完全着眼于双方当事人通过证据来加以攻击与防御，使一方以优势的明显效果而使事实自动显露出来，而主要是由法官通过对各种证据的调查、庭审活动的开展所直接形成的一种心证，这一点上也存在认识上的差距。无论是从负举证责任的盖然性看，还是从判断法官的心证是否在认识上存在差距讲，这都与代理律师的实践经历有关，也与代理律师的辩论技能有关。

证据材料的认识收集是一个主客观相统一的过程。在这一过程中，是一个人参与的过程，而证据材料的收集必然涉及人的先行认识，并将其在大脑中固定，这是人认识世界的能动思维过程。因此，这一收集过程不可避免地涉及主观因素。案件事实作为一个已消逝且不会重现的事实，其客观状态怎样，无法与证据一一印证，并且诉讼不是搞科学调查研究，同时也存在还原事实本质的困难。

典型案例：王某诉张某房屋买卖纠纷案

入选理由：明为房屋买卖、实为借款的诉讼请求变更之法官释明权

案情简介：王某与张某是同学，×年×月×日王某向张某借款50万元。张某考虑到王某的还款能力，以王某在县城所购住房作为抵押，双方书写了一份房屋买卖合同。合同签订后，张某将50万元打入王某指定账户，后王某一直未还张某50万元，因此，张某以房屋买卖合同之诉，向法院提起诉讼，主张王某交付房屋，并协助办理过户手续。

法理明晰：在法庭上，张某主张双方存在房屋买卖法律关系，已实际交付购房款，要求履行房屋买卖合同，交付房屋及办理更名过户；而王某主张双方不存在真实的房屋买卖关系，主张成立借贷关系，认为房屋买卖合同只是一种债的担保，不存在出卖房屋的真实意思表示。

在处理此类名为房屋买卖实为民间借贷的案件时，常规的思路为探究当事人之间的真实意思表示，通过审查合同的内容等查清案件的基础法律关系，以确定合同的性质。通过审查房屋买卖合同中买卖双方的权利、义务是否对等，合同内容是否在平等协商的基础上拟定而成，合同记载的内容是否符合日常生活房产交易的普遍习惯，房产交易价格是否合理等因素，综合评定合同性质，在能够认定以房屋买卖合同形式进行借贷的情况下，当事人主张房屋买卖合同有效，交付房屋并办理更名过户。一般来讲，法官会通过心证原则，对诉讼证据进行审查，并释明当事人变更诉讼请求，按借贷纠纷主张权利。张某拒绝变更诉讼请求，坚持

按房屋买卖合同主张权利，最后法院判决驳回其诉讼请求。如果张某当时按照法官要求变更为按借贷纠纷主张权利，法院就可能按借贷纠纷继续审理。当然，出现这一纠纷的原因在于房屋的市场价格发生了很大的变化，如果按照合同执行，显然会出现判决结果不公平，这就体现法官的内心确认，对市场价值的确认，其判决不能严重违背市场交易的等价原则。

第十二章

庭审发挥：充分展示民商诉讼代理律师的专业技能

在法庭审理过程中，代理律师不仅要有谈判力、应变力和说服力，还要有分析、突破谈判僵局的能力。这几种能力的配合才能使自己在庭审过程中的博弈技能发挥到极致，才能把自己的观点和盘托出，让法官愿意接受你的代理意见。

第一节　谈判意识：促使民商诉讼案件和解与调解成功的灵魂

代理律师在诉讼代理的过程中，要促使双方当事人达成调解协议，就必须建立起正确的谈判意识。这种谈判意识是促使和解与调解成功的灵魂。

正确的谈判意识主要体现在以下几点。

一、谈判是各为其主，不能义气为重

谈判的过程是协商的过程，谈判者要时刻提醒自己促和的过程是一个协商的过程，在协商的过程中要有让步、有底线。在与对方当事人的协商过程中，要明确自己的代理立场，做到有原则、有底线，切忌义气为重。因为：

第一，协商的目标是要满足双方当事人的利益需要，这种需要的具体内容是可以调节，而不是根本对立的。

第二，协商的结果需要双方用诚信来实现，而不是签订一纸协议后，就万事大吉。

第三，协商的结果是双赢，而不是双败。协商的过程是双方互相让步的过程，而不是一方对另一方的强加。让步在利益上，赢在互助合作的关系上。

二、谈判是公关，不是打赌，更不是我行我素

代理律师在促使双方达成调解的过程中，要有公关意识，尽管双方暂时有直接的利益冲突，但双方存在利益冲突之时，还存在微妙的人际关系。这一人际关系的背后，还会有新的利益关系值得代理律师去思考，努力去说服对方作出适当的让步，当然也不排除说服被代理人作出适当让步。代理律师在说服的过程中不能流露出赌气的想法，因为谈判不是我行我素，是要双方都有回旋的余地，去寻

找双方长远利益的共同点，而不是斤斤计较、寸步不让。

三、谈判是争取达到息诉的目的，而不是获得"第一"的争斗

代理律师要具有谈判意识，认识到谈判的目的是为了达到息诉止争，要心平气和地说服对方，善于抓住双方纠纷的实质，学会缩小双方的差距，不能在协商中摆学问，更不能对当事人滔滔不绝，要让当事人有思考的时间，要抓住时机，耐心地说服当事人，说服当事人从长远着想，说服当事人建立相互信任的人际关系，从而努力确保双方的利益。

四、谈判是谈判者素质的综合体现，而不是为了迎合奖赏的感情用事

代理律师具有谈判者的素质是自己综合素质的体现。目前的收费体制不适宜发挥代理律师的调解积极性，因为以调解结案后，当事人省了诉讼费用，通过法院制作调解书的，一般要退一半的诉讼费用，这样当事人也会认为代理律师的代理作用没有完全发挥，也会或多或少地要求代理律师减免代理律师费用，有的当事人在事情了结之后，对代理律师费的事不理不问，尤其是一些熟人办案，更不好再提，所以有些私心重的代理律师打心里就不愿当事人调解成功，这不是法律人的思维。代理律师能够促成双方当事人达成调解协议是综合素质的体现，绝不是为了得到什么奖赏。

第二节　僵局突破：分析民商诉讼形成分歧的症结所在

诉讼本身是双方当事人发生的利益冲突，要想通过协商的方式达成和解或调解成功是十分困难的事情。可以说诉讼的过程本身就是僵局形成的过程，诉讼的任何阶段都可能是僵局的形成阶段，每一阶段有其自身的特点，代理律师要学会把握时机，善于对僵局进行分析，通过分析找出形成僵局的症结所在。在协商的过程中，任何接触都有可能形成分歧与对立。

代理律师要学会准确判断与适度把握，冷静、仔细地分析形成僵局的原因所在。

一、分析形成谈判僵局的主要因素

一般来说，双方谈判形成僵局主要有以下几个因素。

（1）理解上的偏差。

在僵局的形成过程中，往往是双方当事人对于事实与法律的理解上产生了偏差，代理律师就要学会掌握纠偏的良方，努力说服双方当事人，对于事实的理解

与对于法律的理解要站在同一个层面，或者站在同一角度看问题，不能各执己见，否则难以打破僵局。

（2）强者态势。

在僵局的形成过程中，双方的利益冲突可能不是主要的，而是一方当事人持强者态势，非要论个你高我低，或者自持有钱有势，对于这种恃强欺弱的态势，代理律师要学会以理服人，以法论事，通过诉讼风险、诉讼成本与建立良好人际关系方面去打破僵持不下的局面。对于弱者来讲，不能越是受到欺凌就越作出退让，而是首先要双方心平气和，代理律师要学会缓解气氛，让双方知道彼此尊重。

（3）沟通障碍。

人与人之间的矛盾往往是沟通上出现了差错，诉讼纠纷也不例外，特别是对于像婚姻、养老、继承这样的纠纷，往往是双方当事人之间缺少沟通引起的。有的是长期不往来，或者因为小矛盾没能化解引发了更大的冲突。这主要是基于双方文化背景差异，或者双方文化程度、道德修养方面的差异，再就是一方当事人对于对方当事人发出的信息作出错误的理解，有的可能是出于猜测，或者是对对方出于漠视而引起的。这就要求代理律师学会沉默，要善于听取双方当事人的陈述，从中体会双方当事人的沟通障碍在哪里。代理律师要当好解说员或翻译员，让双方切实理解对方的真实表述。

（4）要求上的差距。

有时双方的利益争议往往只是要求上的差距，也就是说案件的性质已经得到了确定，双方当事人也都认可争议存在的原因，只是要求上存在差距。这时，代理律师要分析差距的大小，缩小差距的可能性，找出难以满足要求的事实，从而说服对方接受己方的主张。

（5）信任危机。

有时双方难以达成和解不一定是因为金钱的多少，可能是双方之间存在信任危机。代理律师就要及时与对方代理律师沟通，与被代理人沟通，找出双方缺少信任感的原因所在，从而解决争议。

笔者曾经办理过一起某国有企业外派非洲国家员工因工死亡的抚恤金分配案。不幸遇难员工有父母及两位已成家的兄弟，遗属有一位没有工作的妻子和不满10岁的儿子。父母与妻子之间因抚恤金分配达不成协议诉讼至法院。在办理过程中，通过沟通，发现双方的争议主要是由信任危机引起的。做父母的想到，儿媳妇拿到钱后改嫁，会苦了孙子；儿媳妇想到，父母拿到钱后，两个小叔子会花钱，最后还是苦了父母。双方都没有把自己为对方着想的真实想法说出来，最终形成纠纷。通过让父母与媳妇、孙子直接见面，大家把真实想法说出来，最终做父母的作出适当让步，儿媳妇也改变了自己原先的想法，很快双方就达成了一致意见。

二、掌握突破僵局的技巧

分析出现僵局的原因所在后，就要想办法突破僵局，下面是常用的突破僵局的技巧。

（1）陈述事实，据理力争。

在协商的过程中，代理律师要有充分的时间让双方当事人陈述事实，力求在协商的过程中让形成纠纷的原因客观地反映出来，同时要拿出较为公平、让双方都能够接受的解决思路。要为被代理人据理力争，不能提出一些不切实际的要求。

（2）关注利益，缩小分歧。

任何纠纷的发生都会有一定的利益关系在起支配作用，双方能够坐到一起进行协商就说明各方都有解决问题的诚意，代理律师就要关注双方的利益所在，特别是潜在的利益所在，比如机会成本、时间成本等，还有今后的合作可能，这些都是双方关注的利益所在。在分析双方关注的利益时，还要分析双方要求的差距有多大，要及时地提出能够缩小分歧的建设性意见，供双方参考。

（3）利用矛盾，换位思考。

在协商过程中，双方的矛盾冲突有时十分激烈，代理律师要学会利用矛盾，让双方心平气和地为对方着想，让双方都能够站在对方的位置上想一想。实施换位思考，就是要提醒对方设身处地，从对方角度来观察问题，分析利弊。这样就让彼此都对对方多一分理解，从而消除误会，找到解决纠纷的共同点。

（4）抓住要害，借题发挥。

"打蛇打七寸"，才能给蛇以致命一击。这是十分通俗的道理。在争议的协商过程中，代理律师要找到纠纷的症结所在，抓住要害进行突破。不要在无利益冲突的争议上做无休止的争执，避免让对方抓住更多的把柄，使自己陷入极其被动的境地。这就要求代理律师学会找点、打点，借题发挥，使对方接受调解意见，尽快结束纷争。

（5）把握实质，有效退让。

在协商中，代理律师要提前与当事人进行沟通，把握协商的度，进行有效的退让，不能固执己见。把握实质，就是对于原则性的问题要把握，对于非原则性问题作适当让步。例如在经济合同的纠纷中，受损失的部分不能够让步，但利息、罚息可作让步；对于离婚案件，如果在调解促和无效的情况下，对于小孩的抚养费用、住房价值的计算方式等可作适当让步；对于一般的人身伤害案件，在案件定性、责任大小确定后，对于医疗费用要及时清结的情况下，对于其他可以作分期付款，或者在付现的情况下适当让步，减少对方的给付额。协商毕竟是为了尽快了结纠纷。在协商陷入僵局时，代理律师要有清醒的认识，要向自己的当事人说明和解所带来的好处要大于不作让步所带来的好处，说服当事人采取有效退让的战略。

突破协商的僵局，是代理律师经验、直觉、应变能力等因素的综合表现，有时也是一种悟性的体现。代理律师要通过协商积累经验，要分析僵局的前因后果，要几种战略或单独实施或组合实施，要树立"和为贵"的协商理念，以当事人满意作为代理成功的试金石。

第三节　应变力：代理律师庭审能力的表现

在法庭辩论中，常常会遇到一些意想不到的情况，对于这些情况如何应对，这确实是对代理律师应变能力的考验。在法庭上，有些情况是不可能提前做好准备的，所以，应变能力对于代理律师来说非常重要。笔者代理的体会是，遇到突发情况一定要冷静。应变的前提是冷静，如果缺乏冷静，就难以找出应变的对策。所以，换一个角度讲，你进攻的时候也不能盲动，不能没有退路。

法庭上的诉讼活动，是由多方当事人参加的。尤其是到了辩论阶段，情况可能会发生新的变化，甚至爆出冷门，对手会抛出新的事实材料，很多是代理律师难以预料的。对此，代理律师就要通过敏锐的洞察力，及时识别、快速调整、修正和补充原来的观点、材料和方法，形成新的观点，确定新的对策，恰到好处地处理和应对新的情况和问题，这是代理律师应变力的体现。

一、分析庭审中的新问题

对于新的问题要进行分析：

第一，看是否属于法官归纳的争议焦点，是否会形成新的争议焦点。

第二，与已有的证据链相联系，看是否有利于加强自己的证据链，还是对方当事人有意想拧断自己的证据链。

第三，要及时与当事人进行沟通，不要急于反驳对方，小心对方设的陷阱，更不要在庭审中与被代理人出现相左意见。

第四，看是否会影响案件的定性，如果无关紧要，就应当转开辩题，按照自己拟定的代理思路进行，否则就要及时转换。

第五，要善于对细节回想，充分稳定自己的情绪，把握好辩论的意图。如果案情重大，看是否需要补充证据或重新引用法条。如有必要，行使延期审理权，要求法官休庭，进一步核实与查清问题。

第六，要分析各方的主张是否与诉讼主张或反诉主张有关。如果无关，可以与本案无关为由淡化处理。

代理律师法庭辩论的目的是说服法官，庭审中在提高辩论与辩技的同时，应当注意以下几点：

第一，学会尊重法官，善于与法官沟通。

第二，发言简洁明了，不要过多地引用法条。如果过多地引用法条，法官就会感到你在给他普法，就会心不在焉，从而影响你的发言效果。

第三，不要大谈法理问题。在法庭上无论什么样的法官，都反感代理律师大谈法理问题，因为这会使人有代理律师在显摆弄学问的感觉。一般来讲，在法庭上代理律师通过法理提高说服力的方法是三言两语，言简意赅，达到法理点睛的目的。

第四，及时认同法官归纳的争议焦点，同时有技巧地提出自己认为新的争议焦点，使法官认同。

第五，思维要连贯，辩论与举证、质证相一致。

第六，注意言辞不要过于激烈，不要与法官展开争辩，更不要与被代理人在法庭上争辩。

第七，对无关的事情不要争辩，更不要产生激励的争吵，对己方不利的辩题要一带而过。

第八，遇事要冷静，对弱者要表示出同情，但不能偏离本职和代理立场。如果对方属于受害方，作为相对方的代理律师要对受害方表示同情，以"本着为了查清案件，不得不这样说"作为开头语，往往会提高说服力。

二、影响应变力提高的不正常心理

在法庭出现新的情况时，代理律师要冷静地思考，并且努力克服影响应变力提高的不正常心理：

第一，对对方作出的反应不加理睬，犹如面对危机的鸵鸟把头埋在沙子里一样，不面对现实，一味地回避对方提出的问题。要防止这种意识潜入法官的思维而不利于己方。

第二，在不了解对方意图的情况下急于暴露自己的观点，引火烧身。

第三，不会改变自己的代理思路，在发现问题时与对方发生激烈的争论，甚至人身攻击。

第四，不是去寻找化解危机的良方，而是在没有主动对证据材料核实、质证的情况下，轻率地说出"不知道""不清楚"之类的话。

第五，对对方已经掌握线索的证据，不能继续隐瞒，要与法官密切配合，查实案情。

第六，对于与本案无关的事非要弄清楚，这容易忽视对根本利益的保护。

三、代理律师应变能力的培养

代理律师应当如何培养应变能力呢？

第一，要有意识地参加富有挑战性的活动，增强自己的应变能力。

第二，加强自身修养，遇事沉着冷静。

第三，事先对各种可能出现的事情进行预测，要有心理准备。

第四，对于自己的代理方案要事先征得当事人的同意，并对可能出现的问题与当事人进行沟通。

第五，充分利用证据反映出的信息，厘清自己的思维，在法律关系中把握好矛盾的焦点所在。

第六，学会把握庭审的节奏，通过发言的语速与提出问题的秩序来影响对方的思维。学会主动出击，打断对方的思维，从危机中寻找赢机，这有可能成为案件的转折点，从而化解危机、转危为机。

第四节 说服力：代理律师如何调动法官的情感

任何人都希望能轻松地说服他人，尤其是代理律师，既要在庭下说服当事人，又要在庭审中说服法官，还要在促成双方当事人的和解中说服双方接受其提出的和解条件。但是说服力并不取决于是否能言善辩，而决定于能否被接受说服的人认同其观点。当然有人天生就具有说服力，能够抓住话语的关键点，给人以震撼。一般来说，说服力是靠后天的经验积累和努力练就的。

说服力是一位代理律师成功与否的关键，诉讼博弈中没有任何一种力量会比代理律师去影响和说服他的当事人、主审法官及对手接受其意见更能够超越其职业乐趣。说服力在律师执业中的作用越来越重要，在某种程度上决定了一个律师的命运。不同类型的人有不同的说服战略，如何通过洞悉人心说服他人，如何成功地说服别人接受你的观点，如何晓之以理、动之以情地说服对方，这都是律师执业的基本技能。律师只有掌握了说服他人的技能，才能清晰了解人性，培养敏锐的观察力，增强语言表现力，走向制胜之路。

作为代理律师，在法庭上辩论，在庭下与法官沟通，还是想通过调解来达到结案目的，说服能力的培养十分重要。如何使自己的语言具有说服能力，一般应从以下几点着力。

一、抓住要害，把握难点

代理律师如何巧妙地说服当事人及主审法官，关键是要切中要点，把握好案件的难点。比如告诉对方当事人"如果不这么做，你的利益会受到更大损失"，"这样会对双方都不利"；为了说服法官，告诉法官"本案的关键点是什么""我方的证据形成了证据链""对方当事人有点蛮不讲理"；为了说服对方代理律师，劝对方"这么个小案，调解还是上策，有时间办点大案吧""对于争议没有原则性差距，各自尽点努力一定能说和"等，都符合说服的需要。

代理律师一般来讲不能单独约见对方当事人或法官，免得节外生枝。一般只有通过庭审来实现自己的说服力。在双方当事人都在场的情况下，单刀直入，想不费吹灰之力就说服法官也是不可能的。必须事先草拟好自己的意见，同时要与自己的当事人进行沟通，表明己方最低限度的要求，能够让对手及法官感觉到诚意，并且对难点问题有准备性，不能回避，否则不但无法说服法官或对手，反而会遭到对手的反击，不得不知难而退。

二、锁定目标，投以桃李

代理律师更多地要考虑对方及主审法官是否能够接受自己的观点，是否会产生强烈的反感，如果不考虑对方的感受，只单方面谈论自己的观点，不但无法打动对方，反会使双方的关系更加紧张。因为从心理学角度来讲，让对方反感的语言会使对方不悦，更容易让对方站在相反的立场上分析问题；而脱离双方都能够接受的观点，会使对方在理性上无法接受。如果发现对方情绪失控，代理律师最好不要去刺激对手，而是静听。任何人都希望自己是说服者，不喜欢被人说服，更有甚者认为让别人说服是一种耻辱，所以努力先使对方保持平静，消除其带来的压迫感，否则说服就无法成功。因此，与其自己先发言，不如先听对方的，从谈话内容中了解他。给予对方发表意见的机会，可以缓和他的紧张，进一步使他对你产生亲切感，更重要的是，能根据与对方的谈话找到说服的侧重点。

有人认为，抓住对方所喜欢和关心的问题，而且也是最切身的话题，并由此而找出对方关心的目标，他就会道出自己的看法，这也就是我们必须侧耳倾听的内容。

那么，如何才能让对方发表意见呢？可以先诱导对方谈论他感兴趣及关心的话题，至于对方有兴趣及关心的话题，则多半是诉讼中的证据问题及一方的可能让步程度等。

"说服就是恳切地引导对方按自己的意图办事"，如果不是以恳切的态度说服对方，而是利用暂时的战略瞒骗对方，就无法使说服者与被说服者间有长久的和谐。在说服对方前，最好与当事人沟通，在锁定目标的前提下能够在哪些方面作出让步，在说服对方时，可以在哪些方面适当满足对方，投以桃李，作出适当让步，当然让步也不能一步到位，否则对手会得寸进尺，使谈判陷入僵局。

三、晓之以理，动之以情

有的人在说服时，特别向对方表示亲密的态度或用甜蜜的语言与之接近，不仅无法达到说服目的，还会引起对方警惕，甚至受其轻视。所以信任非常重要。古人说：言必行，行必果。如果有意与人交流，保持信任是必不可少的条件。只要得到他人认同，而你也自认不辜负他人时，就能建立信任，达到圆满的说服目的。做到这些，相信你将能发现说服的乐趣与效果。

在与对方的和谈过程中，当对方已明确、坚决地表示"不行""不干""不同意"等之后，这时候我们应当晓之以理、动之以情，要满怀信心，争取主动，先取攻势。当然，争取主动仍要运用委婉、商榷的语气，切忌盛气凌人、以势压人。如对方因此而产生逆反心理，再说服他，就要付出加倍的努力。

四、审时度势，适度让步

代理律师在不断研究案情的发展趋势，仔细研究，观察分析，估计案情的变化，通过分析发现案件一时难以结案时，要适度让步，争取和解，任何时候不能逆势而为。特别是当主审法官给出败诉的信息时，要抓住机会，力争调解结案，防止产生更大的损失；如果主审法官给出胜诉的信息时，要扩大成果，不要在小问题上做文章，要力争早点结案，防止日久生变。

五、换位思考，说服自己

在诉讼博弈过程中，要经常换位思考，假设"如果我是对方怎么办？"以此说服自己。一旦能够说服自己，也就自然可以说服他人。思考每一个诉讼案件的成功，有一个共同的地方，就是都离不开说服力。代理律师不仅应善辩论，更应善说服。其说服能够成功，首先就是不时地换位思考，善于说服自己。

当然在说服自己时也要注意讲究弹性，也就是留有余地，学会掌握全局。当遇到一种状态的时候，又会看到另一面。当然，要首先预测结果，再不断地找方法、不断地尝试、不断地厘清、不断地许下承诺，写下一些理由来说服自己，必须让对手知道按"我"的主张做的重要性。当对手拒绝己方提出的问题时，弹性表示还有说服的机会。如果形成"话不投机半句多"的境地，千万不能心生胆怯，心想"我真的能顺利说服对方吗？"或"万一遭到拒绝怎么办"，甚至认为"对方说的也有道理"等，这些都是因为说服的基础不够稳固，才想不出"如何说服对方"的手段、方法。所以说服前先预测一下假若自己是对手能否接受此种说法，对于难点问题是否把握适当，再开始进行说服，才可事半功倍。

所以我们和别人沟通时，要站在对方的角度，让对方觉得我们和他是站在同一个层面的，他就会接受我们的意见或观点了，而且他不会轻易反驳我们，因为我们说的话，考虑的事情都是为他着想。如果你想要提高说服力，就必须改变对手的思维方式，提出一些好的问题，以引导对手的思维。

第十三章
法庭辩论：说服法官是诉讼代理的重中之重

　　法庭辩论是代理律师参与诉讼的重要环节。代理律师能够在法庭上充分依据事实和法律进行辩论，使自己的诉讼观点得到法官的采纳，从而最大限度地保护委托人的合法权益，是每个代理律师努力追求的目标。因为经过陈述、举证、质证之后，双方代理律师要发表具有说服力的代理意见，以期说服法官，而不是说服对方当事人及其代理律师。代理律师在发表代理意见的阶段，要与对方当事人及其代理律师短兵相接，产生激烈的争辩，这就是法庭辩论。在法庭辩论的过程中，代理律师的辩才、辩技主要体现在代理律师的说服力，而不是其哗众取宠的诡辩，这不仅要求代理律师具有一定的真才实学，更主要的是要求代理律师具备一定的代理实践经验，从而能够通过自己的代理意见说服法官，使之能够认同当事人的诉讼请求或抗辩理由。

第一节　法庭辩论的特点

　　法庭辩论不同于大专辩论对抗，也不是争斗的竞技场，更不是街头巷尾的撒泼。在法官的主持下，法庭辩论有着严格的诉讼程序规则。因此，代理律师应当明了法庭辩论的特点。

　　法庭辩论的特点主要体现在以下四个方面。

一、陈事

　　事实胜于雄辩。因为事实本身就具有鼓动人们感情的力量，在事实面前人们很快就能辨析出辩论者的意向和是非。法庭辩论的作用就是要求代理律师能够在有限的时间里，陈述案情事实，对于有利于自己的事实进行重复性阐明，让法官对整个案情有更深的理解。因此，法庭辩论的一个显著特点体现在对事实的陈述上，而不是对枝节的争吵，也不是看谁的声音大，更不是看谁说的多或者在发言的机会上占上风。

二、释证

　　在法庭辩论过程中，代理律师要通过自己的专业知识，对经过举证、质证的证据材料进行解释，将有利于己方的证据重新进行固定，结合事实与法律来说服法官，哪些证据支持了己方的观点，哪些证据反驳了对方的观点，从而获得法官对己方有利证据的采信。因此，法庭辩论的特点，应当体现在代理律师解释证据的水平上，而不是去脱离已有的证据发表鸿篇大论。事实上，代理律师辩论的过程也是运用质证后的证据和有关法律规定（论据）来论证自己观点（论点）的过程，在进行论证时，代理律师必须援引具有确切出处的依据以支持自己的建议，绝不能反复重复自己的论点，因为重复可能会使法官感到厌烦。

三、论理

法庭辩论是一种论理。代理律师要通过已查清的事实来阐述法理、讲清道理，并使自己的诉讼理由有凭有据，能够影响法官和其他参加人的心理定式，让他们一听就明白，达到驳倒对方，让法官认同的目的，从而获取诉讼的胜利。出色的法庭辩论无一不在论理，作为辩论者有知识、有气势，选准论题，使整个思维具有连贯性，从而使自己的辩论更具说服力。论理需要作充分的论证，有准确的推理和严密的逻辑。

四、用法

法庭辩论离不开引用相关的法律。代理律师要通过自己对案情的分析，向法官阐明引用法律的法理。代理律师引用法律的目的不仅是让法官知道适用哪部法律，更重要的是为什么要引用此部法律，以及具体的法律条文。所以代理律师在法庭辩论的过程中，必须始终掌握好"以事实为依据，以法律为准绳"来约束自己的辩论内容，不能离开事实与法律作空谈泛论。

第二节　代理律师辩才展现的方方面面

代理律师在法庭辩论过程中的展现与其辩才有关。代理律师的辩才，不仅是一门口才辩论艺术，更是代理律师经常参与诉讼活动所养成的一种职业悟性。人们在诉讼活动中总期望能请到一位高明的代理律师作为自己的代理人，代理律师的辩才应成为其高明之处的一个重要表现。

代理律师的辩才主要通过以下 5 个方面得以展现。

一、以理服人

以理服人就是要求代理律师具有辩明机理的独特才能。每一个具体的诉讼案件涉及三种"理"：一是法理；二是情理；三为事理。阐明事理是"以理服人"

的重点。案件事实千变万化、千差万别，故其事理也丰富多彩。明察事理对于案件的定性十分重要，体现代理律师的综合素质。因此，代理律师的辩才主要体现在"以理服人"的表达水平上，这不仅要求代理律师具有专业知识，而且具有较高的逻辑思维能力。

从法庭辩论的角度来看，代理律师辩论的核心目的是去说服法官，影响法官的思维定式和内心信念。实践证明，法官在作出法律评价时不仅具有公平、正义等法律心理，同时还极易受到非法律心理的影响，比如好感、同情、敬佩等。所以在法庭辩论中代理律师要善于将理性因素和情感因素有机地结合起来，做到情理交融，合情合理，一方面要清楚、准确地表达自己的观点并进行严谨的论证；另一方面又要以情感人，以情导理，以理服人。

二、凭据说话

凭据说话就是要求代理律师在法庭辩论的过程中，离不开使用现有查明的证据作为论题、论点、论据，从而获得辩论的主动权。依据"谁主张，谁举证"的证据规则，代理律师要围绕己方的主张和抗辩理由，在辩论过程中说出自己的证据优势，在没有优势证据的情况下，要说出自己的证据组合在哪些方面强于对方。这就要求代理律师能够根据当事人距离证据的远近、当事人举证的能力、难易程度和社会日常生活经验法则等因素综合考虑，说出哪些应当由己方负举证责任、哪些应当由对方负举证责任。这一才能体现了代理律师应用证据的能力。

三、用事止争

用事止争就是要求代理律师在法庭辩论的过程中，充分使用已查明的事实来说服法官，让对方无话可说。法庭辩论的范围非常广泛，既有案件定性方面的分歧，也有责任大小方面的争议；既有证据效力上的分歧，也有适用法律上的争议；既有实体法上的分歧，也有程序法上的争议。但无论双方是什么方面的争议，都离不开案件的基本事实，双方辩论的目的也是缩小分歧，而缩小分歧就需要对事实进行还原，而还原的水平就要看代理律师简单明了介绍案情、揭示真相的才能。

四、引法断案

引法断案就是要求代理律师具有根据案情选准法条、用准法条的才能。国家的法律浩如烟海，有法律法规，有地方规章，还有司法解释。代理律师要根据案情确定适用哪部法律对支持己方的诉讼请求最有利，同时还要选准法律的哪条哪款最适用于本案。当然，代理律师在引用法律的过程中，不能够向法官作法律解释，切忌在法庭上进行普法，因为庭审的假设前提是法官懂得一切已生效的法律，而律师引法的目的是支持己方的诉讼请求，而不是告诉法官应当引用什么法律。

当然不排除有个别法官不知晓已生效的法律，所以代理律师应当在提交证据时，同时提交应当引用的法条清单。

五、保持立场

保持立场就是代理律师要在代理的过程中始终坚守自己的职业道德，时刻保持清醒的头脑，在维护当事人权益的过程中，要明确自己的代理立场，只有明确了代理立场，才能在法庭辩论过程中把握辩论方向，才能按照自己的辩论思路完成代理事项。一是不要偏听偏信当事人的一面之词；二是代理意见不能有损当事人的整体利益；三是不要违背法律规定，违法办案。

六、因人而异

因人而异是要求代理律师具有能够根据对方辩手的强弱及性格特点及时调整辩论技巧的能力，这样才能获得良好的辩论效果。因为辩论的目的是说服法官，所以在对手力量十分薄弱的情况下就不能不顾及法官的态度，而绝不能以强欺弱，比如，对方当事人的文化水平较低又没有聘请代理律师，听不懂高深的理论，应多举明显的事例，多谈基本的道理，注意少谈理论性的东西，尽量说服双方缩小争议差距，能够让法官体会到代理律师是在帮助法官说服双方当事人尽快息讼止争。但当对方当事人不仅善辩而且聘请了知识结构较合理的对手，因对知识性辩题抱有极大兴趣，不屑听肤浅、通俗的话时，代理律师应充分显示自己博学多才，多作抽象推理，致力于各种问题之间的内在联系。同时还要看法官是否对此种辩论感兴趣。因此，代理律师应根据不同对象、不同的心理特点运用不同的方式。这就要求代理律师辩论之前要对对手情况做客观了解。只有知己知彼，才能针对不同对手采取不同的对策。

第三节　庭审妙招：让对方陷入两难境地

在庭审的过程中，代理律师要足智多谋，当发现处于不利地位时，要改变战略，及时扭转被动局面。笔者曾经代理过一宗工程款纠纷案，很有启发，摘录如下。

典型案例：甲方诉乙方拖欠工程款案

入选理由：法庭中，根据当事人情况提出有条件的质证问题

案情简介：甲方诉乙方拖欠工程款一案的二审就要开庭了，主审法官说忘了通知另一共同被告及第三人，决定延期开庭审理。这下如何是好，曾经是甲方派

往乙方工地代表的张某是乙方申请出庭的关键证人，因为张某是甲方的授权代理人，所有的手续都经张某之手，该案能否审理清楚，张某的出庭对于乙方来讲至关重要。由于张某在几千公里之外承揽了另一工程，如果此次不能按时出庭，下次可能就难以出庭作证了，这对乙方来说不仅白白花费了专程接张某到庭的好几千元差旅费，更可能失去张某出庭作证的机会而导致败诉，代理律师如何给乙方交代呢？

法理明晰：作为乙方的代理律师，面对这样的突然情况，乙方代理律师急中生智，忙说："由于另一被告及第三人都与本案的事实审理无关紧要，为便于查清事实，今天能否就一些事实请张某向法官陈述一下？"法官听后，觉得乙方代理律师说的有理，就顺着其思维询问张某一些事实，接着乙方代理律师向主审法官提出能否先对一些涉及张某之手的证据材料、其他程序等下次另行开庭进行，实质上就是要求甲方先行质证。甲方当事人正要答应时，其代理律师者感到是为难乙方代理律师的好时机，提出要按诉讼程序进行，今天当事人没有到齐，不能质证，法官应另行确定开庭时间。

见到如此协商无果的状况，乙方代理律师提出了一个让对方两难的问题：请审判长能够说服对方代理律师，先询问证人，只对张某的证人证言作笔录。如果真是为了解决问题，今天就应当让张某出庭，便于查清事实，如果不想查清证据，请合议庭作一个裁决，同意甲方不同意乙方申请的质证。这真是一个绝好的两难推理。

此言一出，主审法官感觉到了本案审理的关键所在，忙说"合议一下"。合议的结果可想而知。

宣布开庭后，主审法官对双方当事人进行道歉，说自己因工作疏忽，使今天的诉讼程序不能够正常进行，本着查清事实的目的，现在开始传证人张某出庭。

乙方代理律师针对案件的事实部分，提出9个相关问题，双方提问完毕，乙方代表代理律师说，张某出庭实在不易，应当对其经手的证据材料的签名进行确认。主审法官当庭采纳，对所有证据三方进行了质证。

庭毕，乙方当事人及代理律师长长地舒了口气……

因此，在庭审过程中，代理律师要反应敏捷，善于应用妙招，最好能够让对方陷入两难境地，没有足够时间去思考对策。

第四节　换位思考：在庭审中要充分调动法官的情感

对于代理律师来讲，在庭审中主动权的发挥，无疑能够取得法官的认同。记得十年前代理了一件少年入室盗窃案，摘录如下。

典型案例：陈某入室盗窃案

入选理由： 法庭辩论中代理律师注意以情感人的效果

案情简介： 陈某是一位犯罪嫌疑人，是随母从农村迁到父亲工作所在城市的，由于从农村转学到城市，好多功课都跟不上，就与社会上的几个哥们做起了入室盗窃的事。不多久陈某就被公安机关抓获归案。犯案时身份证显示陈某已满18岁。

法理明晰： 接手该案后，在与其父母的交谈中听说当时在办理户口时为其虚报了两岁。为了查清该案的事实，笔者专程前往陈某的出生地——几百公里外的农村查清了陈某的出生年月，包括当时的出生证明，以及接生医生的证人证言，还有当时的村干部的证人证言及询问笔录。

拿到一手证据后就与主审法官进行了沟通，要求将案件移送到少年庭进行审理，没多久，法官通知，案件已转到了少年庭。

开庭时，看到三位法官及出庭的检察官都在五十岁左右，想到他们与陈某的父母都有类似的经历，他们的妻儿都曾在农村，有过类似的经历，心中希望能够通过自己对证据收集的说明来影响法官及检察官的情感，使陈某少受几年牢狱之苦。开场白之后，就将话题转到了20世纪70年代的时候，诉说那时候大家的温饱问题都没有得到根本解决，农村实行按人口分配口粮，且依据各人的年龄分配，大一岁就可能多分几斤。陈某的父母出于私心，将儿子的年龄报大了，只是为了多分点口粮，这只是一种错误，但不能由此让陈某受到重刑的处罚。当时参加庭审的法官及检察官似乎受到了感染，这样的话题一下就将主审法官及检察官的情感调动起来，有一位法官还为之流了眼泪，检察官就没有进行过多的辩论了。

判决结果可想而知，陈某不满18岁的事实得到了法庭的采纳，对陈某适用了减轻处罚的刑法条款。

通过该案的代理，笔者感觉到在庭审中如果能够恰当地调动法官的情感，就能增加庭辩的说服力。

第十四章
特征分析：通过争议焦点弄清涉诉案情的关键因素

在实际庭审过程中，主审法官归纳争议焦点花费的时间虽少，但它在整个庭审中的作用却不容忽视。因为争议焦点的归纳对于诉讼双方辩论的集中，举证责任的分担，甚至对于胜诉与否都有着举足轻重的作用。所以在庭审中作为代理人的律师在向法庭阐述意见时，应尽量争取法庭归纳出利于己方质证的争议焦点，并能围绕主审法官归纳的争议焦点进行举证、质证和法庭辩论。

第一节　争议焦点的特征分析

所谓争议焦点，是指当事人对之意见相反、影响案件处理结果的事实问题和法律适用问题。一般来讲，在庭审过程中，经过双方当事人陈述后，主审法官都要将所审案件进行争议焦点归纳，以此引导诉讼程序的向后展开。

作为代理律师一定要听清主审法官归纳的争议焦点是否符合焦点的特征。

一般来讲，经主审法官归纳的争议焦点有以下 6 个基本特征：

第一，必须与诉讼请求或反诉请求相关联，辩题必须是取材于具体诉讼的事实和法律，对案件的合法、正确、公正处理具有诉讼意义，而不能与所诉讼的案件无关。

第二，争议焦点能够得出明确的结论，而不是学术问题或需要假设的证据才能成立的辩题。

第三，争议焦点必须是双方有分歧的辩题，当事人对其存在与否、应当适用与否持相左意见，争执不下。如果是双方达成共识或庭前就已形成共识的就不能成为争议的焦点，这有利于提出辩题一方的举证、质证和辩论。因此，那些当事人没有争议的问题不应列为争点。

第四，属于事实问题或者法律适用问题。争议焦点一般都属于事实或者法律的适用问题，而诉讼程序上的一些适用问题在审理中不能成为争点，因为一般诉讼程序上的适用问题，当庭审理的法官都具有裁决的权力，无须争辩。

第五，对案件的处理结果有法律上的意义。因此当事人在案件细枝末节上的争议和与案件处理结果无关的争议也不应列为争点。

第六，一般的争议焦点都会涉及相关的法理问题，代理律师要能够快速从争议焦点中找到相关的法理关键词。如侵权与违约的竞合、买卖不破租赁等，以及优先续租权是相对权不是绝对权等，就是一些法理上的关词。

由此可以看出，争议焦点就像一条红线，发端于原告的起诉，终结于民事判决书中，贯穿民事审判的整个过程。在民商诉讼中把握争议焦点，就是要明确诉讼的内容和目标。争议焦点不明，当事人和法官的诉讼就是无的放矢。当事人明确了争议焦点，才会有针对性地举证和辩论，才不会出现该提交的证据没有提交、不需要提交的证据提交不少的情形。法官明确了争议焦点，才可能有针对性地进行审理，引导辩论，才能写出心证公开、说理透彻深刻的民事判决书。

以下这个劳动争议案充分说明代理律师分析主审法官归纳的争议焦点对举证、质证和法庭辩论的重要性。

典型案例：李某不服劳动合同争议仲裁诉某单位纠纷案

入选理由：一起劳动仲裁案的争议焦点归纳

案情简介：李某因其父按政策提前退养按规定被招为某厂合同制工人。1998 年进厂后，李某被安排在倒班岗位上班，实施四班三倒，按规定有两年的学徒期。工作 18 个月后，李某因病导致多次住院治疗，累计休病假 10 多个月。中途李某所在单位对其岗位进行了调整，让其上白班，只从事简单的打扫卫生的工作，但调整岗位后上班不到 2 个月，李某又旧病复发住进医院，2003 年李某所在单位按上级特殊政策对于某些经鉴定为四级以上伤残的病人可根据自愿申请的原则实施内部退养，该政策经印成册散发至所在单位员工，并经当地媒体广泛传播，李某所在单位派专人通知李某及其父母，但李某执意不退，到 2004 年李某与其所在单位签订的劳动合同到期，该单位认为李某属应当退养的范围而没有退养，决定与其终止劳动合同关系，并书面通知不与其续订劳动合同，并停止为其缴纳社会保险基金，包括医疗保险金。李某也不能按职工待遇报销相关的医药费用，李某不服，遂向当地劳动仲裁委员会提出仲裁，经仲裁委员会作出仲裁，李某不服仲裁，又向当地人民法院提出起诉。

法理明晰：经庭审，李某在法定时效内提出上诉，上诉请求为要求保持与原单位的劳动合同关系，或重新办理内部退养手续，并报销几年来的医疗费用，补发几年来的工资。

经双方陈述后，主审法官归纳的争议焦点为：

（1）李某原单位与李某解除劳动合同关系是否合法；

（2）李某提出办理因病办理内部退养手续是否合法、是否有理；

（3）是否对李某调换了新的工作岗位；

（4）李某一审后发生的新的医疗费用是否属于上诉的内容；

（5）李某的医疗费用是否应全额报销。

法官归纳的争议焦点是法官通过阅卷、双方陈述后双方应当围绕其展开举证、质证和法庭辩论的辩题，也可说是双方当事人及其代理律师论证的对象，争议焦点是双方诉讼的关键问题或关键点，并将制约着整个诉讼的进程和发展态势，它又是双方组织论据材料即提供证据，反驳对方证据的红线或尺度，是整个庭审的重心。以后在法院审理的过程中，双方当事人无不围绕法官归纳的争议焦点展开论辩。

第二节　如何有效把握与发现诉讼争议焦点

代理律师如何把握诉讼的争点，首先要明确什么是诉讼的争点。诉讼的争点就是诉讼双方当事人的争议焦点。也就是发生纠纷的"症结"所在，解开了这个"结"，其他问题也就迎刃而解了。如涉及当事人遗嘱的继承案件中常常将"遗嘱是否有效"作为争议的焦点，而不把"遗产的具体分配以及如何分配"作为争议的焦点。原因很简单，解决了遗嘱的效力问题，遗产的归属问题也就解决了，而要解决遗产的分配问题，还要首先解决遗嘱的效力问题。遗嘱的效力在继承案中是个非解决不可的问题，解决不了它，其他问题都解决不了，这就是纠纷的"症结"，也就是双方争议的焦点。

那么，代理律师应当如何把握与发现诉讼中的争议焦点呢？

一、从关键词中提"点"

一位有实际代理经验的代理律师，在庭审前都能够凭经验抽取几个关键词，这些关键词往往涉及双方当事人所争议的事实认定、法律适用和一些简单明了的法理问题，因此代理律师还要学会从关键词中提取争议焦点，并能够引导代理律师思维线索的展开。例如，甲村委诉乙企业非法侵占其集体所有土地案，作为乙企业的代理律师就从案件中通过请求权基础抽取了"侵权"与"确权"两个关键词，质疑该案乙企业所持有的土地使用证是否合法？该案甲村委的诉权是否正确，也就是说该案属民事的侵权之诉，还是应当属行政确权之诉。通过提点关键词，并使之被主审法官固定成庭审的争议焦点，很容易就转变成了乙企业的胜点。

二、从纠纷的"症结"中找"点"

代理律师要学会从双方当事人发生纠纷的"症结"中找出争议的焦点，争议焦点往往隐藏在争议的问题之后，是导致纠纷发生的"症结"，不是浮在表面上的争议问题，也不是如何缩小争议的问题。具有一定实际代理经验的代理律师，一般在听取了当事人的陈述，查阅相关案卷或在法庭听完原告的起诉和被告的答辩后，就能很快找出双方纠纷发生的"症结"，并能够在听取法官归纳争议焦点之后，对法官归纳的争议焦点进行补充或纠正。实质是从纠纷的"症结"中找点。还有一个十分重要的问题就是，代理律师要善于总结，不断总结代理经验。经验多了，解决问题的能力自然提高了，"争议焦点"自然找得准。

三、从法官的释明中寻"点"

在诉讼过程中，法官在当事人的诉讼请求、陈述的意见或提供的证据不正确、不清楚、不充分、不适当的情形下，依职权会对当事人进行询问、启示、提醒，或要求当事人作出解释、澄清、修正、补充，这就是法官的释明权。这是法院（法官）的权力，因为只能由法官行使这种权力，是法官履行审判职责所必需的，其他任何人无权行使，更重要的其也是法院（法官）应尽的义务，不可随意舍弃。代理律师就应当从法官的释明中发现双方争议的焦点。因为法官对当事人的释明，往往体现了法官对案件的初步认识，代理律师就要及时捕捉这一信息，从而更准确地寻找到双方争议的焦点。

四、从证据链中切"点"

代理律师在接受当事人的委托后，就要积极做好证据链的准备工作，而形成证据链的目的就是要围绕当事人的主张、请求等，通过已掌握的证据和证据线索理出其证明开示的先后与重点。同时说明每一证据的来源、证据方向。做到环环相扣，无懈可击。而证据的来源、证明方向及证明重点等，往往会形成双方争议的焦点。这就要求代理律师能够从证据链中切"点"，从而完善自己的代理思路。

五、从预期结论所应具备的条件中定"点"

一般的逻辑思维推理是根据已知的条件推出结论。但代理律师更多的是对案件的审理有预期的结论，这就要求代理律师能够根据预期结论推出应具备的条件，以此来确定双方争议的焦点。仍以遗嘱继承案为例：比如原告以被继承人留有遗嘱为由，提出应当继承被继承人所留下的一栋房屋人为诉讼请求，代理律师就应当以此作为诉讼的预期结论，进行条件导出，而结论"被告应该搬出所占房屋"成立，必须具备的条件是遗嘱有效，而原告、被告对房屋继承问题发生纠纷就是缘于"遗嘱"。可见，"遗嘱是否有效"就是该案双方争议的焦点。

对弈的人都懂得对弈最重要的手段是如何找点。起点、阻点、合点、终点，各有作用，可不要轻易落子，否则，一招不慎则满盘皆输。对弈过程中的交战点不能轻视，它往往是我们赢对方的攻击点，更值得注意的是，防御点往往就是自己的攻击点，那就是必胜棋中的关键之子。它已决定了你的棋局，也说明了下棋者的水平。代理律师就是要学会通过预期来定"点"。

第三节　抓住时机：适时提出新的争议焦点

通过争议焦点的特征分析，代理律师要能够对法官归纳的争议焦点进行分析，能够适时地对其归纳的争议焦点提出自己的意见，并尽量将对己有利的辩题提出来，作为新的争议焦点。

这就必须遵循几条规则：

一是提出的争议焦点清楚、明确，能够让主审法官听得明白、弄得懂。提出争议焦点的实质意义在哪里，不能含糊不清或故弄玄虚，避免因此让法官反感而不被接受为争议焦点。

二是提出的争议焦点既不能与已经认定的事实和法律相矛盾，又不能违反同一律而偷换辩题概念，以避免尴尬的辩论局面。

三是提出的争议焦点必须有足够的新证据或对原质证过的证据提出新问题来支持辩论。因为二审不同于一审，如果你能够根据争议焦点辩论的展开及时举证、质证，将能达到预期的效果，否则，就会自陷其阱，影响诉讼的效果。

争议焦点归纳后，应明确焦点群的中心点，因为法官归纳的争议焦点往往不是一个，而是多个与诉讼相关的辩题构成了争议焦点群。例如李某诉某单位的劳动合同争议案，主审法官归纳的争议焦点是 5 个，但争议焦点群中对本案的定性起决定作用的则是第一个，即某厂与李某解除劳动合同关系是否合法，它可说是一个总的命题，与其他 4 个命题有联系，在整个诉讼中起主要的作用。

在民商诉讼中，争点的把握对制胜来说十分重要，把握好了争点就能有的放矢地进行举证、质证，就能很好地把握辩论方向。

第四节　赢点：在争议焦点中固定

主审法官归纳争议焦点后，还要听取双方代理律师的意见，问其是否归纳得准确，是否还有没有归纳的焦点问题。这时就看各自的代理律师能否对焦点问题有新的看法，也是法官试探代理律师是否已吃透案情的检验方法。

在诉讼过程中，代理律师要通过双方陈述意见、证据交换，能够很快地发现双方的争点所在，同时能够引导法官固定对自己有利的争点，处理好相关的争点，并尽快将争点转换成胜点。发现争点、固定争点和处理争点不仅是代理律师的基本技能，而且反映代理律师专业水准。

当事人之所以聘请代理律师，是因为代理律师具有法律的专业知识，能够为当事人指点迷津。代理律师应当善于通过当事人的陈述、查阅案卷，提前预测和归纳出双方争议的焦点，在法庭开庭后，补充、纠正法官归纳的争议焦点。如果代理律师能够将自己事先确定的争议焦点，补充为法官归纳的争议焦点，能够在法庭调查阶段围绕双方争议的焦点进行举证、质证及提出自己的代理意见。因此，争议焦点归纳的是否准确非常重要。争议焦点归纳的准确，下一步法庭调查就能把握住重点，通过层层展开，有条不紊地进行，从中找到胜点。归纳争议焦点的能力从一个侧面体现了一个代理律师的业务素质和代理技巧应用的能力。就归纳争议焦点而言，代理律师就必须懂得从案件的事实、法律适用与法理应用中抽取关键词，一定要通过前面关于关键词抽取章节的领会，加深对争议焦点的理解。

第五节　胜券：在争议焦点中转换

代理律师发现争点的目的就是要把握胜券，将争议焦点转换成胜点。那么，代理律师应当如何从双方的争议焦点中转换胜点呢？

第一，寻找对方要害的攻击点。在庭审过程中，代理律师要能够及时地捕捉到对方攻击的要害之点，比如陈述上的自相矛盾、证据间的相互不能印证，或者证据有瑕疵等。

第二，寻找己方致命的防御点。代理律师在整理证据的过程中，就可能知道己方的弱点所在，也就是致命的防御点。在庭审中，代理律师对于弱点所在要注意回避，注意转移辩论重心，学会将辩题集中到有利于己方攻击的点上来，从而能够在庭审中攻能进、退能守。

第三，寻找己方争辩中的优势点。在争辩的过程中，代理律师要及时发现哪些争辩己方占有优势，并努力去扩大这一优势，这样诉讼才能获得满意的结果。

第四，寻找对方争辩中的回避点。在争辩过程中，代理律师要及时发现哪些辩题是对方明显占有劣势，如果暂时难以发现优劣，也要看是否有对手极力回避的争辩问题，代理律师要努力去利用对方的回避点，使之转换成对己方有利的胜点。

第五，寻找双方的疏忽点。"百密有一疏"，代理律师在举证、质证后，应当对双方及主审法官所关注的问题进行梳理，寻找是否有被双方及主审法官都疏忽的点，而这一疏忽点很可能就属于己方的胜点所在，要及时提出、重点利用，这样往往会收到出奇制胜的效果。

第六，寻找法官极力主张的点。在庭审中，由于双方代理律师各抒己见，主审法官就会居中要求双方代理律师的辩论不能脱离某一主题或辩论焦点。这一主题或焦点显然对己方有利时，要充分加以利用，使之成为胜点；如果对己方不利时，要提出自己的相反意见，淡化法官先入为主的偏见，从而取得胜利。

总之，整个民事审判的过程，其实就是发现争议焦点、固定争议焦点、处理争议焦点的过程。归纳争议焦点要本着一个原则，从确定的争议焦点上就能看出下一步的审理思路，便于下一步的法庭调查，而发现争点的目的就是要寻找胜点。如果确定的"争议焦点"叫人看了不知下一步法庭调查从何处下手，这个"争议焦点"就可能存在问题。所以，准确地归纳争议焦点，代理律师能够将自己总结的争议焦点被庭审法官所接受，对转换成胜点十分有利。

第十五章
另辟蹊径：民商诉讼注意态势分析

常言道："事实胜于雄辩"，但事实得益于雄辩。司法实践中，即便有了事实和法律，也并非都能使代理律师的辩论获得成功，这就要求代理律师充分施展自己的辩才和谋略。当法庭进入辩论阶段，各方之间或针锋相对，或避实就虚，或出其不意，或攻其不备，或迂回包抄、以退为进。此时，各方代理律师如不讲究"战术"，不懂得辩论技巧，就难以沉着地依据事实和法律发表辩论言辞，更无法巧妙地应付辩论中出现的新情况，以实现运筹方略的要求。因此，代理律师在辩论开始时，应当懂得在事实与证据面前分辨出己方是处于强势还是弱势，或是与对方势均力敌，然后根据不同的势态，采取不同的辩技，或单独应用，或各种辩技灵活结合，从而达到理想的辩论效果。

第一节　强势辩技十二招

所谓强势辩招，就是代理律师在证据的组织或在庭审过程中，发现自己掌握的证明显然比对方有利时所采取的有效制胜辩招。

在民商诉讼庭审中，强势辩招主要有以下12种：顺、固、击、引、稳、逼、激、敲、投、剖、先、易。

"顺"就是要求代理律师能够认真听取对方当事人的陈述，或者对自己设问的回答，然后将对方的话，为我所用，引申展开，表达自己的观点，从而让对方哑口无言。

在法庭辩论的过程中，代理律师要学会抓住时机，学会从不同的角度对同一问题进行不同的理解，或者反其道而行之，或者提升层面，或者正反相斥，或者明暗对接。针对纠纷将自己的认识观点在庭审中向法官直截了当地表达出来，或者将浅显的道理隐含在所顺接对方的话语里。能不能在辩论过程中接过对方的话题，能不能找到对方可顺接的话语是代理律师庭审中随机应变的技能，显示了一位代理律师的办案水平。这就要求代理律师在法庭辩论过程中，思维敏捷，反应迅速，做到顺其自然、言简意赅、捷中见智。

"固"就是要求代理律师在法庭辩论的过程中具有固定已有庭审成果的能力，如固定已查清的事实，固定已对己方有利的证据，固定应当适用的法律，以及固定已分清的责任等。无论遇到何种情况，代理律师都应忠于事实、忠于法律，刚正不阿地维护当事人合法权益，既不要计较对方的不当言行，又要不失时机地围绕辩论的中心问题阐明自己的观点，以巩固辩论的成果。

在应用"固"的辩技时，代理律师要学会将主审法官归纳的争议焦点固定为对己方有利的胜点。固的目的是明确方向、节省时间，不去做无谓的辩解，防备对方胡言乱语、乱中取胜。从而使己方辩有中心、论有强理，让对手难以招架。在固的过程中，要学会先固定双方已达成的有利于己方的共识，再固定通过调查获得的，对方无可辩驳的事实，最后固定适当让步就可达成共识的事实，步步为营，直到胜利。

"击"就是要求代理律师能够在法庭辩论的过程中及时地确定辩论观点，选择辩论角度，掌握辩论的"主攻"方向，以击败对手。代理律师在法庭上的辩论活动，实际上是向法官和全体诉讼参加人陈述自己立场并反驳对方观点所发表的公开演说。因此，辩论时，代理律师首先必须根据案件事实和有关法律法规来确定自己的诉讼观点，同时选择辩论的最佳角度。辩论角度正确与否，常会直接影响到辩论的成败。实践中的辩论角度主要有事实、证据和诉讼程序等方面。由于案件的性质和复杂程度各有不同，因此，代理律师应针对具体案情，从实际需要出发，采取灵活的辩论方法。这就需要代理律师在实践中注意培养自己敏锐观察、分析案件的能力。

"击"的辩技对于强势方来说十分重要，就是要驾驭语言，利用周密的逻辑思维能力，在自己的证据事实认定与法律适用方面占有主动权时主动出击，使对方难以应招。在"击"的应用中，要学会击对方的要害，"打蛇打七寸"，在看准对手的薄弱点后，用力一击，绝不手软，让对方难以招架，出奇制胜，一招制胜。

"引"就是要求代理律师能够适时地将辩论主题引到己方所设定的主题上来，以突出重点、灵活应变，提高辩论质量，掌握庭审主动权。庭审进入法庭辩论阶段，诉讼双方当事人及其代理律师会正面交锋，对主动权的争夺也进入高潮。

对于处于强势方的代理律师来讲，要学会引蛇出洞，这时候要保持头脑清醒，对于代理意见要分清主次，突出重点、要点，迅速归纳，进行选择性的代理，对于法律以外的枝节问题则不予理睬，并尽量回避，要紧紧抓住法庭辩论的重点，始终占据庭审的主动权。在采用引的辩技时，要学会转移辩题，比如应用明知故问等方法突然打断对方的辩论，引起对方及法官的注意，从而达到自己设定的辩论目的。

在初步评估己方处于强势时，"引"的关键是让处于弱势的对手就范，这就要求代理律师事先有一套好的解决方案，能够当庭抛向对手，让对手十分顺利接受己方开出的条件。

"稳"就是要求代理律师在法庭辩论过程中，稳打稳扎，注意控制自己的情绪，注意和法官及诉讼当事人作感情上的共鸣，求得他们的理解与支持，以期对法官心理产生有力的影响。为了让参加庭审的当事人的注意力集中到自己的诉讼观点上来，可以采取多种方法。比如对关键问题直接提请法庭注意；适当停顿、暂时中断某一话题，而在后面续上；声音的抑扬顿挫，语速的变换，适当的手势，丰富的表情等。这些辩技就是代理律师沉稳的体现。

庭审辩论中，对方的弱点往往是其力求回避的地方，甚至对方会采用偷换论题、偷换概念、答非所问的方式，企图达到转移己方视线、扰乱视听的目的。因此，运用此法首先应善于抓住对方之"虚"，选择其薄弱环节连续进攻，步步为营，直到把问题辩论清楚为止。代理律师在采用稳的辩技时，还可以在关键时候，在一个阶段一言不发，只是看着对方辩手，给对方无地自容的感觉，对方会不知不觉地回到解决问题的正确轨道上来。

"逼"就是要求代理律师通过自己的辩技迫使对方说出真情，或者让对方被逼对某些关键性问题作出让步。如在辩论的过程中，提问时不先说出自己要问的内容，而是从那些看起来同所问内容关系不大的情况问起。由远及近层层推进，步步紧逼，使被问者按照自己设定的要求去回答问题。这种问法实际上在被问者开始问答时已把绳索套在自己的脖子上了，随着深入发问绳索越来越紧，待被问者发现时，已无法挣脱。逼问一般是在对某一问题十分敏感的情况下的发问，特别是对证据的真假性问题、案件的定性问题、侵权责任的大小问题等。

"逼"的辩技是因为己方有十分雄厚的资本和实力，确信能够达到逼其就范的目的，否则会适得其反。因此，代理律师在逼对方说真话时，必须是已经掌握了事实的真相，通过强有力的攻势逼其吐出实情，形成自认，让法官一听就明白，使案件很快出现转机。

"激"就是要求代理律师在法庭辩论过程中，适当地用刺激性语言或反话鼓动对方说出原来不想说的话，或做原来不想做的事。"激"的辩技是代理律师在特定环境下，利用人的自尊心与逆反心理达到预期目的的一种有效论辩方法。

"激"的辩技是要引导对方对同一问题产生共鸣，千万要注意不要过分伤害对方的自尊心，防止适得其反。这就要求代理律师对对方当事人的心理承受能力作出初步评价，同时确定是采用正激法还是反激法，在将对方的情绪调动到一定程度时，是否能够提出最有效的解决办法供双方选择。这就要在设计目标的过程中，考虑是以对方当事人的需求为中心，还是以被代理人的需求为中心。

"敲"就是要求代理律师在法庭辩论的过程中，善于旁敲侧击，先挑容易突破的论题来与对方辩论，在固定容易的论点后，再回到较难的论点上，并且能够一举获得辩论的成功。

代理律师在应用敲的辩技时，要善于分析案情的突破口与薄弱环节，不要在辩论过程中，直奔主题，而是要先找对方的破绽，或指出对方故意隐瞒证据，或提出对方证人证言的虚假，或指出其陈述事实的偏差，本着"先易后难，先浅后深"的原则发起进攻，从而击败对手。

"敲"一定要选择好时机，选准对手的致命点，通过善意提醒或者直揭其痛点，让对手意志瓦解，从而引出更有价值的实情，对案件的审理起到至关重要的作用。

"投"就是要求代理律师在法庭辩论过程中，充分投其所好，弄清对方当事人的真实意图及诉讼的期望值，从而找到解决问题的途径或方法。

代理律师采用投的辩技，实质就是使用投石问路的方法，投其所好。目的是通过施以微利，满足对方的得利心理，从对方那里了解不易了解的真实情况，包括对方不愿向法庭提供的劣势证据，或者通过投的辩技使问题的呈现由远而近、层层深入，弄清对方的意图，让对方回到和解的谈判桌来。这就要求代理律师选择好投的手段、方法和技巧。同时要充分征求被代理人的意见，特别是对于答应对方的部分诉讼请求或放弃部分诉讼请求，一定要事先与被代理人交换意见，所投之利既要能够让对方接受，又能最大限度地保障当事人的权益不受损害。"投"与"引"的最大区别是，"引"是通过诱以出路让对手就范，"投"是通过给对方以小利寻求己方的行动方向。"引"的主动权显然要大于"投"，"投"只是揭开事实真相的初步。

"剖"就是要求代理律师在法庭辩论的过程中，能够从事物的正反两个方面，或者是从不同的角度去剖析事物的两重性，从而说服双方当事人能够回到解决问题的实质上来。在案件的代理过程中，同一证据、同一法律条文、同一事实，双方当事人立足的角度不一样，总会产生不同的理解，甚至得出截然相反的结论。因此，代理律师要能够运用同一证据或者引用的同一法条，或者认定的同一事实，推导出与对方相反的结论，从而维持己方的观点，反驳对方。

代理律师应用"剖"的辩技时，一定要切实掌握案情的事实本质，正确理解证据，严谨引用法律，学会由反及正、由正及反，用奇达正、用正达奇，看到双方争议分歧的两个方面，能够引导双方当事人设身处地，对事物合理与确定的一面进行分析、剖析，从而得出双方都能接受的观点。"剖"的目的是要让事实真相更清楚，让对手能够很容易地明白事理，从而接受己方的观点。

"先"就是要求代理律师在法庭辩论的过程中，在对方没有作任何准备的情况下，采取先发制人或先声夺人的辩技来争取辩论的主动权。

代理律师在应用"先"的辩技时，要确保首战告捷，这就要求代理律师在确信对双方实力的分析、对环境的分析、对法律的引用、对证据的分析都存在优势或者强势，或者对事实的认定绝对有利于己方的情况下，直奔主题，要求对方按自己的请求履行义务。该辩技要求代理律师掌握绝对有利于己方的证据，并且有充分的理由说服法官，从而达到代理目的。

"易"就是要求代理律师在法庭辩论过程中，能够及时根据双方证据的强弱情况，及时易位或提醒对方易位，将心比心，说服对方或己方当事人明白事理，达到代理的目的。

代理律师在使用易的辩技时，要善于抓住对方的明显错误。但对方执迷不悟时，又不能直接反驳对方时，或者直接反驳难以说服对方时，作出适当让步，要求被代理人或请求对方处在被代理人的位置进行思考。或者跳出案情，作为旁观者，思考应当如何解决此次争议。目的是让对方设身处地感受己方的心理，并能够冷静地思考，反思先前认识上的主观性。如果对方还进行诡辩，就会陷入难以自圆其说的尴尬境地。当然，代理律师在辩论的过程中，不能没有易位思考的结论，应当有一种必然的逻辑关系，能够让对方在易位的过程中有所触动，能够顺理成章地达到己方的目的。

第二节　均势辩技十二招

所谓均势辩招就是代理律师在证据的组织或在庭审过程中，发现自己掌握的证据材料显然与对方当时所采取的有效制胜辩招旗鼓相当。

均势辩招主要有下 12 种：直、立、简、质、澄、刨、循、因、同、注、诘、透。

"直"就是代理律师在辩论过程中，要直言不讳，不要隐瞒自己的观点，更不要含糊其词。代理律师辩论的演说性决定了代理律师必须讲求语言的艺术，把优美的辩论语言与逻辑的辩论技巧相结合，从而引导出自己的正确结论。代理律师法庭辩论要讲究直言，但不能平淡，更不能浅直呆板。语气要委婉，说话要有分寸，辩论中既要使自己的语言通俗流畅，能准确恰当地表达自己的观点，又不能言辞过激攻击对方。在辩论过程中，代理律师还要适当地穿插直问。就是要开门见山、单刀直入，不迂回，不绕弯，能切中要害、一针见血地指出对方的问题及其不利后果，将难以回答的关键性问题推给对方。这种直问一般是在证据充分、无可辩驳的情况下发问。要直入要害，直取解决纠纷的关键点。

实质上，"直"的辩招就是要善于向法官陈述自己的观点。陈述要开门见山，直接向法庭陈述案情、陈述事实、陈述证据，以期说服法官。

"立"就是要求代理律师能够在法庭辩论的过程中，不是直接地去反驳对方的错误观点，而是先将其错误观点搁置一边，然后，从相反的一面提出自己独到的见解，并进行说服、论证。通过确立独具匠心的主张，间接否定对方的观点或拒绝对方的要求。

"立"是对方的观点难以驳斥或对方的请求难以拒绝的情况下，代理律师可以采用的一种辩技。该辩技要结合"避"的辩技，但又不能等同于采用"避"的思路。回避对方不是无话可说，而是答复的时机不对。或避其锋芒，或应付两句，目的是不产生正面冲突，尤其是在双方有着良好亲属或社会关系的双方当事人之间，采用"立"的辩技十分得体。当然，代理律师的"立"不是转移话题，而是有创立主见，达到破其偏见或回绝对方无理要求的目的。

"简"就是要求代理律师在法庭辩论的过程中，使用简洁的语言表达自己的代理意见。在法庭辩论过程中，代理律师必须根据法庭调查所发现的新问题、新情况及时调整自己的辩护思路，重新考虑自己的发言提纲。不必面面俱到，但应对重点问题说到，谈透，以引起法官的注意。双方已经达成共识的观点不必过多重复（切忌一轮辩论后，二轮再重复以前的观点），只需作概括说明。辩论发言要切中要害，具有针对性，论证要准确，反驳要有力，观点要鲜明，逻辑要严密。切忌高谈阔论、不切实际，更不能与对方纠缠于问题的枝节，或用大量时间去辩论与争议焦点无关的分歧。

代理律师在应用"简"的辩技时，要在开始的总结性叙述中，用简短的话语概括本案的基本情况和支持诉讼请求或抗诉理由所适用的法律依据，以及各方当事人应负的责任及责任大小。代理律师的辩论发言，要紧紧围绕着案件争议焦点和庭审调查的重点进行。从事实、证据、适用法律等不同方面进行分析，阐明观点和意见。在法庭辩论的过程中，代理律师要多用陈述语句，少用感叹句及反问句。要把问题简单化，防止对方把原本很简单的问题复杂化。

"质"就是要求代理律师在法庭辩论的过程中，善于抓住对方的疑难之处提出质疑，让对方回答，使对方陷入窘境。

代理律师在应用"质"的辩技时，要对案情进行全面分析，特别是要厘清其中的法律关系、请求权基础。在法庭辩论过程中，需要质问的地方很多，可以从当事人的主体资格、证据的真实性入手，还可以从时效、管辖权等程序法权利入手。但无论从何处入手，代理律师都要对适用的法律、法规、司法解释十分熟悉，并能够有效引用，同时要在质问对方的过程中，注意环环相扣，步步深入，使对方没有喘息的机会，让对方无还手之力，从而赢得诉讼的胜利。

"澄"就是要求代理律师在辩论过程中，把辩论的重点放在对事实的澄清上。通过澄清事实的过程发现问题，从而提出新的辩题。代理律师在澄清事实的过程中，要学会把握时机，掌握好分寸，目的是对有利己方的事实进行澄清，如果预想到事实的澄清对己方不利，就要学会回避，让对方难以按照既定的主题去辩论。在澄清事实的过程中，代理律师要学会否定设问，把辩论的目的深藏不露，不让对方察觉自己设问的真正意图。尤其是第一问，一定要让对方在尚未了解发问意图的情况下予以回答，只要回答了第一个问题，下个问题就由不得他不回答了。等到对方自觉难以自圆其说时，后悔也来不及了。这种使对方处处被动的战术，不失为一种极有效的辩论手段。其结果只能是让对方在不自觉中接受代理律师（或设问方）的观点，从而使己方在辩论中获胜。

"刨"就是要求代理律师在发现对方具有隐瞒某些事实的目的时，紧追不舍，迫其说出真情。在紧张激烈的法庭辩论中，有的辩论方或是不够沉着冷静，或是低估了对方熟悉法律的能力，情急之下会突然提出一些没有法律依据的辩论观点，这时代理律师只要洞悉了破绽，就可以采用追问依据的方法，陷彼于窘境，从而取得辩论胜利。

在庭审中，代理律师常常向对方当事人发问，或者向出庭作证的证人发问。由于种种原因，对方一改初衷，不向代理律师提供真实的情况，或含糊其辞，或作虚假陈述。特别是关键证人的证词，无疑将会影响案件的判决。在这种情况下，代理律师必须引用先行采集的调查笔录，或已核实的其他证据，对被询问人采取刨根问底式的追问，迫使其道出事实的真相。当然，提问要得当，同时要避免审问式的发问，因为代理律师毕竟不是法官。

"循"就是要求代理律师能够在法庭辩论的过程中循踪追迹，或沿着对方的破绽，或顺着理出的蛛丝，寻找解决问题的线索。任何民商诉讼纠纷的发生、发展，都有其发生或发展的痕迹，代理律师要善于冷静地思考，细致地厘清思路，从现象中找到反映本质的真相。

代理律师可以循对方的思维去寻找线索，也可以顺着自己的思维去发现问题，重点是要从纠纷中寻找解决问题的办法与证据，从而让法官清楚该案的纠纷所在，从而有效维护当事人的合法权益。循的目的是要发现"踪迹"，查清案件的事实真相，或者通过排除的方法，另辟蹊径，从而为自己的辩论提供线索，找到解决问题的最有效办法。

"因"就是要求代理律师在法庭辩论的过程中，善于用简短的语言阐述争议与请求之间的因果关系。争议或是因为违约，或是因为侵权，或是因为法定的权益受到了损害，但必须是提起诉讼请求或抗辩理由的原因所在，而不能因果倒置。

代理律师应用"因"的辩技就要求认真分析案情，掌握案件之间的复杂关系，弄清具体案件发生、发展和变化的规律，要明了在前的原因和在后的结果，要从时间、空间及事物变化的规律上去把握好因果关系的相继性与关联性，要认真辨析"一因一果"与"一因多果"，辨析"多因一果"与"多因多果"。代理律师要善于分析、寻找因果关系，吃透案情，使推导的过程合情、合理、合逻辑，突出重点，使庭审法官能够明白，从而达到代理的目的。

"同"就是要求代理律师在法庭辩论的过程中，应用同一律的原理，从辨析对方使用的法律术语或陈述事物的概念的内涵与外延入手，论证自己观点的真实性，指出对方观点的虚假性，从而驳倒对方。

代理律师在应用"同"的辩技时要有殊途同归的意识，能够了解双方分歧上的实质，应用概念的内涵与外延，正确理解双方当事人在辩论过程中提到的关键词，看双方是否具有同一思维过程，或相同的理解，及时发现对方辩解中与法律或事实相悖的地方，归缪反驳，揭示事物的本质，从而给予对方有力一击，赢得法官对正确理解的认同。特别是对于案件定性的一些比较重要的法律术语或事实描述，代理律师要把握时机，及时对一些概念进行正名，可以减少分歧，缩短辩论的进程。

"注"就是要求代理律师在法庭辩论的过程中，善于对一些容易引起误解的法律术语或概念进行解释，就如同写文章对生疏的概念进行注解一样，揭示自己所要表述语言的原有含义，或事务的本质。防止对方有意对自己的辩解加以歪曲。

代理律师在应用"注"的辩技时，要善于揭露对方混淆概念、歪曲概念或转移话题的错误所在，要及时运用注解的方法反驳对方。同时代理律师一定要对自己发表的意见清楚、明了，阐明的概念特别是法律术语或提出的关键词一定要准确无误，不要出现歧义或疑异。否则就会给对方留下空隙，让对方抓住话柄，达不到代理的目的。

"诘"就是要求代理律师能够在法庭辩论的过程中，发现对方具有不良意图或耍花招时，以简洁中肯的诘难问语，直接反诘对方，以此击中要害，达到自己设定的目的。

代理律师在应用"诘"的辩技时，要善于识别对方论点、论据或论证方法中的错误，或者指出其对证据的解释不符合证据规则的相关规定，或引用法律存在错误，如此演绎将形成可笑的结论，或是对方出言不逊，以此来反诘对方。无论采用哪一方法，表达方式上要以追问的形式逼迫对方，使得对方理屈词穷，目的就是要使其论据丧失证明能力。

"透"就是要求民商诉讼代理律师能够洞察一切，透过现象看本质，认真分析事物形成的原因，把问题弄明白，以此说服对方，达到自己的代理目的。

"透"的辩技就是要求民商诉讼代理律师在法庭辩论过程中，要求对事实、证据的分析不能停留在表面现象上，不能局限于单个的证据看问题，要将所有证据串接起来全面分析，尤其是当自己处于举证或质证不利时，要多角度对对方所提出的证据进行置疑，抓要害，抓实质，透过现象看本质，不能被表面现象所迷。

当然，代理律师"透"的能力的培养应从敏锐的洞察力开始，有了敏锐的洞察力，自然就能抓住事情的本质，也就能很轻松地把握案件的脉络和发展方向。

第三节 弱势辩技十二招

所谓弱势辩招，就是民商诉讼代理律师在证据的组织或在庭审过程中，发现自己掌握的证明显然不如对方有利时所采取的有效制胜辩招。

民商诉讼博弈中的弱势辩招主要有以下 12 种：诱、借、反、迁、旋、缠、隐、避、虚、揭、拧、设。

"诱"就是要求代理律师善于诱导对方，在通过直接表白对方仍不接受自己观点的情况下采用的一种迂回、避开锋芒、从侧面入手的辩技。"诱"的关键是要通过提问诱使对方说出事情真相，再通过对方的回答，结合实际，或说服对方，或驳斥对方，或引用强给自己的辩论观点，从而说服法官。

"诱"既可以有疑而问，也可以无疑设问，还可以明知故问，以此来证实自己的判断，或者紧紧吸引对方，或者打断对方的思维，否定对方的观点，使对方接受己方的观点。"诱"还可以采用给对方以微利，诱敌深入，从而迫其就范。"诱"的目的是要牵住对的"鼻子"，迫使对方说真话，造成自相矛盾而自认理输，或让法官一听就能知道对方理亏。"诱"的辩技是一个由此及彼、由表及里、由小到大、由浅入深的过程，也是一个巧妙转换、出其不意的过程。在"诱"的过程中，代理律师要注意诱得自然，要不慌不忙，做到胸有成竹。

"借"就是要求代理律师在法庭辩论过程中，善于应用对方的证据、事实或引用的法律为我所用，以此来加强自己的论据，从而说服法官。

代理律师在应用"借"的辩技时，要认真分析对方的每一句话、每一个观点，或者每一个理由，达到"以夷制夷"的目的。"借"可以借用对方当事人的理，可以借用对方代理人的理，还可以借用法官当庭询问对方得出的理，也可以是借证人说的理。因为任何事物具有两重性，有些证据，从一个方面看对对方有利，但从另一方面看则对己方有利。这就要求代理律师善于揭示事物的矛盾性，从有利于己方的角度，通过应用对方提供的资料或观点来论述相关证据与法律。

"反"就是要求代理律师在法庭辩论的过程中，及时调整思路，提出反诉，或利用已固定的证据反击对方，使对方难以达到预定的目的。

代理律师在应用"反"的辩技时，要分清主客，一般来讲原告为主，被告为客。在法庭辩论中，并非原告就占主动权，被告不但能够对原告的诉讼请求及理由作出反驳，并能够根据已质证的证据否定其诉讼请求，同时提出因原告的过错给被告造成的损失。这样做对于侵权伤害案的辩论尤其重要，因为在侵权伤害中，可以通过指出对方的过错，从而减轻己方的责任。代理律师要注意的是"反"只是辩论的手段，而目的是要争取主动，获得法官的认同。

"迁"就是要求代理律师在法庭辩论的过程中，出现失误时，要及时转移话题，从而摆脱困境，达到迁回包抄的目的。在法庭辩论中，由于形势千变万化，难免出现意外变故，再充分的准备也难免存在破绽。当遇到不利情形，处于被动之时，可以通过指出对方所提出的问题是枝节问题，或者是与本案无关的问题，从而稳定情绪，转移话题，巧妙答辩，稳定局势，进而自然大方地金蝉脱壳。

代理律师应用"迂"的辩技，就是在出现辩论主题明显不利己方时，及时转换思维，迂回提出其他问题，让对方说出前后矛盾的话，逼其不能自圆其说。这就要求代理律师巧妙设置问题，使对方在心理上解除武装，无意中吐露真情，如此做方能达到目的。代理律师采用"迂"的辩技，不仅要有很高的知识修养及代理经验，而且要能控制整个庭审的局面，否则可能适得其反。

"旋"就是要求代理律师在法庭辩论的过程中，能够善于周旋于双方纠纷争议焦点的分歧之中，对自己有利的决不放过，对自己无利的要善于回避，始终围绕自己的诉讼请求、论证、说服。这就要求代理律师在弱势证据面前及时借用已质证过的强、弱证据，做到通盘考虑、全面设计，防止顾此失彼、中了对方回旋的诡计。

"旋"的辩技就是要求代理律师能够始终围绕双方争议的焦点，特别是有利于己方辩题的焦点与对方周旋，要善于抓住主要矛盾，同时要顾及次要问题，做到与举证、质证前后一致，切忌出现前后矛盾的命题。在"旋"的过程中，要理顺各方的关系，听取各方的反映，从中提出对己方有利的证据，充分发挥当事人言辞作用，以及正确使用双方当事人以前的良好合作关系，借助外力，推动事态的发展，达到周旋而不失主见的目的。

"缠"就要要求代理律师在法庭论辩中发现己方处于明显不利时，要选准辩题，缠住对方，具有不达目的誓不罢休的精神。"缠"不仅要有针对性，而且还要有预见性，要预测对方可能提出的问题，从论点和论据材料、法律依据和语言表达上做好准备，确定哪些对己方有利、哪些对己方不利。特别是在辩论中，要通过缠的辩技牢牢地把握住法庭的庭审节奏，善于在枝节问题上与对方展开辩论，将对方纠缠于次要地方，使之主次不清，本末倒置，对于对方的诉讼请求或抗辩理由毫无益处。当然，有些法官会发现己方的纠缠意图，会提醒双方回到正题上来，这时民商诉讼代理律师就要及时回归正题，等待时机，再次纠缠。

"隐"就是要求代理律师在辩论过程中，善于用一些无关的问题隐藏自己的真实想法。此辩技系先举与本案无关的事实证据，运用掩盖真相或本意的语言技巧，形成对方的错觉，然后出其不意，突然出击，拿出己方真实有利的证据或观点，致对方于被动，令其措手不及。现今"当庭举证，当庭质证"的庭审方式，无疑为这一辩技提供了广为运用的空间。当然，代理律师不能对法官实施隐瞒，事先要将证据提交给法庭，只是对需要证明的方向予以保留，在法庭辩论时说出自己的真正证明方向，从而让对方难以应对。此辩论技能还可深化为以退为进，从而获得较好的辩论效果。比如在辩论的过程中可先将对方提出的论题（或观点）假设为真，然后从这个假设为真的命题推导出一个或一系列荒谬的结论，从而得出原论题为假。

"避"就是要求代理律师感觉到在法庭辩论处于劣势地位时，要有意识地回避一些于己方不利的辩题。对另一方提出的一些敏感话题避而不谈，而对己方极有利的问题，先在辩论发言中全面论证，以达到先入为主，争取主动的庭辩战术。实践中，应用此辩技须在庭审前做好充分准备，且在庭审调查阶段对有利己方的事实、证据逐一认定。因为在每一个具体的案件中，需要辩论的角度很多，这就要求代理律师学会找准角度，把握案情，然后根据事实和证据，针对对方不正确的观点主动出击进行反驳，以期掌握辩论主动权，夺取制高点，促使对方陷入被动。当然避的目的不是不论辩，而是要选准时机。在回避一些问题的过程中，代理律师要有耐心，听清对方的基本观点，从中发现矛盾和弱点，然后以自己掌握的材料有针对性地集中进行反驳，有时可以导致对方措手不及。运用该辩技时要注意：一是要学会暂避锐气，二是精听细解，三是要善于抓住破绽。

"虚"就是要求代理律师在感觉己方证据明显弱于对方，或者不占主动时，要对一些问题泛泛而谈，以此阻击对方的强烈攻势。比如代理律师可以在某些细节问题上进行论述，还可在法律的适用上找碴儿，或是在一些看似简单但又让对方一时难以回答的问题上做文章。当然虚辩只能是作为被告方在明显输理的情况下的一种缓兵之计，或者说是程序上的走过场。但代理律师又不能不在法庭上为当事人说几句话。比如代理律师可以说些同情的话，或者在法庭上诉说当事人履行能力有限，当事人目前经济困难等。还可以责任的分担做辩题，从而让法官偏向于证据处于弱势的一方，或者让法官左右为难，一时无法决断，达到延缓诉讼程序的目的。

"揭"就是要求代理律师能够在己方处于法庭辩论的弱势时，及早揭示矛盾，争取主动。比如及时指出双方争议的原因所在，及时分析双方难以达成调解协议的原因，要让法官认同己方解决问题的诚意。在同一案件中，双方当事人陈述的事实可能会存在矛盾，双方当事人提供的证据之间可能会存在矛盾，即使是一方当事人提供的证据也会隐含一些矛盾。只要认真细致地研究案卷材料，这些矛盾是完全可以发现的。但有时由于粗心疏忽，往往等到法庭上出示有关证据时才发现这个问题，而这个问题又可能影响到案件的处理。此时，代理律师应针对出现的新情况，迅速作出反应，提示矛盾，争取案件处理的主动权。在庭审调查过程中，一般来讲，法官不会主动去告之案件中的矛盾，作为代理律师就要及时揭露矛盾，同时在此基础上向法官提出解决问题的建议，这样就会收到令人满意的效果。

"拧"就是要求代理律师能够在法庭辩论的过程，学会拧断对方所形成的证据链。再周密的证据链也会有不牢固的地方，对于代理律师来说就是要在辩论的过程中，善于揭示对方证据出现的矛盾、难以自圆其说的地方，从而指出对方的破绽。或者说出己方的证据明显优于对方，或者将己方提供的证据链接到对方的证据链中，使其证据链彻底断裂。代理律师要想拧断对方的证据链就必须在举证、质证阶段对双方提供的证据进行仔细地核查、对比、研究，从中发现问题，将关键的问题放在辩论阶段，做到有的放矢，让对方难以招架。

"设"就是要求代理律师在法庭辩论的过程中，要有步步为营的理念，以此来加强己方的阵线，在法庭主持调解的民商诉讼过程中尤为重要。

代理律师在应用"设"的辩技时，要及时与被代理人进行沟通，或求于利，或避于损，根据案情的发展有所设防，步步为营，以或大或小的利益来满足对方，从而收到最佳的辩论效果。代理律师选择小退的目的是为了进，是为了获得处理案件的主动权，要根据双方实力对比和形势变化，以退为进，"设"的目的是为了防止谈判出现僵局或者更有利于往前展开辩论，切记不要因微小的让步反被对方牵着鼻子走，要将让步与设营相联系，做到具体问题具体对待，从而掌握辩论的主动权。

第十六章
合同相对性：正确处理合同纠纷的法宝

　　"合同相对性"是指合同主要在特定的合同当事人之间发生法律拘束力，只有合同当事人一方能基于合同向对方提出请求或提起诉讼，而不能向与其无合同关系的第三人提出合同上的请求，合同当事人也不能擅自为第三人设定合同上的义务，合同债权也主要受《合同法》的保护。

　　在大陆法系中，合同相对性源于罗马法的"债的相对性"理论。可以说合同相对性原则是合同制度和规则的奠基石。我国《合同法》第八条规定："依法成立的合同，对当事人具有法律约束力。当事人应当按照约定履行自己的义务，不得擅自变更或者解除合同。"可以视为合同相对性规则在我国法律中的规定。

第一节　合同相对性的基本法理原则

　　合同相对性原则反映了合同自由原则的要求，但是随着社会经济的发展和交易的日趋频繁，固守这一原则并不一定符合当事人的意愿，而且在很大程度上已难以满足平衡社会利益，实现公平正义的需要。

　　突破理论实质上是对相对性原则在某些特定情况下，由于违反了正义、衡平的理念，而作出的例外规定和补充，是在承认相对性原则存在的前提下，就特定事实否认相对性原则，而不是对该制度的存在给予全面否定，相对性原则仍是《合同法》不可或缺的根本原则。两者都是从不同角度对债权人或弱者权利的保护。

　　突破理论的精髓在于它维护了相对性原则的宗旨，并使其获得有益补充和完善。

　　第一，只有合同当事人可以就合同起诉和被诉。由于合同通常被界定为"对同一权利或财产有合法利益的人之间的关系"。

　　第二，合同当事人可以为第三人设定权利，但第三人不能请求合同当事人履行合同义务。

　　第三，如果订立合同的允诺是向多人作出的，则受允诺人或其中的任何一人都可以就允诺提起诉讼。允诺人与两个或两个以上的受允诺人订立合约，则任何一个受允诺人都可提起诉讼。

第四，合同中的免责条款只能免除合同当事人的责任，而并不保护非合同当事人。换言之，非合同当事人不能援引免责条款对合同当事人的请求提出抗辩。

我国立法在承认合同的相对性的同时，也逐渐设立了合同相对性原则的若干例外规则，并在法律条文中予以体现。比如《合同法》第六十四条关于第三人受益合同，第六十五条关于第三人义务合同，第七十三条关于代位权的规定，第七十四、七十五条关于撤销权的规定，第二百二十九条关于"买卖不破租赁"规则的规定，都是对合同相对性原则的例外性规定。而法律对合同相对性的突破的实质是对处于弱势地位一方的保护。

合同相对性原则包含了非常丰富和复杂的内容，并且广泛体现于合同中的各项制度之中，法学界一般都将其概括为主体的相对性、内容的相对性和责任的相对性。

（1）主体的相对性，即指合同关系只能发生在特定的主体之间，只有合同当事人一方能够向合同的另一方当事人基于合同提出请求或提起诉讼，自然不得随意将第三方列入共同被告，或者要求第三方为此承担连带责任。

具体地说，由于合同关系是仅在特定人之间发生的法律关系，权利义务关系仅在缔约方之间展开。因此，发生纠纷与索赔时，只有合同关系当事人之间才能相互提出请求，非合同关系当事人、没有发生合同上的权利义务关系的第三人不能依据合同向合同当事人提出请求或提出诉讼。另外，合同一方当事人只能向另一方当事人提出合同上的请求和提起诉讼，而不能向与合同无关的第三人提出合同上的请求及提起诉讼。

典型案例：林某添诉陈某德石料加工承揽合同纠纷案

入选理由：一宗劳务纠纷被告上诉要求追加合作经营合伙人，从而以合同相对性原则为由对抗原告的诉讼主张

案情简介：林某添与陈某德签订了一份石料加工的承揽合同，由林某添向陈某德经营的上乌公司配送石料，依照合同完成石料配送后，陈某德一直拖欠石料尾款，而随后以自己的名义向林某添出具一张欠条。经多次催要无果，林某添以没收到劳务费用为由向某县人民法院起诉，一审陈某德败诉，二审陈某德要求追加其上乌公司的合伙人陈某章追加为共同被告。后二审法院将陈某章列为共同被告，经审理后，维持一审判决，要求陈某德个人向林某添支付欠款。

法理明晰：笔者接受陈某章的委托，代理参加了二审的庭审，并出具了代理意见。

第一，在一审中，原告林某添并没有将被代理人陈某章列入被告，因为林某添没有证据能够证明其与上诉人陈某德的债权债务或劳务纠纷与陈某章有关。而陈某德认为自己与陈某章有其他纠纷没有了结，就要求陈某章将列为共同被告。

这不符合"一事一理"的诉讼原则。也不符合"谁主张，谁举证"的原则。更违背合同的相对性原则。也就是说陈某德与陈某章之间有什么关系与林某添的诉讼没有任何法律上的关联。退一步说，即使陈某德认为自己与陈某章有没了结的事项，陈某德只能另案要求法院立案审判。

第二，无论在一审中，还是在二审的举证期间，上诉人陈某德都没有向法院进行实质性地举证，并不能证明陈某章同林某添与陈某德之间的债权债务或劳务纠纷有什么法律关系。即使在中级人民法院法庭调查中，上诉人陈某德举出的所谓证据也不能证明自己与陈某章有什么法律关系的存在或不存在，纯属个人主观判断。也就是说上诉人要求陈某章与其共同支付其个人对林某添的欠款毫无法律依据，没有确凿的证据可之证明。

第三，从一审的判决来看，事实清楚，法律关系明确。这就是林某添与陈某德之间存在债权债务或劳务纠纷的法律关系，陈某德与案外人上乌公司存在事实上的石料供应关系，陈某章与案外人上乌公司存在石料供应关系，但不能依此两个个人与某一公司分别存在合同关系，就推定两个个人一定存在合伙关系。也就是说林某添与陈某章之间不存在合伙法律关系，要证明陈某德与陈某章之间存在合伙关系需要提供书面的证据来予以证明，或者说需要法院另案审判，而不能凭主观判断，更不能以此进行猜测。何况合伙关系并不是口头就能约定的一种特殊的法律关系，而具体的合伙内容是什么仅凭上诉人的单一口供是难以查证落实的。

总之，一审判决公正、合法，陈某德与林某添之间存在个人的债权债务或劳务纠纷，理应由陈某德个人负责清偿或解决，与被代理人陈某章毫无关系。因此请求 A 市中级人民法院依法驳回陈某德的上诉请求，维护被代理人的合法权益。

（2）内容的相对性，即指除法律、合同另有规定以外，只有合同当事人才能享有合同规定的权利，并承担该合同规定的义务，当事人以外的任何第三人不能主张合同上的权利，更不负担合同中规定的义务。在双方合同中，还表现为一方的权利就是另一方的义务，权利义务相互对应，互为因果，呈现出"对价状态"的镜像，也就是说权利人的权利须依赖于义务人履行义务的行为才能实现，这一行为的实质是因为对价的存在，如果第三人过来主张，就要有对价作为镜像，否则连影子都找不到，如何让别人承担没有权利的义务，也就是"世上没有免费的午餐"的最好诠释。

从合同内容的相对性可以引申出几个具体规则：

一是合同赋予当事人享有的权利，原则上并不及于第三人，合同规定由当事人承担的义务，一般也不能对第三人产生拘束力。

二是合同当事人无权为他人设定合同上的义务。

三是合同权利与义务主要对合同当事人产生约束力，法律的特殊规定即为合同的相对性原则的例外。主张权利是否向对方承担了义务，这一义务与其主张的权利相对应，且不适公平、合理原则。合同内容的相对性，包含权利、义务的相对性两个方面。一方面，享有权利并承担义务的是合同缔约方；另一方面，不能将合同义务、责任强加给第三人，第三人亦不能根据合同而取得权利或获得利益。

典型案例：张某诉崔某代收代理费用的纠纷案

入选理由：代别人收取办理养老保险费用的人不承担返还责任

案情简介：张某等人经熟人介绍，得知天津某中介公司能够帮助代理办理劳务派遣式的养老保险事宜，就与公司经理杨某取得联系，杨某电话告之张某等人，让其将代理费用交到公司来。第二天，张某如约带钱到杨某所在公司办公楼下，并电话联系杨某。杨某说："我在外地办事，请将钱交给办公室的崔某吧。"张某走进办公楼，并将8万元如数交与了崔某。一年后，张某等人找到杨某，要求讨说法。杨某说帮助张某在大连办理了临时户口，同时办理了大连的养老保险账户。在网上查阅到了张某的保险信息户头，并留下了截屏。后因张某一直没能将户口迁到大连，大连社保机构冻结其账户。后张某以不是天津养老保险户头为由，要求杨某退还8万元，杨某让张某出示收据，收据显示：今收到张某办理养老保险代理费用等8万元，代收人崔某。杨某说："你找崔某吧。钱又不是我收的。"崔某说："我是代收的，找我没有道理。"杨、崔两人一直推拖。张某无奈，最终以崔某为被告，诉诸法律，要求崔某返还8万元，并承担银行同期贷款利息。

经一审判决，认定崔某为代办人，不是适格的被告，驳回张某的请求，张某不服一审判决，上诉至第二中级人民法院，并在上诉状辩称崔某存在与杨某串通诈骗的嫌疑。

法理明晰：笔者接受崔某的委托，代理了该案件。其代理思路如下：

一是张某认为与崔某达成口头的代理协议，虽有收据为证。但可反证崔某不是直接的当事人。

二是当事人没有书面约定是在天津还是在外地办理养老保险，再说养老保险是政策性很强的事项，张某也是明知的，因各种原因没办理至满意结果，这一责任的约定不清，应由授权委托人张某承担。

三是崔某是代收人，不是直接的当事人。根据合同的相对性原则，张某要举证谁收取了代理费，谁才能承担责任。

四是从收费支出情况来看，杨某收取的代理费用与缴纳的养老保险费用及办证费用相比，收费并不离谱，因此张某主张的诈骗一说也不成立。只是双方约定不清，没能让张某满意而已，而因约定不清的代理人的责任也可归咎为被代理人来承担。

值得思考的问题：代理整个案件，认为原告代理律师陷入收据的字面意思，遗憾的是没有将实际的代理人杨某列为被告。如果换作笔者是原告的代理人，就会以杨某为被告，崔某列为第三人。这样名正言顺，张某胜诉的概率就会高很多。

（3）责任的相对性，即指违约责任只能在特定的合同关系当事人之间发生，合同关系以外的人不承担违约责任，合同当事人也不对其合同关系以外的人承担违约责任。

合同责任的相对性由民法中的"自己责任原则"引申而来，即主体的责任承担仅因为自己的行为，而法律后果亦限于这种行为。在代理制度中，本人对其代理人的行为承担法律后果；在债务的履行方面，债务人要对其履行辅助人负责。

违反合同的责任的相对性的内容包含三个方面：

第一，违约当事人应对因自己的过错造成的违约后果承担违约责任，而不能将责任推卸给他人。

第二，在因第三人的行为造成债务不能履行的情况下，债务人应向债权人承担违约责任。债务人在承担违约责任后，有权向第三人追偿，债务人为第三人的行为负责，既是合同相对性原则的体现，也是保护债权人利益所必需的。

第三，债务人只能向债权人承担违约责任，而不应向国家或第三人承担违约责任。

基于合同主体及内容的相对性，相应地违约责任也必然具有相对性，即除合同缔约方之外，第三人不承担合同责任。

第二节　合同相对性原则在工程合同中的突破

合同的相对性是指合同仅对当事人具有法律上的拘束力，而不能约束合同之外的第三人，其内涵：合同责任仅产生于同意或合意，合同的权利义务不能影响到没有同意该合同的人。

合同的相对性也决定了债权与物权的法律救济方式的区别。由于债权相对性的特征，债权人的请求不能向第三人主张，在第三人侵害债权的情形下，债权人也要依侵权行为请求损害赔偿。而物权是绝对权，任何人侵害物权时，权利人均得向侵权人主张权利。

建设工程不同于一般商品交易，其合同当事人的权利义务关系复杂，建设质量、工程周期、工程价款等可变因素较多。在实质正义层面上，合同相对性原则不可能解决一切问题。我国建筑市场上参与主体的地位并不平等，这个事实决定着业主在交易中处于优势地位而总包人与分包人处于劣势地位。如果强调合同相对性原则的严格遵守，则可能出现优势地位一方利用契约形式置弱势一方处于更加不利的境地，总包人和分包人的合法利益将遭到侵害，且诉求无方。

对于实际施工人向发包人的诉权，根据最高人民法院的权威解释，基于两个理由：一是保护农民工的利益，二是基于事实上的权利义务关系。另外，建设工程质量是工程产品的第一生命要素，关乎社会整体利益。立法规定发包人可以突破合同相对性，向分包人、实际施工人主张质量责任，就是考虑到建设工程的特殊性，体现对社会整体利益的保护及实现社会本位的价值追求。

工程合同突破合同的相对性原则，可达到简化诉讼程序、彻底解决纠纷、加强对债权人的保护，还可以降低诉讼成本、减少讼累，收到提高司法审判效率、实现程序公正乃至实体公正之效果，十分接地气，也有利于建设工程纠纷的解决，有利于弱势群体的利益保护。

现代社会经济活动日趋复杂，第三人介入合同的情形剧增。工程合同参与主体众多，往往存在总承包、转包、分包、建设方联营、项目转让等情形，当事人之间的法律关系错综复杂。

一、合法分包人的代位权

合法的建设工程施工合同分包人，基于其与总承包人签订合法有效的分包合同，当总承包人怠于行使到期债权时，可以通过代位权诉讼突破合同相对性原则。

二、实际施工人的权利

不合法的承包主体完成建设工程的建造后，为有效保护其合法权益。根据《最高人民法院关于审理建设工程施工合同纠纷案件适用法律问题的解释》（以下简称《建设施工合同司法解释》）的规定，实际施工人可以将转包人、违法分包人及发包人诉为被告，而发包人仅在欠付工程价款范围内承担责任。

建设工程总分包模式下，发包人有资金优势。一定资质的总包人，拥有施工现场管理与综合技术的优势。总包人的核心工作是组织、协调、指导、控制各个分包人，使工程项目能够有序、高效实施。分包人则具有技术或劳动力优势。各参与主体通过合同形式，明确分工，分工配合，各尽所长，才能顺利完成建设工程项目。合同相对性原则的存在，使得人员调配、物质流动变得相对清晰、简单，有效提高了生产效率，在生产和管理领域起着至关重要的作用，是不可或缺的重要原则。

三、工程建设合同相对性的突破

首先，须明确界定主体的内涵与外延，比如合法施工人、挂靠人、劳务承包人等应当于实际施工人一样，被赋予向发包人或总承包人主张利益的权利。

其次，应更加明确工程合同相对性突破的适用规则，避免留给司法机关过大的自由裁量空间从而出现司法混乱。

再次，厘清工程合同相对性突破情形下的程序权利与实体权利。比如对于《建设施工合同司法解释》规定的实际施工人权利的法理基础，理论界出现了合同相对性原则的突破、代位权的延伸、不当得利、事实合同关系、保护第三人作用合同等不同观点。笔者认为，代位权的基础要素是债权人与债务人存在合法债务，依《合同法》第五十八条，虽然可以说实际施工人因合同无效而享有的债权是合法债权，但该债权针对发包人（次债务人），而非分包人（债务人）；不当得利基于受害人或第三人的疏忽、误解或过错，且受益人的返还不会大于受害人的损失，这与实际施工人的营利性质违背；事实合同指合同当事人通过一定的适法的事实行为成立的债权债务关系，其效力适用合意合同之法律规定，这与实际施工人的合同的违法行为不合；至于保护第三人作用的合同，在其发源地德国，对于其法律基础、构成要件尚无定论，贸然将实际施工人归于其类似欠妥，且有承认实际施工人的合同为合法之倾向，一方面与法不符，另一方面有助长违法之虞。

最高人民法院专门出台了相关的司法解释规范工程款的支付结算等方面的问题，比如为解决农民工工资问题，专门在《建设施工合同司法解释》第二十六条规定了实际施工人突破合同相对性向工程发包人主张工程价款的问题。

典型案例：庄某诉福建 B 工程公司及第三人 A 公司工程项目费用纠纷案

入选理由：一宗沙石运输合同是否应被认定为工程项目建设的分包合同的诉讼纠纷案综述

案情简介：A 公司通过公开招标于 2009 年至 2010 年间与福建 B 工程公司约定福建 B 工程公司为 A 公司工程项目建设的施工单位，双方签订了《A 公司某工程项目施工总承包合同》。为完成项目承包合同建设需要，2010 年 9 月 15 日福建 B 工程公司与庄某签订了《海沙运输合同》，根据合同约定，庄某向福建 B 工程公司支付了 20 万元的履约保证金，在合同履行中，庄某等人依合同约定为福建 B 工程公司实施海沙运输，到发生纠纷时止，福建 B 工程公司共欠庄某等人运输费用×元，其中向庄某的代理人已支付×元（庭审中福建 B 工程公司向法院提供了收款方出具的加油票、过路票等非运输发票），截至庭审时福建 B 工程公司还欠 438935 元。

后经 A 县县人民法院于 2012 年 8 月 13 日开庭审理，于 2012 年 12 月 5 日作出一审判决，判决被告福建 B 工程公司应于本判决生效之日起 15 日内退还给原告保证金 20 万元，并支付运输费用×元及自 2011 年 11 月 2 日起至实际还款履行之日止按中国人民银行同期同类贷款利率赔偿经济损失；并判决驳回原告的其他诉讼请求。后福建 B 工程公司不服判决，提起上诉。2013 年 3 月 19 日 A 市中级人民法院出具（2013）×民终字第 849 号民事裁定书，裁定同意福建 B 工程公司撤回上诉。

至此原告（庄某）诉第一被告（福建 B 工程公司合同）纠纷及诉求第二被告（A 公司）承担连带支付责任的诉讼纠纷一审判决发生效力。

法理明晰：笔者作为 A 公司的授权代理人，接受 A 公司的授权委托后，随即召集 A 公司相关人员就相关事项进行了讨论，并确定了以下代理意见。

（1）要求相关人员提供相关证据，根据证据提交时限，制作证据清单后及时向法院提交。

（2）要求 A 公司以函件的形式对福建 B 工程公司发函，确认福建 B 工程公司与庄某的合同纠纷不属于 A 公司与福建 B 工程公司签订的《A 公司某工程项目施工总承包合同》的分包合同，并要求福建某工程公司回函，以此作为重要证据向法院提交，目的是驳斥庄某按照工程承包合同分包方要求 A 公司对分包方承担连带支付责任的理由。

（3）以邮件形式向 A 公司某工程项目总承包合同的合同执行代表、费控人员及财务人员提出法律意见，建议冻结福建 B 工程公司部分应支付工程款（等值于该案产生的或有债务的可能支付数额），以防止法院判决 A 公司承担连带支付后，而 A 公司某工程项目总承包合同的工程款已向福建 B 工程公司支付完毕，形成 A 公司与福建 B 工程公司新的债权债务关系。

（4）要求相关人员注意维护公司利益，个人不得私自对原告、第一被告的代理人及法院提供相关证据或证人证言形式的材料，确有必要的需经 A 公司代理人在场，并核对相关拟提交的材料。

（5）一审判决后，福建 B 工程公司不服判决向中院提出上诉. 经过案情分析，认为福建 B 工程公司上诉胜诉的可能性很小，其目的是一种诉讼拖延。因此 A 公司的立场是，在二审中保持中立，并力促福建 B 工程公司尽快与庄某和解，防止福建 B 工程公司不能满足庄某的诉求后，庄某会将矛盾指向 A 公司而组织村民干扰 A 公司的工程施工现场。鉴于福建 B 工程公司上诉没将 A 公司列为被上诉人，因此 A 公司在二审中的立场是不提供书面答辩意见和庭审代理意见，在通知到庭的情况下，一切质证回答与 A 公司无关，拒绝回答其他相关问题，做到尽量不要激化与原告的矛盾，也不损害福建 B 工程公司的利益。

一审主要代理意见：

笔者作为 A 公司的代理人，依据法律与事实，围绕主审法官归纳的与 A 公司有关的争议焦点提出了如下代理意见：

（1）原告（庄某）与第一被告（福建 B 工程公司）签订《海沙运输合同》时，都是具有完全民事行为能力的市场经济主体，双方签订的《海沙运输合同》纯属双方的市场商务行为，应依照合同签订方约定的责任承担相应的权利义务，与第二被告无关。原告与第一被告所签订的《海沙运输合同》也不属于第一被告与第二被告之间签订的《A 公司某工程项目施工总承包合同》（合同编号××）（以下简称"总承包合同"）的转包合同与分包合同，法律没有要求第二被告有权管理与过问总承包商（第一被告）与其他民事主体之间签订的物资运输合同的相关事项和承担连带责任的规定。

（2）通过庭审举证质证，显然该案涉及的《海沙运输合同》属运输合同，不是劳务合同，原告也没有证据能够证明其属于第一被告的实际劳动工人，也就是说原告不是第一被告聘用的实际施工工人，原告也不能证明自己属于第一被告总承包工程所转包或非法分包之分包商的实际劳动工人，因为原告主张的并不是劳动工人工资费用或劳务费用，而是依据《海沙运输合同》要求支付运输费用和与之有关的施工费用。《建设施工合同司法解释》第二十六条规定："实际施工人以转包人、违法分包人为被告起诉的，人民法院应当依法受理。""实际施工人以发包人为被告主张权利的，人民法院可以追加转包人或者违法分包人为本案当事人。发包人只在欠付工程价款范围内对实际施工人承担责任。"

因此，原告依据最高人民法院建设工程施工合同司法解释第二十六条之规定要求第二被告承担连带责任显然是对法律理解的错误。

（3）最高人民法院《建设施工合同司法解释》明确规定适用于实际施工人，而原告代理人说该司法解释可扩大到其他类型合同，显然是对最高人民法院建设施工合同司法解释的扩大解释，而原告代理人根本没有司法解释权。因此，其对司法解释的扩大理解的代理意见不应被法庭采纳。法院应严格遵守最高人民法院的司法解释的本意，而不能扩大应用范围。

根据上述法律的理解，原告要求第二被告承担连带支付责任起码有两点错误：

错误一：原告并不是实际施工人，也不是转包人或违法分包人的实际施工人，原告也没有证据能够证明《海沙运输合同》属总承包合同的转包合同或分包合同。因此，原告以此司法解释作为主张与法律不符；

错误二：该司法解释是在认定原告属实际施工人的前提下，要求发包人只在欠付工程价款的范围内对实际施工人承担责任，而原告依上述司法解释要求第二被告与第一被告共同承担连带责任，显然是对上述司法解释的错误理解。因为连带承担责任与欠付工程价款的范围内承担责任是两种不同的民事承担责任形式。因为依据民事责任理论前一种是严格过错责任或违约责任，后一种是协助支付责任，两种责任的前因后果及责任承担方式、后果都存在明显不同。显然原告方应用法律与理解法律都存在错误。

综上所述，原告主张第二被告应对第一被告不给予其支付运输费用的行为承担连带责任于理无据，于法不依。由于原告也不属于实际施工工人或转包或非法分包方的实际施工工人，其主张也不适用最高人民法院《建设施工合同司法解释》发包方在发包人只在欠付工程价款范围内对实际施工人承担责任的法律规定。

通过回顾整体代理过程，认为该案制胜的关键点主要有以下几个：

（1）协助福建 B 工程公司厘清谁违约在先的问题。

在接到该案应诉通知后，A 公司认为虽然是处于第二被告位置，但由于福建 B 工程公司是 A 公司工程项目的总承包商，也有责任协助承包商应诉，并力争胜诉，减少总承包商的损失，也间接支持了 A 公司抗辩的主张。因为如果法院判决第一被告没有责任，作为承担连带责任的第二被告也自然不应承担责任了。所以 A 公司代理人在准备自己应诉证据的过程中，也协助福建 B 工程公司厘清谁违约在先这一实质问题。如果福建 B 工程公司能够证明自己没有违约，A 公司也自然摆脱了连带责任的干系。

（2）明确根据合同的相对性原则说明 A 公司不应在本案中承担任何责任。

在应诉过程中，A 公司反复强调的是根据合同的相对性原则，自己在本案中处于《海沙运输合同》的无关第三方，因此不存在为哪一方承担连带责任的问题。无论谁违约，都不能证明与 A 公司有连带关系。

（3）根据连带责任的适法性，庄某主张 A 公司承担连带赔偿责任没有任何法律依据。

从庄某所举证据和主张来看，庄某主张 A 公司承担连带责任的法律依据不足：一是庄某与福建 B 工程公司签订的《海沙运输合同》并不是福建 B 公司与 A 公司所签订的《A 公司某工程项目施工总承包合同》的分包合同，也不是劳务报酬方面的纠纷，因此，A 公司不应承担连带责任；二是庄某与福建 B 公司签订的《海沙运输合同》，A 公司并不知晓，A 公司也没书面为之提供担保。因此，庄某既提不出主张连带责任的法律依据，又没有举出要求 A 公司承担连带责任的直接或间接证据，加之连带责任在民法中属于严格责任，显然庄某主张 A 公司承担连带赔偿责任既没有法律依据，也没有事实根据，更没有任何因果上的关联，其主张理应被法院驳回。

（4）程序法是否能作为诉讼的主张与判案的依据。显然原告提出的任何第三方有协助执行的法定义务不能作为要求 A 公司承担连带责任的法律依据。

案件终结，笔者案件代理后的归档备忘如下：

（1）庭审中发现问题的追踪落实。

在二审庭审过程中，原告向法庭以找到新证据为由提交了 A 公司与第一被告（福建 B 工程公司）签订的总承包合同的二份补充协议，说明 A 公司与第一被告签订合同的工作量减少，造成第一被告与原告签订的石料运输合同因工作量减少而难以继续履行下去。在庭审中，A 公司主张石料不仅没有减少，而且增加了。后来原告又提出第一被告与 A 公司私自达成了协议，实际减少了工作量。在法庭上代理人极力说服法官，根据补充协议，石料不仅没有减少，而且增加了。庭审后代理人在 A 公司合同执行人陪同下到现场进行了查看，实际工作量确实减少了，因各种原因没有与第一被告签订补充协议，仅有双方达成共识的会议纪要。特此，代理人向 A 公司的费控、审计等人提出法律意见，要求在结算时注意实际工作量与原合同及其补充协议之间存在的差异，严格按照实际工作量与福建 B 工程公司进行结算。后经回访，结算是按照现场实际工作量确认的。

（2）案后思考的深层次问题。

从接案到收到二审裁决，虽然被代理方 A 公司获得了胜诉，没被判决承担任何责任，但作为法律人，有三点值得深层次思考：

一是从民商诉讼博弈角度来分析，原告以连带支付为由将 A 公司列为第二被告，是否最佳的诉讼选择。从庭审来看，显然存在当事人诉讼地位错列的问题，该案中如果将 A 公司列为第三人显然对原告更有利，这样诉讼既可以因第三人工作量增减而影响石料运输合同的承担，也可以将 A 公司作为福建 B 工程公司的债务人，向福建 B 工程公司的债权人支付债务，便于法院支持原告债权的实现，这样就不能将 A 公司完全推向真正的被告一边，而有利于法院支持原告的诉讼主张和债权的实现。

二是合同一方在收到加油票、过路费等作为合同价款支付凭证后，在尾款结算时还以收款方未提供正规结算发票为由拒付余款的理由是否充足。从判决结果来看，法院认为既然支付方接受了收款方不合规或不正规的票据，就不应再主张要求收款方另外出据正规的票据。这一点应提醒 A 公司财务人员同样要吸取第一被告的教训，包括以收据形式替代正规发票问题的情况在财务内控管理中应杜绝。防止后期收款人为避税而不按照要求提供正规发票。

三是 A 公司与总承包商签订工程项目总承包合同后，如果由于各种原因，由 A 公司提出工程量的部分增减，因而造成总承包商与其他供应商或服务项目合同的终止变更造成损失，A 公司是否应分担相应的责任。这样就涉及如何在总承包合同及补充协议中增加规避相关损失和风险的条款。如在以后的类似补充协议中应明确增加一条：如果本补充协议的签订，造成总承包商需要终止或变更所签订的为履行总承包合同和本补充协议而与第三方签订的分包、采购、服务等合同的，A 公司不承担因此而造成的任何损失，该部分损失由总承包商自愿承担。

值得思考的一点是，原告主张沙石运输合同作为承包合同的分包合同，其目的是想突破合同的相对性，适用最高人民法院的司法解释，但这过于勉强。而实际的吹沙填海中，采沙与运输是不可分的两个环节，因此，应如何签订合同才能对采沙人更有利，这是另一法律技巧。

第三节　合同相对性原则贯穿于合同纠纷的司法诉讼程序

在合同纠纷的诉讼阶段，一定要注意合同的相对性原则，这样就要依据合同当事人的情况，列出原告、被告。根据与合同的利害关系列出第三人。即使是基于无效合同而产生的请求权也仅存在于无效合同当事人之间。当然该合同侵害第三人利益的，第三人亦可向有关合同当事人提起赔偿等请求，但这已经不属于合同关系，而要分析侵权是否成立了。

正因为合同相对性原则所具有的上述重要地位和功能，决定了该原则在司法实践解决合同纠纷中，尤其是在商品房买卖合同纠纷与商品房担保贷款合同纠纷的一并处理中，成为一项不可或缺的实体法基本原则。

典型案例：姜某诉福建某公司债权转移协助执行纠纷案

入选理由：联合体债权转让纠纷产生的可能后果

案情简介：2012 年 3 月福建某公司与湖南某公司及中石化某建筑安装公司签订了两份加热炉制造、安装、施工总承包的三方合同。其中湖南某公司负责加热炉的制造与加工，中石化某建筑安装公司负责现场安装与施工。湖南某公司与中石化某建筑安装公司签订了一份联合体合作协议，双方约定了联合中标福建某公司加热炉项目的权利义务，其中约定福建某公司与湖南某公司负责结算，还约定了湖南某公司应在收到工程款后，10 天内支付给中石化某建筑安装公司。至案发时，湖南某公司欠付中石化某建筑安装公司工程款共计 150.5 万元，其中一份合同欠付 60.5 万元，另一份欠付 90 万元。岳阳市岳阳楼区人民法院向福建某公司发出了（2015）楼执字第 674-2 号协助执行通知书及（2015）楼执字第 674-3 号协助执行通知书。后湖南某公司因破产清算，将福建某公司的工程欠款作为债权全部转让给了湖南某公司的姜某，姜某向湖南某公司所在地法院提起诉讼，要求福建某公司确认债权转移有效，并支付全部剩余工程款项。

法理明晰：笔者作为福建某公司的常年法律顾问，组织公司的相关办案人员对案件进行了讨论，大家一致认为，应在不损害本公司利益的情况下，全力协助实际施工安装公司实行债权，以保证安装质量的后续维护与保证，最终形成了如下代理意见。

（1）湖南某公司的债权转让行为侵害了联合体中石化某建筑安装公司的合同利益。

庭审中，原告和第三人湖南某公司，根据三方合同关于"所有款项买方直接支付给卖方，由卖方按照合同要求开具各项票据给买方；买方不得支付款项给中石化某建筑安装公司"之规定，认定湖南某公司是三方合同项下唯一的债权人，并认为被告协助法院执行湖南某公司债权 260 万元冻结款一事，进一步印证了湖南某公司是三方合同唯一的债权人。

事实上，三方合同在作出上述规定之前，已明确规定"本合同约定的全部工作由湖南某公司和中石化某建筑安装公司的联合体完成，联合体双方的各项权利和义务详见联合体协议。湖南某公司作为联合体的主体单位，承担现场对中石化某建筑安装公司的施工管理工作；为便于区别，以下对湖南某公司简称卖方，对中石化某建筑安装公司简称施工方。"因此，根据三方合同上下文全部内容，以及中石化某建筑安装公司既是联合体一方当事人，又是三方合同一方主体，与湖南某公司共同参与三方合同签订、履行并实际完成了三方合同项下全部工程施工任务，同时三方合同的货款和施工款也是按照采购和施工进度分别列支的等事实，所谓所有款项买方直接支付给卖方，只是为了便于卖方湖南某公司对中石化某建筑安装公司实施有效管理，以确保项目建设顺利完成。根据权利义务对等原则，湖南某公司不是实际施工单位，当然对施工费不享有权利。因此，仅凭合同中规定"所有款项买方直接支付给卖方……"就认定湖南某公司是三方合同项下唯一的债权人，显然是曲解合同，也与事实不符。

三方合同项下质保金债权共计 433.7 万元，分别由两个三方合同组成，其中编号 257 的合同总价 3723 万元（含施工费 670 万元），质保金为合同总价的 5%，计 186.15 万元；编号 258 的合同总价 4951 万元（含施工费 980 万元），质保金为合同总价的 5%，计 247.55 万元。

由于上述质保金是由包括施工费在内的合同总价 5% 的款项构成，因此，上述质保金债权是三方合同联合体各方按份共有的债权。湖南某公司作为联合体的主体单位负责三方合同价款的结算，因此，湖南某公司负有向中石化某建筑安装公司按份支付工程款的责任。湖南某公司实际欠付中石化某建筑安装公司工程款共计××万元，该欠款是三方合同项下的施工费，也是三方合同总价的组成部分，具有特定属性，依法应从上述质保金债权中支付给中石化某建筑安装公司。因此，只有在扣除应支付给中石化某建筑安装公司的工程款份额和质量问题处理所需费用 92213.97 元后，湖南某公司才对除安装施工质保金外的剩余份额拥有权利，即湖南某公司在 433.7 万元质保金债权中，实际享有的份额为 2739786.03 元（4337000 元－1505000 元－92213.97 元＝2739786.03 元）。

因此，在岳阳楼区法院对××万元冻结款执行中，法院也是按照湖南某公司在两份三方合同项下债权的份额，在预留了欠付中石化某建筑安装公司工程款份额后，分别对两份三方合同项下湖南某公司的债权份额进行执行的。

在岳阳楼区法院对湖南某公司的债权以 260 万元为限冻结后，湖南某公司在三方合同项下的债权数额实际只有 139786.03 元（4337000 元－2600000 元－

1505000 元 – 92213.97 元 = 139786.03 元），湖南某公司却将质保金余款共计173.7 万元全部转让给了原告，该债权转让显然超出了湖南某公司在三方合同项下的债权份额，侵害了中石化某建筑安装公司的权益。

（2）原告故意混淆协助执行案件与本案的性质，其行为不构成善意取得。

原告与湖南某公司于 2015 年 7 月 2 日签订《执行和解协议》，2015 年 7 月 7 日岳阳楼区法院就原告与湖南某公司民间借贷纠纷一案向被告送达协助执行通知书，该案件法院要求协助执行的款项为 1646166 元，此时尽管《执行和解协议》和债权转让通知书均已实际存在，但原告和湖南某公司均未通知被告。当被告在协助执行通知书的送达回证备考栏中备注"待核实并具备付款条件后再按法院协助执行通知书执行"后，湖南某公司于 2015 年 7 月 9 日向被告送达了债权转让通知书（通知书的落款时间为 7 月 5 日），原告于 2015 年 7 月 30 日向被告送达了《执行和解协议》，并要求被告支付债权转让款。

从上述事项的时间安排以及原告在起诉状和庭审中的举证、质证、答辩等情况可以看出，原告显然事先就知道三方合同的内容，并知道转让债权应取得被告的书面同意，且估计到被告不可能同意。于是，先是刻意隐瞒债权转让一事，以协助执行案件诱使被告作出同意协助执行的意思表示，然后故意混淆协助执行案件与该案，在起诉状中以协助执行案件款项相同的数额即 164.6 万元主张债权，而不是《执行和解协议》和《债权转让通知书》中明确的 173.7 万元，并以被告在备考栏已作出同意对 164.6 万元予以协助执行的意思表示，制造被告已经同意支付债权转让款 164.6 万元的假象。由此可知，原告在起诉状中将 173.7 万元写成164.6 万元的真正原因，并非如原告当庭主动解释的那样简单，即"因没有认真核对而导致的笔误"。原告的真实目的，就是以放弃 173.7 万元与 164.6 万元的差额为代价，实现其受让的债权。由此也说明，原告对其受让的债权依法不可转让，且最终可能无法实现是明知的。

此外，庭审中原告和湖南某公司开始表示不知道有三方合同，后又表示只知道有一份三方合同，再后又表示不知道有两份三方合同等，说明原告和湖南某公司都在极力否认原告应当知道三方合同的内容，但由此也使原告凭什么同意与湖南某公司签订《执行和解协议》，《执行和解协议》认定湖南某公司对被告有 173.7 万元到期债权的依据是什么等本没有疑问的问题成为疑问。究其原因，只能是为了掩盖原告明知三方合同项下债权按照当事人约定属于依法不可转让的事实。因为只有这样，原告才能给自己套上不知情的善意受让人身份继续主张并实现其受让的债权。但事实上，两份三方合同的内容相同。因此，即便如原告所说，其只知道有一份三方合同，原告也应当知道三方合同项下债权转让应取得合同各方的书面同意。

综上，原告在债权转让中既非不知情，也无任何善意，且具有明显的为实现自己的利益不惜侵害中石化某建筑安装公司合法权益的主观故意。

（3）联合体一方与原告之间的转让协议不具有债权转让的法律效力。

庭审中，联合体一方和湖南某公司均未提供被告和三方合同各方同意其债权转让的书面证明，只是一再表示已向被告送达了债权转让通知，并认为债权转让自被告收到通知之日起即发生法律效力。但《合同法》第七十九条明确规定，"按照当事人约定不得转让"的债权，依法不得转让。因此，按照三方合同第11.5条的约定，湖南某公司送达债权转让通知书不代表其有权转让债权，被告收到债权转让通知不等于认可了湖南某公司的债权转让，"在未获得相应书面同意之前，"债权转让通知对被告和三方合同各方不产生任何法律效力。

综上所述，原告与湖南某公司的债权转让行为，因缺乏法律规定的生效条件，对被告和三方合同各方均无法律效力，恳请岳阳市岳阳楼区人民法院依法驳回原告的诉讼请求。

第四节　合同的相对性权利主张的限制

根据最高人民法院的《建设施工合同司法解释》，挂靠他人名下的实际施工人无权突破合同的相对性权利主张的限制。也就是说，挂靠在他人名下的实际施工人无权依据最高人民法院建设工程施工合同司法解释第二十六条越位直接向发包人主张权利。

对于代理律师来讲，一定要明白挂靠施工情形中，存在两个不同性质、不同内容的法律关系，一为建设工程法律关系，一为挂靠法律关系，根据合同相对性原则，各方的权利义务关系应当根据相关合同分别处理。

最高人民法院《建设施工合同司法解释》第二十六条适用于建设工程非法转包和违法分包情况，不适用于挂靠情形，二审判决适用法律虽有错误，但判决结果并无不当。该解释第二条赋予主张工程款的权利主体为承包人而非实际施工人，某地基公司主张挂靠情形下实际施工人可越过被挂靠单位直接向合同相对方主张工程款，依据不足。

典型案例：某工程公司诉某建设工程公司施工合同纠纷案

入选理由：工程挂靠单位不得以实际施工人名义直接向业主主张工程结算

案情简介：2011年3月3日，甲方某集团公司与乙方某岩土公司签订《总包工程分包施工合同协议书》。协议书约定某集团公司将某工程项目搬迁改造及配套工程分包给某岩土公司。分包工程的价款暂定为7000万元。协议书第五部分"甲乙双方责任与义务"第一条第五项约定："协助乙方回收工程款。若建设方未能按合同规定及时拨付工程款，甲方不承担代垫资金的义务，且乙方不得以此追究甲方责任，但甲方可协助乙方追收欠款。"第二条第七项约定："本工程禁止乙方对外分包和转包。"工程完工后双方结算确认诉争工程的结算总价款为55219870元，某集团公司已向某岩土公司付款51189870元，欠付工程款为403万元。工程保证金为某岩土公司向某集团公司缴纳。

某地基公司不服法院判决，认为自己是案涉建设工程的实际施工人，有权要求某集团公司支付工程款，因此提起再审申请。再审理由包括：①某地基公司与某岩土公司属于挂靠关系，某地基公司因不具备承包案涉工程的企业资质，所以借用了某岩土公司的企业资质。案涉工程均由某地基公司独立完成，某集团公司已付工程款最终也流向了某地基公司，案涉工程款403万元应当支付给某地基公司。②案涉工程履约保证金的缴纳和退还实际均系某地基公司完成。涉诉工程合同、施工记录、结算文件等资料的原件均为某地基公司持有，原审中的对账工作和欠款数额的确认工作也由某地基公司与某集团公司共同完成。依据日常经验法则判断，应当认定某岩土公司未参与涉诉工程的实质工作，而且某岩土公司也未直接否认某地基公司借用其资质承包涉诉工程，未对涉诉403万元工程款提出诉求，按照逻辑推理，只能认定涉诉工程款403万元应当归某地基公司所有。③该案为挂靠法律关系，应当适用《最高人民法院关于审理建设工程施工合同纠纷案件适用法律问题的解释》第一条第二款和第二条的规定，某地基公司是案涉建设工程的实际施工人，有权要求某集团公司支付工程款。二审判决适用高院建设施工司法解释第二十六条关于非法转包和违法分包的规定错误。

最高人民法院依照《民事诉讼法》第二百零四条第一款、《最高人民法院关于适用〈中华人民共和国民事诉讼法〉的解释》第三百九十五条第二款规定，裁定如下：驳回某地基公司的再审申请。

法理明晰：最高人民法院经审理后归纳本案的争议焦点为挂靠情形下实际施工人可否越过被挂靠单位直接向合同相对方主张工程款？

某地基公司在再审申请中并不否认案涉分包合同当事人、工程施工、回收工程款、办理结算资料、报送施工资料等工作均是以某岩土公司名义进行的，且参与相关工作的受托人田磊、郑光军等人亦有某岩土公司的授权委托书，只是主张其与某岩土公司存在挂靠关系，通过借用某岩土公司施工资质承揽案涉工程，其为实际施工人。而在挂靠施工情形中，存在两个不同性质、不同内容的法律关系，一为建设工程法律关系，一为挂靠法律关系，根据合同相对性原则，各方的权利义务关系应当根据相关合同分别处理。二审判决根据上述某地基公司认可的事实，认定建设工程法律关系的合同当事人为某集团公司和某岩土公司，并无不当。某地基公司并未提供证据证明其与某集团公司形成了事实上的建设工程施工合同关系，因此，即便认定某地基公司为案涉工程的实际施工人，其亦无权突破合同相对性，直接向非合同相对方某集团公司主张建设工程合同权利。至于某地基公司与某岩土公司之间的内部权利义务关系，双方仍可另寻法律途径解决。最高人民法院《建设施工合同司法解释》第二十六条适用于建设工程非法转包和违法分包情况，不适用于挂靠情形，二审判决适用法律虽有错误，但判决结果并无不当。该解释第二条赋予主张工程款的权利主体为承包人而非实际施工人，某地基公司主张挂靠情形下实际施工人可越过被挂靠单位直接向合同相对方主张工程款，依据不足。

最高法院审理中，主要引用的法律依据为：最高人民法院《建设施工合同司法解释》第二十六条：实际施工人以转包人、违法分包人为被告起诉的，人民法院应当依法受理。

实际施工人以发包人为被告主张权利的，人民法院可以追加转包人或者违法分包人为本案当事人。发包人只在欠付工程价款范围内对实际施工人承担责任。

其实务要点主要有以下四点：第一，针对建设工程合同效力问题要严格适用最高人民法院《建设施工合同司法解释》。第二，关于工程价款结算问题。要尊重合同中有关工程价款结算方法、标准的约定内容，严格执行工程造价、工程质量等鉴定程序的启动条件。虽然建设工程施工合同无效，但建设工程经竣工验收合格的，一般应参照合同约定结算工程价款，实际施工人违反合同约定另行申请造价鉴定结算的，一般不予支持。第三，最高人民法院《建设施工合同司法解释》第二十六条规定，目前实践中执行得比较混乱，实践中要根据该条第一款规定严守合同相对性原则，不能随意扩大该条第二款规定的适用范围，只有在欠付劳务分包工程款导致无法支付劳务分包关系中农民工工资时，才可以要求发包人在欠付工程价款范围内对实际施工人承担责任，不能随意扩大发包人责任范围。第四，关于建设工程价款优先受偿权问题。第一种意见：建设工程施工合同无效，但建设工程经竣工验收合格，实际施工人请求依据《合同法》第二百八十六条规定对承建的建设工程享有优先受偿权的，应予以支持。第二种意见：建设工程施工合同无效，实际施工人请求对承建的建设工程享有优先受偿权的，不予支持。从判决结果来分析，最高法院采纳了第二种意见。

第十七章
优先受偿权：民商诉讼不可忽视的胜诉权

优先受偿权即非担保物权之优先受偿权，是法律规定的特定债权人优先于其他债权人甚至优先于其他物权人受偿的权利。它是一种不表现为抵押权、质权、留置权等物权权能的优先受偿权，故称"狭义的优先受偿权"。优先受偿权是法定受偿权的一种，是法律规定的某种权利人优先于其他权利人实现其权利的权利。

第一节　优先受偿权的法律依据

《合同法》对建设工程价款优先受偿权的规定在中国立法史上是崭新的，也是具有鲜明中国特色的法律条款。但是，这一规定的法理基础何在？建设工程价款的优先受偿权是何种性质的权利？回答这些理论问题对于指导司法实践具有现实意义。

法律关于优先受偿权的规定集中在《中华人民共和国担保法》（以下简称《担保法》）和《中华人民共和国海商法》（以下简称《海商法》）等法律中。根据《担保法》第三十三条、第六十三条和第八十二条的规定，债权人有权以拍卖、变卖抵押物、质物和留置物的价款优先受偿。此外，中国法律中还规定了船舶优先权和民用航空器优先权等优先权，这些优先权均是特定的，与建设工程价款的优先受偿权无关。建设工程价款的优先受偿权能否归入上述任何一类担保物权中呢？

根据《担保法》的相关规定，抵押权主要针对不动产（如土地使用权、房屋和其他地上定着物等）而设定，质押权则针对动产和相关财产权而设定，前者不转移抵押物的占有，后者则由债权人占有质物；而留置权是基于保管合同、运输合同和加工承揽合同而产生的针对动产的担保物权。抵押权和质押权均是意定权利，即权利来源于双方当事人的约定，而留置权则是法定权利，即权利来源于法律规定，只要发生了法律规定的事实（上述特定合同的债务人不履行债务），债权人即有留置权。

根据以上简要分析，可得出结论：建设工程价款的优先受偿权与抵押权最接近。留置权系因法律规定的特定合同而产生的，且针对动产而言，显然与建设工程价款的优先受偿权不同，因为建设工程是正在建造中的房屋或其他建筑物，应属不动产。质押权也不适用于不动产，只有抵押权是主要针对不动产而设定。建设工程价款的优先受偿权与抵押权不同之处在于，前者是法定权利，而后者是意定权利。从这个意义上讲，建设工程价款的优先受偿权应是法定抵押权。从《合同法》的起草过程看，有关专家是按照法定抵押权这个思路来起草该条规定的。

但是，如果换一角度对这一规定进行仔细分析，就会发现它其实与留置权十分相似。试看这一规定的内涵：债务人的债务履行期限已届满，债权人催告其付款，债务人若逾期不付，债权人可以将其合法占有的债务人的财产折价、拍卖，并从折价或拍卖的价款中优先受偿。然而，正如前文所述，《担保法》第八十二条明文限定留置权标的物仅以"债务人动产"为限，而《合同法》第二百八十六条规定中的标的物是建筑工程，应属不动产。不动产能否作为留置权标的物呢？

1986年颁布的《民法通则》第八十九条第（四）项规定："按照合同约定一方占有对方的财产，对方不按照合同给付应付款项超过约定期限的，占有人有权留置该财产，依照法律的规定以留置财产折价或者以变卖该财产的价款优先得到偿还。"该条规定始终使用"财产"一词，且没有限定财产范围或财产种类，因而可以认为并没有排除不动产。英国、美国、日本等国在立法上也没有限制留置权标的物的范围。

而1995年颁布的《担保法》则将留置权标的物限定为"债务人的动产"。该法第八十四条进一步将债权人享有留置权的情况限定为"因保管合同、运输合同、加工承揽合同发生的债权"，这样，就明确将不动产排除在留置权标的物之外。这与瑞士立法及中国台湾地区限制性规定、制定等一脉相承。立法上作如此规定，主要是考虑到因不动产发生的债权请求权，其价值一般比该不动产的价值低得多，如果准许债权人对其占有的不动产享有留置权，则与不动产的所有人对不动产的使用、收益发生冲突，也妨碍对不动产经济价值的充分利用。

这种观点在一般意义上是有一定道理的，但是对于建设工程的承包人而言，则有失偏颇。在实务中，承包人往往在建设工程中垫付了大量资金，不赋予承包人留置权，对承包人显然不公允。而且《担保法》第八十四条同时规定："法律规定可以留置的其他合同，适用前款规定。"虽然并无法律规定建设工程合同可以适用留置的规定，《合同法》第二百八十六条没有明确，但可以将建设工程合同视为特殊的承揽合同，那么承包人的优先受偿权就是特殊的留置权，与美国的建筑师留置权颇为相似。这种解释就《担保法》而言似乎稍显牵强，但若就《民法通则》而言则顺理成章了。而且2001年颁布的信托法赋予受托人在信托终止后留置信托财产的权利，而该法并没有限定信托财产只能是动产，也就是说留置的对象也可以包括不动产。但是，工程价款的优先受偿权不以占有工程为前提条件，而留置权则以占有物为条件，这才是两者的最大区别。

无论建设工程价款的优先受偿权是作为法定抵押权还是作为特殊的留置权，

有一点是共同的，即它是法定的优先权，优先于任何其他担保物权。

优先受偿权是法律规定的特定债权人优先于其他债权人甚至优先于其他物权人受偿的权利。它是一种不表现为抵押权、质权、留置权等物权权能的优先受偿权，故称"狭义的优先受偿权"。

《担保法司法解释》第七十九条：同一财产法定登记的抵押权与质权并存时，抵押权人优先于质权人受偿。同一财产抵押权与留置权并存时，留置权人优先于抵押权人受偿。

《房地产抵押估价指导意见》第四条第三款规定：法定优先受偿款是指假定在估价时点实现抵押权时，法律规定优先于本次抵押贷款受偿的款额，包括发包人拖欠承包人的建筑工程价款，已抵押担保的债权数额，以及其他法定优先受偿款。一般情况下，金融机构作为房地产抵押权人，已经享有法定优先受偿权利，但是这种权利受到一些限制，就其范围来说仅限于抵押物，就其优先的层次来说也仅仅相对于其他普通债权人。尚有一些物权和债权优先于抵押权人所享有的优先受偿权利，这就是我们要研究的对房地产抵押价值有不利影响的法定优先受偿权利。

第二节 担保物权优先受偿权的案例分析

根据《担保法》的相关规定，抵押权主要是针对不动产（如土地使用权、房屋和其他地上定着物等）而设定，质押权则针对动产和相关财产权而设定，前者不转移抵押物的占有，后者则由债权人占有质物；而留置权是基于保管合同、运输合同和加工承揽合同而产生的针对动产的担保物权。抵押权和质押权均是意定权利，即权利来源于双方当事人的约定，而留置权则是法定权利，即权利来源于法律规定，只要发生了法律规定的事实（上述特定合同的债务人不履行债务），债权人即有留置权。

担保物权具有以下特征：

（1）担保物权是以确保债权人的债权得到完全清偿为目的。这是担保物权与其他物权的最大区别。代理律师在办理担保物权案件时，一定要掌握物权的相关证件材料，比如房产证、土地使用权证，必须两证相符，同时要到物权登记部门进行查询，看是否有其他抵押事项，并要求权威机构做好市场评估，并根据合同期限作适当减值处理，确保债务人违约时通过担保物的拍卖能够完全实现债权。

（2）担保物权具有优先受偿的效力。所谓优先受偿是指担保物权最主要效力，指在债务人到期不清偿债务或者出现当事人约定的实现担保的物权的情形时，债权人可以对担保人财产进行折价或者拍卖、变卖财产，以所得的价款优先实现自己的债权。优先受偿权是相对于债权。如甲向乙、丙、丁同时借款 100 万元，如果甲用其所有的一栋价值 200 万元的厂房作为向乙借款的抵押物，并签订了抵押合同，一旦甲难以偿还债务，则乙可以通过申请法院拍卖甲所抵押的厂房得到优先受偿，如果拍卖了 140 万元，则乙可以优先受偿 100 万元，而丙与丁则只能各受偿 20 万元。

（3）担保物权是在债务人或者第三人的财产成立上的权利。根据物权法的规定，用于担保的财产既包括现在的财产，也包括将来的财产（如期权、收益权等）；既包括不动产，也包括动产，特殊情况下还可用权利进行担保，如权利质权。

（4）担保物权具有物上代位性。债权人并不以占有或利用担保物来实现债权，而是以支配担保物的交换价值为目的。不占有或利用说明担保物的保管责任仍在物主，而非债权人。物上代位性还说明即使担保物受损或灭失，其保险价值或残值或因此而得到的补偿价值债权人都有优先权。

不论建设工程价款的优先受偿权是作为一种特殊的留置权，还是作为法定抵押权这样的理论争论，下面着重分析在实务中应如何适用建设工程价款的优先受偿权。

（1）发包人未按照约定支付建设工程价款是前提条件之一。

适用《合同法》第二百八十六条的前提条件之一是发包人未按照约定支付建设工程价款。具体而言，首先，发包人未付价款是特定的建设工程价款，不包括承包人承建的发包人的其他建设工程价款，更不包括发包人因其他原因形成的对承包人的未付款。其次，该建设工程价款是确定的。如果工程已经竣工，该价款应是合同约定的闭口价或者依照合同约定经竣工决算确定的价款扣除发包人已付部分；如果工程尚未竣工，该价款应是根据合同可以确定的进度款或备料款。最后，该建设工程价款应是已届清偿期的。合同应当明确约定建设工程价款的支付期限，特别应当明确备料款、进度款以及尾款的支付期限；如果合同约定不明确，则承包人可以按照《民法通则》第八十八条和《合同法》第六十二条的规定向发包人确定履行期限。值得指出的是，如果发包人因失去清偿能力而被宣告破产，那么即使未到期的建设工程价款也应视为已届清偿期。

（2）承包人是否须因建设工程合同而合法占有发包人的建设工程。

如果将工程价款的优先受偿权定性为特殊的留置权，适用时需满足留置权的一般条件，即承包人只有因建设工程合同而合法占有发包人的建设工程，方可享有优先受偿权。承包人从根据建设工程合同的约定进场施工起，即合法占有了发包人的建设工程，直至承包人将竣工工程移交给发包人或承包人中途退场。承包人移交了建设工程或中途退场后，即不能主张优先受偿权。如果工程价款的优先受偿权是一种法定抵押权，抵押权的特征之一即为不转移抵押物的占有，因而不以合法占有建设工程为前置条件，承包人即使在移交了建设工程或中途退场之后仍有优先受偿权。显然，不同的法律定性对适用条件的要求就不相同，但是从《合同法》第二百八十六条条文字面看，并无承包人合法占有建设工程的要求。

（3）承包人应当催告发包人在合理期限内支付价款，并在合理期限内行使其优先受偿权。

《合同法》第二百八十六条规定，承包人应当催告发包人在合理期限内支付工程价款，若发包人逾期仍不支付，承包人方有权与发包人协议将建设工程折价或申请人民法院依法拍卖。

那么，承包人给予发包人多长的履行期限方为合理呢？《最高人民法院关于建设工程价款优先受偿权问题的批复》（以下简称"批复"）第四条规定，建设工程承包人行使优先权的期限为6个月，自建设工程竣工之日或者建设工程合同约定的竣工之日起算。该规定限定的是承包人行使优先权的期限，即承包人与发包人协议折价或申请人民法院依法拍卖的期限。那么，在此之前尚需给予发包人支付价款的期限就只能在6个月内。如果参考《担保法》第八十七条的规定，2个月应是一个相对合理的期限，延迟两个月不会对承包人产生实质性不利影响，也不会影响承包人行使其优先权，发包人支付该建设工程价款也需要必要的准备时间。2个月的期限届满后，若发包人仍未履行支付义务，承包人可以与发包人协议将该工程折价或申请依法拍卖该建设工程。当然，两个月的期限尚待最高人民法院以司法解释确定之。最高人民法院对于优先权行使期限的规定，即使承包人的债权能够尽早实现，也能使该建设工程尽早投入使用，实现其自身的使用价值和经济价值。

《最高人民法院关于建设工程价款优先受偿权问题的批复》内容：一是人民法院在审理房地产纠纷案件和办理执行案件中，应当依照《合同法》第二百八十六条的规定，认定建筑工程的承包人的优先受偿权优于抵押权和其他债权。二是消费者交付购买商品房的全部或者大部分款项后，承包人就该商品房享有的工程价款优先受偿权不得对抗买受人。三是建筑工程价款包括承包人为建设工程应当支付的工作人员报酬、材料款等实际支出的费用，不包括承包人因发包人违约所造成的损失。四是建设工程承包人行使优先权的期限为6个月，自建设工程竣工之日或者建设工程合同约定的竣工之日起计算。五是本批复第一条至第三条自公布之日起施行，第四条自公布之日起6个月后施行。

典型案例：承包人乙公司诉发包方甲公司建筑工程价款优先受偿权及涉诉标的物抵押权人撤销之诉

入选理由：建筑工程价款优先受偿权与涉诉标的物抵押权之冲突的解决

案情简介：发包方甲公司在案涉工程完工后，拒不向承包方乙公司支付工程款。乙公司向某高院提起诉讼，后双方达成调解，某高院以调解书的方式认可乙公司债权及建筑工程价款优先受偿权。丙公司作为涉案建筑的抵押权人，认为调解书侵害其合法权益，诉请撤销。判决结果：一审法院认为丙公司对乙公司与甲公司之间所争议的诉讼标的即建设工程施工合同关系没有独立请求权，丙公司亦不负有返还或者赔偿义务，不具备第三人身份，裁定驳回起诉。

二审法院认为：建设工程价款优先受偿权是法定优先权，该权利一旦确定，当然优先于银行的抵押权，在建设工程价款优先受偿权与抵押权指向同一标的物，且该标的物拍卖、变卖所得价款不足以清偿工程欠款和抵押权所担保的主债权时，抵押权人的权益必然会因为建设工程价款优先受偿权的有无以及范围的大小而受到影响。从现有的证据材料看，涉案调解书的执行标的物有三套房屋，其中，在两套房屋上丙公司设有抵押权，该三套房屋在涉案调解书执行过程中三次流拍，后丙公司设有抵押权的两套房屋一套被变卖，一套直接作价抵偿给乙公司，而从剩余抵押物的评估价来看，尚不足以清偿丙公司的全部债权，因此，丙公司对于涉诉案件的处理结果，有法律上的利害关系。如果涉诉调解书存在错误，通过当事人约定的方式随意扩大法定优先受偿权的范围，将直接损害丙公司的抵押权。

法理明晰：大部分涉及第三人是否有法律上的利害关系的撤诉申请案例均采取了以下路径进行判断：识别无独立请求权第三人的关键在于判断前诉处理结果与第三人是否"有法律上的利害关系"，而对于"有法律上的利害关系"的判断取决于前诉争议的法律关系与第三人主张的法律关系是否存在牵连性，前诉是否会导致第三人承担义务或者责任，若无，则不属于有法律上的利害关系。在具体判断是否属于"无独立请求权第三人"时，法院有时简单以前诉不会导致第三人承担义务或责任为依据，进而认定原告不属于"无独立请求权第三人"，驳回起诉；抑或对于"法律上利害关系"的解释相对限缩，如不能证明有直接利害关系，则一概否认原告"无独立请求权第三人"地位。可见，对于"事后"第三人的审查标准相较"事前"第三人的审查标准更为严格。实体判断更为谨慎系应有之义。此种做法的合理性的确有待商榷。在不同案件中，对"无独立请求权第三人"的认定标准保持一致，将主体条件认定要件与实体要件（有证据证明生效判决、裁定、调解书部分或全部内容错误）、结果要件（错误的裁判内容损害原告的民事权益）、程序要件（原告因不能归责于本人的事由未参加原案诉讼）、时间要件（自知道或应当知道其民事权益受到损害之日起6个月内起诉）、管辖要件（向作出生效判决、裁定、调解书的法院起诉）相结合，似乎更为妥当。

值得注意的是，有些法院审理的第三人撤销之诉的案例中，原告与前诉争议的法律关系并不存在牵连性，前诉的判决结果亦未使其承担任何义务，但是最高人民法院基于个案案情，对于"有法律上的利害关系"做了更细致的论证，极具参考价值。

该案中，一审法院仅以"无牵连性"及"未承担责任"为由简单否认第三人资格，二审法院对抵押人在建筑工程纠纷中的利益做了更深入、精细的论证，认为因前诉确定的建筑工程价款优先受偿权范围，将影响抵押权人最终可变现的抵押价值，对抵押人最终可实现的债权范围有影响，简单否认第三人资格并不合适。其他二审法院也有在审理类似案件时亦肯定了抵押权人具有提起第三人撤销之诉的主体资格。

由此可知：在其他具有优先顺位权利的案件中，尽管在后顺位的权利人对该案件诉讼标的并无独立请求权，其也未承担任何责任，但是具有优先顺位的权利一旦确立，必然会影响在后顺位的权利人的权利实现，因此在后顺位的权利人属于对前诉处理结果有利害关系的第三人。

第十八章
善意取得：财产实际持有人抗辩的足够理由

在民商诉讼过程中，会出现无权处理自己财产的人处理了属于别人的财产，而获得财产的人，也就是财产实际持有人，会成为财产真正主人追偿的对象，这对于财产的实际占有人来讲，存在一个是否善意取得的问题。善意取得就成了财产实际持有人维权的一个抗辩理由。

第一节 立法宗旨：法律保护善意第三人的合法利益

在民商诉讼博弈的路径选择上，有时可能会涉及善意取得问题。善意取得制度是指无权处分人将其财产有偿转让给第三人，如果受让人取得该财产时出于善意，则受让人将依法即时取得对该物产的所有权的一种法律制度。该项制度在商品交易更广泛的领域中进行，能够均衡所有权人和善意受让人利益。而从事商品交易的当事人很难知道对方是否对其占有的物品实际拥有所有权，也很难进行查证。况且在商机万变的信息时代，在一般情况下，要求当事人对每一个交易对象的权利是否属实加以查证，交易成本过高，实际实施起来也不大可能。如果受让人不知道或不应当知道转让人无权转让该财产，而在交易完成后因出让人的无权处分而使交易无效使其善意第三人退还所得的财产，这不仅要推翻已形成的财产关系还使当事人在交易中心存疑虑，从而造成当事人交易的不安全，法律为了避免这些不安全因素的干扰规定了善意取得制度。

善意取得须有物权变动的合意，所以仅限于基于法律行为的取得。因此，"交易"应解释为因法律行为发生的物权变动。也就是只有不动产和动产中的委托占有物才能够构成善意取得，当事人由于先占、继承、盗窃等事实行为而取得财产的行为，不适用善意取得。同时，这种"交易"应发生在不同的民事法律主体之间。对于家庭成员之间或法人与法人分支机构之间的财产流转行为，就不适用善意取得。

比如，某市某实业有限公司、张某诉某公司股东会决议效力及公司增资纠纷案中，一方主张"公司内部意思形成过程虽然存在瑕疵，但其对外表示行为不存在无效情形的，善意第三人可以取得相关动产"。得到了法官的支持。该判例明确了在民商事法律关系中，公司作为行为主体实施法律行为的过程可以划分为两个层次，一是公司内部的意思形成阶段，通常表现为股东会或董事会决议；二是公司对外作出意思表示的阶段，通常表现为公司对外签订的合同。出于保护善意第三人和维护交易安全的考虑，在公司内部意思形成过程存在瑕疵的情况下，因合同相对方并无审查公司意思形成过程的义务，故只要对外的表示行为不存在无效的情形，公司内部各方就应受其表示行为的制约，善意第三人可以取得相关动产。

对于共有人之一的财产转让行为，也会被受让人以善意取得为由进行抗辩。比如，甲与乙共有某一房地产，其中的共有人甲未经另一共有人乙同意，自行做主将其转让给了丙，在乙诉丙房地产确权纠纷案中，房屋共有人乙以共有人甲未经乙的同意擅自转让共有房屋，而主张转让无效。受让人则以善意、有偿取得该房产，依据《物权法》第一百零六条第一款的规定抗辩，并得到了法院的支持。判决书明确裁定：房屋共有人之一未经其他共有人的同意擅自转让共有房屋，在双方当事人签订房屋转让协议时，根据转让人所持有的房屋所有权证等，受让人对转让人不享有房屋处分权的事实并不知道且已按照房屋转让协议的约定，支付了合理对价，办理了房地产转移登记手续，取得了该房屋所有权证的，依法应当认定受让人善意、有偿取得该房屋，可以依据《物权法》第一百零六条第一款的规定处理，即对受让人的权益应予保护。

从保护交易安全的构建来看，如果交易无效或无有交易的话，那么善意取得保护交易安全的初衷就受到了动摇；再者善意取得制度要保护善意的第三人，已经是正常物权变动过程中的一种例外，而对于无效的交易行为本身存在重大瑕疵，所以自然不受法律保护的，属于无效交易行为至始无效。

债权与物权的一个显著的区别就是债权具有相对性，一般没有对抗第三人的效力。但随着社会经济的发展，债券的流转日益频繁活跃，出现了证券化的债权，如公司债券、大额可转让存单和各种票据等。对于其中不记名的或者无须办理登记手续的证券，准予占有的公信力，可以适用善意取得；虽已证券化，但记名或需登记的证券，准用登记的公信力，适用善意取得。

随着社会的发展，对于尚未证券化，但已经有体化的债权，比如借条、存折等，以及尚未有体化的债权，司法实践，也有法官主张适用善意取得制度。例如，甲欠乙1万元，甲写了一张借条给乙，约定1年以后，只要出示借条就还钱，但借条上并没有写债权人具体是谁。后来乙出国学习，将该借条交给自己的朋友丙保管，但丙却将该借条以稍低于1万元的价格出售给善意的丁，丁信赖了该借条而与之交易。在这种情况下，就相当于丙以指示交付的形式将1万元钱交付给丁，在这种情况下丁对于借条的信赖应该受到保护，这也可理解为保护债权转移的交易安全。

我国《物权法》第一百零七条规定，所有权人或者其他权利人有权追回遗失物。该遗失物通过转让被他人占有的，权利人有权向无处分权人请求损害赔偿，或者自知道或者应当知道受让人之日起 2 年内向受让人请求返还原物，但受让人通过拍卖或者向具有经营资格的经营者购得该遗失物的，权利人请求返还原物时应当支付受让人所付的费用。权利人向受让人支付所付费用后，有权向无处分权人追偿。

对于无主房屋，也适用善意取得。在张某申请法院确认无主房屋所有权案中，当事人主张长期善意占有管理无主房屋，至立案时无人提出异议的，当事人可以通过无主财产申请，在补足差价后取得房屋所有权。申请确权人以自己名义长期善意占有、管理无主房屋，至今并无任何人提出异议，如申请确权人愿意补足该房屋差价款以取得该房屋所有权，符合《民法通则》第四条关于"民事活动应当遵循自愿、公平、等价有偿、诚实信用的原则"的规定，人民法院应予准许，可确定该房屋所有权属归申请确权人。申请确权人补交的房屋差价款可视为无主财产，收归国有。

第二节　公示效力：不动产以登记为占有要件

善意取得是所有权取得的一种方式，所有权属于物权，物权是一种对世权，对世权是以对方知情为前提的。因此，物权必须具有对世的公示效力。动产物权的公示方法为占有；不动产物权的公示方法为登记。占有仅对动产具有公示力，即普通的第三人对动产的占有人一般都会推定为该动产的所有权人，第三人正是基于这种占有的公示力而误以为无处分权人就是所有人，因此与无处分权的占有人进行交易行为，第三人的信任基础是占有的公示力。对于不动产而言，标的物的转移占有并不移转所有权，只有经过登记才能取得所有权移转的效力，因此，不动产经过登记以后法律自然就赋予了它具有公示效力。

下面列举一个典型案例来看不动产的善意取得。

典型案例：王某诉杨某、周某房屋买卖合同纠纷案

入选理由：基于诈骗行为而导致房款价值损失，应当由过错方根据过错比例共同承担相应的过错责任

案情简介：2003 年 1 月，王某将自己的房产出租给了周某，趁办理租赁手续之际，周某复印并伪造了王某的身份证、户口本、房产证、契税本，并用伪造的房产证调换了王某的真实房产证。随后，周某将该房产以 19.8 万元的价格卖给了杨某，并办理了过户登记手续。2003 年 2 月，王某和杨某发现了真相，双方发生争执。王某认为，周某基于诈骗行为而出卖房屋的行为是无效的。杨某则认为，王某的房产证是假的，而自己的房产证是真实的，并且与房产登记机关的登记记

录一致，自己在房产买卖过程中尽到了善意买主的审查义务，是房产的合法所有人。后王某以杨某、周某为共同被告提起侵权之诉，要求确认周某、杨某的买卖合同无效。

法理明晰：该案涉及的是诈骗条件下的不动产善意取得问题。关于不动产的善意取得问题，我国现行立法尚没有专门的明确规定。《最高人民法院关于贯彻执行〈中华人民共和国《民法通则》〉若干问题的意见试行》（以下简称《民法通则意见》）第八十九条规定："在共同共有关系存续期间，部分共有人擅自处分共有财产的，一般认定无效。但第三人善意，有偿取得该财产的，应当维护第三人的合法权益。"这一规定被视为我国确立不动产善意取得制度的标志。但我国目前实际上只是部分承认了不动产的善意取得制度，对于共同共有以外的不动产是否适用于善意取得并无具体规定。

综上所述，结合该案周某的诈骗行为是基于王某租赁行为产生，并且王某将证件交给周某，导致了伪造行为的便利，对此王某有过失。房产已作产权变更登记。房产变更登记是房产转移的必备条件，作为房产买卖合同的出让方的履行义务完毕的标志除交付房屋外也必须协助完成房产变更登记手续。假如判杨某对该不动产不拥有所有权。则不利于交易安全同时使杨某遭受巨大损失，善意的第三人的合法利益也得不到保护。在不动产善意取得中，探讨当事人之间的过错，以及基于这种过错确定双方各自应当承担的价值损失比例是比较合理的。因此，基于诈骗行为而导致的房款价值损失，应当由王某和杨某根据过错比例共同承担。

在客体方面，从《物权法》第一百零六条的规定可以看出，我国规定善意取得的客体包括动产和不动产，动产以交付为其公示原则，不动产以登记为其公示原则。

根据我国《物权法》第二十四条的规定，船舶、航空器和机动车等物权的设立、变更、转让和消灭，未经登记，不得对抗善意第三人。这三种动产采用的是登记对抗主义，也就是说，对于这些动产的权利状态公示，是寄托在登记簿，而不是寄托在权利人的占有上。在交易双方以外的第三人看来，它们的权利外观是登记而不是占有。

我国《物权法》第一百零六条第三款规定，当事人善意取得其他物权的，参照前两款规定。笔者认为，除了所有权外，适用善意取得的权利类型还有国有土地使用权、土地承包经营权等用益物权和其上成立的抵押权，这些权利都是意定成立且具有登记的权利外观；质权也可适用善意取得，以占有为权利外观。但留置权是根据法律规定产生，不适用善意取得；宅基地使用权不能自由流转，不适用善意取得。

《土地管理法》第八条第二款有明确规定："宅基地、自留地，属于农民集体所有。"第六十三条规定："农民集体所有的土地使用权不得出让、转让或者出租于非农业建设。"

借款担保合同纠纷案中，主张主合同合法有效，第三人善意、无过失且已办理登记的，可以取得不动产抵押权。《物权法》第一百零六条规定了动产、不动产及其他物权统一的善意取得制度，为不动产抵押权善意取得的适用提供了基本的法律依据。不动产善意取得不仅应符合交易行为合法、有偿的特质，而且应从构成要件上进行综合评判。第三人已办理登记，第三人善意且无过失的系善意取得的一般构成要件；主合同合法有效、无异议登记存在、登记错误为善意取得的特殊构成要件。

同时，主张债权人善意取得不动产抵押权时，对债务人在办理他项权证过程中的违法或者犯罪行为不负审查义务。按照《物权法》第一百零六条第三款的规定，抵押权可以适用善意取得。对不动产抵押物权利是否真实完整的审查义务在房屋登记部门，作为债权人，在设置抵押权时其审查义务不应含括债务人在办理他项权证过程中的违法或者犯罪行为，例如徐某诉某市房管局行政不作为案中，主张抵押权的善意取得，构成房屋登记机关撤销房屋抵押登记的法定阻却事由。

再如王某诉李某与某银行借款合同纠纷案中，主张夫妻一方未经另一方同意以共同共有房屋抵押的，合同相对方可以善意取得该房屋抵押权。夫妻一方未经另一方同意以共同共有房屋作为抵押物签订抵押借款合同，如果合同相对方为善意，履行了给付款项的义务，并且已经办理抵押登记手续，应当认定合同有效。另一方主张撤销抵押权的，人民法院不予支持。

按照法律逻辑，权利取得仅在让与人为有权利之人时，才允许发生，无论何人，不得以大于自己所有之权利让与他人。倘若真是这样，则会有碍权利与经济生活的运行。因为取得人必须每次都要去查明，他的交易对象是否真的是"权利人"；这显然会带来巨大的有时甚至是无法克服的困难。所以，法律承认自从无权利人处善意取得的可能性。但是这种取得必须依据一个外部的标记，而这个标记在动产物权中就是占有，在不动产物权中就是土地登记簿之登记状态。

善意取得制度以物权公示、公信为基础。物权具有支配力、对世性，为了让物权的变动为外界所识别，物权的变动必须通过一些外在可见的形式表现出来。而善意取得作为引起物权变动的一种原因，在发生善意取得时也必须采用公示方式展现权利的变动。对于受让人来说，只有当权利通过一定方式公示出来，才形成完整的权利外观，让其他民事主体可以产生合理信赖。

行为人在他人所有的部分房屋上设立抵押权，属于无权处分，依照《合同法》第五十一条的规定，行为人与债权人签订的抵押合同属于部分无效合同，涉及部分房屋的抵押登记也无效，债权人不应取得抵押权。但是，不动产登记具有公信力，债权人对于不动产登记的信赖无须证明，可以被推定为善意。如果抵押登记行为在先，确认抵押物产权在后，债权人对于抵押行为可以适用"善意推定"，不动产抵押权的善意取得应当得到承认。参照《最高人民法院关于适用〈中华人民共和国担保法〉若干问题的解释》第六十一条的规定，即使抵押物已确权为他人所有，善意抵押权人仍可就转让后的抵押物追及行使抵押权。

司法实践中，在与转让人进行交易过程中，受让人有违一般人在进行同类交易时应有的谨慎和注意程度，应认定其为非善意，不构成善意取得。非因重大过失而不知道，是构成善意的重要情形之一。对于受让人是否具有"重大过失"，应根据具体案件的一些客观情况综合认定，日常生活中的房屋买卖，交易相对方往往基于了解标的物自然属性的目的进行实地查看。如果受让人在没有对买卖的房屋进行查看的情况下与转让人签订房屋买卖合同，不去实际占有、使用买卖的房屋，有违一般交易惯例，其对于转让人是否有权处分房屋这一事实明显处于放任的状态，有违一般人在进行同类交易时应有的谨慎和注意程度，故受让人应属具有重大过失，应认定为非故意，不构成善意取得。

典型案例：甲诉乙交付木材纠纷案

入选理由：捡拾遗失物是否应适善意取得

案情简介：甲和乙是同村农民，因甲家里盖房的需要，甲向乙提出欲收购其所有的三根木料。双方约定，甲以 600 元价款买乙所有的三根木料。甲当场向乙支付了 300 元，说明等到第二天将余款 300 元带来付清并将三根木料拉走。天有不测风云，当天晚上山洪暴发，将存放于乙院内的三根木料冲走。正好被邻村的丙拾到，搬运回家，卖给了甲的邻居丁。正好被乙看到。第二天，甲带着 300 元到乙家中要求其交出木料，乙则说，昨天买卖已经成交了，而且甲已经给了 300 元，木料已归甲了。为此双方发生纠纷，甲诉至人民法院，要求乙交付木料。后乙要求将丁、丙列为第三人，丁、丙主张善意取得。

法理明晰：经法官归纳的该案争议焦点有三点：

（1）该案中木料的所有权是否已经发生转移？

（2）该案中木料损失的风险应由谁负担？

（3）丙、丁的善意取得是否成立？

代理律师的代理要点摘要如下：

（1）木料的所有权应当认定尚未发生转移。该案涉及动产所有权的转移，按照《民法通则》的规定，动产所有权的转移应自交付时起转移，除非法律另有规定或者当事人另有约定。该案中，尽管甲和乙已经就财产的转让达成协议，但由于木料仍在乙的占有之下，并未交付给甲，因此应认定所有权尚未转移。

（2）该案中由于双方买卖的木料因洪灾而灭失，由此造成的损失由何方承担就是风险负担的问题。由于木料尚未由乙交付给甲，其所有权亦未发生转移，因此该风险理应由乙承担。

（3）丁的善意取得不成立，因为丙对拾得物属于不当得利，因此善意取得不成立。应交付给甲，而丙应返还给丁支付的费用。

丁不能取得对木材的所有权。动产的善意取得必须满足以下条件：第一，占有人所转让的必须是动产；第二，转让人的占有必须是基于所有人的意思表示；第三，善意第三人必须是有偿地从转让人处取得占有；第四，第三人必须是善意取得占有。该案中，由于木材是被所有权人遗失，原物不基于所有人的意思丧失占有，因此不能适用善意取得，丁不能取得有关所有权。

第三节　构成分析：构成善意取得的实质

从代理的角度来讲，善意取得的实质只有不动产和动产中的委托占有物。

对于欺诈行为所取得的应视具体情况而定：

第一，对方明知是诈骗财物而收取的；

第二，对方无偿取得诈骗财物的；

第三，对方以明显低于市场的价格取得诈骗财物的；

第四，对方取得诈骗财物系源于非法债务或者违法犯罪活动的不能适用善意取得制度。

这些除外因素基于"赃物与遗失物不能适用善意取得"的法律规定对于代理律师来讲，就显得十分重要，就要着手善意取得的实质构成分析。例如，甲、乙结婚后购得房屋一套，仅以甲的名义进行了登记。后甲、乙感情不和，甲擅自将房屋以时价出售给不知情的丙，并办理了房屋所有权变更登记手续。丙作为第三人即为善意取得。再如，甲公司欲购买 5 辆轿车，向有关部门提出申请以后，一直未获得批准。该公司因项目现场建设需要，便由该公司经理出面，以其下属子公司名义直接向该市汽车销售公司转账支付，共花费 100 万元。在交付车辆后，落户到了几位领导的名下，后被检察院立案追责，就不能认定甲公司的几位领导属于善于取得。

善于取得的"善意"在民法理论上的解释是"自始至终的善意"，所以即使在交易时是"善意"而在占有后是恶意的，不构成善意取得。该案中，甲公司的几位领导首先要承担民事责任。另外《刑法》第二百七十条规定："将代为保管的他人财物非法占为己有，数额较大，拒不退还的"构成侵占罪，所以甲公司几位领导的行为有可能还构成侵占罪。

该案不是善意取得，而属恶意侵占。因几位领导虽然属于职务需要，后其将自己职权范围内的登记财产据为己有，实属刑法上的"侵占财产罪"，不但应该全数返还财产，还要承担相应的刑事责任。如果只是实际占用轿车，且经过了甲公司集团决策，没以实际使用者名义过户，而将车分配给了领导使用，这就另当别论。

典型案例：陈某诉夏某、徐某抵押合同纠纷案

入选理由：抵押合同无效后对抵押权善意取得的认定

案情简介：被告夏某与原告陈某系夫妻关系，共同共有坐落于某市房屋 1 套。2008 年 9 月 20 日，被告夏某与被告徐某签订《抵押借款合同》1 份，约定将前述房产抵押给被告徐某，抵押物作价 45 万元，抵押物所担保的债权为 45 万元借款，两被告在该合同上签名，抵押物共有人、原告陈某的签名系由被告夏某找他人冒签。同日，两被告向某市房地产交易中心提交了抵押登记申请书，该申请书上原告陈某的签名亦由被告夏某找他人（系与抵押借款合同签名同一人）冒签。同年 9 月 23 日，某市房地产登记处经过核查准予抵押登记，并向被告徐某颁发了某市房地产登记证明。原告陈某在知晓上述抵押情况后，为维护自身合法权益，诉至法院，要求确认被告夏某与被告徐某于 2008 年 9 月 20 日签订的抵押借款合同无效。被告夏某同意原告的诉讼请求。

被告徐某辩称：不同意原告的诉讼请求。原告、被告之间的抵押借款合同是合法有效的，并已经在房地产管理中心办理了登记手续。原告陈某已就该行政行为提起过行政诉讼，法院审理后驳回了原告的诉请，因此该行政行为是有效的。另外，徐某对于原告陈某的签名是夏某找人冒签的情况并不知情，因此，本案应适用善意取得制度，更能保护债权人的利益。法院经审理后认为，共同共有人以其共有财产设定抵押，未经其他共有人的同意，抵押无效。但是，其他共有人知道或者应当知道而未提出异议的视为同意，抵押有效。原告陈某作为涉案抵押物共有人未在抵押借款合同上签名，系被告夏某找人冒签，且两被告未提供证据证实原告陈某知道或应当知道签订抵押借款合同的事实，故被告夏某、徐某于 2008 年 9 月 20 日订立的《抵押借款合同》应为无效合同。同时，法院认为，被告徐某虽无法依据抵押借款合同取得抵押权，但其受让该抵押权是善意的，并支付了合理的对价，而且该抵押权已由相关部门予以登记，故其行为符合善意取得的构成条件。据此，法院在判决支持原告诉讼请求的同时确认被告徐某善意取得系争抵押物的抵押权。

宣判后，原被告双方均未提起上诉。

法理明晰：不动产善意取得制度虽已经物权法确立，但实践中该制度的适用却存在一定的操作困难。善意取得不考虑基础合同的效力，而不动产权利是以登记为效力基础，登记又是依据基础合同的。如果认定基础合同无效，则可能据此申请抵押权的撤销登记，如此善意取得人的权益就难以得到有效保护。如何应对这种困境？该案的处理为此提供了有价值的参考。该案中，夫妻一方找来案外人

冒充另一方身份及签名，将夫妻共有的房产抵押给第三人，并办理了抵押登记。不知情的一方诉至法院，请求判令抵押合同无效。第三人则以抵押权善意取得抗辩。审理中，法官从维护交易安全、提升诉讼效率角度出发，在确认抵押合同无效时，也认可了第三人的抗辩理由，使得善意取得的抵押权不因基础合同被确认无效而面临被撤销的风险。

该案系抵押合同纠纷。抵押合同是设定抵押权的基础，抵押权因抵押合同而设定。但抵押权与抵押合同的效力是否存在必然联系？抵押合同如被认定为无效，是否必然导致抵押权无效？该案中，被告夏某系原告丈夫，其找来案外人冒充原告身份及签名，将夫妻共有的房产抵押给被告徐某，并办理了抵押登记。被告徐某对与其签订抵押合同及办理抵押登记的女性并非原告的情况并不知情，而辩称其对系争房产的抵押权应适用善意取得制度。

该案的争议焦点为：

（1）丈夫伙同他人冒名妻子身份及签名签订的抵押合同是否有效；

（2）如果合同无效，被告徐某是否可善意取得抵押权。

对于该案中抵押合同的效力问题，并不存在多大争议。系争房产为原告陈某与被告夏某共同共有，共同共有人以其共有财产设定抵押，未经其他共有人的同意，抵押无效。另一方面，被告夏某擅自处分夫妻共同共有财产，是无权处分行为，该行为在不可能得到权利人，即该案原告陈某追认的情形下，也应被确认为无效。关于被告徐某是否善意取得抵押权问题，笔者认为其行为符合构成善意取得的一切要件：①其是善意的。被告徐某不知抵押权人是无权处分人，其在签订抵押借款合同及进行抵押权登记时对抵押物共有人原告陈某被他人冒名顶替的情况亦不知情，也不能推定其对上述情况应该知情；②其支付了合理的对价，即向被告夏某支付了借款45万元，该借款已经法院确认为夫妻共同债务，设定抵押权就是为该债务进行担保；③抵押权已由相关部门予以登记。因此，被告徐某可以善意取得系争房产的抵押权，抵押借款合同的效力并不影响其取得抵押权。

该案中，确认被告徐某善意取得抵押权与对原告陈某共同共有权的保护是相矛盾的，保护任何一方的利益，必将损害另一方的利益，这时就需要法律作出取舍。《物权法》对不动产善意取得制度的确立，就是法律对此作出的取舍。善意取得制度，是近代以来民法法系的一项重要制度，对于保护善意取得财产的第三人的合法权益，维护交易活动的动态安全，具有重要意义。牺牲财产所有权的静态的安全为代价，保障财产交易的动态的安全。现代市场经济的基本理念是促进流通，尽量使物尽其用。因此，动态的交易安全的价值应高于静态的所有权安全。该案的判决与物权法的理念相符。至于原告陈某遭受损害的利益，也非全无救济之可能。依据《民法通则》意见第八十九条的规定："共同共有人对共有财产享有共同的权利，承担共同的义务。在共同共有关系存续期间，部分共有人擅自处分共有财产的，一般认定无效。但第三人善意、有偿取得该财产的，应当维护第三人的合法权益，对其他共有人的损失，由擅自处分共有财产的人赔偿。"原告陈某可向被告夏某主张赔偿。但原告陈某与被告夏某系夫妻关系，夫妻关系存续期限，一方向另一方主张赔偿尚存在一定的法律障碍。原告陈某也可向登记机关求偿，被告徐某善意取得系争房产的抵押权，还在于登记机关的错误登记，登记机关应承担一定的赔偿责任。同时，该案原告陈某自身也存在过错。其未妥善保管好身份证，未能及时发现并制止其丈夫被告夏某擅自处分共有财产的行为，故原告陈某应承担丧失共有所有权的风险。

当然该案的最终处理也存在争议点，即关于被告徐某的答辩意见，法院是否可采纳的问题。该案中原告的诉讼请求是要求确认抵押合同无效，被告徐某的答辩意见有两点：一是基于该合同已经在房地产管理中心办理了登记手续，故该合同有效；二是该案应适用善意取得制度，更能保护债权人权益。被告徐某的第一点答辩意见难以成立。因为抵押合同的效力与一般合同的效力并无实质区别。首先需符合一般民事法律行为成立要件，其次要有要约与承诺，由双方达成合意，抵押合同即告成立。依法成立的抵押合同只要不附生效条件或附期限，当即生效。该案中的抵押合同，如前文的分析，显然是无效的，并不因在房地产管理中心办理了登记手续而有效。房地产管理中心的登记行为仅是作为确认抵押权这一具体行政行为的依据。

被告徐某的第二点答辩意见，虽然确有其法律依据，但是应否为法院采纳，值得商榷。被告徐某的该点答辩意见是针对抵押权效力提出的，而非针对抵押合同的效力，并不能构成对原告陈某诉讼请求的反驳。有观点认为对该答辩意见，法院不应采纳，因其分属两个不同的法律关系，应告知被告徐某另案解决。但被告徐某另案起诉的话，一方面增加当事人解决纠纷的成本，也可能无法保护当事人合法权益，因为仅对抵押合同效力审查并判令确认其无效，原告陈某就可能凭该判决到房地产管理中心申请撤销抵押权登记，甚至迅速转让该房产；另一方面也增加法院讼累，挤占司法资源。该案中将抵押合同与抵押权效力问题一并处理是更为经济、合理的方式，也能真正实现定纷止争、案结事了的审判职能。

第四节 充足理由：善意取得的他物权抗辩

善意取得又称为"第三人善意取得"，在动产或不动产占有人非法处分其占有的动产或不动产时，如第三人基于善意受让对该动产或不动产取得占有，则依法具有对其真正所有权人的抗辩权，并依法享有即时取得所有权或的权利。法理上支持了善意取得具有不经过时效或经过瞬间时效而使无权人取得权利的功效，它属于所有权的原始取得方式。相关法律规定无处分权人将不动产或者动产转让给受让人的，所有权人有权向非法处分人追偿其导致的相关损失。为善意取得赋予了法律上的地位。这对于善意取得的抗辩成功提供了较好的支撑。

一、对于出让人（处分人）无处分权的理解

在主体方面，转让人须为无权处分人，受让人为有民事行为能力人。只有当转让人无权处分该物时，原物所有人的利益才会受到侵害，才会存在牺牲原物权人的利益而保护第三人利益的情形，才有适用善意取得的必要。并且受让人应当具有民事行为能力，这样才能保证第三人的行为是有效的，一个被撤销或无效的行为就不存在对其利益的保护问题。

出让人无处分权可以分为以下三种情况：

第一，处分人本来就没有处分财产的权利。司法实践中较多的是处分人是财产的承租人、借用人或保管人等。

第二，处分人本来有处分权，后来处分权消灭。让与人取得所有权的行为被撤销或无效，比如欺诈。在双务买卖中，所有权人将其物的所有权依占有改定或指示交付移转于买受人中之一人后，再将该物现实交付于其他买受人，以移转所有权时，其让与也是无权处分。

第三，处分人虽然有处分权，但处分权的范围受到限制，即不完全的处分权。比如，所有人的财产被法院查封或扣押。还有共有人没有经过其他共有人的同意擅自处分共有财产。

某银行诉某融资担保公司、某实业有限公司及张三借款合同纠纷再审案中，一方主张"房地产转让登记行为虽被法院确认无效，但未否定相应的抵押登记行为的，抵押权人可以善意取得抵押权"，得到法官的认可。其判决理由为：办理房地产转让登记文件的真实性虽然被否定，且欠缺必须提交的文件而导致房屋转让登记行为被法院确认为无效，但相关行政判决并没有否定房产的买卖行为，也没有否定就该房屋办理的抵押登记行为的，如果抵押人确已支付对价且为善意，仅因登记手续存在瑕疵，其补办登记手续后即依据所有权善意取得制度成为有处分权人，抵押权应为有效；如果买卖关系并不存在或者并非出于善意，则抵押人为无处分权人，抵押权人亦可善意取得抵押权，抵押权仍为有效。

典型案例：李某诉张某及任某房屋买卖合同无效纠纷案

入选理由：共有财产人的过错不能由善意取得人承担

案情简介：1998年11月，女方李某与男方张某在某市民政局登记结婚，婚后育有一子。2003年5月，双方购入位于某市的一套商品房，房屋面积为153平方米，首付30%，剩余部分为银行按揭贷款，房屋登记在张某一人名下。2009年初，

夫妻感情恶化，双方遂协商卖掉该房，用卖房所得款购置 2 套小户型房，分开居住，以避免争吵。卖房事宜由男方一人办理，并委托某房屋中介公司放盘销售。2009 年 10 月，该房顺利卖出，买受人任某支付了 355 万元购房款，全部打入男方的银行账户，随后男方将房屋过户到了任某的名下。2010 年 1 月，男方张某起诉与女方李某离婚，女方提出男方未经其同意，私下转让了夫妻共有的房产，要求对离婚案件中止审理。之后，女方李某以买受人任某和男方张某为共同被告，提起了房屋买卖合同无效的确认之诉。

在审理过程中，原告李某主张：涉案房屋为被告张某与她的夫妻共同财产。在双方协商离婚过程中，张某将该房屋低价转让给了任某，双方恶意串通的行为严重侵害了她的合法权益，该买卖合同应被确认为无效。对此，原告李某提供了原房产证、与被告张某的结婚证等证据予以证明。

被告任某辩称：自己并不存在与被告张某恶意串通的事实，买卖双方主观上都属善意。双方是通过中介才结识的，房屋买卖行为是正常的市场交易行为。况且自己也尽到了应有注意的义务，双方转让房屋的价格合理且产权已过户，自己已善意取得的该房屋，双方所签订的买卖合同应合法有效。对此，被告任某提供了中介居间合同、房屋买卖合同、银行转账记录、房地产公司挂牌价以及新的房产证予以证明。

被告张某辩称：自己出卖该房屋是与原告李某协商后进行的，并不存在原告李某所述的私自转让的情形。同时，自己与被告任某素昧平生，并不相识，所有交易均是通过房屋中介完成的，双方并没有恶意串通损害原告李某的利益。对于自己与原告李某协商卖房的事实，被告张某未提供相应的证据。

一审法院经审理后认为：被告任某虽是通过中介公司登记购房，称已尽到了必要的审查义务，但其承认在两次实地看房过程中，均未见到原告李某和被告张某本人，只见到房内有老人和孩子；对为何没有结合其他材料以及张某的年龄、婚否、看房时发现屋内有老人、孩子等情况，进一步针对该房屋的产权情况予以了解一节，被告任某不能作出合理的解释。同时，针对为何买卖双方与中介公司签订的《居间合同》及买卖双方之后签订的房屋购买合同中所记载的房屋主体价格，房屋装饰、装修及附属设施价格不一致，且对共有人情况记载不清。经法院反复询问，二被告均不能作出合理的解释。关于购房款一节，被告张某称其收到了房款现金及经银行转账的款项，但未出示银行转账的相关资料，并对具体情况始终不能详细说明。综上，结合法院查明的情况以及在案证据，现原告李某提出二被告恶意串通签订房屋买卖合同，将房屋产权进行转移的行为损害了其合法权益，并主张上述合同无效，理由充分，于法有据，法院予以支持。

被告任某所提出其是涉案房屋的善意取得人，但并未对此提供充足的证据，所述理由也有违常理，法院对其抗辩理由不予采信。被告张某提出其出卖房屋时原告李某知情，也未就此提供相应的证据，对其抗辩理由，法院亦不予采信。据此，判决任某与张某签订的《北京市存量房屋买卖合同》无效。

一审结束后，二被告不服，上诉到北京市中级人民法院。

二审法院经审理后认为：被告任某在房屋买卖过程中并不存在过错，并按合同约定付清了房款并办理了过户，其购买价格亦符合同地段房屋的一般市场价，应属善意取得，依法予以保护。至于被告张某主张原告李某对其出让行为知情，因未提供相应证据，法院不予采信。对此给原告李某造成的损失，被告张某应承担相应的赔偿责任。据此，二审改判被告任某与张某所签买卖合同有效。

法理明晰：该案是一起典型的未经共有权人同意私自处分房产的案件。一审法院和二审法院的判决之所以有天壤之别，主要还是涉及如何认定买受人存在"善意"的问题。

关于不动产是否适用善意取得，在《物权法》颁布之前就一直存在争议。持否定意见一方认为，不动产以登记为其公示方法，交易中不会因为实际占有就被认定为所有权人，而动产则是以占有为公示方法，因而交易中极易让人误信占有人即为所有权人，故善意取得之标的物应以动产为限，不动产并不涉及善意取得的问题。而持肯定意见一方则认为，在不动产交易日益频繁的今天，对交易安全的要求也越来越高。如果要求每一笔交易买受人都要对出让人是否为真正的权利人进行调查将很难进行，而且征信成本会很高，由此会在一定程度上阻碍不动产市场的流通发展。从维护不动产交易安全和促进市场交易发展的角度而言，应采取和适用不动产善意取得制度。《物权法》第一百零六条首次对善意取得制度作出了明确规定，并确立了善意取得的四个条件。可见最高法在平衡婚姻关系保护和交易安全保护的利益冲突时，还是优先选择了保护市场交易的安全。

正如前文所述，善意取得制度是国家立法基于保护市场交易安全，对原所有权人和买受人之间的权利所作的一种强制性的物权配置。在这一制度下，原所有权人的权利受到了一定的损害，法律将为其提供以下的救济途径：

（1）侵权赔偿。无权处分人未经原所有权人同意而处分他人财产，符合侵权责任的构成要件，原权利人可以请求损害赔偿。但应注意的是，如无权处分人主观上无处分的恶意，比如登记无效或被撤销而无权处分人并不知情的，则不能构成侵权。

（2）不当得利返还。无权处分人获利缺乏法律基础，故在原所有权人与无权处分人之间将构成不当得利关系，原所有权人可基于此请求无权处分人返还其所得利益。

（3）违约责任。如无权处分人与原所有权人之间还存在合同关系，比如租赁合同或是附条件的买卖合同，原所有权人可依合同向无权处分人追究违约责任。

（4）过错责任。该责任主要针对夫妻共有财产一方私自处分的情形。在离婚诉讼中，一方将因涉嫌转移、隐匿夫妻共同财产而应承担过错责任，会面临不分或少分夫妻共同财产的法律惩罚。

（5）国家赔偿。此责任只针对由于房屋行政部门的错误登记导致无权处分人有机会擅自处分财产的情形，登记机关应当承担赔偿责任。

虽然善意取得制度表面上是优先保护了买受人的利益，但事实上由于实践中法院对买受人"善意"及合理价格的严格要求，以及现今征信制度的严重缺失，买受人将面临更大的法律风险。为避免法律纠纷的出现，提醒买受人在房屋交易过程中如碰到下列情况时一定要多加小心：一是房屋价格低于或明显低于市场交易价格的；二是出卖人急于成交而提出诸多优惠条件的；三是出卖人没有合理理由不签订书面合同且代理手续也不完备的。

除此之外，买受人在购买房屋时还应注意对下列情形及相关文件进行审查：

一是授权公证书的真实性。

二是对出卖人婚姻状况的审查。已婚的须出示结婚证和配偶同意出卖的证明，离婚的须出示离婚证或法院的离婚判决，且出示自己享有对该财产有权处分的法律文书。

三是对出卖人的健康状况进行审查。如出卖人为限制行为能力人，由他人代签合同则可能会面临无效的法律后果。如原房屋所有权人死亡的，出卖人则需提供继承公证书或是遗产最终归属的法院判决书（调解书）。

四是购买的是法院委托拍卖的房屋，则需审查拍卖成交确认书、法院协助执行通知书和法院的判决书等相关法律文书。

二、交易客体财产已经被交付

占有的方式包括现实交付、简易交付、占有改定和指示交付。其中，在占有改定的情况下，出让人仍现实地持有财产，由此产生的问题是受让人经由占有改定取得的间接占有，能否适用善意取得？值得探讨。法律明确规定：转让的不动产或者动产依照法律规定应当登记的已经登记，不需要登记的已经交付给受让人。显然，动产善意取得制度是对非正常的利益变动所进行的衡平，是法律面对现实问题而进行的一种不得已而为之的制度选择，而并不是希望鼓励无权处分行为。无权处分是在没有正当权源的前提下发生的物权变动，应该是法律尽可能避免的行为。因此，立法应该对善意取得的适用范围进行严格限制，而在占有改定的情况下，受让人没有获得物的占有，缺乏权利外观，公示力非常弱，如果承认其适用善意取得，对原所有人的权利损害太大。

典型案例：刘某诉王某、徐某排除妨害纠纷

入选理由：对抗善意取得的合法追及权是否成立

案情简介：原告刘某在 D 市市区街头看到某出租车上贴有"此车转让"的启

事并留有联系电话。原告经联系该车驾驶员即该案被告王某后，与王某及其家人商谈好了汽车及经营权的转让费用，并于×年×月×日，签订了《购车合同》。合同约定，王某将该出租车及经营权一并转让给原告，车辆及经营权转让费共计 38 万元，由于该经营权即将到期，无法办理过户手续，双方约定暂不过户。购车合同签订后，原告即支付了转让款 38 万元给被告王某，被告王某将车辆及汽车的全部手续及经营权证一并交给原告，其后 2 年多的时间，该车一直由原告占有、使用和经营。待经营权到期后，原告又到 D 市客运处缴纳了 2 年的经营权费用。此后，被告王某之妻、本案被告徐某以欺诈的方式，欺骗原告的驾驶员将出租车开到徐某所住的小区，并强行将车扣留。徐某声称：该出租车是她家的，购车合同上没有自己的签字，其丈夫未经妻子同意即出售该车辆，系非法处置夫妻共同财产，且该车辆尚未依法登记，该车转让应属无效的民事行为。此事虽经警察出警处置未果，双方当事人各执己见互不让步，无奈诉至人民法院。

该案一审判决原告刘某与被告王某于×年×月×日就该出租车及经营权转让所签订的《购车合同》有效，被告王某、徐某协助原告刘某办理车辆及经营权过户登记手续，案件受理费 50 元、保全费 320 元，由被告王某、徐某负担。一审法院判决驳回上诉，维持原判。

一审法院认为：依法成立的合同，受法律保护，当事人应当按照约定全面履行自己的义务。该案原告与被告王某就该出租车及经营权的转让达成了一致性意见，原告支付了 38 万元作为购车款，被告王某交付了车辆及车辆相关手续给原告，双方并无恶意串通损害第三人利益问题，且该合同已实际履行完毕，该《购车合同》应属合法有效，被告徐某不能行使物权追及权。

法理明晰：该案经法官归纳的争议焦点有两个：一是该《购车合同》是否合法有效；二是被告徐某能否行使善意取得追及权，将该车扣留。

笔者作为善意取得人的代理律师，代理意见如下：

（1）该《购车合同》合法有效。

被告王某处置夫妻共同财产的行为是否合法有效，直接关系到《购车合同》是否有效的问题。在现代快节奏的商业社会，如果所有已婚人士在处置夫妻共同财产时，都必须由夫妻双方共同签字同意，方能作为处置合法有效的前提条件，显然不符合市场经济的规律和现代法律的效率特征。

从《购车合同》的成立要件看，该购车合同系双方在自主意思表示的基础上，依照合意签订的。该案原告与二被告在签订涉及该出租车及该车经营权的《购车合同》后，原告刘某即支付给被告 38 万元作为转让费用，被告王某亦出具了相关收条，并将车辆、经营权的有关资料和手续交付给原告，说明该《购车合同》已产生对双方的法律拘束力，且双方已按照合同的约定履行了各自的法律义务。在原告使用该车辆经营 2 年多后，被告徐某以其丈夫未经自己同意，擅自处置夫妻重大财产，应属无效为由，将车辆扣留，显然不符合法律的规定。

从《购车合同》的生效要件看，被告徐某主张，该转让行为违反法律的强制性规定，应属无效。《物权法》第二十四条规定："船舶、航空器和机动车等物权的设立、变更、转让和消灭，未经登记，不得对抗善意第三人。"该条款虽然载明船舶、航空器和机动车等特殊动产物权的变动以登记作为对抗要件，但物权变动不以登记和交付作为生效要件，也就是说，即使物权变动未经登记和交付，在当事人之间也完全发生法律效力，是否登记不影响物权变动的效力，只是影响能否产生对抗善意第三人的效果，因此，被告徐某主张《购车合同》无效的主张，没有法律依据。

因此，应当认定该《购车合同》合法有效。

(2) 关于徐某不具有行使善意取得追及权。

该案中，作为善意取得人，原告刘某通过在 D 市闹市区看到"此车转让"的广告后，联系卖家，经过协商一致后签订了《购车合同》，并立即通过其行为占有、使用该财产，未违反公开市场和除斥区间的限制性规定，因此善意取得成立。被告徐某不能行使追及权。

善意取得制度中的第一要素是"善意"，即作为善良人而取得财产，受到法律的保护。一般而言，善意取得追及权，是指物权变动过程中，善意第三人的民事行为完全符合善意取得制度的构成要件，导致善意取得行为合法有效，有权追回己方善意取得的动产和不动产。善意取得追及权，是指共同财产的共有人对无处分权人处分的财产依法行使追及权的问题，本文采用第二种概念。

从《物权法》第一百零六条的规定可以看出三个要件，一是受让人受让该不动产或者动产时是善意的；二是以合理的价格转让；三是转让的不动产或者动产依照法律规定应当登记的已经登记，不需要登记的已经交付给受让人。

该案中，被告徐某作为该出租车和出租车经营权的共同财产共有人，是否知道存在足以影响法律效力的事实十分关键，同时也会影响其随后所进行的行为——扣留出租车的行为是否合法有效的问题。依照案情，被告徐某在实施扣留出租车的行为之时，是在该出租车转让 2 年之后，已超过了必要的合理的期限。且从其利用欺骗的方式打到己方所居住的小区内并扣留该车辆的行为可知，其已知道或者应当知道该出租车已转让的事实。因此，法官很难认定徐某为善意的共同财产共有人，徐某不能行使共同财产共有人善意取得追及权。

再者，"对价"是善意取得制度的第三要素。该案中，原告刘某在签订《购车合同》后即支付了 38 万元作为购买款，系有偿取得，因此徐某作为共同财产共有人，对己方认为的无处分权人处分的财产不能行使善意取得追及权。

该案中，原告刘某作为善意第三人，为自愿取得《购车合同》项下的有关财产，且其占有、使用、收益和处分该物权的行为表明，其具有积极行使物权的意思表示和行为特征。而被告徐某作为共同财产共有人，可以将其丈夫管理、使用出租车的行为视为某种程度的委托关系或者选任关系，在知道或者应当知道其丈夫可能会背着自己出售夫妻共同财产、处分夫妻共同财产的情况下，未及时查明、制止财产转让的行为，应对自己的行为负相应的法律责任。

三、对于受让人行为善意的理解

就主观方面来说，受让人应当是善意的。所谓善意，主要指不知情，指行为人在为某种民事行为时不知存在某种足以影响该行为法律效力的因素的一种心理状态。对于认定这种心理状态，司法实践一般考虑以下几个因素：首先，受让人是否有知情的义务，通过他的专业知识水平以及对转让人的了解程度，受让人是否能够判断他的取得是善意的；其次，受让人是否支付了合理的对价，如果受让人明知其取得该物的价格与实际价值相差极大，则可以认定为其行为出于非善意；最后，应当考虑交易的场所是否符合常理。

我国《物权法》第一百零六条第二款明文规定"以合理的价格转让"是善意取得适用的条件之一。这一款的规定不是针对交易过程本身，而是针对受让人善意与否的判断。

值得注意的是，什么才是"合理"的价格？应该采用怎样的标准进行判断？笔者认为，应该以市场价格为准，通过评估确定市场价格。所以司法实践中，对于经中介机构拍卖或价格认定的，推定为善意取得有一定的道理。当然，对于非经中介机构的交易，当事人在进行交易时不可能知道精确的市场价格，再加上交易时可能附有其他条件，所以也不能苛求其交易价格一定与市场价格完全一致。因此，"合理"的价格应允许与市场价格有一定范围的偏差。

在司法实践中，对于受让人行为善意的认定将直接影响案件的定性。这对于代理律师来讲，不得不引起重视。所谓善意，系指不知或不得而知（非明知或因重大过失而不知）让与人无让与的权利，有无过失，在所不问，然而依客观情势，在交易经验上，一般人皆可认定让与人无让与之权利者，即应认为恶意，如明显低于市场价格，或出买者因急于出手而恣意降价的行为，就可认定为恶意。

受让人的善意必须是相信出让人就是所有权人。对于处分权限的信任，例如相信出让人是破产管理人，不能构成善意。

笔者认为，"善意"的内容应该首先是对无处分权人的权利外观的信赖，对无权利人的行为能力的信赖等都不属于这里的"善意"；其次是看这种信赖是否是无过失的，即受让人在交易时应是进行了一定的合理调查和基本的价值评估才进行交易与交付，也就是说形成了基本的对价或遵循"等价有偿、公平合理"的原则。

受让人须在完成最终交付行为时为善意，也就是最终获得物的占有或登记时为善意。如果在最终完成物的交付之前，如果受让人知道了处分人是无权处分，则此时还没有构成善意取得，权利仍属于原权利人，此时原权利人完全可以行使追及权，因此，判断善意的时点应该是完成最终交付的时点。

在如何证明善意的时候，应该由主张受让人有恶意的人（通常是原权利人）承担举证责任。如果原权利人没有足够的证据证明受让人是恶意，则推定受让人为善意。受让人被他人代理时，善意的判断应该根据代理人来决定，也就是说，要看代理人是否善意来决定能不能适用善意取得。

例如，刘某诉卢某财产权属纠纷案中，刘某主张卢某获得的机动车未在二手车市场交易，属于私自成交，且行为人不能有效证明支付了合理的对价。也就是转让机动车未在交易市场内进行，行为人不能证明自己为善意并已支付相应合理价格的，不构成善意取得。抗辩理由为：机动车虽然属于动产，但存在一些严格的管理措施，使机动车不同于其他无需登记的动产。行为人未在二手机动车交易市场内交易取得他人合法所有的机动车，不能证明自己为善意并付出相应合理价格的，对其主张善意取得机动车所有权的请求，人民法院不予支持。同时，刘某主张出卖人仅占有机动车而机动车行驶证上载明的所有权人并非出卖人，出卖人未提供有权处分手续的，应当认定受让人在受让该机动车时具有明显的重大过失，不构成善意取得。

一般而言，对于动产交易，交易相对人可以相信持有该动产的当事人即为有权处分人。但是，对于机动车等特殊动产，则交易相对人应核实该机动车行驶证上所载明的当事人，当载明的当事人与出卖人不一致时，则受让人应进一步进行核查，例如核查出卖人是否有授权手续等其他有权处分的情形。因此，在出卖人仅占有机动车而机动车行驶证上载明的所有权人非出卖人的情况下，如果出卖人并未提供授权出售的手续等合法处分权利外观的，应当认定受让人在受让该机动车时具有明显的重大过失，不构成善意取得。

四、交易行为应当限于有偿行为

在客观方面，善意取得必须依一定的法律行为而存在，这是善意取得的前提。受让人通过交易从转让人处取得财产，而受让人的这种行为是一种支付合理对价的法律行为。我国《物权法》中规定以合理的价格转让就充分说明了这种行为的性质必须是有偿的，受赠、继承等无偿方式取得的物不能发生善意取得的效力。这样就可从两个方面综合认定：第一，如果受让人无偿获得物权，则受让人本身没有付出对价，若将物权回复于原所有人，则受让人也不会遭受损失，在这种情况下，保护受让人的必要性大大降低。第二，我国《物权法》第一百零六条第二款明文规定"以合理的价格转让"是善意取得适用的条件之一，则交易行为应该为有偿行为。

第十九章
不当得利：围绕"没有法律上的根据"展开

"君子爱财，取之有道。"所谓道者，即法律和道德，具体就是所谓的公序良俗。反之，违反这些社会规范而取得财产权益就是不当得利。

历史上每一种社会形态或制度确立的初期，都有与之相适应的经济基础作为支撑，在漫长的原始资本积累的过程中，人性贪婪的弱点和功利主义思想会驱使他们不择手段追逐利益，而一个社会文明程度和法律道德环境又决定了对该行为否定性的评价力度，直接影响着正义理念对社会关系的调控效果，以及对财产合法流转和交易安全的保障作用。

律师在民商诉讼代理中，如果发现某人侵占了当事人的利益，但又找不到相应的法律上的依据，也提不出有支撑力的合同的约定，就可以考虑以不当得利的债权请求权之诉来保障当事人的合法权益。

不当得利的成立要件有4个：一方取得财产利益、一方受有损失、利益与损失的因果关系、没有法律上的依据，这也是不当得利诉讼纠纷案件中代理律师常见的辩点。

第一节　立法宗旨：依法保护公序良俗的社会公德

代理律师在认定不当得利之诉时，其适用要有明确的条件。同时还要注意的是不当得利在法律适用上是"兜底条款"，其他归责适用穷尽才适用该条款。

不当得利，是指没有合法依据，有损于他人而取得利益。不当得利的法律事实发生以后，就在不当得利人与利益所有人（受害人）之间产生了一种权利义务关系，即利益所有人有权请求不当得利人返还不应得的利益，不当得利者有义务返还。

不当得利的实质，就是在双方之间产生一种债的关系。在此行为之中，取得利益的人称受益人，遭受损害的人称受害人。受益人与受害人之间因此形成债的关系，受益人为债务人，受害人为债权人。

一、一方取得财产利益

一方取得财产利益是指因一定的事实结果而获得了或增加了财产或利益上的

积累。受益人获得的利益限于财产利益，即可以用金钱衡量的利益。判断受益人是否受有财产利益，一般以其拥有的财产或利益和如无与他人之间发生利益变动所应有的财产或利益总额相比较而决定。凡是财产状况或利益较以前增加，或者应减少而未减少，为受有利益；既有得利又有损失的，损益抵销后剩余有利益的，也为受有利益。

二、一方受有损失

仅仅有一方受有财产上的利益，而未给他人带来任何损失，不成立不当得利。如甲投资兴建广场，邻近乙的房屋价值剧增，乙获有利益但未给甲带来损失，乙对甲而言不成立不当得利。这里的损失，既包括现有财产或利益的积极减少，也包括应增加而未增加（可得利益）利益的丧失。对于后一种情形，受损人无须证明该项事实如未发生即确实可以增加财产，只需证明若无该项事实，依通常情形，财产当可增加，即为受有损失。也就是说，"应增加"的判定不必以其"必然增加"为必要，只要在通常情况下受损人的利益能增加即为"应增加"。如无权使用他人房屋，不管他人是否有使用该房屋或是否有出租房屋给第三人的打算，都可认为该房屋所有人受有相当于租金额的损失，因为他对房屋进行使用收益的潜在价值受到侵害。

典型案例：徐某诉乙会所不当得利纠纷案

入选理由： 不当得利需要证明自己的利益受到了受益人的损害

案情简介： 原告徐某系甲公司的销售负责人，甲公司与被告乙会所于 2012 年 11 月签订委托管理合同，由被告经营管理甲公司在本市某会所的餐饮服务。在被告管理上述会所餐饮服务期间，甲公司所开发某项目的业主刘某、张某分别购买了上述会所价值 10 万元的消费卡各一张，被告收取了上述两人支付的消费卡预付费用共计 20 万元。在此之后，刘某在上述会所使用消费卡消费了 16080 元，张某使用消费卡消费了 12274 元。

2014 年 2 月 28 日甲公司决定停止上述会所的经营，原告及甲公司曾多次与被告联系要求退还刘某、张某消费卡中未使用的余额，但遭被告拒绝。2014 年 6 月甲公司委托原告徐某从个人账户向刘某、张某先行退还了 171674 元，2014 年 7 月 20 日，甲公司以公司内部支付的方式为原告报销了上述费用。鉴于刘某、张某对于被告的债权已经通过原告先行代为履行的方式转移给了原告，原告亦曾通过律师函书面通知了被告，但被告仍然非法占有刘某、张某消费卡中未使用的余额，属不当得利，故要求被告返还原告 171674 元，并支付上述款项自 2014 年 7 月 21 日起至法院判决生效之日止按中国人民银行同期贷款利率计算的利息损失。

原告徐某为证明其上述主张向法院提交了身份证复印件、委托管理合同、结账单、委托书、字据、个人业务凭证、律师函等证据材料。

在法院审理过程中，法院就该案的请求权基础向原告予以释明，原告坚持以不当得利为请求权基础向被告主张权利。

以上事实由原告、被告提供的身份证复印件、委托管理合同、结账单、委托书、字据、个人业务凭证、律师函等证据材料及法院的庭审笔录予以证实。

法院经审理，依法判决驳回原告徐某的诉讼请求。

法理明晰：被告乙会所辩称，被告与甲公司曾签订委托管理合同，由被告经营管理甲公司在本市某会所的餐饮服务。在被告管理上述会所餐饮服务期间，刘某、张某分别购买了上述会所价值10万元的消费卡各一张，被告收取了上述两人支付的消费卡预付费用共计20万元。其后，上述两人使用消费卡在会所内分别消费了16080元及12274元。2014年2月底甲公司单方面终止上述合同，刘某、张某没有向被告提出退还消费卡中未使用余额的要求，被告也没有退还刘某、张某消费卡中未使用的余额。2014年7月原告曾以甲公司名义通过律师向被告发出律师函，被告则予以回复。鉴于被告没有获取不当得利，刘某、张某也没有将债权转移给原告，原告无权要求被告返还刘某、张某消费卡中未使用的余额，故表示不同意原告的诉讼请求。

被告乙会所为证明其上述主张向法院提交甲公司发给乙会所主张债权的律师函。

经审理查明，甲公司与被告于2012年11月10日签订委托管理合同，甲公司将本市某会所的餐饮服务管理工作委托被告管理，管理合作期5年。在被告管理上述会所餐饮服务期间，刘某、张某分别购买了上述会所价值10万元的消费卡各一张，被告收取了上述两人支付的消费卡预付费用共计20万元。其后，刘某在上述会所使用消费卡消费了16080元，张某使用消费卡消费了12274元。2014年2月底甲公司终止履行上述委托管理合同，被告至庭审时没有退还刘某、张某消费卡中未使用的余额。

又查明，根据原告提供的字据，张某曾于2014年5月12日声明授权刘某全权代表办理上述消费卡退款事宜。刘某则于同日出具字据，要求将上述消费卡退款汇入刘某指定账户。甲公司亦于同日出具委托书，委托原告代为向刘某退还消费卡中未使用的余额171674元。原告于2014年6月11日通过银行向刘某账户汇款171674元。甲公司曾通过律师向被告乙会所发出律师函，被告则予以回复。

法院裁判认为，当事人对自己提出的诉讼请求所依据的事实或者反驳对方诉讼请求所依据的事实有责任提供证据加以证明。没有证据或者证据不足以证明当事人的事实主张的，由负有举证责任的当事人承担不利后果。原告表示刘某、张某已经将其对于被告的债权转移给原告，而被告则表示不予认可，且原告在法院审理过程中提供的证据尚不足以证明原告上述事实主张，故法院不予确认。被告系在管理上述会所餐饮服务期间收取刘某、张某的消费卡预付费用，并非不当得利，另根据原告提供的甲公司出具的委托书，甲公司是委托原告代为向刘某退还消费卡中未使用的余额，原告在法院审理过程中亦表示甲公司在事后以公司内部支付的方式为原告报销了上述费用，故对原告的诉讼请求，法院依法不予支持。

该案原告的教训在于，原告在代公司向消费者支付消费卡余款时，应要求消费者提供债权转让授权委托书，授权其代为主张预付款的返还。再者，公司如果将债权授予原告，公司也应有授权委托，或者公司不应以公司名义向乙会所以律师函的形式主张权利。同时该案中，原告代支付给了消费者，同时公司给原告支付了该项费用，等于原告并无实际损失，也不存在不当得利的追偿或债权追偿。该案真正的债权人为甲公司，应以甲公司名义提起不当得利之诉。这往往是执业不久的律师常犯的低级错误，即在沟通过程中与起诉过程中权利主张主体表述不一形成的矛盾所致。

第二节　因果关系：做好不当得利的价值分析

受益人取得利益与受损人所受损失间的因果关系，是指受损人的损失是由于受益人受益所造成的。但受损人的损失与受益人的受益，范围不必相同，受益大于损失，或损失大于受益，均无不可，它只影响受益人返还义务的范围。并且受损人所受的损失与受益人所得的利益，其形态也不必相同。如无权处分他人之物，受益的无权处分人获得的是物的价金，而物的原所有人丧失的是该物所有权，但仍不影响不当得利的成立。

直接因果关系说主张取得利益与受有损失必须基于同一事实发生，如果是基于两个不同的事实发生，即使这两个事实之间具有牵连关系，也不应视为具有因果关系。非直接因果关系说主张，取得利益与受有损失不必基于同一事实，只要两者之间具有可依社会观念认可的牵连关系，即如果没有受益的事实，他方即不致受有损失时，则二者之间便具有了因果关系。这两种主张在有第三人行为介入时，往往会产生截然不同的结论：比如乙偷窃甲的现金，清偿了乙对丙的债务，依据直接因果关系说，丙的受益是基于乙的清偿行为，甲的受损是基于乙的偷窃行为，它们是两个不同的事实，受益与损失间不具有因果关系。而依据非直接因果关系说，则受益与损失间因两个事实上的牵连关系而具有了因果关系。

典型案例：某投资担保公司诉农行甲支行、农行乙分行信用卡担保纠纷案

入选理由：不当得利的举证责任不当造成的法律后果

案情简介：原告某投资担保公司诉称，2011 年原告与二被告共同达成协议，原告为二被告办理的信用卡汽车分期业务提供保证担保，二被告要求原告将1000万元存入被告农行甲支行处，用于该项业务的保证金。2013年5月23日，被告农行甲支行与其客户黄某签订了《金穗贷记卡专项商户分期业务担保借款合同》，该合同约定原告为黄某汽车分期金额为6.4万元提供担保，并同时约定购车业务专用金穗贷记卡为乐丰卡。但被告农行甲支行违背合作协议，为提高自己的贷记卡的发行量，在原告不知情的情况下又为黄某单独办理了一张贷记卡，尾号为1868（该卡授信额度为2000元），并将该卡与汽车分期专用卡乐丰卡捆绑。

黄某在用乐丰卡刷卡6.4万元后购得江铃陆风小型越野客车一辆。同时黄某又用尾号为1868的贷记卡四处消费，造成贷记卡透支消费未能按期偿还。黄某在被告农行甲支行办理汽车分期消费业务时，被告农行甲支行在合同中要求黄某办理以其为第一受益人的机动车交通事故责任强制保险、第三者责任险、机动车辆全车盗抢险、不计免赔险。2013年10月，黄某因驾驶所购车辆发生交通事故，致车毁人亡。被告农行甲支行作为保险第一受益人，在获取保险赔款的情况下，又于2013年12月17日强行将原告账户中资金扣款63194.35元（包括消费款）。

原告认为，被告农行甲支行违背诚实信用原则，在原告只为汽车分期尾号为3974的乐丰卡担保6.4万元，被告却让原告承担其尾号为1868的消费卡2000元的担保责任，存在明显的欺诈行为。同时被告农行甲支行作为保险第一受益人，在获取保险公司的赔款后，又再次对原告担保资金予以扣划，构成不当得利。原告为维护自己的合法权益，特提起诉讼，要求被告农行甲支行立即返还不当得利63194.35元，由被告农行乙分行承担连带清偿责任，并要求二被告承担本案诉讼费用。

被告农行甲支行辩称，黄某在交通事故中死亡后，保险公司没有给被告赔付，并给被告出具了拒赔报告。被告并非交通事故的受害人，保险公司拒赔符合法律规定，被告与保险公司没有关系。原告、被告在合同中约定，如果逾期不偿还贷款，被告就可以从原告账户中扣划。被告所扣划的63194.35元系汽车分期贷款本息，并不包括黄某的其他消费2000元，在扣划该款之前，黄某已将2000元偿还。被告为黄某办理的金穗贷记卡的消费额为6.4万元，总消费额不超过6.4万元，消费完毕后要分期进行还款，偿还一部分后产生2000元的消费额度，该2000元确实不在原告的担保范围内。被告为黄某办理的尾号为1868的卡是借记卡，没有透支功能，该卡用来偿还乐丰卡上产生的贷款。原告诉称的黄某的其他消费是在乐丰卡上的消费，并非是在尾号为1868的借记卡上的消费。因而，被告扣划汽车分期贷款本息，是按合同约定扣划，并不构成不当得利，请求法庭依法驳回原告的诉讼请求。

被告农行乙分行的答辩意见与被告农行甲支行的答辩意见一致。

最终法院判决：原告在本案中未提交证据证明被告农行甲支行存在不当得利

的情况，故对原告的诉讼请求不予支持。鉴于此，为维护正常的社会生活秩序，保护当事人的合法权益，依据相关法律之规定，判决驳回原告某投资担保公司的诉讼请求。

法理明晰：经法院审理查明，2013 年 1 月 30 日，原告与被告农行乙分行签订《担保合作协议》，约定双方在乙市区域范围内开展业务合作，原告为符合被告农行乙分行贷款条件的借款人提供贷款担保业务，履行保证责任。担保方式为连带责任保证，原告在被告处开立保证金专用账户（5568），并交纳保证金。2013 年 5 月 13 日，原告、被告农行甲支行及黄某三方签订了《金穗贷记卡专项商户分期业务担保借款合同》，约定由原告为黄某在被告农行甲支行所办理的汽车分期贷款 6.4 万元进行担保，该笔贷款分期期数为 36 期（36 个月），每期还款本金为 1777元，分期手续费费率为 12%，每期应还本金及手续费共计 1990.33 元，分期手续费金额共计 7680 元，合同项下持卡人使用的贷记卡卡号为××××。合同另约定，持卡人应连续投保以农行甲支行为第一受益人的机动车交通事故责任强制保险、第三者责任险、机动车辆全车盗抢险、不计免赔险；保险单号为×××；保险赔付金额上限 107800 元。同日，黄某刷卡消费 6.4 万元。2013 年 9 月 28 日，黄某无证驾驶无牌江铃陆风小型越野客车在 G312 线发生交通事故受伤，经抢救无效于 2013年 10 月 10 日死亡。2013 年 12 月 17 日，被告农行乙支行在原告账户（××××）扣款 962836.83 元，其中包括黄某欠款 63194.35 元。庭审中，原告、被告均认可所扣划黄某的 63194.35 元中，包括汽车贷款本金 59178.71 元、滞纳金等 4015.64元。事故发生后，黄某所投保的保险公司某支公司并未对黄某的家属及农行甲支行进行理赔，其拒赔意见为某市公安局交警大队所作的道路交通事故认定书认定黄某系无证驾驶。

另查明，黄某在被告农行甲支行还办理过一张卡号为××××（尾号为 1868）的银行卡。黄某除于 2013 年 5 月 13 日用尾号为 3974 的金穗贷记卡刷卡消费 6.4 万元外，还于 2013 年 5 月 13 日使用该金穗贷记卡跨行消费 2000 元，于 2013 年 6 月24 日跨行取现 1000 元，于 2013 年 6 月 25 日跨行消费 400 元，于 2013 年 6 月 29日跨行消费 500 元。黄某的还款情况如下：2013 年 6 月 17 日还款 3990.33 元，2013 年 6 月 23 日还款 2000 元，2013 年 7 月 20 日还款 400 元，2013 年 9 月 17 日还款 2000 元，2013 年 9 月 27 日还款 2000 元，共计还款 10390.33 元。

上述事实，有原告、被告在庭审中的陈述，原告提交的金穗贷记卡专项商户分期业务担保借款合同、金穗贷记卡复印件、中国农业银行现金缴款单、某投资担保公司代偿农行乙分行信用卡汽车分期客户清单，被告农行乙分行提交的担保合作协议、道路交通事故认定书、贷记卡交易明细，法院依法调取的机动车保险单抄件、车险拒赔案件报告书等证据在案证实。

法院经审理后认为，不当得利是指没有合法根据而取得不当利益。该案中，被告农行甲支行对原告账户中资金的扣划是基于原告与被告农行乙分行签订的《担保合作协议》及原告、被告农行甲支行、黄某签订的《金穗贷记卡专项商户分期业务担保借款合同》为依据。原告亦认可所扣划的63194.35元中，包括黄某汽车贷款本金59178.71元、滞纳金等4015.64元。所以被告扣划以上款项符合法律规定和当事人合同的约定，不当得利不能成立。对原告另外主张的被告农行甲支行作为保险第一受益人，在获取保险公司的赔款后又再次对原告担保资金予以扣划，亦属于不当得利的观点，根据本案查明的事实，黄某与被告农行甲支行在合同中约定的机动车交通事故责任强制保险、第三者责任险由被告农行甲支行受益，此约定违背法律规定；黄某与被告农行甲支行在合同中约定机动车辆全车盗抢险也由被告农行甲支行受益，但机动车辆全车盗抢险的理赔条件不能成立，且被告农行甲支行至庭审时并未获得保险公司的理赔款。所以，对原告提出被告农行甲支行已获得保险公司理赔款后再扣划原告款项63194.35元属于不当得利的主张不予支持。对原告主张的被告农行甲支行违背诚实信用原则，让原告承担卡号为××××的消费卡2000元的担保责任，存在明显的欺诈行为的情况，根据庭审查明的事实，黄某跨行消费及跨行取现行为都是用尾号为3974号的金穗贷记卡办理的，其并未用尾号为1868号的银行卡进行消费，尾号为1868号的银行卡主要功能是借记卡，不具有透支功能，是偿还贷记卡上产生的贷款，不存在欺诈行为，故对原告的这一主张不予采信。

第三节　严格标准：如何认定没有法律上的根据

取得利益致他人损失，之所以成立不当得利，原因在于利益的取得无法律上的根据，我国《民法通则》称为"没有合法根据"。无法律上的根据是指缺乏受利益的法律上的原因，而非指权利或者财产的取得没有法律上的直接原因，即没有法律也没有合同上的根据，或曾有合法根据，但后来丧失了这一合法根据。

典型案例：郭某诉胡某返还不当得利纠纷案

入选理由：不当得利请求权人应当对欠缺给付原因的具体情形负有举证责任

案情简介：2014年6月12日，郭某与甲公司签订《专柜制作合同》，由甲公司承揽制作郭某的服装专柜，合同价款为包干价。该承揽工程已于2014年8月26日竣工，胡某作为甲公司的员工进驻该工程施工。2014年8月9日，郭某支付给胡某4万元。此后，郭某与甲公司因该承揽合同发生纠纷诉至浙江省某市某区人民法院，甲公司在该案审理过程中对其公司员工胡某于2014年8月9日收到的4万元不认可为承揽合同项下的工程款。2016年7月，郭某提起诉讼，请求判令胡某返还不当得利款4万元。胡某不服，提起上诉。

法理明晰： 浙江省某市一审法院经审理认为，胡某从郭某处获得的4万元款项既无法律依据，也无合同约定等合法根据，属于不当得利，胡某理应返还。胡某答辩所称该款项系郭某支付给其的装饰工程施工过程中增加的工程及变更材料的费用的主张，因未提供相关证据予以证明，不予采纳。据此，判决胡某返还郭某不当得利款4万元。

某市中级人民法院经审理认为，该案的事实不符合不当得利的法律构成要件。首先，根据"谁主张，谁举证"原则，郭某应当对胡某收取诉争款项没有合法根据承担举证责任。郭某向胡某支付款项，双方不存在给付对象错误或标的错误的情形，郭某向胡某支付款项并非没有法律上的原因。其次，郭某作为不当得利请求权人，应当对欠缺给付原因的具体情形负有举证责任。因郭某主动将诉争款项支付给胡某，是使财产发生变动的主体，应当由其承担举证不能的风险。再次，根据胡某的抗辩理由，即其是现场施工人员，郭某支付其诉争款项是因郭某请求其变更部分材料、增加部分施工项目等，其已经与郭某进行结算，且将相关的收据或票据交付给郭某作为结算的依据，故其不可能将相关凭证再保留在手上的解释亦符合情理。综上，郭某基于不当得利请求权要求胡某返还诉争款项，难以支持。二审遂改判驳回郭某的诉讼请求。

该案的争议焦点在于不当得利诉讼中"无合法根据"的举证责任应当分配给谁。一审法院将"无合法根据"的举证责任分配给了被告胡某，胡某未对4万元款项系郭某支付给其的装饰工程施工过程中增加的工程及变更材料的费用的主张提供相关证据予以证明，故认为胡某属于不当得利。二审法院将"无合法根据"的举证责任分配给了郭某，由于郭某未对胡某收到诉争款项是否属于"无合法根据"提供充足的证据，且胡某对郭某支付其的诉争款项作出了符合情理的解释。二审遂改判驳回了郭某的诉讼请求。

代理律师的主要观点如下：

（1）"无合法根据"只能解释为由不当得利请求权人承担举证责任。

不当得利请求权人作为使财产发生变动的主体，其给付行为必然基于某一法律关系，应当对欠缺给付原因的具体情形负举证责任。从郭某的陈述内容分析，其向胡某支付款项，双方不存在给付对象错误或标的错误的情形，郭某向胡某支付款项并非没有法律上的原因。另外，给付行为是由郭某主动作出，财产的变动实际上也是在郭某的掌控之下。作为使财产发生变动的主体，郭某应当对欠缺给付原因的具体情形负有举证责任。由于郭某提供的证据尚不能说明其给付行为欠缺给付原因，故应当由其承担举证不能的风险。故二审判决郭某败诉。

（2）对于"无合法根据"给请求权人带来的举证困难，可以通过其他途径来缓解。

首先，可以通过运用间接事实和经验法则达到请求权人的证明目的。该案一审中，郭某就举出"汇款确有发生，有银行客户回单为证；其与案外人甲公司之间有承揽合同，其支付给甲公司员工即胡某的4万元工程款，但甲公司不予认可，且某区法院判决书对此已予以确认"等这几个间接事实，达到了法官对被请求权人获益"无合法根据"的心证，被告胡某虽有异议，但没有提出充分的相反证据动摇法官的临时心证。上述证明其实同时运用了间接事实和经验法则，但运用间接事实证明的前提是经验法则具有高度盖然性，不超出大众的接受范围和理解程度。

其次，可以通过加强被请求权人的具体化说明义务来缓解请求权人的证明困难。换言之，被请求权人此时可以不主动提供证据，但不能仅通过简单否认完成抗辩，应先就其获益的原因加以说明。请求权人可仅对被请求权人所抗辩的原因进行证明，并不必采取排除法来否定对方获益的所有可能性。例如，本案中，郭某认为胡某所获得的4万元为不当得利，诉请法院要求其返还，胡某以该4万元系增加的材料款、工程款抗辩，此时郭某可仅就该原因进行举证，而无需对胡某没有抗辩的其他原因进行证明。事实上，二审法院对胡某提出了较高的、具体化说明义务，但同时认为，胡某的抗辩已尽了具体化的说明义务，且该解释说明符合情理。而郭某没有就胡某的抗辩作出进一步的证明，故二审判其败诉。可见，通过加强被请求权人的具体化说明义务，虽然未必能使请求权人转败为胜，但能够在不转移请求权人"无合法根据"证明责任的同时，缓解其证明困难。

第四节　权利行使：具有不当得利返还的请求权

不当得利依据不同标准可以作不同划分，最基本的划分是依据不当得利是否基于给付行为而发生，将其分为给付不当得利与非给付不当得利。

一、给付不当得利的请求权

给付不当得利，指受益人受领他人基于给付行为而移转的财产或利益，因欠缺给付目的而发生的不当得利。这种欠缺给付目的既可以是自始欠缺给付目的，也可以是给付目的嗣后不存在，或者是给付目的不达。这里的给付目的，即给付的原因。给付者给予财产总有一定目的或原因，或为债务的消灭，或为债权的发生，或为赠予，这里的目的或原因就成了受领给付者受取利益的法律上的根据。如果由于某种原因，给付目的（原因）不存在或不能达到，那么受领给付者的受取利益便会因为无法律上的根据而成为不当得利。

典型案例：瞿某诉于某不当得利返还纠纷案

入选理由： 不当得利人承担利得的举证责任

案情简介： 瞿某与于某系相识多年朋友，于某因生意需要多次向瞿某借款，均未打借条，于某也按照双方约定及时还款。2011 年 6 月，于某因生意需要向瞿某借款 20 万元，并口头约定借期 2 年，利息 8.5%，瞿某遂通过其开户银行向于某的卡上打款 20 万元。2 年到期后，瞿某要求于某还钱。于某不承认向瞿某借过钱，并称瞿某打给他的 20 万元钱是瞿某给他的还款。瞿某多次要求还钱未果，遂酿成纠纷。一审法院法官驳回了瞿某的起诉。

瞿某不服一审判决，遂上诉至二审法院。二审法院经审理后认为该案系不当得利返还纠纷，认为一审认定事实不清，证据不足，遂撤销原审判决，发回重审。

发回重审后，主审法官以不当得利返还纠纷审理，在瞿某举证证明了不当得利前三个要素：于某受有利益、瞿某造成损失、两者之间有因果关系后，主审法官要求于某举证证明其保有该笔款项的合法依据。于某辩称是瞿某汇款给他是因为瞿某曾向他借款 20 万元，是还款行为，但无法举证证明。

法院遂判决于某行为构成不当得利，应向瞿某返还该 20 万元。

法理明晰： 该案经法官归纳的争议焦点为：于某行为是否构成不当得利的关键因素在于某是否具有保留利益的合法依据。

瞿某以不当得利返还纠纷起诉至法院后，主审法官自始至终以借款纠纷来审理，庭审中代理律师多次提醒审判员，该案的诉讼请求是不当得利返还，但主审法官坚持以借款纠纷来归纳争议焦点并审理。庭审后，审判长再次要求代理律师变更诉讼请求，否则承担败诉的法律后果。代理律师坚持原来诉讼请求，最终法院驳回瞿某的诉讼请求。

对于代理律师来讲，该案的关键是按照借款纠纷起诉还是按不当得利返还纠纷起诉对原告的举证有利。

代理律师经分析认为：该案事实系借款纠纷不假，但因当初没有签订借款合同，也没有打借条，亦没有证人、视听资料等用于证明双方之间借款关系的证据。如果以借款纠纷起诉，那所有证明借款关系存在的证明责任势必由瞿某来承担，于某只要反驳即可，不需要举证，也不需承担举证不能的不利后果。而瞿某打款给于某的凭证只能证明瞿某给于某 20 万元的事实，但无法证明这笔款就是借款。经综合考虑后，代理律师以不当得利返还纠纷起诉到法院，要求于某返还因恶意不当得利的 20 万元及利息。

代理思路是：不当得利是指无法律上的原因而受利益，致使他人受损失的事实。其构成要件有四：受有利益、致人损害、受有利益和致人损害之间有因果关系和无法律上的原因。该案于某的行为完全符合不当得利的四个构成要件：①因诉争汇款行为，于某受有利益；②因诉争汇款行为，瞿某遭受损失；③于某受有利益与瞿某造成损害之间有因果关系；④于某得到瞿某的 20 万元没有合法依据。

瞿某之所以进行汇款是因为瞿某具有与于某达成借款合同的经济目的，借款合同是双方之间给付的原因。但是由于于某在承认瞿某向其汇款 20 万元的情况下，却不认为双方之间存在借款关系，且又无法举证证明他保有该笔款款项的合法依据，固成立不当得利。

二、不当得利返还请求权求权的除外情况

不当得利返还请求权是指不当得利使受益人与受损人之间发生不当得利的债权债务关系，受损人享有请求返还不当得利的权利。

不当得利返还请求权在《民法通则》第九十二条中表述为："没有合法根据，取得不当利益，造成他人损失的，应当将取得的不当利益返还受损失的人。"

但是，不当得利返还请求权有如下两种除外情况。

（1）履行道德义务产生的不当得利。

因履行道德义务产生的债务，被认为是自然债务的一种。一般来说，当债务人不履行时，债权人可以通过诉讼的方式请求法律强制债务人履行债务。而自然债务属于不完全债权，一般在请求力或者执行力方面存在一定缺陷，履行道德义务所产生的债被认为欠缺请求效力。如侄女抚养叔父之债。

（2）给付未到期债务。

两者之间存在债权债务，但未到期。债务人在债务未到期时，主动给付债务，使债权债务消灭。在债务消灭后，债务人主张归还了未到期债务，请求依据不当得利返还原始本金和因提前给付而遭受的利息损失。就本金部分，不论债务人是否提前归还债务，本金部分始终要归还给债权人，所以对债权人而言不存在获利，也就不存在不当得利的返还。关于利息部分，表面上看债务人遭受了损失，债权人获得一定利息利益，但该给付非无法律上原因，系债务人自愿行为。从另一方面说，因债务提前给付，债权人并非都能得到利息利益，也有给债权人带来提前保管、保存债权的负担，故此种情形，不能主张不当得利的返还。

三、不当得利举证责任分配

不当得利是指没有合法依据，有损于他人而取得利益。不当得利的法律事实发生以后，就在不当得利人与利益所有人（受害人）之间产生了一种权利义务关系，即利益所有人有权请求不当得利人返还不应得的利益，不当得利者有义务返还。这也就在双方之间产生一种债的关系。

典型案例：杨某诉郭某借款返还款

入选理由： 难以说清借款与投资款的情形下主张不当得利的举证责任分配

案情简介： 原告人杨某与被告郭某系朋友关系。2010 年 9 月初，被告郭某致电原告杨某，称其投资急需资金周转，原告杨某遂于 2010 年 9 月 16 日，通过银行汇款方式（以"个人借款"用途），向被告郭某汇款人民币 200 万元，没有签订相应的借条。2012 年 7 月杨某以不当得利为由状告郭某偿还借款。该案的一审判决认为，"该笔给付不论是原告先前所述的借款或被告所称的案外人投资款，均并非欠缺法律上的原因"，判决不支持原告的诉讼请求。原告不服，提起上诉，其不当得利的诉求得到了二审法院的支持，判决认为一审法院认定事实不清，适用法律错误，发回重审。

法理明晰： 被告郭某代理人认为：①本案不适用不当得利，原告（杨某）已经说明是借款，应当以民间借贷起诉，不能以不当得利起诉；②被告在账户中所得款项是有法律依据的，为杨某给被告公司的投资款；③原告汇款凭证中摘要一栏中载明"个人借款"为有明确理由。

原告方代理律师对此进行反驳，认为该案属于不当得利。在该案中，借款是杨某汇款的动机和目的，是这一给付的基础法律关系，但被告却对该借款的意思表示发生误解，于是借款合同因原告、被告意思不合而未成立，被告遂没有保留这些给付的法律原因，构成不当得利。原告代理律师认为该一审判决事实不清，适用法律错误，对于该笔借款，应当认定为不当得利，原告人杨某汇款的动机和目的是"个人借款"，但基于被告人郭某的否认，且郭某认为该款项是杨某对郭某甲公司的投资款，故借贷关系因杨某与郭某的意思不合而未成立，而此时，郭某也不能提供任何证据证明该笔借款系杨某的投资款，应当承担举证不能的不利后果，认定该笔借款为不当得利款项。基于不当得利关系，郭某应偿还该笔借款。

第一，该案法律关系不是借贷关系，而应当是因借款合同不成立导致的不当得利关系，在法律上属于"自始欠缺给付原因之不当得利"。在该案中，因诉争汇款行为，被告受有利益同时致原告损害应无疑异，故该案是否构成不当得利关键因素在于被告是否具有保留利益的法律上原因。该案中，"个人借款"是原告杨某最初汇款的动机和目的，但被告郭某却对该借款的意思表示发生了误解，被告郭某无证据证明且错误地以为该款项是杨某汇款给郭某作为杨某的投资款。于是，借款合同因原告、被告意思不一致而未成立，被告遂没有保留这些给付的法律原因，构成不当得利。原告方以不当得利起诉是没有问题的。

第二，原告认为根据双方当事人提供的证据证明的事实，该案被告无保留利益的法律上原因。根据不当得利法理，给付需为达成一定经济目的之行为。在该案中，原告之所以进行汇款是因为原告具有与被告达成借款合同的经济目的，故被告之得利基于原告之给付，借款合同是当事人之间给付的目的。但是，由于被告以为原告的给付为给予被告公司的投资款，对原告的意思发生误解，借款合同因为当事人之间的意思不合而不成立，被告也没有其他占有款项的法律依据，导致该笔给付没有相应的经济目的，所以原被告之间的给付自始欠缺给付原因，成立不当得利。

第三，原告汇款凭证中的"个人借款"不能作为该笔款项的真实意思表示，因为根据目前我国对银行转账汇款的管理规定，进行转账汇款时，需要对款项作简要说明，然而汇款人在填写该种说明时往往是以自己单方面的理解随意填写，银行也没有相应的审查，这个描述跟当事人之间的基础法律关系没有必然的联系，也就是说，该理由并不能作为被告人保留给付的原因，况且，就算是原告认为的"个人借款"，被告也并不认同，被告以为是投资款，即原告和被告双方对摘要内注明的内容并没有达成一致的意思表示，摘要内容仅为原告汇款时描述被告使用款项用途的一种不规范记载，并非给付的基础法律关系之体现，这也从反面认证了该笔款项为不当得利款项。

不当得利的构成要件有 4 个：受有利益、致人损害、利益与损失的因果关系和无法律上的原因。对于前两个构成要件，原告已经通过银行汇款凭证充分地举证加以证明，至于有无法律上原因的举证责任，不能机械地决定由原告承担，而是应当根据公平原则和诚实信用原则加以确定。原告在诉讼中表示，她汇给被告的款项系被告方向原告的借款，然而被告并不认可该事实，认为是原告给予被告公司的投资款，基于此项事实，原告已经举证初步证明郭某获得争议款项无法律上原因，该笔款项系不当得利款项。而被告主张此款非不当得利而是有合法依据的，根据举证责任转换原理，被告对该反驳事实负有举证义务。被告不能举证证实其获得款项具有合法依据，依法应承担相应的举证不能责任，即认可该笔款项构成不当得利。

在庭审过程中，郭某不认可双方存在民间借贷法律关系，认为该笔借款为杨某对于郭某甲公司的投资款，对于此，双方均无法律依据予以证明，若是原告以借款纠纷起诉，则原告将因举证不能而败诉，然而原告以不当得利起诉时，被告方以原告认为的该笔款项为借款，且原告方的汇款凭证中载明的"个人借款"字样为由主张原告方应该以借款纠纷起诉，此为强词夺理，为漠视法律的行为。

如果基于某种法律关系"取得"某种利益时有合法根据，而"占有"没有合法根据时，一般不属于不当得利。

典型案例：张三诉王五不当得利返还案

入选理由：一般情形下，付款人不得以收款人为不当得利的权利主张人

案情简介：2012 年 8 月，原告张三与案外人王五经口头协议，合伙经营某汽车租赁中心及物业公司。由于王五称被告李四系其公司的财务，应王五要求，原告张三自 2012 年 8 月 15 日起至 2013 年 7 月 18 日止，先后通过中国建设银行向被告李四银行账户转账汇款人民币×元。后原告张三获知，其与案外人王五合伙经营的某汽车租赁中心被注销，而其与王五合作的其他公司也都被注销了。合伙经营期间，原告张三不了解公司的经营状况，也未取得公司的经营利润。原告张三向王五要求归还其所出资的款项，王五均未归还，现原告张三已无法联系王五，故提起本案诉讼，认为被告王五属不当得利。

法理明晰：关于不当得利，其"取得"应是指一种瞬间行为，而非一种持续"占有"状态。如果基于某种法律关系"取得"某种利益时有合法根据，而"占有"没有合法根据时，一般不属于不当得利。无法律上的原因是不当得利发生的要件，若当事人之间事先存在合同关系，则一方因他人的履行而受利益，应当认为具有法律上的原因，不构成不当得利。本案中，原告、被告均承认，原告与案外人王五之间存在合伙关系，即便该合伙关系只有口头协议，该协议亦系双方真实意思表示，合法有效。原告与案外人王五存在合同关系在先，原告应王五要求，向被告账户汇款，系其按照协议约定履行义务。被告代收王五的钱款，不违反法律规定，故被告取得该款项具有合法依据。原告认为被告取得该款项是不当得利，没有事实与法律依据。即便如原告所诉，案外人王五与被告串通欺骗原告，原告也应以合同纠纷起诉王五，而并非不当得利。故原告的诉请，不予支持。没有合法根据，取得不当利益，造成他人损失的，应当将取得的不当利益返还受损失的人。

无论是公司的财务部门，还是日常生活中的代收人，一般不负返还义务。

第二十章
撤销权：理性经济人应当知晓的诉权

就民商诉讼的撤销权而言，主要有民事行为撤销权行为、债权人的撤销权行使和与第三人的撤销权之诉三种情形。

第一节 民事行为撤销权的行使

《合同法》第五十四条除规定了和《民法通则》相同的对"因重大误解订立的"及"在订立合同时显失公平的"，合同可以撤销外，还将"一方以欺诈、胁迫的手段或者乘人之危，使对方在违背真实意思的情况下订立的合同"纳入撤销权行使的范围，"受损害方有权请求人民法院或者仲裁机构变更或撤销。"

《民法通则》和《合同法》中规定的这些撤销权是指可撤销的民事行为和当事人不具备完全民事行为能力时当事人请求法院对这些民事行为所作出的撤销。申请撤销的对象是对方当事人。而我们本节中所称的撤销权是指本人即债权人要求撤销的是债务人与第三人的法律行为。在这种撤销权案件中，存在三方当事人。

第一，受害方的撤销权，是指权利人即受欺诈、胁迫方，以及被重大误解、显失公平、乘人之危方的撤销权。第二，善意相对人的撤销权，是指效力待定合同的权利人即善意相对人的撤销权利。第三，赠予人的撤销权，是指在赠予法律关系中权利人即赠予人的撤销权利。第四，破产撤销权，是指在破产程序开始后，权利人即清算组请求人民法院对破产债务人在破产程序开始前，法律规定的期限内实施的，有害于债权人整体利益的行为予以撤销，并将该行为产生的财产利益回归到破产财产的权利。第五，婚姻受胁迫方的撤销权，是指在人身关系的法律范畴内权利人即婚姻受胁迫方的撤销权利。

民商事行为撤销权最典型的是公司决议撤销之诉的相关规定。就是在什么情况下股东有权申请法院撤销股东或董事会作出的相关决议，以保护相关股东或董事的合法权益。

典型案例：李某诉甲公司决议撤销纠纷案

入选理由：决议撤销案的代理要弄清章程、董事会及股东职权所在

案情简介：被上诉人李某系上诉人甲公司股东，并担任总经理职务。甲公司

为有限责任公司，其股权结构为：葛某持股40%、李某持股46%、王某持股14%。三人共同组成董事会，由葛某担任董事长，其余二人为公司董事。公司章程规定："董事会行使包括聘任或者解聘公司经理等权利；董事会须由2/3以上的董事出席方为有效；董事会对所议事项作出的决定应由占全体股东2/3以上的董事表决通过方为有效。"2009年7月18日，经董事长葛某电话召集，甲公司召开董事会，会议经葛某、王某表决同意通过了"鉴于总经理李某不经董事会同意私自动用公司资金在二级市场炒股，造成巨大损失，现免去其总经理职务，即日生效"的决议。决议由葛某、王某及监事签名，李某未在决议上签名。2009年7月27日，李某以该决议依据的事实错误，在召集程序、表决方式及决议内容等方面均违反了《中华人民共和国公司法》（以下简称《公司法》）的规定，应予撤销为由，向原审法院提起诉讼，要求撤销上述董事会决议。

一审法院经审理认为，虽然本案董事会决议在召集、表决程序上与《公司法》及公司章程并无相悖之处，但董事会形成的"有故"罢免原告总经理职务决议所依据的"未经董事会同意私自动用公司资金在二级市场炒股造成损失"的事实存在重大偏差，原告在案外人国信证券公司进行800万元股票买卖，包括账户开立、资金投入及股票交易等系列行为，均系经被告董事长葛某同意后委托李某代表甲公司具体实施。因此，在该失实基础上形成的罢免总经理决议，缺乏事实及法律依据，其决议结果是失当的。从维护主张撤销权人的合法利益、董事会决议形成的公正、合法性角度出发，判决对该董事会决议予以撤销。

一审判决后，甲公司不服提起上诉。

二审法院经审理认为：聘任和解聘总经理是公司董事会的法定职权，只要董事会决议在程序上不违反《公司法》和公司章程的规定、内容上不违反公司章程的规定，法院对解聘事由是否属实不予审查和认定，其对董事会的决议效力亦不构成影响。该案中"李某不经董事会同意私自动用公司资金在二级市场炒股，造成巨大损失"这一理由仅是对董事会为何解聘李某总经理职务作出的"有因"陈述，该陈述本身不违反公司章程，也不具有执行力。该案适用《公司法》第二十二条予以审查，认定系争董事会决议在召集程序、表决方式上均无任何瑕疵，不符合应予撤销的要件，遂对该案予以改判，对李某原审诉请不予支持。

法理明晰：该案经法官归纳的争议焦点主要有：第一，法院是否应当对董事会决议罢免公司经理所依据的事实和理由进行审查，如事实不成立或严重失实，是否影响该董事会决议的效力。第二，人民法院在审理公司决议撤销纠纷案件中应当审查哪些事由。一般认为应审查以下事项：会议召集程序、表决方式是否违反法律、行政法规或者公司章程，以及决议内容是否违反公司章程。在未违反上述规定的前提下，解聘总经理职务的决议所依据的事实是否属实，理由是否成立，不属于司法审查的范围。

法院对可撤销的公司决议进行司法审查的范围：公司决议，包括股东（大）会决议和董事会决议，是公司的意思决定。公司决议可撤销的原因包括：召集程序违反法律、行政法规或公司章程，表决方式违反法律、行政法规或公司章程，决议内容违反公司章程。

因此，法院在公司决议撤销纠纷案件中的司法审查范围原则上限于对上述三个可撤销原因的审查。具体包括：

第一，召集程序方面的瑕疵。常见的召集程序瑕疵包括召集人不适格、未按照规定期限发送召集通知、未采用规定的方式发送召集通知等。

第二，表决方式的瑕疵。常见的表决方式瑕疵包括未达到法定的表决比例、参与表决的主体不具备表决资格、表决权行使受到不当干扰等。

第三，决议内容是否符合章程。《公司法》将违反章程列为公司决议可撤销的原因，而非无效原因。

在公司决议撤销纠纷案件中，对决议内容的审查是看决议的内容是否符合章程的规定，而不是审查其内容是否合法。如果决议的内容违反了法律或行政法规的强制性规定，其结果是决议无效，而不是可撤销。《公司法》将决议内容违反章程作为可撤销的原因，更有利于稳定公司法律关系，促进公司自治。

本案例中的主要争议在于，董事会决议中所表述的罢免理由及相关事实对董事会决议的效力是否产生影响，法院是否需对相关事实和理由进行审查。一审法院认为，该事实是否存在是解决案件争议的关键，从而对相关事实进行了审查，并认为董事会决议所依据的理由存在重大偏差，在该失实基础上形成的董事会决议是失当的。董事会决议撤销诉讼旨在恢复董事会意思形成的公正性及合法性，故判决撤销该董事会决议。二审法院认为法院对该事实是否存在不应当进行审查与认定，并作出改判，驳回原告李某请求撤销董事会决议的诉讼请求。

甲公司代理律师的主要代理意见为：

第一，公司自治原则。公司自治是现代公司法的灵魂，也是私法自治和市场经济的要求。总经理的聘任和解聘关涉到公司日常经营决策的核心和关键，公司董事会基于公司发展需要而调整公司高级管理人员，是行使公司的自治权。

第二，公司章程赋予的权力应得到充分的尊重。公司章程是公司的自治规章，对公司及其股东、董事、监事和其他高级管理人员均具有约束力。甲公司董事会可以行使公司章程赋予的权力作出解聘公司经理的决定。至于解聘经理是出于什么原因、基于何种理由，以及解聘的理由是否真实存在、是否合理，均属公司自治的范畴，法院不应予以审查。

第三，符合董事会与经理之间委托代理关系的法律性质。董事会需要聘任经理人专门从事公司的经营管理。关于董事会与经理之间的关系，一般认为是委托代理关系。委托合同是以当事人之间的信任关系为基础的，而信任关系属于主观信念的范畴，具有主观任意性，没有严格的判断标准。如果当事人在信任问题上产生疑问或者动摇，即使强行维持双方之间的委托关系，也势必会影响委托合同目的的实现，故委托合同中当事人具有任意解除权。《合同法》第四百一十条规定，委托人或者受托人可以随时解除委托合同。根据委托代理关系的法律性质，董事会可以随时解聘经理，法院也无须审查其解聘事由。

第二节 债权人撤销权的行使

所谓债权人撤销权是指债权人在债务人与他人实施处分其财产或权利的行为危害债权的实现时，必须申请法院予以撤销的权利。行使撤销权必须由债权人向法院起诉，由法院作出撤销债务人行为的判决才能发生撤销的效果。

在案件代理中，对于以无偿方式转让财产引发的撤销权案件处理起来较为轻松，因为受让人并未支付相应的对价，即使撤销债务人的无偿行为，也不会使受让人遭受到积极的损害，充其量损失的只是其无偿所得的利益。而在无偿转让的撤销权诉讼中法律关系相对简单，法官会依据自由裁量权，尽可将裁量的天平向债权人倾斜。但是，在处理以有偿方式转让财产引发的撤销权案件时，法官却时常陷入多种权利、多项原则及较为复杂的法律关系的冲突之中，陷入两难境地。究其原因，就在于法律不能将受让人通过支付一定对价而获得的权利置于不顾，也就是还要考虑善意第三人是否存在善意取得的情形，在多种权利并存且相互冲突的情形下，法律必须对此作出衡平较量，不能随意厚此薄彼，否则债权人平等原则无法贯彻，交易安全亦无法维系。因此，在代理以有偿方式转让财产引发的撤销权案件中，如何说服法官在现有法律框架内对债权人和受让人利益进行适度平衡而维护当事人利益是实践中的难点。

债权人的撤销权行使主要基于以下四点：

第一，债务人实施了处分财产的行为，即债务人的财产因该行为而受到直接影响，减少了责任财产。债务人所实施的处分财产的行为，是债权人撤销权行使的对象。但并非债务人所实施的处分财产的所有行为，都可以成为债权人撤销权的标的。

第二，债权人对债务人享有合法有效的债权。债权人对债务人享有合法有效的债权是撤销权行使的前提要件，这一方面要求债权必须在债务人处分财产的行为发生之前已经有效存在，另一方面要求当债权人行使撤销权时，债权人的债权仍然有效存在。无效的债权、已被消灭的债权、超过诉讼时效的债权，自然不能发生撤销权。但债权人对债务人的债权是否已到清偿期，不影响债权人撤销权的行使。撤销权不同于代位权，债权人行使撤销权的目的在于保全将来的债务履行，并非请求履行。

第三，债务人的行为于债权发生后有效成立且继续存在。债权人对债务人的债权须于债务人的法律行为前发生，因为债权人撤销权的目的在于防止债权人对于债务人所预期的担保的一般减消，而在债务人行为后发生的债权，则不会因此受到损害。

也就是说，如果债务人的行为并没有成立和生效，或者属于法律上当然无效的行为（如债务人与第三人恶意串通隐匿财产），或该行为已被宣告无效等，都不必由债权人行使撤销权。

第四，债务人的行为需有害于债权人的债权。债权人的撤销权行使显然是对合同相对性原则的突破，其效力涉及合同债务之外的第三人，不仅对交易安全构成威胁，而且构成了对债务人活动自由或私法自治精神的威胁，所以法律必须在强化债权人权益和债务人自治以及交易安全之间达成一个平衡，该平衡点即为"债务人的行为是否有害于债权的行使"，以此为界限划分债务人的自由空间与债权人对债务人行为干涉的范围。

在撤销权行使过程中，代理律师一定要注意受让人恶意取得的证据收集。其证明标准无外乎三点：一是受让人明显知道债务人是以明显不合理的低价转让。从现行司法解释来看，如果成交价达到政府的指导价或者市场交易价百分之七十的，一般可以视为明显不合理的低价。二是受让人不仅知道债务人以明显不合理的低价转让，而且不明知此种行为会对债权人造成损害。三是撤销的财产或利益归属于全体债权人，债权人不能在同一诉讼中既行使撤销权又对被撤销的财产或利益直接受偿。也就是说一般债权撤销权人不具有优先受偿权。

典型案例：王某诉乐三及第三人乐四撤销房屋买卖之诉

入选理由： 债权人有权申请撤销明显不合理的低价转让的交易

案情简介： 2006 年 8 月 9 日，被告乐三向原告王某借款 15 万元，约定借款期限 2 年，然而被告逾期未能还款。被告于 2007 年 11 月 16 日将其所有的坐落在某市一套单元房 A 室房屋以 62 万元的价格出售给第三人乐四。被告低价转让房屋，对作为其债权人的原告造成损害，故原告诉至法院要求撤销被告将坐落在某市一套单元房 A 室房屋出售给第三人乐四的行为。

某区人民法院一审认定：2006 年 8 月 9 日，乐三向王某借款 15 万元，并约定借期为 2 年。因乐三逾期未还，王某向法院提起诉讼。法院于 2008 年 9 月 10 日作出民事判决书，判决乐三归还王某借款 15 万元并支付利息 2.45 万元。王某于 2008 年 10 月 22 日向法院申请执行，法院于 2008 年 11 月 18 日作出民事裁定书，确认被执行人乐三暂无财产可供执行，并裁定终结执行。申请人发现被执行人有可供执行财产的，可以依照《民事诉讼法》第二百三十条的规定请求继续执行。

另查明：2007 年 11 月 16 日，乐三与其姐姐乐四签订房屋买卖合同一份，约定乐三将其所有的坐落在某市一套单元房 A 室房屋卖给乐四，价格为 62 万元。该合同备案于某市房地产管理局。该房屋的契税计税价格为 62 万元。同年，该房屋的产权证登记于乐四名下。乐三曾向乐四及其丈夫王某某出具借条两份及字条一份，借条载明的借款金额分别为 30 万元、15 万元，落款时间分别为 2005 年 4 月 16 日、2006 年 3 月 18 日。字条载明："因现无力偿还欠乐四、王某某的借款，决定把位于某市一套单元房 A 室房屋作价 96 万卖给乐四、王某某，抵销借款 45 万（肆拾伍万）剩余 51 万（伍拾壹万）用现金支付给我。特此证明。"该字条的落款时间为 2007 年 12 月 22 日。乐三、乐四称 2007 年 12 月 22 日后，乐四用现金付清剩余的 51 万元房款，但均无法陈述该笔现金款项的具体的付款方式，且乐三未出具收条给乐四。诉讼过程中，经原告申请，法院委托某市评估公司对某市一套单元房 A 室房屋进行了估价。估价结论为：某市一套单元房 A 室房屋在所在地在估价时点 2007 年 11 月 16 日的价格为 113.6 万元。乐四与乐三均确认房屋买卖包含固定装修，但乐四拒绝配合估价人员进入房屋内部，故估价报告中的估价系房地产毛坯状况下的价格，不包括装修。原告主张房屋的固定装修为 6.4 万元，乐三、乐四对此未予确认。

一审法院认为，该案中，乐三以明显不合理的低价转让其名下房屋，对作为债权人的王某造成损害，而乐四知道上述情形。王某据此行使撤销权，要求撤销乐三将讼争房屋转让给乐四的行为，合法有据，法院予以支持。据此，判决撤销被告乐三将坐落在某市一套单元房 A 室房屋转让给第三人乐四的行为。

第三人乐四不服一审法院民事判决，向当地中级人民法院提起上诉，请求撤销原判，驳回王某的诉讼请求。当地中级人法院经审理后认为原审法院对本案事实认定清楚，适用法律正确，判决并无不当。驳回乐四的上诉，维持原判。

法理明晰： 法官归纳本案的争议焦点主要有两点：第一，房屋的成交价是否明显低于市场价；第二，乐三的转让行为是否对债权人王某造成损害；第三，乐四是否知道成交价明显低于市场价，并且知道乐三有意规避还款的行为。

围绕法官归纳的争议焦点，债权人的代理律师发表了以下几点代理意见：

第一，乐三所说的房屋交易成交价经不起推敲，是明显在说谎。因乐三向乐四出具的字条与在房地产管理部门备案的合同所载明的内容相矛盾，而备案合同具有公示效力，为优势证据。乐三与乐四系两姐妹，不能排除借条及字条系在原告起诉后而补写的可能性；若乐三和乐四之间 45 万元的借款系真实的，乐四在乐三还清借款后仍保存借条复印件，如此仔细谨慎之人却既记不清 51 万元该笔大额款项的具体付款方式，又不让乐三出具收条，缺乏合理解释，故提前法院对字条内容的真实性不予认定。所以乐四提供的证据并不能推翻备案合同所载明的交易价格，本案讼争房屋的交易价格应认定为 62 万元。

第二，关于乐三是否以明显不合理的低价转让讼争房屋。讼争房屋（毛坯状况下）在乐三转让时的评估价为 113.6 万元，该价格应视为交易时交易地的市场交易价。而讼争房屋的交易价格为 62 万元，尚达不到市场交易价的 60%，应属明显不合理的低价。

第三，乐三的转让行为对债权人王某是否造成损害。王某诉乐三民间借贷纠纷一案，因乐三无资产可供执行而被法院终结执行。因此，乐三在明知对王某负有未清偿债务的情况下，将其名下的房屋以明显不合理的低价转让给乐四，该行为导致王某的债权无法实现，因而已对作为债权人的王某造成损害。

第四，乐四是否知道上述情形。乐三与乐四系两姐妹，两人具有身份上的特殊性，两人之间明显低价转让的行为本身是一种非正常的交易，乐四作为理性的经济人，在此情况下应当知道这种非正常的交易必然导致乐三责任财产的减少。故在乐四未证明其不知道乐三的处分财产的行为有害于债权人的利益的情况下，因此，可以认定乐四对于乐三以明显不合理的低价转让房屋，对债权人王某造成损害的事实理应明知。

该案是一起典型的债权人撤销权纠纷。债务人与受让人系两姐妹，两人具有身份上的特殊性，两人之间明显低价转让的行为本身是一种非正常的交易。乐四作为乐三的姐姐且理性的经济人，在此情况下应当知道这种非正常的交易必然导致乐三责任财产的减少，有害于债权人利益。所以法官根据自由裁量权，将举证责任分配给第三人乐四，只要其证明自己确实不知道转让行为对债权人造成损害，就可以推翻这种推定。故在乐四未证明其不知道乐三的处分财产的行为有害于债权人的利益的情况下，可以认定乐四对于乐三以明显不合理的低价转让房屋，对债权人王某造成损害的事实理应明知。一审裁判法官在裁判中，充分使用了自由裁量权，确认了亲属间的转让适用"转让价格明显低于市场价格"的举证责任倒置。

笔者认为，对于债权人应举证证明受让人于受让时知道债务人是以明显的不合理的低价转让且该转让行为对债权人的债权造成损害。但如果受让人与债务人具有一定身份上或经济上的特殊关系时，如家庭成员之间、债务人与关联企业之间以明显不合理的低价处分财产的，适用证明责任倒置，即只要债权人举证证明受让人于受让时知道债务人是以明显的不合理的低价转让，就推定受让人知道债务人的该转让行为对债权人造成损害，除非受让人能够证明其"不知道"。家庭成员之间（夫妻之间、父子之间等）硬要债权人证明处分行为的相对人（受让人）有"知道有害于债权人利益"的恶意，似乎没有必要，因为家庭成员之间处分财产的交易行为有其特殊性，其本身就具有推定相对人"知道"的效果，除非受让人能够证明其"不知道"，否则推定受让人具有恶意。还有关联企业之间以不合理的低价处分财产的，具有类似家庭成员之间的效果。这些要点在撤销权的代理中具有典型实务指导意义。

关于债权人撤销权之诉判决的效力，债权人的撤销权行使的效力依判决的确定而产生，对债权人、债务人、第三人产生效力。

在没有抵销的场合，应该由行使撤销权的债权人与其他债权人平等受偿。

债权人行使撤销权的必要费用，由债务人负担（《合同法》第七十四条第二款后段）。另依《合同法》解释（一）第二十六条，债权人行使撤销权所支付的律师代理费、差旅费等必要费用，由债务人负担；第三人有过错的，应当适当分担。自债权人行使撤销权属于对全体债权人的共同担保进行保全而言，此种费用可以作为公益费用，使之在债务人的总财产上具有优先受偿效力；在行使撤销权的债权人受领标的物并因保管而支出费用的场合，对于该费用的偿还请求权，还可以在标的物上发生留置权。而在债权人事实上优先受偿的场合，其行使撤销权的必要费用则不再构成公益费用，因而不应当再发生上述优先受偿权。

撤销权的行使范围以债权人的债权为限。债权人行使撤销权的必要费用，由债务人负担。《合同法》第七十五条撤销权自债权人知道或者应当知道撤销事由之日起 1 年内行使。自债务人的行为发生之日起 5 年内没有行使撤销权的，该撤销权消灭。

超过 1 年的除斥期间，撤销权消灭，撤销权人不得再行使该权利。

撤销权属于撤销权人享有的民事权利，是否行使该权利是撤销权人的自由，撤销权人放弃撤销权的，法律不予干涉。因而《合同法》第五十五条第二项将"具有撤销权的当事人知道撤销事由后明确表示或者以自己的行为放弃撤销权"作为撤销权消灭的事由之一。撤销权人明确表示放弃撤销权的，应当向相对人表示；以行为放弃撤销权的，自行为完成之日起产生放弃的效力。

典型案例：王某与杜某等债权人撤销权纠纷

入选理由：撤销权的行使范围以债权人的债权为限

案情简介：2007 年初，杜某向关某分两笔共出借了 55 万元用于购买毛石，双方约定年息为 15%，等其拆迁款下来后即偿还此款，当时写有借条。2010 年 4 月，关某的拆迁款要下发了，杜某就打电话给关某要求其偿还借款。同年 4 月 19 日，关某将 76 万元转给王某，另支付其 2 万元现金，共计 78 万元作为借款本金及利息，还款后就将原来的借条撕毁了。关某与王某是借款，并非赠予或转移财产。法院的生效判决在强制执行中，每月都以工资的一部分支付杜某，并非不履行义务，且关某也准备对该案提出申诉。关某不同意杜某的诉讼请求。一审法院裁判：一、撤销关某向王某转让资金人民币 31.75 万元的行为；二、驳回杜某其他诉讼请求。王某不服一审法院上述民事判决，向法院提出上诉。二审法院裁判：一审判决撤销 2010 年 4 月 19 日关某向王某的转让行为所涉及的款项是 31.75 万元处理并无不当，法院对王某的该项上诉理由不予采信。

法理明晰： 一审法院经审理查明，杜某与关某存在经济往来并产生纠纷。2009 年，杜某以债权纠纷将关某诉至某区人民法院，要求关某偿还其欠款 31.75 万元。该院经审理于 2010 年 2 月作出一审判决支持了杜某的诉讼请求，后关某不服一审判决向某市第一中级人民法院提出上诉，经审理，该院于 2010 年 6 月作出终审判决驳回上诉，维持原判，其中判决一审案件受理费 3004 元由关某负担。上述案件一、二审期间（即 2010 年 4 月 19 日），关某将 76 万元汇入王某账户，另交付王某现金 2 万元。后因关某未能自觉履行上述生效判决，杜某申请某区人民法院强制执行，该院于 2010 年 7 月作出裁定："查询、冻结、划拨被执行人关某应当履行义务部分的银行存款。扣留、提取被执行人关某应当履行义务部分的收入。查封、冻结、扣押、拍卖、变卖被执行人关某应当履行义务部分的财产。"后于 2010 年 11 月作出对被执行人关某司法拘留 15 日的拘留决定，但关某至此时未能履行全部义务，仅以其工资收入的一定比例分期履行义务。

一审庭审中，杜某主张关某将其所有款项赠予王某属逃避债务行为应予撤销，而关某、王某则以双方于 2007 年存在借贷关系及王某收到的 78 万元款项系关某偿还王某的借款为由进行抗辩。

作为杜某的代理律师，在二审中的主要诉求主张的代理意见为：因债务人放弃其到期债权或者无偿转让财产，对债权人造成损害的，债权人可以请求人民法院撤销债务人的行为。本案中，关某拖欠杜某款项，双方之间的债权债务关系已经某区人民法院生效判决认定，根据该判决内容，关某有义务及时、全面地向杜某履行偿还欠款并支付相应诉讼费。

经查，关某在前述与杜某债权纠纷案件的诉讼期间将其所有的超过双方案件争议金额的大笔款项划转，交付王某，而在二审终审后，关某并未自觉向杜某履行还款义务，虽经杜某申请法院强制执行，关某仍不能及时、全面地履行还款义务。现杜某作为债权人的利益受到损害，关某将大笔款项交付王某的行为对此损害后果具有直接的关系。

一审庭审中，关某、王某以双方之间存在借贷关系为由进行抗辩，故二人应举证证明王某曾借款给关某。现关某、王某未能提供借据等直接证据证明二人之间存在借贷关系，向该院提交的收条、银行凭证等间接证据亦不足以证明二人之间的借贷关系，该院对二人的主张不予采信，关某、王某之间的财产转让应视为无偿转让。据此，债务人关某向王某无偿转让财产，对债权人杜某造成损害，该行为应予撤销。撤销权的行使范围以债权人的债权为限。债权人行使撤销权的必要费用，由债务人负担。

典型案例：乙诉甲撤销非法转让财产给丙某的行为

入选理由： 债务人无偿转让其财产以逃避债务的，则不论受让人是否知道，债权人均可行使撤销权

案情简介： 2016 年 1 月 1 日，甲向乙借款 5 万元，约定 2016 年 10 月 31 日还本付息（利息按同期银行利率计算）。半年后，甲财产状况严重恶化，遂将其贵重财产无偿转让给其友丙。债务到期后，乙要求甲偿还债务，甲表示其无力偿还，乙遂提起诉讼请求人民法院依法撤销甲将财产转让给丙的行为。人民法院经审理认为甲无偿转让财产逃避债务，对债权人乙造成损害，遂作出判决，撤销甲的转让行为。

法理明晰： 债权人撤销权的行使系债权人直接向法院提起诉讼，请求撤销债务人向第三人不合理转让财产以逃避债务的行为，此时债务人为被告，受让人为第三人，该撤销权的行使已经突破了合同的相对性原则，故实践中对其审查较为严格，需要注意的是如债务人无偿转让其财产以逃避债务的，则不论受让人是否知道，此时债权人均可行使撤销权；但当债务人以明显不合理的低价转让其财产时，则需要同时满足第三人知道债务人转让财产的行为给债权人造成损害的事实，否则债权人无权行使撤销权。

《合同法》第七十四条，因债务人放弃其到期债权或者无偿转让财产，对债权人造成损害的，债权人可以请求人民法院撤销债务人的行为。债务人以明显不合理的低价转让财产，对债权人造成损害，并且受让人知道该情形的，债权人也可以请求人民法院撤销债务人的行为。

第三节　第三人撤销之诉权的行使

第三人撤销之诉制度是通过撤销错误裁判来弥补权利损失的救济制度。

诉讼当事人通过恶意、虚假诉讼方式取得"生效裁判文书"，案外第三人受该裁判文书效力的影响，合法权益被恶意侵害，却苦于没有司法救济途径。新修改的《民事诉讼法》规定了第三人撤销之诉制度，即通过撤销错误裁判来弥补权利损失的救济制度。第三人撤销之诉，使第三人能够通过该制度撤销他人通过诉讼所形成的错误生效裁判文书，实现权利救济。

提起第三人撤销之诉必须符合以下几个条件：提起第三人撤销之诉的主体是有独立请求权的第三人或者无独立请求权的第三人；第三人是因不能归责于自己的事由未参加诉讼；有证据证明已经发生法律效力的判决、裁定、调解书部分或全部内容错误损害其民事权益；自知道或应当知道其民事权益受到损害之日起 6

个月内提起诉讼。提起第三人撤销之诉必须注意此处的"6个月"不适用延长、中止、中断的规定，个人维权应当正确行使权利，保护自身合法权益。未办理股权变更工商登记不影响股权变动效力，从支付股权转让款到办理股权变更登记有时间性，当事人在股权转让协议生效后，及时办理工商变更登记，产生公示公信力，有利于权利人权益保护。

关于第三人撤销其他当事人的合同行为、诉讼认定事实的案件中，需要平衡第三人利益和交易安全或司法稳定之间的冲突。关于该类诉讼的启动和第三人损害事实的过程中存在一定的严苛性。本文案例所释明的判断标准较为客观公正，符合立法本意，笔者予以梳理推荐。

第三人申请撤销之诉需提供证据证明原生效判决确有错误，不能提供的，法院应驳回其诉讼请求。

典型案例：黄某诉抵销甲公司诉乙公司民事判决案

入选理由：商品房销售合同纠纷的第三人撤销之诉

案情简介：2012年9月20日，甲公司诉乙公司。最终判决乙公司将案涉某大厦一层334平方米交付甲公司并协助办理过户手续。

2012年10月31日，黄某与乙公司签订《商品房买卖合同》，由黄某购买某大厦一层共计1320.6平方米，已经支付全部款项，并办理了商品房买卖合同备案登记及房屋预告登记。

另查明，2009年9月17日至2014年1月27日，黄某也是乙公司持股50%的股东，到提起该案诉讼时，黄某仍持有乙公司25%的股份。

一审法院依据黄某股东身份、当时持股比例，案涉房屋买卖合同签订与前案起诉时间的关系，推定黄某知晓前案，符合常理和企业一般经营决策惯例。一审裁定认定黄某应当知晓前案诉讼情况，其不能证明因不能归责于本人的事由未参加该案诉讼，故其提起的该案诉讼不符合《民事诉讼法》第五十六条关于第三人撤销之诉的受理条件，依法裁定驳回。二审认定，一审裁定关于黄某不是某中级人民法院民事判决所涉案件第三人的认定不当，法院予以纠正。上诉人黄某关于其因不能归责于其本人的原因未参加前述案件诉讼的理由，缺乏证据证明，不能成立。裁定驳回上诉，维持原裁定。

法理明晰：经法官归纳的该案争议焦点有两个：一是黄某能否作为甲公司诉乙公司建设工程施工合同纠纷一案的第三人；二是黄某未参加前述诉讼能否归责于其本人。

关于黄某能否作为甲公司诉乙公司建设工程施工合同纠纷一案的第三人的问题。在甲公司诉乙公司建设工程施工合同纠纷一案中，某市中级人民法院二审作出的民事判决，判决乙公司将案涉某大厦一层334平方米交付甲公司并协助办理过户手续。而本案黄某主张其已向乙公司买受了1320.6平方米的某大厦一层，并办理了过户手续。故上述甲公司诉乙公司一案的终审判决结果影响黄某对案涉房产的权利，其应为该案第三人。

关于黄某未参与前述诉讼能否归责于其本人的问题。根据某市中级人民法院民事判决查明的事实及黄某该案起诉内容，其与乙公司系在甲公司诉乙公司一案诉讼过程中，就案涉房屋签订买卖合同，当时黄某为持有乙公司50%股份的股东。在前述甲公司诉乙公司一案审理结果势必影响黄某重大权益的情况下，黄某未举证证明其在提起本案撤销之诉前，知悉二审判决结果较知晓该案整个诉讼过程的条件有何不同。

公司对外涉诉后，应推定其股东知晓，这种判例应属于法官的自由裁量权行使。

第三人抵销之诉应在合理的法定期间主张，法律规定为诉求抵销判决生效之日起6个月内。

典型案例：杨某曾诉甲公司与某股东抵销达成的股权调解书

入选理由：抵销权之诉的除斥期间的人认定

案情简介：2008年9月21日杨某曾与甲公司签订了《债务抵销协议》，约定以甲公司旗下之乙公司及某影城相关的经营权折抵欠杨某曾的1950万元债务，杨某曾另外补偿甲公司股东1800万元现金。根据《债务抵销协议》的约定，杨某曾与甲公司4名自然人股东张某、温某仁、汤某、王某莲另行签订《股权转让协议书》，受让甲公司全部股权。杨某曾履行全部义务后，甲公司拒不履行股权登记变更的法定义务。2009年4月20日，杨某曾向西安市仲裁委员会申请仲裁，要求甲公司签发股东出资证明书。2012年4月17日，杨某曾遭到甲公司关联方陕西某房地产开发公司"举报"，某市公安分局以涉嫌"职务侵占"对杨某曾立案侦查并拘留，2012年4月24日某仲裁委中止审理该案。甲公司原股东于2012年4月私自将该公司全部股权份额转让给王某以及丙公司，通过在某区法院"确权"诉讼取得民事调解书并依此在某市工商行政管理分局办理了股权登记变更。杨某曾因职务侵占事实不清、证据不足被取保候审后，于2013年1月23日以第三人撤销之诉为由向某区法院申请撤销某区法院制作的民事调解书。

一审法院认为，杨某曾依据生效的合同约定履行了支付股权转让款的义务，受让股权，上诉人未依照约定办理变更登记手续不影响股权变动的事实和效力，杨某曾对甲公司的股权享有实际权利，是有独立请求权的第三人，甲公司及其股东对已经属于杨某曾的股份无处分权。据此，杨某曾起诉符合规定。对于提起诉讼的时间，由于调解书作出时间是2012年4月16日，杨某曾因涉嫌职务侵占被某市公安分局羁押，羁押期间是2012年4月17日至2012年12月20日，在2012年

8月16日杨某曾知道调解书内容并向碑林区法院申请再审，要求撤销该调解书，故"2012年8月16日"应当视为"知道或者应当知道其民事权益受到损害之日"，杨某曾于2013年1月23日提起第三人撤销之诉，符合法律规定。据此，一审法院作出民事判决书，撤销某区法院制作的民事调解书。被告不服，上诉至某市中级人民法院。二审法院认为一审认定事实清楚，适用法律正确，判决驳回上诉，维持原判。

法理明晰：作为杨某曾的代理律师，其代理意见为：杨某曾作为有独立请求权的第三人，在新《民事诉讼法》实施之后，有证据证明某区法院制作的民事调解书内容错误，损害其民事权利，提起第三人撤销之诉是符合法律规定的。

再者，民事调解书作出时间是2012年4月16日，但2012年4月17日至2012年12月20日原告被某市公安分局羁押，2012年8月16日原告知道该调解书内容并立即委托律师向某区法院申请再审，要求撤销该调解书，后撤回再审申请。被告把"调解书生效时间"等同于原告"知道或者应当知道其民事权益受到损害之日"，明显混淆事实。原告于2013年1月23日提起第三人撤销之诉，故申请再审之日应视为其知道或者应当知道其民事权益受到损害之日，到正式起诉之日并未超过6个月的法定期限。

股权转让的生效，并不以股权变动工商登记为要件，工商登记是对股权转让行为效力的一种确认，把原本在股权转让双方之间发生的股权变动，通过记载、公告的方式，使外界知晓权利发生变动。如果工商登记与事实不符，则应寻找导致瑕疵产生的责任人。

原告以1950万元债权及1800万元现金取得甲公司股权并已实际经营该公司下属的某影城，上述股权及经营权变动虽未履行股权登记及工商变更登记手续，但不影响其法律效力。原转让股东为了不履行《债务抵销协议》，逃避民事责任，以"确权"诉讼的方式通过某区人民法院作出的民事调解书，将已经属于杨某的甲公司股权以明显不合理的低价50万元非法转让给股东之外的自然人及法人。受让方明知上述股权纠纷在仲裁机构仲裁未决，却受让全部股权，应当承担相应的法律责任，其虽然通过民事诉讼取得民事调解书，并办理了工商变更登记，但是始终没有直接参与和控制甲公司，公司实际上仍在个别原转让股东的控制之下，故受让方不符合善意取得的情形。

人民法院在查明事实基础上认定杨某曾具有提起第三人撤销之诉的原告资格，原告起诉未超过法律规定的6个月期间，进而依据修改后的《民事诉讼法》第五十六条规定，判决撤销〔2012〕碑民二初字第00575号民事调解书，适用法律正确。

第三人撤销之诉中，该损害事实的认定，不以已造成第三人实际受偿金额的减少为必要条件。第三人只需证明存在此种不当损害的客观危险性即可。

典型案例：丁银行诉甲公司与乙公司工程款纠纷案的销权行使纠纷案

入选理由：工程建设项目优先受偿权不应包含工程款的利息部分

案情简介：甲公司因承建乙公司的丙花园项目，认为乙公司拖欠其工程款，诉至法院要求其给付工程款及利息，并要求对所涉工程拍卖所得价款享有优先受偿权。最终法院支持其诉请。另查明，丁银行诉乙公司抵押借款合同纠纷一案，法院判决：丁银行对乙公司提供抵押的名下丙花园建筑物享有优先受偿权，并已进入执行阶段。丁银行向法院提起第三人撤销之诉，认为原审判决甲公司就该工程款的利息部分就拍卖的价款有优先受偿权损害了其民事权益。某省高级人民法院（一审）认为：甲公司就该工程款的利息部分就拍卖的价款不享有优先受偿权，但丁银行未能进一步举证证明其合法权利实际受到损害，其请求法院撤销原判决，法院不予支持。最高人民法院（二审）认为：丁银行在第三人撤销之诉的诉请成立，撤销原判决。

法理明晰：庭审法官归纳的争议焦点为：在第三人撤销之诉中，丁银行诉请法院撤销的判决中是否存在损害丁银行民事权益的问题。

撤销之诉庭审法院认为，甲公司依法对乙公司拖欠的工程款享有优先受偿权，对属于违约金性质的利息，甲公司不享有优先受偿权。

原审判决判令甲公司对不属于优先受偿范围的利息也享有优先受偿权，从而改变了涉案工程款优先受偿权、抵押权及普通债权的受偿顺序。而这一受偿顺序的改变，客观上减损了丁银行实现抵押权的责任财产，对将来丁银行实现抵押权构成不利，使得丁银行的抵押权陷入不能充分实现之虞，亦即损害了丁银行的民事权益，该损害事实的认定，不以已造成丁银行实际受偿金额的减少为必要条件，只需存在此种不当损害的客观危险性即可。

原审判决以丁银行、甲公司的债权实现情况尚未明晰，丁银行不能证明其实际受偿的金额减少为由，否定丁银行合法权利实际受到损害，系对《民事诉讼法》第五十六条中"损害其民事权益"理解错误，二审法院予以纠正。

第三人，因不能归责于本人的事由未参加诉讼，但有证据证明发生法律效力的判决、裁定、调解书的部分或者全部内容错误，损害其民事权益的，可以自知道或者应当知道其民事权益受到损害之日起6个月内，向作出该判决、裁定、调解书的人民法院提起诉讼。人民法院经审理，诉讼请求成立的，应当改变或者撤销原判决、裁定、调解书；诉讼请求不成立的，驳回诉讼请求。

当事人如认为义务人存在虚假转让、虚假诉讼等行为，侵犯其自身权益的，可以通过第三人撤销的方式予以救济。但是，无论是《合同法》还是《民事诉讼法》的规定，对于"损害事实"的认定均没有明确，实务中部分法官主观认为该损害事实应当已是事实。特别是在第三人通过诉讼法撤销之诉途径撤销已经生效的法院文书，法院在启动审查环节对第三人权益受损的事实认定更是严苛。上述最高人民法院对某省高级人民法院判决的纠正有力地保护了第三人的实体权力。

第三人的抵销之诉，往往是因为当事人在某一起诉讼中忽视第三人的利益，私自处理财产的行为，在某一纠纷中没有被通知列入纠纷的中第三人，第三人知道案件判决生效后所采取的一种补救措施。这是新《民事诉讼法》的一种适应时代要求的特色。

典型案例：祖先生诉撤销郭女士与甲公司确认房屋所有权

入选理由：夫妻一方借虚假合同转移财产的，法院判决会被另一方以第三人撤销之诉被判撤销

案情简介：祖先生和郭女士于1996年结婚，1999年郭女士生下一子。祖先生创立了某英语培训公司，公司收入为夫妻共同财产。郭女士一直在甲公司工作，任财务总监。2007年7月郭女士提出离婚，祖先生以孩子太小为由拒绝。2010年3月25日，郭女士向天津市河北区人民法院提起离婚诉讼。诉讼过程中，通过法院调查和案情深入，祖先生发现，郭女士自2008年起即开始转移财产，2008年底，郭女士就已将40万元转至其父名下。诉讼开始后，郭女士仍以抛售黄金，将所获钱款转至其妹名下等方式转移财产，故法院于2010年5月31日查封郭女士名下存款30万余元。

在离婚诉讼过程中，祖先生了解到，郭女士于1999年与北京某开发商签订购房合同，购买位于北京市某区某小区住房一套，同时签订了银行贷款合同，2005年2月已经还清贷款并解除抵押，但一直都未办理产权过户手续，也未告诉祖先生有关该房产的任何信息。2010年11月9日祖先生到北京核查到该房产以及以郭女士名义签订的商品房买卖合同确实存在，祖先生主张将该房屋作为夫妻共同财产分割。

2010年11月25日，郭女士所在的甲公司以郭女士为被告提起确认该房屋所有权之诉。该案审判过程中，甲公司以自己是该房屋实际出资人为由，主张房屋所有权，郭女士对甲公司陈述的事实和提交的证据不持异议，不进行辩论，全部同意其诉讼请求，法院判决该诉争房屋的所有权归甲公司。判决生效后，2011年3月18日郭女士向离婚案件审理法院提交北京市某区法院关于某区该处郭女士购买住房的确权判决，郭女士借此判决证明法院调查得知的郭女士于北京所购的房屋不属于夫妻共同财产。

对房屋的确权判决原告、被告双方均未上诉。祖先生得知此判决后，经咨询律师，向原审法院提起第三人的撤销权之诉。

法理明晰：该案中，不难发现，郭女士在离婚诉讼过程中，始终在向外转移夫妻的共同财产，从而在实际上实现多分共同财产的目的，包括向其父其妹等亲友转账汇款的行为，侵害祖先生利益；而与甲公司就北京某小区房产的确权之诉，更像是一出戏，郭女士利用其在甲公司中地位与甲公司串通起来，私自用夫妻共同财产买房后，持续6年既未告知祖先生也不办理产权登记手续，硬生生地将实为郭女士购买的房产所有权借助法院之手确认给甲公司，严重损害了离婚对方祖先生的权益。

新《民事诉讼法》带来的一个重大改动是"第三人撤销之诉"，所谓第三人撤销之诉，是指第三人因不能归责于本人的事由没能参加诉讼，但有证据证明发生法律效力的判决、裁定、调解书的部分或者全部内容错误，对其民事权益造成了损害，可在一定期限内，向作出损害他民事权益判决的人民法院提起撤销该判决诉讼。如本案中的祖先生提起诉讼要求撤销北京市朝阳区法院对房屋确权诉讼的判决书，依法有理有据。

上文提到新《民事诉讼法》的第三人撤销之诉制度，这一制度虽然是一把利剑，但也需提供相应的证据，这就引出了新《民事诉讼法》的另一规定——虚假诉讼。所谓虚假诉讼，是指案件双方当事人恶意串通，虚构民事法律关系、捏造案件事实，或者双方当事人恶意串通，在诉讼中对相关事实作出虚假自认，骗取法院判决书，侵害他人权益。

—第四编—

战术实务篇

第二十一章
法律关系梳理：民商诉讼代理不可或缺的重要环节

在民商诉讼中，对于代理律师来讲，开始着手任何一宗民商诉讼，一定要采用特定的分析方法来厘清诉讼主体之间的相互法律关系，只有这样才能弄清相关事务的前因后果，才能弄清当事人的法律行为是否恰当，才能最终吃透案情；只有这样才能确定案由性质，从而分析争议当事人的选定是否正确，各方当事人的具体主张是否恰当，以及当事人之间的责任认定或划分是否恰当，也只有这样才能使自己的诉讼代理水平得到有效提升。

第一节　梳理案情：应关注法律关系的重点

一般来讲当事人之间的法律关系的梳理主要从下面几点展开：

第一，要分清当事人之间是存在法定关系还是存在合同的约定关系，并能从当事人对纠纷或所要处理事情的陈述中寻找所涉及的法律关系；

第二，确定引起该法律关系、变更或消灭的法律事实及已经存在的法律行为（也可以先从此环节入手，找出由其产生、变更或消灭的法律关系）；

第三，确定构成该法律关系的主体、客体和内容；如果涉及当事人较多、法律关系复杂的，还要通过一定的图例形式进行关系明确，从而厘清关系；

第四，运用有关的民法理论、法律规定和当事人之间的合同约定，判定相应的法律事实和法律关系（三要素）是否合法、合理；

第五，对于判定合法的法律事实和法律关系，依法确定民事责任（侵权的民事责任或者违反合同的民事责任）的承担；而对于判定为不合法的，则应当按照民事法律的有关规定予以处理。

需要说明的是，法律关系与当事人之间的社会关系不是等值的概念，它们之间是有严格区别的。一般来讲，当事人之间的法律关系的确立不能离开社会关系的判断，它们之间有某种内在联系，这需要代理律师通过法理知识和法务实践去分析、把握。

代理律师接触案情后，首先应当从当事人的法律行为着手，梳理当事人之间的法律关系，即弄清法律关系的主体，是指在具体的法务活动中构成法律关系的一方，享有相应权利并承担相应义务的单位或自然人。

代理工作中所涉及的当事人是否就是合格的主体，应依据相关法律从以下几点确定：

第一，具备独立法律人格者应有自身的独立性；

第二，赋予主体独立法律人格，必须对第三人有益无害；

第三，赋予主体独立的法律人格，对其内部成员应利多弊少；

第四，是否享受适格的民事权利和有承担民事行为的资格，应依照法律的规定进行梳理。

法律关系作为人与人之间的社会关系，总是要有多方主体参加。在构建法律关系的当事人中，享有权利的一方是权利主体，承担义务的一方是义务主体。在某些法律关系中（比如赠予等），一方只享有权利，另一方只承担义务。而在大多数法律关系中，双方当事人都既享有权利又承担义务。当事人的这种双重主体身份，是由这些法律关系的双务性决定的。正确理解实体法上的法律关系主体的目的，就是为了正确界定当事人。因为着手法律事务的第一要务就是明确法务主体，并根据国家相关法律、法规正确确定各当事人的称谓，否则就可能闹出笑话。代理律师接手工作后，必须首先弄清代理工作所涉及的事项是在谁与谁之间发生的。

要弄清在谁与谁之间发生了哪些行为，出现了哪些事务，要弄清以下几个问题：

（1）该当事人是否具有法定的当事人能力；

（2）该当事人是否具有法定责任承担能力；

（3）该当事人是否是合格的当事人。

代理律师在梳理当事人的具体主张时，一般要对当事人的主张进行定性与定量分析，看其主张是否合适。

所谓定性分析就是分析请求权的属性（包括当事人的行为责任担当）。比如当事人的请求权是基于确认主张、给付主张、变更主张，还是终止或撤销某一法律关系的主张；当事人的行为属侵权还是违约；当事人应当承担什么样的责任，如果是按份要明确是连带还是补充，等等。

代理律师在梳理主张权时应注意以下几点：

（1）主张必须具体，具体请求哪些项，对于具体的数额要明确，不能可能是多少、大概是多少。

（2）当事人提出的主张既可以是实体权利方面的权益请求，也可以是程序上的权益请求。如当事人拟主张请求法院判令诉讼费用由被告承担就具有程序上的权益请求属性，与实体权利的争议没有直接的关系，却与案件的胜败相关联，因为我国《民事诉讼法》规定败诉方承担相应的诉讼费用。

（3）主张可以随着代理工作的进程发展，由当事人在代理律师工作的过程中进行随意处分、变更，但对于严重损害公司利益的行为，公司法务人员要及时提醒，并主动介入，是否放弃权利，要具体问题具体分析，不能盲目听从其他人员的摆布。

（4）在确定请求权时，还要分析是否存在责任竞合问题。按照要求，代理律师从得益最大化考虑，帮助当事人进行选择。

下面摘录"难以梳理的遗产继承案例"分析，来说明梳理法律关系，证据材料组织及相应的制胜技巧。

典型案例：刘甲诉刘乙王小抚养权变更与刘乙诉王五等遗产继承案

入选理由：扶养权变更之诉与遗产继承权之诉的合并审理

案情简介：王三于×年与刘甲结婚，于次年婚生一子王小。5年后，王三与刘甲因感情不和经法院调解协议离婚。双方约定房屋归刘甲所有，婚生子王小由王三抚养，欠款2万元归王三承担。

王三与刘甲离异两年后又与刘乙恋爱结婚，在婚姻存续期间购置单位分的商品房一套，价值3.5万元，购房款中有向王三的兄弟王五借款3000元，与张三共用一账号炒股，现有股票价值8000元。与刘乙结婚不到2年，王三因病到外地住院治疗，刘乙以王三的名义在王三单位财务借款3万元，并通过专用存款单账户汇给王三的兄弟王五，由王五负责王三的治疗及日常花销。

刘乙多次到外地陪护，王三经治疗无效病故。由王五负责王三的后事，并从王三所在单位领取抚恤金、安葬费等2万元左右。后王五又帮助刘乙报销王三的医疗费用等3.5万元，并据为己有，没有交给刘乙。同时从单位领走王三名下的住房公积金1.2万元，其他账号基金8000元。

王三原所在单位按规定每月要给王小100元的生活补贴，因不知给刘甲还是给刘乙恰当，一直没有处理。

不久后，刘甲以变更王小扶养权为由，将刘乙起诉到法院，要求刘乙支付王小依法应继承王三的财产份额。

刘乙接到起诉状后，另行以王五为被告、王三原单位及王三的父母为第三人，要求王五及单位偿还报销款及住房公积金、其他账户基金（医疗、养老等），并在自己、养子王小及王三父母间合理析产、分配王三的遗产。

法理明晰：笔者作为刘乙的代理律师，经过全面了解案情，主动要求刘乙向法院申请两案并案处理，法院经审理后裁定同意两案并案审理。在王三原单位法律顾问及刘乙代理律师的主持下调解，刘甲与刘乙及王五三方达成调解协议。王五同意将其在单位取出的款项交由刘乙。其他财产依照《继承法》处理。

该案制胜的关键因素是要梳理法律关系，确定财产性质，提出合理的分配方案。

（1）厘清法律关系。

一是刘乙与王小有姻亲抚养关系；

二是刘甲与王小有血亲抚养关系；

三是刘乙与王小有对王三遗产的共同继承关系；

四是王三原单位与刘乙及王小有代管财产、继承财产返还关系；

五是王三原单位与刘乙及王小有依劳动法规定因病死亡职工家属的抚恤关系；

六是王五与刘乙有委托代理关系；

七是王五与刘乙及王小有债权债务关系。

（2）证据材料组织。

在庭审过程中，刘乙的代理律师向法庭提交了七组证据，以证明刘乙目前占有的财产比其应分配的遗产少很多，刘甲应向其他占有财产的人索要。

第一组证据：主要证明对象为房产、股票系夫妻共同财产。有户口登记卡、身份证、结婚证、房产证及购房发票、股票交易流水号等。

第二组证据：主要证明对象为王三的部分遗产（主要是养老保险金、医疗保险金及住房公积金）由第三人王三原单位支付给了第三人王五。有第三人王三原单位向第三人王五支付死者养老保险金、住房公积金、一次性年金等的财务凭证。

第三组证据：主要证明对象为一次性抚恤金属刘乙个人财产，在财务冲销了属于夫妻共同债务的借款。有一次性抚恤金支付协议、财务冲账凭证等。

第四组证据：主要证明对象为共同债务的多少及财务借款通过银行汇款用于王三的治疗费用。有欠条一张，财务个人借款明细账，刘乙为王五专门开设的治疗专用存款账户的支取明细。

第五组证据：主要证明对象为刘乙陪护费用在账务报销用于冲销王三所在单位的借款，主要有刘乙差旅费报销凭证及冲账凭证。

第六组证据：证明对象为王三的医疗费用报销有部分用于单位借款冲账，大病报销款被王五领走。有医疗费用报销凭证、大额医疗费用报销凭证。

第七组证据：证明对象为王三离婚时由其抚养王小，王小在与继母生活阶段其生母没有提供生活费用。有王三与刘甲的离婚证及离婚协议。

（3）制胜技巧。

由于继承案的关键是梳理法律关系，厘清财产性质及如何分配遗产的问题，代理律师主要从以下几个方面开展了工作：

第一，将死者生前单位列为第三人，使该案得以顺利调解结案。

该案属于继承案件，但死者生前所在单位没有按账务规定进行账务处理，没有让单位职工的法定继承人办理相关事项，对擅自处理的财产对合法所有人具有一定的返还义务。

第二，该案要查清的主要问题是夫妻共同债权债务的性质及数额问题、刘乙的个人财产及目前资产形成的基本情况。

第三，对财产进行定性分析。

①王三生前属夫妻共同财产的有股票、房屋、刘乙陪护报销的应得、王三的一次性年金、王三的医疗费用报销（包括大病医疗报销）、养老保险金的返还、住房公积金的返还。合计共同财产为82932.68元，属于刘乙个人的财产主要有王三死亡后刘乙报销的陪护费用冲账额、抚恤金等，合计为24600元。共同债务为47500元，主要为单位借款。②各方应得资产及债务。③目前资产占有情况：刘乙占有房屋、股票及借款债务。第三人王五（代替其父母行使继承事宜）占有养老金、住房公积金、大病报销及医疗费用报销等合计。④提出合理的补偿方案。补偿方案根据占有情况及各方应得，以现金方式进行补偿，并确保实际财产便于处理的原则制定。

第四，将难以解决的问题忽略。该案属于遗产继承问题，但也涉及生母与继母对小孩的抚养权争夺问题。是否生父死亡后，继子女与继母的关系就自然消灭呢。生母的监护权虽然没有因离婚而自然消失，但继母的监护权也不能忽视。这也涉及对继母权益的保护。

由于该案中继子女尚未成年，与生父和继母生活在一起，生父和继母对其进行了抚养教育，形成抚养关系。根据《婚姻法》第二十一条，"继父或继母和受其抚养教育的继子女间的权利和义务，适用本法对父母子女关系的有关规定"的规定，这种类型是一种因相互间存在着抚养事实而产生的法律拟制血亲关系。我国法律规定形成抚养关系的继父母与继子女之间为拟制血亲关系，其目的在于保障继子女与继父母之间的幼有所育、老有所养，防止虐待和遗弃，促使家庭团结和睦。形成抚养关系的继父母子女关系，他们之间即存在着姻亲关系，也存在着抚养关系，继子女受继父母抚养教育的事实不能消失，他们之间已形成的权利义务关系不能自然终止，一方起诉要求解除这种权利义务关系的，人民法院应视具体情况作出是否准许解除的调解或判决。

该案中，王小与刘乙形成了婚亲关系与抚养关系。虽然王小生父死亡，但王小与刘乙的母子关系不能自然终止，仍然存续。因此，刘甲如基于法定监护权的转移，代表王小主张解除与刘乙的抚养关系虽无须征得刘乙的同意，但应给予刘乙必要的赔偿，在刘乙晚年生活发生困难时，王小还有赡养的义务。代理律师为了使案件明了，尽快结案，在协议中没有提到监护权的变更问题，这也涉及对继母补偿问题，只是对遗产问题进行了分配，王小事实上已由刘甲行使监护权。将王小应分得的遗产交由刘甲管理，单位对王小的抚养费经刘乙同意由刘甲领取。几方达成和解协议，圆满结案。

第二节　确定案由：梳理法律关系的前提条件

一般民商诉讼案件，可能只具有单一法律关系，这样案情就显得相对简单。比如因买卖合同（有名合同）、房屋租赁合同引起纠纷，它们之中只包含着买卖和租赁的单一的法律关系。而有些案件可能存在两种以上不同的法律关系，比如负责运输的买卖合同，负责代理运输的仓储合同就有两种以上的法律关系。对于代理律师来讲，就要认真梳理法律关系，理出引起纠纷的案由。如果忽视某一个法律关系的存在，就可能导致案件的定性错误，有时尽管实体判决结果可能是正确的，但也难保证不出现捉襟见肘的尴尬，难使某一方当事人心服口服。因此，对于代理律师来讲，首先就要准确确定案由，才能正确梳理法律关系，找到对当事人有利的法律关系作为案由的主线，从而有效保障当事人的合法权益。

典型案例：甲诉乙、丙联营采伐木材纠纷案

入选理由： 多法律关系形成的混合合同纠纷的处理技巧

案情简介： 2000 年 12 月 11 日，甲与乙及丙签订了一份《联合经营松木协议》。约定：①甲负责提供 100 万元资金给乙交纳税费和丙操作枕木的产出；乙负责当年度木材库存采伐指标和次年年度采伐指标的落实（含采伐作业的设计），并经办销售手续，保证甲所交税及两金一费的安全；丙负责依法购买、采伐、加工、运输等一系列工作，产品运到指定地点将所生产的成品木材交货给甲（规格、质量以厂方验收为准），甲在指定接货地点验收接货并负责结算。②Ⅰ类、Ⅱ类普枕单价为 1000 元/立方米，3.0~4.0 米长的岔枕为 1200 元/立方米，丙提供交货数量 70% 以上的木材出口手续及乙提供销售发票等。

次年 5 月，合同部分履行了约 150 立方米的木材后，由于乙指派负责履行合同的工作人员未按正常途径办理松木采伐手续，而是用他人办理的当年年度剩余的采伐指标到林业站交纳"两费一金"，并口头告知丙木材指标已办好，可以组织人力砍伐，而后乙方工作人员和丙多次到采伐现场查看均未提出异议。丙在既不了解乙所办木材指标规定的采伐范围，又未在协议规定的采伐地点采伐，致使其犯滥伐林木罪，被判处有期徒刑 3 年，缓刑 4 年，使得合同无法继续履行，从而发生纠纷诉至法院。

一审法院认定该案为无效买卖合同，并按无效合同处理原则作出了判决。被告丙不服，提出上诉。

二审法院认为此案合同不是无效买卖合同，以事实不清为由，发回重审。

一审法院重审后认为：该协议属协作型联营协议。被告乙的行为，其实质系违规买卖木材指标，违反了有关森林法规，依法应认定无效。被告丙与原告甲的关系，存在借贷与买卖两层法律关系且相互依存，买卖关系因丙和甲无经营木材资格而无效，相应的与之依存的借贷关系也应认定无效。判决被告乙向原告甲返还收取的资金；被告丙向原告甲返还占取的资金。被告丙又不服，提出了上诉。

二审法院认为：该联营合同依法成立，对当事人具有法律约束力。

最后再审判决驳回原审上诉人丙的再审申请，维持二审实体判决。

法理明晰： 该案代理律师接受甲方委托后，梳理法律关系如下：

一是甲乙联营采购合同（从乙向甲收取办理木材采购的税费）；

二是乙丙联营销售木材（从乙某向甲某开具销售发票）；

三是中介服务合同，乙与甲、丙之间存在中介服务合同关系，乙帮助丙办理木材采伐行政许可手续，乙收取甲的相关税费及手续费；

四是行政许可审批的法律关系；

五是甲乙之间的借贷关系。

在审理过程中，二审法院认为：甲与乙、丙签订的《联合经营松木协议》应属协作型联营合同。甲、乙、丙为充分发挥各自的优势，在平等互利、自愿、互惠的原则下签订协议，按照协议的约定各自独立经营，各方的权利和义务也是由协议约定的，各自承担民事责任。木材在我国属限制流通物，要对其经营必须依法取得经营权资格。甲、丙均无木材的经营资格，而乙是依法取得木材经营资格的经营企业。在该案中，乙的主要义务是解决木材经营权资格，即"负责当年年度年木材库存采伐指标和次年年度采伐指标的落实（含采伐作业的设计）"。该联营合同的当事人均具有相应的缔约能力，意思表示真实，不违反强制性法律规范及社会公序良俗，合同的标的也是确定和可能的，具备了合同一般生效要件。因此，该联营合同依法成立，对当事人具有法律约束力。

被告丙仍然不服，又以有新的证据为由申请再审。再审合议庭认真分析了此案缘由，认为：

（1）丙在民事再审申请书中提出的"联营合同不能履行的直接原因是外界侵权行为造成的，与申请人涉嫌犯罪无直接关系，申请人不应承担违约责任"的理由不能成立。

丙用犯罪手段获取的赃物木材，不论其所有权是属于谁的都是不能用于交易的，也是不能成为合法合同标的物的。

（2）该案三方签订的《联合经营松木协议》虽冠以"联营"之名，但从其确定的三方权利义务看，其中包含着两个相互关联且应当合并审理的法律关系。

一是商事媒介居间法律关系：甲要购买木材，丙要销售木材，由于丙没有采伐木材指标，且双方都无经营木材主体资格，其权利义务无法实现和履行。乙是有经营木材资质的主体，并凭借自己的业务优势，能顺利获得木材采伐指标，应甲和丙的双方"委托"而居间，提供实现订立合同的媒介服务。此协议约定了乙应履行的提供媒介劳务的义务和获得报酬的权利，属于居间协议，合法有效。在居间法律关系中，乙的行为属于没有履行义务的"故意隐瞒与订立合同有关的重要事实或者提供虚假情况，损害委托人利益"的行为。依照《合同法》第四百二十五条第二款的规定，乙不得要求支付未履行义务的报酬并应承担损害赔偿责任。对已收取甲办理木材指标的×元中，扣除已实际履行的木材×立方米，计款×元（含"两金一费"100元）外，剩余×元应当返还给甲。

二是买卖法律关系：甲以每立方米1000元、1200元的单价从丙手中购买普枕、岔枕，并要求丙提供交货数量70%以上的销售发票。由于丙周转资金不足，约定甲在丙理顺与卖木材的农户关系等前期工作后，甲按丙的实际需要开始支付给丙买山林费、民工费、人员经办费、索道延伸费，总投资约为50万元。其实质就是约定"丙将标的物木材的所有权转移给甲，甲支付相应的价款"在交付木材之前预付50万元投资（价款）给丙作为流动资金（丙开出的收款条上也确认是枕木预付款）。其特征与《合同法》规定的买卖合同的特征完全相符，此协议约定了甲和丙买卖双方的权利、义务，协议合法有效。在买卖法律关系中，由于丙在未明确采伐松木地点的情况下违法采伐，构成犯罪，而无法履行合同，构成了违约。对已收取甲木材款×元中，除已提供木材×立方米，计款×元外，剩余×元未供货的预付款项应当返还给甲。

（3）甲与丙、乙之间没有共同的联营利益和联营风险，再者丙只是乙所属的职工，不是企业、事业主体，也不是个体工商户、农村承包经营户、个人合伙经济组织，且没有营业执照，按照《最高人民法院关于审理联营合同纠纷案件若干问题的解答》［法（经）〔1990〕27号］的解释，其不具有参与联营的主体资格。三方当事人签订的协议不宜认定为联营合同。原审对该合同认定为联营，定性不准，出现应负次要责任的丙反而承担较重的返还资金责任的错误应予纠正。

该案的关键就在于对案由的确定。第一次一审时，一审法院认定该案是买卖合同，由于定性是买卖合同，合同中涉及的提供采伐木材指标也就是买卖了，买卖木材指标，就必然导致合同无效，当然也就导致最后以无效买卖合同定案。案件上诉后，二审以事实不清为由发回重审。

第二次一审便以联营合同定性，由于仍然涉及木材指标买卖问题，最后以无效联营合同结案。第二次二审认为木材指标都是通过合法手续获得的，不存在买卖问题，将定性纠正为有效联营合同。合同是否有效问题解决了，紧跟着来的问题是当事人认为联营体还未清算就判决了；既然是联营合同，那亏损就属于风险，应当由三方共同分担；丙认为自己承担次要责任，反而要返还比承担主要责任的乙好几倍的款项，违反逻辑；另外丙在此案中也同时是受害方，他也因乙的违约存在经济损失，按二审的判决，这些损失就无法追索了；同时还存在丙从融安县公安局确认的行政违法案中获得的国家赔偿的7万多元钱的木材扣押款是否属联营体的财产，应当怎样处置等问题。

再审合议庭认真分析案件性质，认定此案合同是一个混合合同，巧妙地将一个协议书中包含的两个法律关系分别处理，认定为居间和买卖两个法律关系。认定原审两被告对原审原告的违约行为分别属于居间合同的违约行为和买卖合同的违约行为，不是承担连带责任的共同违约行为。既纠正一审中认定合同无效的错误，又纠正了二审中认定联营，而未清算就判决和承担次要责任者反而负担重的逻辑错误。

第三节　责任界定：通过梳理法律关系明确各方责任

民事责任，是指法务主体违反法定民事义务或合同约定义务而应承担的法律后果。任何一宗法律事务的处理，都会涉及责任承担问题，在具体的事务处理过程中，要对当事人所应承担的责任进行划分及其各方应分担的比例，以此来确定主张是否合适，是否应当给予支持或部分支持。

民事责任依据其法律主体是否涉及以相关财产来承担可分为财产责任（指让民事违法行为人承担财产上的不利后果，使受害人得到财产上补偿的民事责任）与非财产责任。

民事责任依据行为人所控制的财产责任承担限额可分为无限责任（责任人应以自己的全部财产承担的责任）与有限责任（债务人得以一定范围内或限额的财产承担民事责任）。

民事责任依据行为人责任承担主体承担方式可分为全部责任（由一个法律主体独立地承担的民事责任）、按份责任（指多数当事人按照法律的规定或者合同的约定各自承担一定份额的民事责任，各责任人之间没有连带关系）与共同责任。

民事责任依据行为人的承担方式可分为连带责任、补充责任及单一责任。民事责任的承担方式是指依法应负民事责任的行为人承担民事责任的具体形式。连带责任是因违反连带债务或者共同实施侵权行为而产生的责任，各个责任人之间具有连带关系。所谓连带关系是指各个责任人对外都不分份额、不分先后次序地根据权利人的请求承担责任。补充责任，是指在责任人的财产不足以承担其应负的民事责任时，由有关的人对不足部分依法予以补充的责任。单一责任是指某一民事主体独自对其行为负责，不与其他人的责任相关联。

典型案例：B银行诉甲公司及A银行借贷纠纷案

入选理由： 过桥银行违约提供过桥资金的，应对实际贷款人承担借款人的补充责任

案情简介： 借款人甲公司无力偿还A银行到期欠款，向B银行借款以偿还该笔欠款。A银行向B银行出具一份承诺函，主要内容为："甲公司属于我行贷款客户，现有一笔2000万元贷款即将到期，该公司向贵公司融资1500万元，用于此笔贷款倒贷。为确保贵公司资金安全，我行承诺如下：①我行保证在近期向甲公司贷款1500万元；②确保此笔款到账后不被挪作他用，及时、足额划入贵公司指定账户。如我行上述承诺未能履行，愿承担相应责任。"B银行向甲公司提供借款后，A银行并未依承诺对借款人发放贷款。随即，B银行将借款人甲公司、A银行及其他保证人诉至法院。

一审认定该案是基于B银行与甲公司借贷关系而发生，第一责任人是甲公司，因此，A银行应对甲公司承担给付责任后仍不能履行部分承担补充赔偿责任。

二审认定A银行未按约定履行向甲公司发放贷款的义务，对B银行构成违约，应赔偿由此给B银行造成的损失。因此，B银行向债务人主张权利后仍不能受偿部分为其损失，故原审判决A银行在甲公司承担给付责任后仍不能受偿范围内承担赔偿责任并无不当。

再审法院认为：A银行未按约定履行放款的义务，系对B银行构成违约，应赔偿由此给B银行造成的损失。二审法院认定A银行对该笔借款本息在甲公司承担给付责任后，对仍不能履行部分向B银行承担赔偿责任，该认定并无不当。

法理明晰： 银行在债务人无力清偿到期借款时，拟采用"收回再放"方式继续为债务人提供借款。期间，需要引入第三方为债务人提供过桥资金以完成"收回"环节，且安排债务人以银行"再放"的资金向过桥贷债权人偿还债务；银行承担责任的基础对象为"债务人不能履行的部分"；依据请求权基础，法院应当认定银行应当承担合同责任，而非侵权责任。

银行与过桥贷第三方之间法律关系作出完全不同的认定基于合同关系而非侵权行为所承担责任的对象为"债务人不能履行的部分"，将银行的这种责任定性为"补充责任"。那么其违约责任又是如何认定的呢？

A银行出具的承诺函其内容符合缔约之意思表示，应认定合同关系的成立。最高人民法院之所以认定A银行对B银行构成违约，主要基于A银行出具的承诺函中表明"我行承诺如下：……我行保证在近期向甲公司贷款1500万元，确保此笔贷款到账后，不被挪作他用……""如我行上述承诺事项未能履行，愿承担相应责任。"银行方的表述方式符合邀约和承诺的要件，成立与B银行缔约之意思表示。因此，A银行未按照承诺内容履约，应承担违约的法律后果。

A 银行向 B 银行出具的承诺函，与 B 银行与债务人签订《借款合同》，二者虽有事实上的牵连，但并不具有附属性质，应属两个独立的法律关系。因此，A 银行向 B 银行承担违约责任，系基于承诺函所产生，而非基于《借款合同》。A 银行所承担的责任，仅在事实上体现为债务人未能履行的《借款合同》项下的责任，而不是就《借款合同》承担部分责任。从法律逻辑上，盖因《借款合同》中"债务人不能履行的部分"，事实上构成了承诺函所指的 B 银行的"损失"，故 A 银行需按照承诺函承担赔偿该部分损失之违约责任。由于承诺函并非附属并补充于《借款合同》，故银行向 B 银行所承担的责任，亦不属于一审判决所称的"补充责任"。

A 银行对 B 银行承担合同责任后，因其对 B 银行之给付行为，导致借款人和 B 银行间合同项下的义务得以履行完毕，借款人无适法之理由获得消极利益，因此 A 银行方可根据《民法通则》第九十二条以不当得利为由要求借款人予以返还。

A 银行方得以其承担责任范围为据要求借款人承担不当得利之返还义务。题述案例中，虽然 A 银行方存在一定的不诚信之行为，但依照《合同法》第一百零七条规定，我国将严格责任作为违约责任的归责原则，并未将主观上是否存在过错作为纳入考量范畴，同时，基于 A 银行出具承诺函的意图在于收回贷款，而并未获取额外的利益，因此不应苛责其承担额外的损失，得向借款人主张返还其所为的全部给付。比如跳出题述案例，在通常的商事活动中，作为一个商主体，我们可合理推断第三人在加入他人缔约过程中能够获取可能利益或预期获得收益，无论是积极利益抑或是消极利益，都是促使其加入他人缔约过程的因素。因此，笔者主张以其实际获取利益为限，作为第三人不得向债务人主张不当得利之返还的部分，此种做法亦符合"任何人均不得因其不法行为而获益"的法律理念。

针对第三人对于债权人的意思表示是否构成保证，根据我国《担保法》第六条的规定："本法所称保证，是指保证人和债权人约定，当债务人不履行债务时，保证人按照约定履行债务或者承担责任的行为。"因此，需分析第三人向债权人所作出的意思表示中，是否有类似"如债务人不能偿还债务，则由第三人进行清偿"的意思表示，如能确定前述意思表示的存在，则可认定第三人为保证人，并根据其承诺的具体内容确定保证责任的形式及保证期间。同时根据《担保法》第三十一条的规定"保证人承担保证责任后，有权向债务人追偿"，即赋予保证人在承担保证责任后享有追偿权。

第三人通过协议安排等方式加入到他人已有的债权债务关系中，同时不免除债务人履行义务的债务承担方式，除特殊情况外，此时第三人承担的是一种终局责任，不存在向债务人追偿的情况。我国司法实践中不乏对债务加入的探讨，"债务加入是债务移转的一种形式，是并存的债务承担，需债务加入人作出明确的意思表示方能得以认定"。"债务加入属于债务承担范畴，在类型上属于并存的债务承担。并存的债务承担，是指原债务人并没有脱离债的关系，而第三人加入债的关系，并与债务人共同向同一债权人承担债务。根据当事人特别约定的具体情形，并存的债务承担有两种形式：一是第三人承担债务人的部分债务，但对债务人的全部债务，第三人并不承担连带责任；二是第三人加入债的关系，并与债务人承担连带债务。"

一般来讲，应当从以下几个方面展开分析，看连带责任是否成立或连带责任的构成是否充分。

一、通过法律关系来分析连带责任是否成立

第一，分析多个被告之间与原告的法律关系是否为同一法律关系，分析被告之间存在什么样的法律关系。例如甲因公乘坐公交车与违章行驶的丙驾驶的乙单位所属的货车相撞而受伤，构成三级伤残，如果甲作为原告，这里就可能产生三种法律关系：一是甲与单位间的劳动合同关系；二是甲与公交公司的合同关系；三是甲与乙单位的侵权行为形成的民事赔偿关系。如果乙单位的司机行为构成肇事罪，被告检察机关刑事立案，则甲还与丙构成刑事附带民事赔偿关系。

第二，分析原告与被告及第三人是否具有诉讼参与人的资格，从实体法和程序法的标准判断充当诉讼参与人的资格是否适格。

第三，分析连带责任与主责任之间的承担时间是否一致（包括时效与除斥期间两个重叠性问题）。

第四，分析连带责任是基于约定还是法律规定，如果是约定是否与约定的前置条件相符，如果是法律规定，分析是否存在法律的但书条款，或者根本就不符合法律的前置条件。

二、通过请求权来分析连带责任是否成立

第一，分析原告对于多个被告之间的请求权是否同一，是否存在请求权竞合问题，再通过是否有法律的规定来判断连带责任是否成立。

第二，分析具体的请求权是否与原告的损失程度相当。

第三，分析原告的损失是否与主债务人的行为有因果关系，是否属于被告应承担连带责任的范围。

三、通过被告间的责任分担分析连带责任是否成立

第一，分析责任的承担是否在原被告间及被告间彼此事先有约定。

第二，分析被告间或被告与第三人间的约定责任承担原告是否明知；该责任承担是否违反法律的规定，或者其约定的责任承担是否具有对第三人（包括原告）的抗辩力。

第三，分析构成连带责任的被告的行为是否符合彼此间约定有免责条款或符合法定的免责事项。

第四，从按份责任、补充责任入手，分析能否推卸一部分责任。

第五，从主债务的成立与否来分析连带责任的成立基础。

四、通过被告间的行为属性来分析连带责任是否成立

第一，分析共同被告间或被告与第三人间的行为是否存在牵连性，是同一行为引起，还是相继行为引起。

第二，分析共同被告间或被告与第三人的行为引起的对原告的债务是同一债务，还是两个不同的债务。

第三，分析共同被告间或被告与第三人对原告债务承担连带清偿后，是否还存在未了结的债务，未了结的债务是否构成新的债务。

第四，分析共同被告间或被告与第三人间的行为造成对原告的损害是否具有偶然性，还是具有事先的约定性或事前的共同谋划。

第五，分析共同被告间的单一行为是否足以使原告的损失发生，或者被告间的行为只有相互共同作用才能致原告的损失发生。在单一行为与共同行为难以认定的情况下，是否可推定为两种可能都存在。例如，两家工厂向同一河道排污，造成原告养鱼户的鱼死亡，此时两家工厂对排污损害的发生既可认定为单一行为都可造成原告的损失，也可认定为两家工厂共同的行为造成了原告的损失。

典型案例：B 公司诉 A 公司及第三人甲保险公司仓储火灾索赔案

入选理由：一宗仓储标的物火灾引发的索赔案的法律关系梳理

案情简介：2008 年 9 月 1 日 B 物流仓储配送有限公司（以下简称"B 公司"）与 A 仓储有限公司（以下简称"A 公司"）签订《仓储合同》，合同约定 B 公司租用 A 公司位于甲市乙区西北路的 N 号仓库，仓库为面积有 1.25 万平方米的钢结构库房。合同约定仓库由 B 公司自行管理，并依据仓库面积向 A 公司交付仓储费用。

2011 年 11 月 11 日上午 10 时左右，B 公司租赁的 A 公司的 1.25 万平方米钢结构库房失火，火灾导致仓库及库内存放的电视机、冰箱等物品烧毁（损）。

事故发生后，该区公安消防大队出具了《火灾事故认定书》（乙公消火认字〔2011〕第×号），起火部位位于仓库南侧第八轴与第九轴之间（库内），认定结论

为"存在放火嫌疑"。

依据消防部门出具的认定书及B公司与A公司签订的《仓储合同》，A公司的投保公司——中国某保险股份有限公司甲分公司（以下简称"甲保险公司"）在事故后，对A公司损失的库房按照保险合同进行了理赔，于2012年6月份赔付A公司×元，但对于B公司货物的损失并未赔付。

2013年1月，甲保险公司在甲市乙区人民法院对B公司提起诉讼，代位求偿A公司库房损失保险赔偿额×元，A公司收到了B公司投保的中国某保险股份有限公司丙分公司（以下简称"丙保险公司"）委托福建某律师事务所发来的《火灾损失追偿函》，以代位求偿权为由，要求A公司赔偿丙保险公司已经赔付B公司货物损失的保险金×元和相应利息。

2015年1月26日，A公司以公司法律顾问函的形式向甲保险公司通报了丙保险公司的火灾损失追偿律师函，要求甲保险公司基于与丙保险公司属同一母公司，自行与丙保险公司沟通协商解决保险利益，并指出鉴于双方于2011年1月18日签订了保险合同，甲保险公司承保了A公司所涉投保标的物的保险（保单号：PQBB2011216202000000××，保险利益：181503313.88元，保险期间：2011年1月19日零时起至2012年1月18日24时止），由此产生的一切损失与费用根据保险利益应由甲保险公司承担，甲保险公司接到A公司的法律顾问函后，及时与丙保险公司进行了业务沟通，后丙保险公司一直没有采取诉讼行动。

2015年5月15日A公司接到大连中院的传票，B公司起诉A公司及甲保险公司作为共同被告，诉讼请求大连中院判决A公司及甲保险公司赔偿B公司仓储货物损失及利息损失未被丙保险公司赔付部分等，合计×元（实际货物损失的10%加其他处理事故及诉讼费用）。B公司在诉求中认为自己与A公司存在仓储合同关系，本次火灾的发生系由于A公司未尽安全保卫义务所致，认为其因火灾遭受的所谓的部分经济损失应由A公司予以赔偿。同时，A公司向B公司提起反诉，主张仓库损失未被甲保险公司赔偿的部分索赔（即10%货物价值的免赔部分）由B公司承担。

2015年10月26日，A公司接到大连中院（2015）大民三初字第×号裁定书，裁定准许B公司的撤诉申请，减半收取的诉讼费34291元由B公司承担。

法理明晰：该案制胜的关键因素在于双方争议焦点的归纳与法律关系的梳理。

通过法庭中双方的当事人的陈述，法庭调查，法官征求双方代理律师的意见后，归纳的双方争议的焦点主要为：

（1）双方签订的合同是仓储保管合同还是仓库租赁合同；

（2）A公司是否未尽保卫义务。

作为A公司的代理人，为有利于当事人的辩护意见，及时在法庭上提出了另外两个争议焦点：

（1）B公司货物损失的原因是由仓库失火引起的，还是由于自身原因或其他原因引起的；

（2）A公司提供的仓库是否经消防部门验收合格，货物存放仓库的消防等级的注意义务应属租赁方还是承租方。

两个焦点的提出，有效地引导了法官注意，B公司货物损失不是因为仓库本身的火灾引起，也就意味着B公司提出的火灾与仓储的消防验收及消防等级没有任何因果关系，也就是说，无论仓库的消防标准要求有多高，都无法避免火灾的发生，也无法避免仓储货物遭受火灾损失的发生。

提出的第二个焦点引导法官注意，B公司作为承租方应对自己的货物存放于什么样的消防等级仓库比较恰当有应尽的注意义务，如果所承租的消防等级不够，作为承租方完全可以通过改造提高消防等级，并申请消防部门按照较高的等级重新验收仓库的消防等级。

同时提出法官归纳的第二个焦点，即A公司是否未尽保卫义务，应改为：谁应负有对仓库安全、保卫的注意义务。这样才能区别仓库保卫义务与仓库货物保卫义务的混淆。显然变更后的焦点在辩论中对A公司更有利。

从法律关系来讲，A公司与B公司之间构成租赁关系，B公司与存放货物的客户之间构成仓储关系。

该案的真实情况是A公司提供了租赁物即仓库，B公司租赁该场地，自行收发、保管客户存放的货物。B公司提供的已生效的法院判决书中均认定，B公司与其客户之间建立了仓储关系且已实际履行。

从法律关系上来看：B公司与客户之间签订了《仓储保管合同》，并且客户将货物交给了B公司，他们之间存在事实上的仓储保管关系。事故发生后，B公司也协助客户向客户投保货物险的财产保险公司进行了索赔，财产保险公司在向客户赔偿后也向B公司以代位求偿权为由向B公司进行了诉讼索赔。依据法院判决，B公司因对失火有过错而承担了赔偿责任。B公司也因有管理责任，向自己投保的丙人保进行了理赔求偿。B公司没有将货物交与A公司，货物的收发由B公司负责。A公司与B公司签订了《仓库租赁合同》，并依约将仓库的管理使用权以交钥匙为风险转移点，依合同交给了B公司，B公司以此才能完成与客户签订的仓储保管合同，显然，A公司只是将仓储出租给了B公司。

法律关系如图21-1：

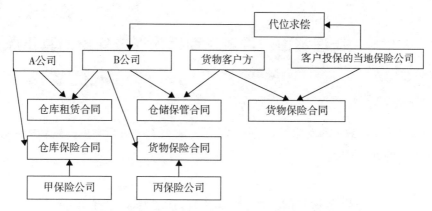

1-1 B公司诉A公司及第三人甲保险公司索赔案法律关系图

A公司与甲保险公司之间签订了仓库保险合同，约定：90%赔偿+10%免赔。

B公司与丙保险公司之间签订了仓储货物保险合同，约定：90%赔偿+10%免赔。

B公司的各客户又与其当地的保险公司签订了货物保险合同。

该案的关键是仓库失火引起货物及仓库被焚，还是货物失火引起仓库及货物被焚的问题。

显然从公安现场勘验结果来讲，确定是货物先失火，后仓库被焚，而不是仓库失火引起货物被焚。也就是说A公司对因货物失火导致仓库被烧有权就10%的仓库保险的免赔部分向B公司索赔，而B公司无权就货物保险的10%的免赔部分向A公司索赔。

又从B公司提供的异地法院生效判决书来看，都认定是B公司与第三方货物单位签订了仓储保管合同，而且B公司具有保管责任，所以B公司自愿地100%的向第三方客户单位的保险公司支付了代位求偿赔偿；以此丙保险公司向B公司支付了90%的保险额。10%货物免赔是B公司应承担的责任，没有任何理由可向A公司索赔，也没有相应的法律依据来支撑B公司的索赔！相反A公司完全有理由和法律依据提起向B公司的仓库免赔部分的索赔。特此A公司提出反诉，提起对B公司的诉讼请求，主张仓库损失未被甲人保赔偿的部分（即10%货物价值的免赔部分）。

第二十二章
梳理案由：弄清民商诉讼形成纠纷的真正原因

代理律师帮助当事人梳理好法律关系后，就要着手梳理案由，弄清民商诉讼形成纠纷的真正原因。

第一节　案由梳理：找到形成纠纷的真正原因

现行的《民事案件案由规定》是根据 2011 年 2 月 18 日《最高人民法院关于修改〈民事案件案由规定〉的决定》（法〔2011〕41 号），对 2007 年 10 月 29 日最高人民法院审判委员会第 1438 次会议通过的《民事案件案由规定》的第一次修正。尽管案由确定的责任在法院，但一审立案时，立案法官一般会要求代理律师为其所代理的案件选择合理的案由，一般要对照最高人民法院制定的《民事案件案由规定》，遵行执行。《民事案件案由规定》民事案件案由分为一级案由 10 大类，如人格权、物权、债权、知识产权纠纷等；在第一级案由项下细分为 43 类案由，作为第二级案由，比如婚姻家庭、所有权、合同、劳动争议、与公司有关的纠纷等；在第二级案由项下，又列出了 424 种案由，作为第三级案由，第三级案由是实务中最常见、最广泛使用的案由；在部分第三级案由项下，又列出了一些案由，作为第四级案由。

也就是说，当事人确定授权代理律师处理纠纷后，代理律师代理立案时与法院正面接触的可能就是结合具体的案情分析确定属于哪一种案由，分析找到形成纠纷的真正原因。虽然理论上当事人有独立的立案权，但由于法律的专业性较强，现在一般的立案庭工作人员都会要求或建议当事人聘请专业的代理律师，以避免当事人因弄不清案由而导致败诉。

从案由的定义上可以看出，确定案由的依据应当是包含在案件之中的、决定案件本质的民事法律关系。代理律师应当知晓现行的民事案由是以《民法通则》《婚姻法》《继承法》等民事法律为实体依据建立的，经济案由则是以《合同法》《商标法》《专利法》《破产法》等经济法律为实体依据建立的。但由于我国实行统一的民事诉讼法，经济案件同民事案件一样都适用该法。而且在实体法上，一般认为公民个人之间的事项为民事，公司或企业之间的经济事项为商事，而公司或企业与公民个人之间所发生的事项到底属于民事，还是属于商事，要依具体事项的性质来确定属于民事还是商事。实质上，民事与经济的界限是相对的，民事与商事的界限也是相对的。比如《合同法》规定的许多是经济合同，但也有不少的是民事合同。因此，可以把民事、商事（经济）案由作为一个整体来研究，统称民商诉讼案由。

下面摘录一宗关于如何梳理案由的案例。

典型案例：刘甲诉窦某返还收取的代办保险费用案

入选理由：代收款人不是代理人，不承担相应的法律责任

案情简介：原告刘甲与案外人刘乙联系办理天津市的社会保险和医疗保险，被告窦某收取了原告办理保险的费用7.5万元，没有签订委托合同。审理中，刘乙到庭作证，证实原告刘甲找刘乙联系办理社会保险和医疗保险事宜，被告是刘乙雇用人员，替刘乙收取了原告的办理保险钱款，并将收取的钱款交给了刘乙，刘乙又交给了王某，并由王某进行实际办理；后因王某涉嫌诈骗，被公安机关逮捕，案件正在审理中。王某刑事诈骗案现已审理完毕，该案刑事判决书显示，王某在大连市为原告刘甲等人办理了相关保险事宜，原告是受害人之一。一审法院调取了王某诈骗案部分卷宗材料，原告在公安机关的笔录中陈述，2013年8月原告通过他人与刘乙联系，办理天津市的社会保险和医疗保险事宜，将办理保险的钱款7.5万元交给了被告，被告出具了收条。后刘乙告知原告其社会保险在大连市办理成功，可以查询等。本案中，原告刘甲主张被告窦某收取原告的有关费用，承诺为原告办理天津的社会保险和医疗保险事宜。被告辩称，被告仅是代收款的行为，没有承诺为原告办理社会保险和医疗保险等。因双方未签订委托合同，加之刘乙的证言、原告在公安机关的陈述等，现有证据不能确定原告和被告之间存在委托合同关系。原告是王某刑事诈骗案受害人之一，该案已审理完毕，原告可依刑事判决书进行办理。由此，原告起诉被告有误，且涉及刑事案件，应依法驳回原告的起诉。裁定：驳回原告刘甲的起诉。二审法院判决：驳回上诉，维持原裁定。

法理明晰：该案经庭审后，双方争议的焦点集中在是否应追加刘乙为共同被告。上诉人刘甲陈述被上诉人窦某向上诉人刘甲出具了7.5万元收条并承诺为上诉人刘甲办理养老和医疗保险，但并未完成委托；上诉人刘甲在最后一次开庭期间要求追加刘乙为被告，请求二人共同承担责任，返还原告7.5万元。

被上诉人窦某陈述刘甲所交的钱款实际系帮助案外人刘乙收取的委托款，并辩称上诉人刘甲与被上诉人窦某并不认识，上诉人刘甲是找到刘乙要求办理保险，被上诉人窦某只是帮助刘乙代收款，并不存在转委托关系；上诉人刘甲在最后一次开庭时提出的追加被告，超过了追加被告的时间，原审裁定符合法律规定。要求驳回上诉，维持原判。

一审法院经审理后认为，根据上诉人刘甲在公安机关的陈述以及本案的庭审笔录，上诉人刘甲系与案外人刘乙联系办理保险事宜，被上诉人窦某是替案外人刘乙收款，款项也已交付刘乙，且刘乙认可收到该款，现上诉人刘甲不能举证证明上诉人刘甲与被上诉人窦某之间存在委托合同关系，故原审驳回上诉人刘甲的起诉且对其追加申请不予采纳并无不当。上诉人刘甲与案外人刘乙之间如有其他法律关系，可以另行解决。原审裁定正确，法院予以维持。

该案涉及两个问题：第一，受托与代收款的行为责任问题。显然各单位所在的财务人员不能成为直接承担责任的被告，某人替人代收款项不能成为诉求的对象。这是明显的案由选择错误。

第二，当事人位置的正确列入与追加被告的问题。诉讼中如何识别当事人的诉讼地位，将涉案当事人列为原告、共同原告、被告、共同被告或第三人及证人，这关系到案由与诉讼请求权的正确与否，会直接导致案件的胜诉权问题。再者，诉讼中还有在什么时间变更诉讼请求，与变更当事人的问题。该案显然被告选择错误，导致诉讼请求没有合适的法律支撑，也就是请求权选择错误。正确的路径选择应将实际的受托代理人刘乙作为被告，窦某作为共同被告或第三人或证人。由于窦某与刘乙存在利害关系，显然不宜作为证人，列为第三人较为符合原告的诉讼利益。

当然，有些律师认为案由的确定是法官的职责，律师是无能为力的，也不应当先入为主，干扰法官的判案思路，而是由法官结合原告、被告的诉求与证据材料自行确定。其实，存有这种办案思路的想法是极其错误的，原告的代理律师在法官对案由的确定上具有先入为主的优势，在诉讼阶段通过合理选择诉讼请求，在一定程度上左右法官对案由的确定与对原告诉求的理解，从而可以影响诉讼方向的发展，进而在较大程度上影响案件的成败。

第二节　案由梳理：弄清案件审理的方向

对于代理律师来讲，在立案阶段，就一定要弄清案由，通过明确的案由梳理法律关系这条主线，搞清楚以下几个影响案件程序和法律适用的问题，从而正确把握案件审理的方向。

不同的案由决定不同法院的管辖权。

不同案件的案由选择可能决定着案件的管辖范围，尤其是在侵权责任与违约责任竞合的情况下，如果提起侵权之诉，则一般由被告所在地或侵权行为地管辖；如果提起违约之诉，则一般由被告所在地或合同履行地管辖。对于工程项目建设合同还可能涉及工程项目建设所在地法院管辖。管辖法院的不同在方便当事人诉讼、降低诉讼成本方面是有重大影响的。

典型案例：李某诉某旅行社人身伤害案

入选理由：案由错误可能导致诉讼请求不在法院审理范围内的尴尬

案情简介：2014 年 6 月，李某报名参加组团社 A 地旅行社组织的 A、B 两市一日游，A 地旅行社因报名参加的人数过少，未经李某同意擅自将其转团给地接社 B 地旅行社，B 地旅行社雇用 B 地某运输公司的车辆提供交通服务。后在旅行途中，发生交通事故，致使李某严重残疾，交管部门认定 B 地某运输公司驾驶员张某承担交通事故全部责任。李某以 A 地旅行社、B 地旅行社和 B 地某运输公司为共同被告提出人身损害赔偿包括精神损害赔偿，并以人身损害为由向法院申请诉讼财产保全。一审法院认为李某提出的是违约之诉，根据《最高人民法院关于审理旅游纠纷案件适用法律若干问题的规定》（法释〔2013〕13 号）第十条第二款"旅游经营者擅自将其旅游业务转让给其他旅游经营者，旅游者在旅游过程中遭受损害，请求与其签订旅游合同的旅游经营者和实际提供旅游服务的旅游经营者承担连带责任的，人民法院应予支持"的规定，判令合同当事人 A 地旅行社承担违约责任，B 地旅行社承担连带责任，二者共赔偿李某 150 多万元；李某请求 B 地某运输公司承担赔偿责任的诉讼请求不属于该案审理范围，应当另案处理。二审法院则认为，根据李某的诉讼请求和主张，李某提出的是侵权之诉，判令 B 地旅行社和 B 地某运输公司作为侵权人共同赔偿李某各项损失合计 60 多万元；李某请求 A 地旅行社承担赔偿责任的诉讼请求不属于本案审理范围，应当另案处理。

法理明晰：本案一、二审判决结果在责任主体和赔偿数额上出现极大差异，显然是由于李某提起的诉讼请求和主张出现严重错误，提出精神损害赔偿和以人身损害为由申请诉讼财产保全的诉讼主张，致使二审法院最终将案由认定为侵权责任纠纷。而同一案件是不能同时认定侵权责任与违约责任两个案由的。只能通过责任竞合二选其一。

一、不同的案由决定着案件的诉讼时效

不同案件的案由选择可能决定着案件的诉讼时效，尤其是在侵权责任与违约责任竞合的情况下，如果提起人身损害的侵权之诉，则诉讼时效为 1 年；如果提起环境污染损害赔偿的侵权之诉，则诉讼时效为 3 年；如果提起违约之诉，则诉讼时效一般为 3 年等。比如确权之诉与合同撤销之诉及主张合同无效之诉的时效也是不同的。

二、不同的案由决定各方举证责任的分配

不同案件的案由选择可能决定着案件举证责任的分配。例如：陈某在大街上行走，突然被某栋大楼上的住户阳台上坠落的花盆砸到头部，造成伤害，前后花去医药费近 10 万元。如果陈某能够证明属楼上确定的户主，事先了解到致害责任人有赔偿能力，以物件脱落、坠落损害责任纠纷为案由提起诉讼，则由致害责任人承担过错推定责任，给予赔偿；如果陈某不能证明确定的致害户主，就不能确定赔偿人，就要以不明抛掷物、坠落物损害责任纠纷为案由提起诉讼，则按照共同危险行为致人损害赔偿处理，由包括整栋楼层可能具有致害因素的各房主，合理推定共同属于有可能加害的建筑物使用人对陈某的受害承担无过错责任，给予合理的经济补偿。

再如证券交易的代理合同，授权就成为重要的证据，这样被代理负举证责任成为必然。

典型案例：甲公司诉乙证券公司错误划转账户资金案

入选理由：违背证券交易代理合同授权代理职责的规定应承担相应责任

案情简介：2002 年 12 月 26 日，原告、被告订立《证券交易委托代理协议书》，确立双方之间关于代理证券交易等权利义务关系，协议书对开设资金账户、交易代理、资金存取、变更撤销、授权委托等条款均作了详尽约定。次日，原告甲公司通过支票方式在被告乙证券公司处存入 5000 万元，资金账户为"××"。2003 年 4 月 18 日，被告以贷记凭证方式向原告划转了 1260348 元。2004 年 2 月 24 日，原告再次通过支票方式存入该资金账户 1500 万元。2002 年 12 月 30 日、2004 年 2 月 24 日，被告依据授权人"丙"出具的《授权书》，将原告资金账户内的 6500 万元划转。现原告"××"资金账户余额为 2417.28 元，证券账户内余额为零，遂涉讼。法院判决被告乙证券公司应于该判决生效之日起 10 日内偿还原告甲公司人民币 63739652 元（含账户余额 2417.28 元）及该款自实际存入日起至判决生效日止按照中国人民银行同期企业存款利率分段计利息。

法理明晰：经法官归纳的双方争议焦点为：该案被告是否违背了证券交易代理合同的相关规定？

该案作为证券交易代理合同纠纷案，牵涉的双方为原告甲公司与被告乙证券公司。原告与被告订立了《证券交易委托代理协议书》并先后共注入了 6500 万元资金。但现如今，原告的账户中却只存在 2417.28 元，原告认为是被告私自处理了其财产，遂起纠纷。

被告作为证券公司与原告之间签订了《证券交易委托代理协议书》，负有谨慎保管原告资产的义务。如今原告账户内的资产明显减少。被告称，依据授权人

"丙"出具的《授权书》，将原告资金账户内的 6500 万元划转，但被告却无法举证证明该划转行为源于原告的真实意思表示，也无法确认"丙"的身份及其与原告之间的关系。这显然违背了证券公司的职责，也违背了《证券交易委托代理协议书》中的相关规定。因此，在未经原告允许的情况下，被告擅自对原告账户内的资金进行了处分。被告的行为属于第三项挪用客户账户上资金的行为，是损害客户利益的欺诈行为。

因此，被告违背了证券交易代理合同的相关规定，应对原告进行赔偿。

公民与证券公司签订证券交易代理合同后，应按照合同的约定履行合同。现实中会有证券公司未经允许处分公民资金的行为，这种行为是合同未约定的，是对公民权利的一种侵害。

原告诉称，2002 年 12 月 26 日，原、被告订立《证券交易委托代理协议书》，原告据此在被告处开立资金账户"××"并办理了证券账户的指定交易。次日，原告存入该资金账户 6500 万元用于国债交易。2003 年 2 月 24 日，原告再次存入 1500 万元。现经原告查实，原告证券账户内无相应国债，资金账户内亦无资金。据此，原告认为被告挪用了原告的资金，故请求判令被告返还原告 6500 万元并支付该款实际发生的、按照银行同期贷款利率所计利息；诉讼费用由被告负担。

被告辩称，原告、被告均属某集团控制的关联企业，原告存入款项后并未实际发生交易，亦未与被告订立委托国债投资协议，资金被转移给案外人使用属原告自主行为，与被告无涉；被告实际偿还了 1260348 元。故请求驳回原告的全部诉讼请求。

经法院审理认为，原告、被告依约形成的是证券交易代理关系。按照证券法以及系争协议之约定，被告作为证券公司，应当对原告存入的客户交易保证金负有忠实谨慎的保管义务。现原告的资金被划转，被告无法对此客观事实状态作出合理的解释。换言之，被告未能举证证明该划转行为源于原告的真实意思表示。对此，被告具备了相应的过错。被告抗辩称，其系严格按照划款指令从事，并未恶意侵占或挪用原告的资金。反观该案查证之事实，所谓的划款指令的授权人为"丙"，被告无法据此进一步证明"丙"的法定身份以及其与原告之间存在任何法律意义上的代理关系。因此，被告接受并执行了该划款指令，擅自划转原告资金，显然是违背了合同约定和法定的谨慎注意义务，应当承担偿还之民事责任。至于偿还的具体金额，以原告资金账户实际结算的数额为确定标准，即 65000000 元 − 1260348 元 = 63739652 元及该款实际发生的法定孳息。

三、不同的案由决定不同的法律适用

不同案件的案由选择最直接的后果是导致法律适用的不同，进而影响案件的实体权利主张与义务的履行。比如同一侵权纠纷，如果认定为一般侵权案件，则适用过错责任原则，由原告、被告双方按各自的过错程度分担损失；如果认定为产品责任、机动车交通事故责任、环境污染责任、高度危险责任、饲养动物损害责任、物件损害责任等特殊侵权责任，则一般适用无过错责任或过错推定责任归责原则，被告无法确定减免责任事由的，往往承担全部责任，即使原告有过错，也只是适用过错相抵原则对被告适当予以减轻责任。

典型案例：陈某诉张某人身伤害案

入选理由：因案由选择错误而被法院驳回诉讼请求

案情简介：2012 年 10 月，某矿石经营者陈某，在矿石的开采过程中通过他人介绍请来了张某为其搬运矿石，双方约定张某自行提供运输车辆和其他搬运工具，陈某按照搬运的矿石数量支付报酬。一天，张某在矿区搬运矿石时，其身后的一堵旧墙突然倒塌将其砸伤，张某为此花去住院费、医疗费、护理费等近 2 万元。后张某主张其与陈某之间系雇佣关系，以 2011 年案由规定中的第三级案由"提供劳务者受害责任纠纷"为由向法院提起诉讼，请求陈某赔偿损失；而陈某则抗辩称双方系承揽关系。最终法院审理认为，从现有证据来看，陈某和张某之间系承揽关系而不是雇佣关系，故依法驳回张某的诉讼请求。

法理明晰：跳出本案中双方系何种合同纠纷来看，由于张某所受的损害系陈某矿区的构筑物倒塌所致，根据《侵权责任法》第八十六条第一款的规定："建筑物、构筑物或者其他设施倒塌造成他人损害的，由建设单位与施工单位承担连带责任。建设单位、施工单位赔偿后，有其他责任人的，有权向其他责任人追偿"，如果张某选择以案由规定中的第四级案由"构筑物倒塌损害责任纠纷"为由向法院提起诉讼，则必定能够得到法院的支持。

该案中，代理律师假设法院会认定为承揽关系，则张某要承担陈某在定作、指示、选任上的存在过错举证责任的；而假设法院认定为构筑物倒塌损害责任纠纷，则陈某承担的是无过错责任，张某无须承担陈某存在过错的举证责任。而法官在根据法庭调查认定的事实可以将案由确定为构筑物倒塌损害责任纠纷或者承揽合同纠纷的情况下，是不能主动变更案由，而只能根据张某的诉讼请求和主张来确定案由，否则就会加重陈某的举证责任，侵害其诉讼权利。

第三节　关注重点：梳理案由应结合诉讼主张展开

案由的确定不是孤立的问题，代理律师一定要结合案件的性质及当事人的诉讼主张来确定，同时需要关注以下几点：

第一，在确定民商案件案由之前，先要固定原告的诉讼请求。由于诉讼请求要求具体、明确，所以当原告主张的诉讼请求笼统模糊、游移不定，甚至前后矛盾时，作为原告的代理律师就应当及时予以释明，分析采取不同案由的利弊，让原告自己选择诉由。但是，原告在诉讼过程中增加或者变更诉讼请求导致当事人诉争的法律关系发生变更的，原告代理律师也应当相应变更案件的案由。

第二，同一诉讼中涉及两个以上的法律关系的，应当依当事人诉争的法律关系的性质确定案由，均为诉争法律关系的，则按诉争的两个以上法律关系确定并列的两个案由。比如，涉及商品房的房屋买卖合同纠纷包括商品房预约合同纠纷、商品房预售合同纠纷、商品房销售合同纠纷、商品房委托代理销售合同纠纷，有些案件经过预约、预售、销售、委托代理各个环节，但如果仅在预售环节发生争议，则应确定为商品房预售合同纠纷；如果在预售和销售环节都发生争议，则应确定为并列案由，即商品房预售合同纠纷、商品房销售合同纠纷，注意过程与结果的一致性。

典型案例：因列错当事人而被驳回请求的法律关系及案由合理选择的法理分析

入选理由：选择当事人一定要与法律关系相适应

在诉讼纠纷代理的实务中，常有律师不注重法律关系的梳理与案由的分析，从而导致败诉。下面笔者以一宗简单的买卖合同纠纷的代理为例，谈谈法律关系分析及案由的合理选择，从而确保案件代理思维的正确。

案情简介：2018年7月2日，甲公司与乙公司达成买卖硫酸镍的协议，约定甲公司向乙公司采购2吨硫酸镍，单价28.7元/千克，由乙公司委托货站将货物运输至甲公司所在地。当日，甲公司向乙公司支付了全额货款57400元。按照双方以往的交易惯例，乙公司委托丙公司托运货物，甲公司与丙公司未订立运输合同，运费由乙公司与丙公司协商，甲公司按照丙公司提单上载明的运费支付运费。至当年7月6日甲公司联系上丙公司，但丙公司拒绝甲公司提货，至立案时，也没有收到货物。故此，甲公司请求法院判令二被告交付硫酸镍2吨，价值57400元。

丙公司随之向甲公司提出反诉，反诉请求为：要求甲公司承担罚款损失3万元，仓储费1.2万元，司机食宿费2000元，运输费用530元，合计44530元。

一审法院经审理后认为甲公司与乙公司签订的买卖合同系双方真实意思表示，该合同有效。丙公司并非买卖合同的主体，甲公司要求丙公司交付货物并非基于买卖合同，而是基于运输合同，故此案的基础法律关系为运输合同关系，鉴于乙公司与甲公司均不承认其为托运人，不承认托运人的相关责任，甲公司及丙公司均应以运输合同纠纷另行起诉，确定托运人承运后进而明确各方应承担的责任，以期整体解决纠纷，因该案的基础法律关系为运输合同而非买卖合同关系，甲公司、乙公司与丙公司的合同主体地位及合同权利义务均待查明，故对甲公司要求乙公司及丙公司交付货物的请求及丙公司要求甲公司赔偿损失的请求均不予支持，待其另行起诉时一并审理。综上所述，驳回甲公司的请求，同时驳回丙公司的反诉请求。

丙公司辩称：丙公司与甲公司口头订立运输合同，2018年7月3日，乙公司像以往一样将货物运送到丙公司，将货物运往烟台，收货人为甲公司，运费530元，乙公司跟丙公司说明，货物为普通货物，货物是按普通货物运费计算的，不是按照危险品货物运费标准计算的运费，因丙公司与甲公司、乙公司多次合作，运输的货物样品也是硫酸镍，以往丙公司与甲公司商定运费单价后，以后基本上就不再改变，故这次也没有另行协商运费，接货当日，丙公司将货物装到鲁YC0××、鲁YC1××挂车上，与其他货物混杂零担运往山东，车行至山东境内，被某交通稽查大队认定所运送货物含危险品，且以超越运输许可范围为由，被罚款3万元，因甲公司与乙公司都不愿意承担这3万元。故丙公司将货物扣留。

乙公司辩称：2018年6月29日甲公司向乙公司购买硫酸镍2吨，价款57400元，甲公司委托乙公司将货物送到配送站，运费由甲公司与配送站协商，买卖过程中，乙公司反复强调，此货物为危险品，如果运输过程中出现任何问题，乙公司概不负责。乙公司将货物送到丙公司后也反复强调此货物为危险品，也将甲公司与丙公司双方联系人电话告诉对方，由他们自己协商运输费用。事情发生后，三方多次协商，但无果。

甲公司不认可丙公司的反诉请求，其辩护理由为：甲公司与乙公司结算了货款，丙公司是乙公司的运输常客，且由乙公司委托，而乙公司也反复强调货物是危险品，丙公司理应知道自己所配送的货车是否适宜运送危险品，实际运输方为丁农贸公司，其违反相关法规的行为与甲公司无关，也与丙公司无关，因此，甲公司不应承担相应的责任。

法理明晰： 纵观本案，"公说公有理，婆说婆有理"，吵得法官无从认定，只有双双驳回，令有求者另案起诉。

细细读来，觉得法官驳回的理由还十分充分，原告律师赔了诉讼费不说，还耽误不少时间，问题到底出在哪？不妨从该案的法律关系来看一看。

通过分析，本案涉及以下几个法律关系：

一是甲公司与乙公司的货物合同买卖关系；

二是甲公司与乙公司的货物运输委托关系；

三是乙公司与丙公司的货物运输委托关系；

四是丙公司与丁公司的货物运输委托关系；

五是甲公司与丁公司的货物运输关系；

六是丁农贸公司与山东某交通稽查大队的行政处罚关系。

由于丙公司与丁公司的长期合作，形成了配送的联营体，因此，可视为一个主体，将丁公司并入丙公司较为简捷。

通过图 22-1 可以看出：

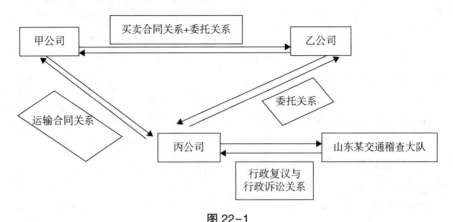

图 22-1

（1）如果甲公司因支付了货款没有收到货物只能通过以下方式发起诉讼。

一是甲公司以要求乙公司返还货款为由提起诉讼：

原告：甲公司；案由：买卖合同纠纷

被告：乙公司；第三人：丙公司

二是甲公司要求乙公司返还货物为由提起诉讼：

原告：甲公司；案由：委托运输关系

被告：乙公司；第三人：丙公司

三是甲公司要求丙公司交付货物为由提起诉讼：

原告：甲公司；案由：货物运输合同纠纷

被告：丙公司；第三人：乙公司

（2）乙公司以返还货物为由提起诉讼。

原告：丙公司；案由：委托纠纷

被告：丙公司；第三人：甲公司

（3）丙公司以支付运输损失款为由提起诉讼。

原告：丙公司；案由：委托运输纠纷

被告：乙公司；第三人：甲公司

通过分析可以看出，如果甲公司以乙公司及丙公司为共同被告，以买卖合同关系为由提起诉讼，其向丙公司主张的基础法律关系不当。因为丙公司与甲公司是运输关系，而非买卖合同关系。这就存在当事人列示错误，也就是说当事人的列示，应以基础法律关系为依据，同时要选择合适的案由。

专业技巧在于第三人的列示。该案如果将涉案当事人都列示为共同被告，以运输关系纠纷为由，则法官会认为原告与其中之一的被告存在买卖合同关系；以买卖合同关系纠纷为由，则法官会认为原告与其中之一的被告存在运输关系。这样当事人的列示，使得法官判决形成两难。遇到这种情况，法官要么在开庭前通过释明权要求原告变更案由，改变当事人的诉讼地位；要么驳回起诉，建议原告或有利害关系的被告另案起诉。

需要说明的是，该案法官还没有说明存在委托关系，如果释明后，原告律师坚持，则驳回的理由更充分。

所以，通过法律关系分析，原告代理律师或者另案，或者坚持上诉。而上诉，则只能要求二审法院以事实不清为由发回重审，在重审中，变更诉讼请求，从而变更当事人地位，而二审中要求二审法院改判或支持原告请求的可能性较小，从而难以通过上诉获得满意的结果，二审法官维持原判的概率较大。

一般来讲，法律的释明权在一审，不属于二审，如果二审行使释明权，显然对于败诉方来讲，就失去了上诉的机会，有违"一案二审"的基本原则。

而该案如何另行立案，包括法律关系、当事人列示与案由的配合，以及诉讼请求主张及与第三人的配合，还存在较强的法理与技巧，限于篇幅，这里不作详细讲解。

第三，案由的确定应当适用由低到高的顺序原则。一审立案时应当根据当事人诉争法律关系的性质，首先应适用第四级案由；第四级案由没有规定的，适用相应的第三级案由；第三级案由没有规定的，适用相应的第二级案由；第二级案由没有规定的，适用相应的第一级案由。比如，二级案由"劳动争议"项下有3个三级案由（劳动合同纠纷、社会保险纠纷和福利待遇纠纷），三级案由"劳动合同纠纷"项下有7个四级案由（确认劳动关系纠纷、集体合同纠纷、劳务派遣合同纠纷、非全日制用工纠纷、追索劳动报酬纠纷、经济补偿金纠纷和竞业限制纠纷），三级案由"社会保险纠纷"项下有5个四级案由（养老保险待遇纠纷、工伤保险待遇纠纷、医疗保险待遇纠纷、生育保险待遇纠纷和失业保险待遇纠纷）。如果劳动者既起诉用人单位支付拖欠的劳动报酬，又起诉用人单位支付未为其缴交医保而应赔偿的医药费用，则应适用并列的两个四级案由追索劳动报酬纠纷和医疗保险待遇纠纷，不应直接适用共同的二级案由劳动争议，或所属的两个三级案由。

典型案例：李某诉张某返还财产案

入选理由： 选择案由一定要考虑证明责任有利于己方的举证

案情简介： ×年×月×日，李某将其名下一辆价值15万元的汽车借给其好友张某，借用期限为2个月。借用期限届满后，王某因张某拖欠其20万元债款，在张某不知情的情况下将汽车开走抵债。后李某向张某追索未果，误认为张某故意侵占其汽车，而将张某诉至法院，请求返还车辆、赔偿损失。

法理明晰：该案中，李某起诉的对象是张某，诉讼请求是要求对方返还车辆、赔偿损失，因此，法院基于该诉请和主张只能将案由认定为借用合同纠纷。但由于借用合同的标的物已经被他人侵占，基于合同相对性，李某很难实现追回汽车的诉讼请求。

该案中，代理律师如果事先假设李某能将王某列为被告、张某列为第三人，或将张某列为被告、王某列为第三人，或将张某与王某列为共同被告，请求对方返还车辆、赔偿损失，则法院认定的案由必然会是返还原物纠纷或侵权责任纠纷。而且如果李某提起返还原物纠纷诉讼，则只需举证证明自己是返还财物的所有人，出示相关财物的所有权证书，由车辆的合法所有人完成自己的举证责任；如果李某提起侵权责任纠纷诉讼，由于该案属于一般侵权案件，李某承担的举证责任较重，需对王某的侵权行为、损害结果、因果关系和主观过错承担举证责任。

第二十三章
据理力争：弄清民商诉讼的请求权基础

提起民商诉讼的当事人必然有自己的主张，诉请法院判决要求被告做什么或不做什么。这是一种诉讼法上的请求权，意指法律关系的一方主张请求另一方主体为或不为一定行为的权利。权利人不能对权利标的进行有效的直接支配，而只能请求义务人配合。

第一节　请求权基础：涉诉标的或涉诉标的物的合法性分析

债权是典型的请求权，债权人自己无法实现债权，只能请求债务人履行一定的给付义务才能实现债权。

请求权又可以分为债权性请求权和物权性请求权。而相对于原告的请求权，就是被告的抗辩权。抗辩权是指否认请求权、阻止请求权效力的权利。在当事人没有提出、客观上又可以成立的抗辩权，特别是权利人的诉讼能力存在明显缺陷、不知道如何行使抗辩权时，法官应当行使释明权，告知被告可以行使的权利，且帮助指明如何去行使。

请求权作为独立的实体权利，连接了实体法与程序法的权利，民商诉讼看似简单，也隐藏着很多法理问题。其通过诉讼解决民商诉讼纠纷的途径可以分为三种，即确认、给付、变更之诉，这三种诉讼中给付之诉是开展民商诉讼的核心，而请求权就成了给付之诉的基础。

债权上的请求权主要包括赔偿损失请求权，涵盖基于合同、不当得利、无因管理的三种请求权；

物权上的请求权包括确认所有权，排除妨碍请求权，返还原物请求权及恢复原状请求权四种。物权的请求权具有相对性、非公示性与实体权利等的三个特点。

对于对请求权的分析，作为民商代理律师应该注意以下几点：

一是与案件事实不相符合的请求权，应该依法提前排除。

二是对原告不利的请求权，应依法释明，并告知当事人如何变更，如果当事人坚持不变更的，要向其说明可能败诉的后果。

三是诉讼请求的内容含混不清的，应告知当事人如何描述明确、具体与量化。

四是诉讼请求事项之间相互矛盾，应告知当事人，协助其排除相互矛盾的请求事项。

五是请求权竞合与聚合。如果在请求权分析中，确定案件涉及多项请求权，则需要进一步确定采取责任聚合还是竞合的方法。其基本思路就是"不能使某一当事人因一项违法行为而遭受两次惩罚，也不能使某一当事人因一次损害而得到两次赔偿"。

六是对请求权基础变动状态的分析。请求权确定后，如果请求权的基础已经发生了变动，例如合同已经发生了变更或终止，其诉求可能就要增加、减少或终止，则其请求权也要随之发生变化。总之要固定请求权，并根据具体情况随时提出请求权的变更。

请求权基础既可以是法律规范，也可以是像合同、遗嘱等具有法律效力的其他法律依据。请求权基础主要是法律规范，但又不局限于法律规范。此种可供支持一方当事人向他方当事人有所主张的法律规范，即为请求权基础。

代理律师要运用法律的解释方法，结合具体的诉讼请求，针对举证、质证情况对法律规范进行准确地把握。

需要指出的是程序性规范和某些裁判规范不能单独地作为请求权的基础。程序性规范只能作为当事人解决实体性问题而需遵守的行为准则，其遵守或违反由法定机构裁定，而不对相关当事人发生请求权产生约束力，也不会导致增加或减少其实体法上的额外权利义务。虽然某些当事人可能因为违反程序性规范而被相关司法部门处罚，但不会在当事人之间产生新的权利义务或改变原有的权利义务，即使发生纠纷，也只能适用相应的行政诉讼法律规范。

第二节　行为归属：弄懂当事人诉由的关键所在

弄懂当事人的诉由，主要指弄清楚当事人的行为归属于违约、侵权、不当得利还是无因管理。

代理律师接受委托后，应重点分析请求权的逻辑顺序，以此判断适格的请求权。

民法上的请求权是由一系列请求权所组成的体系。这些请求权包括合同上的请求权；缔约过失请求权、无因管理请求权、物权请求权、不当得利和侵权的请求权。共同形成一个请求权的完整体系。各种请求权在同一案件中同时并存或发生冲突时，应该确定各项请求权在行使上的先后顺序，以形成一种体系的观念。考察任何一个民事案件，请求权的体系在原则上应当按照如下顺序来确定。

第一，考察请求权的先后顺序应将合同上的请求权作为第一顺序的请求权加以考虑，合同作为特定人之间的事先约定的关系，确定了当事人之间的权利义务，只有首先从合同关系着手，才能向其他关系展开，即合同上的请求权与其他的请求权发生密切联系时，应首先考虑使用基于合同上的请求权。这充分体现"契约至上"的理念。

第二，缔约过失请求权。按照《合同法》的相关条款，缔约过失的请求权与合同的请求权是不可分割的，甚至可以包含在合同的请求权之中，因为无论是在合同的缔结过程，还是在合同终止以后，都会涉及缔约过失的请求权。这两项请求权是严格分开的。缔约过失的请求权适用于涉案当事人无合同关系的情况，而基于违约的请求权乃是以有效合同的存在为前提。如果当事人之间存在着合同关系，则属于合同责任；若不存在合同关系，则可以考虑缔约过失责任。

第三，无因管理请求权。合同上的请求权应优先于无因管理上的请求权，因为无因管理之所谓无因，是指无法律上的原因，包括无法定的义务或约定的义务为他人管理事务。合同请求权与缔约过失请求权优先于无因管理请求权，但由于无因管理本质上是一种合法行为，则无因管理请求权应当优先于除合同请求权与缔约过失请求权之外的其他请求权。

第四，物权请求权。物权的请求权是指当物权人在其物被侵害或有可能遭受侵害时，有权请求恢复物权的圆满状态或防止侵害，它是基于物权而产生的请求权。在物权受到侵害的情况下，首先应当采用物权的请求权进行保护。这是因为物权的请求权具有优先于债权的效力。再者，物权请求权较之于侵权请求权更有利于保护受害人，因此，原则上物权请求权应当优先于侵权请求权。此外，所有物返还请求权一般不受诉讼时效的限制。需要说明的是物权请求权优先于债权，是说物权还是绝对权，债权还是相对权。这是根据两种权利的法律效力所进行的区分，与诉讼请求上优先考虑合同的请求权是两个不同范畴，容易混淆。

第五，不当得利和侵权的请求权。因为不当得利和侵权行为都是法律禁止和限制的行为，广义上都属于不合法的行为。按照合法行为成立则排除非法的逻辑，所以首先应当考虑有其他以合法行为为基础的请求权存在，如果其他请求权不能适用，才能适用不当得利和侵权的请求权。因此，不当得利和侵权的请求权应当置于较后的顺序考虑。

如果在请求权检索中，确定案件涉及多项请求权，则需要进一步确定采取责任聚合还是竞合的方法。关于责任聚合与竞合的区分，首先依据法律规范，如果合同有约定，则依据约定。如果都没有，则主要是依据公平、正义的理念确定。

典型案例：A 公司诉张某购房合同无效案

入选理由：借职务之便自卖自买公房导致合同无效的后果

案情简介：张某是乙公司在 A 大城市成立的一家非公司法人的集体公司（简称"甲公司"）的经理，公司主要经营房产的租赁业务。甲公司在 A 大城市购置单元房多套。×年张某所在甲公司的上级单位在清理房产时发现在 A 大城市购置的几套单元房已过户张某及其家人。张某所在的甲公司的上级单位决定成立甲公司清算小组，由清算小组向 A 大城市某法院提起诉讼，请求法院判令张某与甲公司签订的购房合同无效。

法理明晰： 作为该案甲公司的代理律师，经查张某以房改的名义擅自将单位的房产出售给自己及其家人，且房款仅为房价市场行情的十分之一，显失公平。张某明知该房屋不属 A 城市房改出售的公有房屋范围，而且张某作为甲公司负责人，在明知的情况下，瞒着所属单位的上级主管单位，利用自己掌管的公司印章，签订虚假的售房合同，自卖自买，并办理相关过户手续，其实质是对集体财产的侵占。

法院经审理后认为，张某及其家人与甲公司签订的公有住房出售合同无效，要求张某及其家人在判决生效之日起 30 日内恢复其所购房产的产权原先登记状况，甲公司返还张某及其家人的购房款。案件受理费用由张某承担。

该案涉及三个基本的问题：

（1）张某行为的动机在于将自己及其家人的小城市户口（张某单位所在市）通过房改房迁到大城市，这一精心策划的事项有损公肥私之嫌。按照正规程序，张某应在单位公示，并将自己在原单位的房子退还单位，不能在不退房的情况下，利用职权擅自多购买房改房；张某如果要进行房改，必须经上级单位同意，且在单位进行公示，没有证据显示张某为此进行过公示。

（2）甲公司诉张某的诉由如何选择的问题。是主张合同无效，还是主张张某侵权，要求恢复房屋所有权的原状。作为甲公司的法务人员，在策划是通过提起诉讼，主张合同无效，还是要求张某直接到房产部门过户到甲公司名下，主张请求张某退房这一诉求时，法务人员通过策划选择了诉讼。张某及其家人认识到问题的严重性时，自然十分配合诉讼。原因是如果法院不判令购房合同无效，张某及其家人即使认错后自愿退还房产，也要重新上市交易，仅交易费用则在数十万元；如果通过诉讼判决合同无效，张某依据判决退房，仅需缴纳工本费就可恢复房产所有权的原状。

（3）张某的行为属关联交易，违背了公平原则，从价位上来看，也显失公平。案发时，张某同时在甲公司的上级单位还有一套房改房，并没有按规定在购新房改房时退还旧房改房给单位，张某的行为是否构成侵占罪值得关注。这属于纪委或检察部门是否追究张某党纪、政纪和刑事责任的范畴，另当别论。

侵权责任与违约责任同为民事责任的一种，这是两者间最根本的相同点。在民事诉讼中，民事责任竞合所产生法律适用主要在如下方面。

（1）归责原则的区别。中国《侵权责任法》对侵权责任采用过错责任、严格责任、公平责任原则，实际上是采用了多重归责原则。违约责任适用严格责任原则，当事人可以约定违约责任的内容，并可以约定免责条款。"在侵权之诉中，只有在受害人具有重大过失时，侵权人的赔偿责任才可以减轻。而在合同之诉中，只要受害人具有轻微过失时，违约方即能减轻其赔偿责任。"

（2）责任基础不同。民事责任的责任基础源于法定或约定。违约责任的责任基础是合同当事人以其意志和利益确定的，行为人违反的是约定义务，没有约定才适用法定提示的条款。侵权责任的责任基础是法律直接规定的义务，不存在当事人意思自治问题，行为人违反的是法定义务。行为违反的是法定义务还是约定义务，承担的是法定责任还是约定责任，是违约责任与侵权责任最根本的区别。

（3）举证责任不同。根据归责原则，在合同之诉中，适用严格责任原则归责，受害人无须证明违约方是否有过错，其行为是出于故意还是过失，只要证明违约事实存在就可以了。在侵权之诉中，除最高人民法院《关于民事诉讼证据的若干规定》第四条规定的几种特殊情况，应适用举证责任倒置，由加害人证明自己无过错以外，一般情况下，加害人通常不负举证责任，而受害人则须证明行为人有过错、存在损失与加害行为有因果关系。

（4）损害赔偿范围不同。侵权责任的赔偿范围广，一般包括财产损失、人身伤害和精神损害的赔偿。对人身伤害、精神损害、赔偿范围及被害人的伤害赔偿金、被害人有扶养或赡养义务的第三人的抚养费或赡养费、被害人减少劳动能力需增加的费用，以及造成名誉、荣誉、人格等受损的精神赔偿金。违约责任的赔偿范围较窄，一般由当事人约定，当然也可以约定违约金或约定损失的计算方法；未约定的依照《合同法》相关规定处理。通常是财产损害的赔偿，一般不包括对人身、精神损害的非财产损害赔偿。对违约的损害赔偿，一般掌握在"可预见性"标准限定其范围，原则上不允许在违约之诉中请求非财产损害赔偿，但在特殊情形下（如事先约定），且产生违约责任和侵权责任竞合时，允许债权人请求非财产损害赔偿。

（5）对第三人的责任不同。对第三人行为的负责程度，就违约责任而言，如果因第三人的过错造成违约致损害发生，依照《合同法》第一百二十一条，当事人一方应当向对方承担违约责任，之后另行向第三人索赔，但合同中另有约定的除外。在侵权责任中，贯彻对自己行为负责的原则，行为人仅对因自己过错致他人损害的后果负责，除非第三人和行为人共同实施侵权行为，否则行为人对第三人的行为不负责。总之，违约责任中行为人对第三人的行为负责，而侵权责任中行为人对第三人的行为不负责。

（6）免责条件不同。在违约责任中，除法定免责条件（如不可抗力）以外，合同当事人还可以事先约定不承担责任的情形（但故意或重大过失的责任以及人身伤害的责任除外）。而在侵权责任中，免责条件只能是法定的，当事人事先不能约定免责条件，也不可能事先约定（如不可抗力）。

（7）诉讼时效不同。《民法通则》第一百三十五条规定，对因侵权行为所产生的损害赔偿请求权的诉讼时效规定为 2 年，但因身体受到伤害而产生的损害赔偿请求权，按《民法通则》第一百三十六条第一款规定的诉讼时效为 1 年；对因违约行为产生的损害赔偿请求权的诉讼时效同样规定为 2 年，但在出售质量不合格的商品未声明、延付或拒付租金以及寄存财物被丢失或者损毁的情况下，则适用 1 年的时效规定；另外在运输合同中，运输部门同收货人或发货人相互间请求赔偿的时效规定为 180 日，在要求铁路部门支付迟延交付违约金时，时效为 60 日；《合同法》第一百二十九条规定，因国际货物买卖合同和技术进出口合同争议提起诉讼或者申请仲裁的期限为 4 年，自当事人知道或者应当知道其权利受到侵害之日起计算。

（8）诉讼管辖不同。《民事诉讼法》规定，因合同纠纷提起的诉讼，由被告住所地或者合同履行地人民法院管辖，合同双方当事人还可以在书面合同中协议选择被告住所地、合同履行地、合同签订地、原告住所地、标的物所在地人民法院管辖，其约定效力不受合同无效、被撤销或者终止的影响。而因侵权行为提起的诉讼，由侵权行为地或者被告住所地人民法院管辖，侵权行为地包括侵权行为实施地、侵权结果发生地。另外还有行为人系劳动教养或是被监禁的人，由原告经常居住地人民法院管辖。

第二十四章
归责原则：民商诉讼要弄清为什么

归责原则，简单点说就是感觉到自己权益受损后，确定自己找人算账的理由，包括别人应对其损害权益的行为承担什么样的责任，而自己的依据要有足够的理由、标准或依据。不同的国家由于社会经济生活条件以及人文习俗存在差异，其归责原则在法律上的规定也存在差异。我国法律将归责原则分为过错责任原则、无过错责任原则和公平责任原则三种。其中过错原则为一般归责原则的基础，其他两种是补充。

第一节　过错责任：民商诉讼维权首先应当思考的追责原则

过错责任原则是指当事人的主观行为存在过错是构成侵权行为的必备要件的归责原则。公民、法人由于过错侵害国家的、集体的财产，侵害他人财产、人身权的，应当承担民事责任。

根据过错责任的要求，在一般侵权行为中，只要行为人尽到了应有的合理、谨慎的注意义务，即使发生了损害后果，也不能要求其承担责任。其目的在于引导人们行为的合理性。在过错责任下，对一般侵权责任行为实行"谁主张，谁举证"的原则。受害人有义务举出相应证据表明加害人主观上有过错，以保障其主张得到支持。加害人过错的程度在一定程度上也会对其赔偿责任的范围产生影响。

适用过错责任原则时，第三人的过错和受害人的过错对责任承担有重要影响。如果第三人对损害的发生也有过错，即构成共同过错，应由共同加害人按过错大小分担民事责任，且相互承担连带责任。如果受害人对于损害的发生也有过错的，则构成混合过错，依法可以减轻加害人的民事责任。

一般过错责任原则的法律规定：

（1）一般侵权行为责任。《侵权责任法》第六条："行为人因过错侵害他人民事权益，应当承担侵权责任。"

（2）劳务派遣单位责任。《侵权责任法》第三十四条第二款："劳务派遣期间，被派遣的工作人员因执行工作任务造成他人损害的，由接受劳务派遣的用工单位承担侵权责任；劳务派遣单位有过错的，承担相应的补充责任。"

（3）个人劳务责任中提供劳务一方因劳务致使自己受到损害的责任。《侵权责任法》第三十五条："提供劳务一方因劳务自己受到损害的，根据双方各自的过错承担相应的责任。"

（4）网络用户与网络服务提供者的网络侵权责任。《侵权责任法》第三十六条："网络用户、网络服务提供者利用网络侵害他人民事权益的，应当承担侵权责任。网络用户利用网络服务实施侵权行为的，被侵权人有权通知网络服务提供者采取删除、屏蔽、断开链接等必要措施。网络服务提供者接到通知后未及时采取必要措施的，对损害的扩大部分与该网络用户承担连带责任。网络服务提供者知道网络用户利用其网络服务侵害他人民事权益，未采取必要措施的，与该网络用户承担连带责任。"

（5）限制民事行为能力人在教育机构受到损害的责任。《侵权责任法》第三十九条："限制民事行为能力人在学校或者其他教育机构学习、生活期间受到人身损害，学校或者其他教育机构未尽到教育、管理职责的，应当承担责任。"

（6）因第三人侵权导致学生伤害事故中的学校等教育机构的责任。《侵权责任法》第四十条："无民事行为能力人或者限制民事行为能力人在幼儿园、学校或者其他教育机构学习、生活期间，受到幼儿园、学校或者其他教育机构以外的人员人身损害的，由侵权人承担侵权责任；幼儿园、学校或者其他教育机构未尽到管理职责的，承担相应的补充责任。"

（7）销售者对被侵权人承担的产品责任。《侵权责任法》第四十二条："因销售者的过错使产品存在缺陷，造成他人损害的，销售者应当承担侵权责任。"

（8）产品生产者与销售者之间就产品责任的追偿责任。《侵权责任法》第四十三条第二款、第三款："产品缺陷由生产者造成的，销售者赔偿后，有权向生产者追偿。因销售者的过错使产品存在缺陷的，生产者赔偿后，有权向销售者追偿。"

（9）运输者、仓储者等第三人承担的产品责任。《侵权责任法》第四十四条："因运输者、仓储者等第三人的过错使产品存在缺陷，造成他人损害的，产品的生产者、销售者赔偿后，有权向第三人追偿。"

（10）机动车之间发生交通事故的侵权责任。《侵权责任法》第四十八条："机动车发生交通事故造成损害的，依照道路交通安全法的有关规定承担赔偿责任。"[《中华人民共和国道路交通安全法》（以下简称《道路交通安全法》）第七十六条第一款第（一）项："机动车之间发生交通事故的，由有过错的一方承担赔偿责任；双方都有过错的，按照各自过错的比例分担责任。"]

（11）医疗损害责任。《侵权责任法》第五十四条："患者在诊疗活动中受到损害，医疗机构及其医务人员有过错的，由医疗机构承担赔偿责任。"第五十五条："医务人员在诊疗活动中应当向患者说明病情和医疗措施。需要实施手术、特殊检查、特殊治疗的，医务人员应当及时向患者说明医疗风险、替代医疗方案等情况，并取得其书面同意；不宜向患者说明的，应当向患者的近亲属说明，并取得其书面同意。医务人员未尽到前款义务，造成患者损害的，医疗机构应当承担赔偿责任。"第五十七条："医务人员在诊疗活动中未尽到与当时的医疗水平相应的诊疗义务，造成患者损害的，医疗机构应当承担赔偿责任。"第六十二条："医疗机构及其医务人员应当对患者的隐私保密。泄露患者隐私或者未经患者同意公开其病历资料，造成患者损害的，应当承担侵权责任。"第六十三条："医疗机构及其医务人员不得违反诊疗规范实施不必要的检查。"

（12）被侵权人起诉第三人承担环境污染责任。《侵权责任法》第六十八条："因第三人的过错污染环境造成损害的，被侵权人可以向污染者请求赔偿，也可以向第三人请求赔偿。"

（13）污染者向第三人追偿环境污染责任。因第三人的过错污染环境造成损害的，"污染者赔偿后，有权向第三人追偿"。

（14）所有人对交由他人管理的高度危险物致害责任应承担的连带责任。

（15）应当按管理规定饲养的动物损害责任。《侵权责任法》第七十九条："违反管理规定，未对动物采取安全措施造成他人损害的，动物饲养人或者管理人应当承担侵权责任。"

（16）因第三人的过错致使动物造成他人损害，动物饲养人或者管理人赔偿后向第三人追偿的责任。因第三人的过错致使动物造成他人损害的，《侵权责任法》第八十三条："动物饲养人或者管理人赔偿后，有权向第三人追偿"。

（17）建筑物、构筑物或者其他设施及其搁置物、悬挂物脱落、坠落致人损害，所有人、管理人或者使用人赔偿后，向其他责任人追偿的责任。《侵权责任法》第八十五条："所有人、管理人或者使用人赔偿后，有其他责任人的，有权向其他责任人追偿。"

（18）建筑物、构筑物或者其他设施倒塌，建设单位、施工单位赔偿后，向其他对倒塌负有责任的人进行追偿的责任。《侵权责任法》第八十六条第一款："建设单位、施工单位赔偿后，有其他责任人的，有权向其他责任人追偿。"

（19）完全因第三人的原因导致建筑物、构筑物或者其他设施倒塌致人损害责任。《侵权责任法》第八十六条第二款："因其他责任人的原因，建筑物、构筑物或者其他设施倒塌造成他人损害的，由其他责任人承担侵权责任。"

一般过错原则适应的注意事项：

（1）一般过错责任原则以行为人主观上有过错为承担民事责任的充分必要条件，即行为人仅在有过错的情况下，才承担民事责任；没有过错，就不承担民事责任。

（2）以过错为责任的构成要件，即行为人只有在主观方面有过错的情况下，才可能承担民事责任。

（3）以过错作为决定行为人承担民事责任的理由、标准或者说最终决定性的根本要素，无过错即无责任。

（4）贯彻"谁主张，谁举证据"的原则，受害人在请求加害人承担民事责任时，应对加害人在实施侵权行为时主观上有过错负举证责任。如果不能举出证据证明加害人在实施侵权行为时主观上有过错，加害人就可以不承担民事责任。而加害人无须证明自己没有过错。

（5）过错程度与责任相一致，即过错程度决定着责任的形式、范围、减免等。

过错责任原则就是《侵权责任法》第六条第一款所规定的原则。它的含义是指行为人因过错而侵害他人民事权益，应当依法承担侵权责任。这个表述首先是强调过错责任的归责依据是过错，不是损害或者其他的因素。

什么是过错？它是指某种行为在法律和道德上有一种可归责性。换句话说，过错就是指你做错了一件事情，所以在法律和道德上有一种可非难性、可责难性，应该受到谴责，这就是过错。这个客观标准在两大法系基本上都是指一个合理谨慎的行为人的标准，这就是说，判断一个行为人是不是有过错，就是要把他的行为和一个合理谨慎的人的行为作比较，看看他的行为是否达到了一个合理的、谨慎的行为人的注意标准。比如说你在外面放鞭炮，鞭炮引信还没有燃尽的时候小孩上去把鞭炮抓在手上，把手炸了。这个时候就要考虑一个合理谨慎的行为人在燃放鞭炮的时候，如果发现旁边有小孩应该怎么样去放鞭炮。一个合理谨慎的行为人在放鞭炮时看见旁边有小孩，他一定要等鞭炮燃放结束了以后才允许小孩去捡。如果行为人没有这么做，就是有过错的，他没有尽到一个合理谨慎的行为人所应尽到的注意义务。

但是，这个合理谨慎的行为人的注意标准是一个一般人的标准，在一般情况下是考虑这个标准的。霍姆斯曾经讲过这样一个观点：合理人的标准是一个普遍适用的标准，人们在社会中共同生活需要这样一个普遍的标准来衡量人们的行为是否有过错。但这样的判断标准没有考虑到每个人的特性，比如说有的人开车非常急躁，但是法律上不会因为他急躁就降低对他的注意标准；有的人非常鲁莽，性格生来就非常莽撞，但法律上不会因为他莽撞就会原谅他。这个合理的、谨慎的标准是统一的。但这并不是说法律不考虑任何特殊的情况，在这个合理、谨慎的标准之外，还有几点例外。

第一个例外就是，一些特殊的职业要具有比一般的合理谨慎的注意义务更高的标准，这就是专家的义务。侵权法要对专家的注意义务、内容以及审慎程度提出更高的要求。因为专家本身，比如医生、律师等从业人员，这个职业本身有一个职业准入的资格，获得这个资格以后社会公众就会对你产生一种信赖，就是说相信你是具备了这种特殊的技能的。对于医疗活动，侵权责任法也规定要符合当时的医疗水准，达到医疗水准就是说要有比一般人更高的要求，不能完全按照一般普通老百姓的要求来理解。比如说有人去打青霉素，你要求做皮试，这个人坚持说不用做，出了任何事他自己负责。一般的老百姓可能认为既然他坚持说以前做过皮试没有任何问题，出了问题他自己负责，这个时候就不必强行要求他这么做。但是作为一名医生，就不能按照普通老百姓的思维去考虑这个问题，必须按照医疗的技术准则、规范来做，如果没有达到，最后造成了损害还是要承担责任的，这就对医生提出了更高的要求。

一方面是对专家有更高的要求，另一方面是对未成年人和精神病人，主要是对未成年人，在很多情况下的要求低于一般人，这是第二个例外。比如在安全保障义务责任里面，判断行为人是不是尽到了安全保障义务，要考虑对未成年人应该具有特别的义务。比如有一个危险的区域，一般人如果进入这个区域里面去，你对他警示了，那么你可能尽到了注意义务，他自己仍然不出去，结果在危险区域里面遭受了损害，这可能导致免责。但是，对未成年人就不能简单这样说，不能说你要求未成年人离开，他没有走你就不管了，比如说他爬到电线杆上，最后残疾了。出现这种情况，是不是说已经尽到了安全保障义务？还不能这样说，对未成年人特别是无行为能力人，要有更高的注意义务要求。对未成年人自身来说，我们也不能按照一般人的标准来要求他，应该以低于一般人的标准来要求他。

过错归责原则首先是以过错作为承担责任的依据的，其次就是要以过错为免除和减轻责任的依据。《侵权责任法》第三章专门规定了不承担责任和减轻责任的情形，不承担责任就是指免责。《侵权责任法》第三章规定的免责事由主要是针对过错责任作出的规定，至于严格责任，原则上是不适用于第三章的规定的。因为严格责任都是在每一种特殊的责任类型中特别确定免责事由，它不适用一般的免责事由。第三章规定的免责事由包括受害人的过错、第三人的行为、正当防卫、紧急避险等，仅适用于过错责任。因为在出现这些事由的情况下，表明行为人主观上是没有过错的，所以才能被免责。但是在严格责任的情形下，法律严格限制了免责事由，所以这些原因不能作为免责事由使行为人免责。这就是说，当出现了免责事由后，就表明行为人主观上没有过错。因此，过错责任的另一个重要意义就是要以过错作为免责的依据的，这是和严格责任不一样的。

第三个例外就是以过错作为减轻责任的依据，在过错责任的情况下责任的减轻和严格责任、过错推定是不一样的。在过错责任下受害人的一般过错可以导致行为人责任的减轻，但是在严格责任的情况下，除非法律有例外的规定，通常受害人的一般过错不能导致行为人责任的减轻，除非受害人具有重大过失。比如《侵权责任法》第七十八条明确规定：因被侵权人故意或重大过失造成损害的，动物饲养人或者管理人可以不承担或者减轻责任。这里严格限制为重大过失，这就是严格责任不同于过错责任的一个很重要的特点，后面我们要讨论这个问题。比如说当一个小孩爬到电线杆上不小心被高压电击打成重伤或者残疾了，有可能高压电四周也设置了明显的标志，禁止攀爬或者把它拦起来了，但是小孩仍然爬了。如果说小孩是有一般过失的，在严格责任情况下，受害人的一般过错不能减轻行为人的责任。

第二节　过错推定责任：民商诉讼维权要有法律的明文规定

过错推定责任是指一旦行为人的行为致人损害就推定其主观上有过错，除非其能证明自己没有过错，否则应承担民事责任。过错推定的认定一般以法律的明确规定为要因，而不以当事人的意志推定为理由。例如《民法通则》第一百二十六条规定：建筑物或者其他设施以及建筑物上的搁置物、悬挂物发生倒塌、脱落、坠落造成他人损害的，它的所有人或者管理人应当承担民事责任，但能够证明自己没有过错的除外。还有环境污染造成的损害对排污的源头企业就适用过错推定责任。

过错推定责任仍以过错作为承担责任的基础，因而它不是一项独立的归责原则，只是过错责任原则的一种特殊形式。过错责任原则一般实行"谁主张谁举证"的原则，但在过错推定责任的情况下，对过错问题的认定则实行举证责任倒置原则。受害人只需证明加害人实施了加害行为，造成了损害后果，加害行为与损害后果间存在因果关系，无须对加害人的主观过错情况进行证明，就可推定加害人主观上有过错，应承担相应的责任。加害人为了免除其责任，应由其自己证明主观上无过错。

过错推定原则的法律规定：

（1）共同危险行为责任。《侵权责任法》第十条："二人以上实施危及他人人身、财产安全的行为，其中一人或者数人的行为造成他人损害，能够确定具体侵权人的，由侵权人承担责任；不能确定具体侵权人的，行为人承担连带责任。"

（2）暂时丧失心智致人损害责任。《侵权责任法》第三十三条："完全民事行为能力人对自己的行为暂时没有意识或者失去控制造成他人损害有过错的，应当承担侵权责任；没有过错的，根据行为人的经济状况对受害人适当补偿。完全民事行为能力人因醉酒、滥用麻醉药品或者精神药品对自己的行为暂时没有意识或者失去控制造成他人损害的，应当承担侵权责任。"

（3）违反安全保障义务责任。《侵权责任法》第三十七条："宾馆、商场、银行、车站、娱乐场所等公共场所的管理人或者群众性活动的组织者，未尽到安全保障义务，造成他人损害的，应当承担侵权责任。因第三人的行为造成他人损害的，由第三人承担侵权责任；管理人或者组织者未尽到安全保障义务的，承担相应的补充责任。"

（4）无民事行为能力人在教育机构受到损害的责任。《侵权责任法》第三十八条："无民事行为能力人在幼儿园、学校或者其他教育机构学习、生活期间受到人身损害的，幼儿园、学校或者其他教育机构应当承担责任，但能够证明尽到教育、管理职责的，不承担责任。"

（5）医疗技术过失的推定责任。《侵权责任法》第五十八条："患者有损害，因下列情形之一的，推定医疗机构有过错：（一）违反法律、行政法规、规章以及其他有关诊疗规范的规定；（二）隐匿或者拒绝提供与纠纷有关的病历资料；（三）伪造、篡改或者销毁病历资料。"

（6）非法占有高度危险物造成他人损害时的所有人、管理人承担的连带责任。《侵权责任法》第七十五条后半段："所有人、管理人不能证明对防止他人非法占有尽到高度注意义务的，与非法占有人承担连带责任。"

（7）动物园的动物损害责任。《侵权责任法》第八十一条："动物园的动物造成他人损害的，动物园应当承担侵权责任，但能够证明尽到管理职责的，不承担责任。"

（8）建筑物、构筑物或者其他设施及其搁置物、悬挂物脱落、坠落致人损害责任。《侵权责任法》第八十五条："建筑物、构筑物或者其他设施及其搁置物、悬挂物发生脱落、坠落造成他人损害，所有人、管理人或者使用人不能证明自己没有过错的，应当承担侵权责任。"

（9）堆放物致人损害责任。《侵权责任法》第八十八条："堆放物倒塌造成他人损害，堆放人不能证明自己没有过错的，应当承担侵权责任。"

（10）在公共道路妨碍通行致人损害责任中，道路管理部门的管理瑕疵责任。《侵权责任法》第八十九条："在公共道路上堆放、倾倒、遗撒妨碍通行的物品造成他人损害的，有关单位或者个人应当承担侵权责任。"

（11）林木致人损害责任。《侵权责任法》第九十条："因林木折断造成他人损害，林木的所有人或者管理人不能证明自己没有过错的，应当承担侵权责任。"

（12）地面施工、地下设施致人损害责任。《侵权责任法》第九十一条："在公共场所或者道路上挖坑、修缮安装地下设施等，没有设置明显标志和采取安全措施造成他人损害的，施工人应当承担侵权责任。窨井等地下设施造成他人损害，管理人不能证明尽到管理职责的，应当承担侵权责任。"

过错原则适用的注意事项：

（1）过错推定原则只能适用于法律有特别规定的情形，即《侵权责任法》上述规定的特殊侵权行为。法无明文规定的，不得适用过错推定原则。

（2）实行举证责任倒置。过错推定是过错责任原则的一种适用方法，具体做法是面对待处理案件，受害人起诉应当举证证明三个要件，即违法行为、损害事实、因果关系；这三个要件的举证责任完成之后，法官直接推定加害人具有主观过错，不要求受害人去寻求行为人在主观上存在过错的证明，不必举证，而是从损害事实的客观要件以及它与损害行为之间的因果关系中，推定加害人主观上有过错；如果加害人认为自己在主观上没有过错，则须自己举证，实行举证责任倒置，证明自己没有过错，证明成立的，推翻过错推定，无须承担民事责任；如果加害人不证明或者不能证明自己不存在过错，则认定其有过错并结合其他构成要件而承担相应的民事责任。可见，过错推定仍然以加害人的过错为责任的根据或标准，它是过错责任原则适用中的一种特殊情形，因此不可将其与过错责任相提并论，更不可将其作为我国侵权责任的归责原则之一。

（3）除上述指引之外，适用前述一般过错责任原则的操作规则。

过错推定就是说根据一定的基础事实，直接推定行为人有过错，并采用举证责任倒置的方法。如果行为人不能反证证明自己没有过错，那么就应当承担责任。过错推定有以下4个特点：

第一个特点是它的归责的依据还是过错。为什么我们要把过错推定和《侵权责任法》第六条第一款都放在第六条里面规定？原因很简单，因为它们都是以过错作为归责依据，归责的依据都是过错。

第二个特点是它从一定的基础事实出发推定过错。这个基础事实有一些是法律明确规定的，有一些是造成损害的事实，通常情况下是法律规定的。比如《侵权责任法》第五十八条关于医疗损害的责任，该条专门规定在很多情况下为了保护患者适用过错推定。比如按照五十八条的规定，如果医疗机构违反法律、行政法规、规章以及其他有关诊疗规范的规定，隐匿或者拒绝提供与纠纷有关的病历资料、伪造、篡改或者销毁病历资料，那么就不需要由受害人来证明过错，就可以直接推定医疗机构有过错了。这就是法律明确规定了基础事实，发生了基础事实就推定是有过错的。再比如施工责任，按照法律规定，只要没有设置明显的施工标志，没有保障施工安全，就推定有过错。

第三个特点是它和过错责任最大的区别就在于它要实行过错的举证责任倒置，这个举证责任倒置是针对过错的举证责任倒置。在过错责任的情况下举证责任放在受害人身上，在过错推定情况下实行举证责任倒置，把举证责任放在行为人身上，由行为人来反证证明自己没有过错。这就在一定程度上不仅仅是减轻了受害人的举证负担，也加重了行为人的责任。过错责任和过错推定看起来好像是一个举证责任的转换，实际上是一个责任的加重，因为在很多情况下，你要反证自己没有过错是很困难的。大家要注意这不是一个简单的举证责任倒置。

第四个特点是在过错推定的情况下必须要适用法律的特别规定。也就是说过错推定属于例外的、特别的规定，只有在法律有特别规定的情况下才能适用，凡是在法律没有特别规定的情况下，法官不能直接类推适用过错推定。大家知道最高人民法院关于证据规则的司法解释实际上是允许法官类推适用过错推定的，根据公平原则法官也可以适用，这可能在民诉法上是有一定道理的。但在侵权责任法上是不行的，侵权法上的过错推定以及举证责任倒置，法官不能随便适用。凡是要适用过错推定的都要在侵权法上找一个特别规定。也正是这个意义上，《侵权责任法》第六条第二款不能单独适用，还要找一个特别规定才能适用。

第三节　无过错责任原则：民商诉讼维权排除
当事人主观过错的责任追究形式

无过错责任原则是指当事人实施了加害行为，虽然其主观上无过错，但根据法律规定仍应承担责任的归责原则。《民法通则》第一百零六条第三款规定："没有过错，但法律规定应当承担民事责任的，应当承担民事责任。"

随着工业化的发展和危险事项的增多，加害人没有过错致人损害的情形时有发生，证明加害人的过错也越来越困难，为了实现社会公平和正义，更有效保护受害人的利益，无过错责任原则开始逐渐作为一种独立的归责原则在侵权行为法中得到运用。根据我国《民法通则》的规定，实行无过错责任的主要情形有：从事高度危险活动致人损害的行为，污染环境致人损害的行为，饲养动物致人损害的行为，产品不合格致人损害的行为等。

无过错责任原则，是指基于法律的特别规定，在损害发生以后，在归责方面既不考虑加害人的过错，也不考虑受害人过错，只要行为与损害后果有因果关系，加害人就得对损害结果承担赔偿的责任。其目的是补偿受害人所受到的损失。《民法通则》第一百零六条第三款规定："没有过错，但法律规定应当承担民事责任的，应当承担民事责任。"《民法通则》第一百二十三条规定："从事高空、高压、易燃、易爆、剧毒、放射性、高速运输工具等对环境有高度危险的作业造成他人损害的，应当承担民事责任；如果能够证明损害是由于受害人故意造成的，不承担民事责任。"同时，根据《道路交通安全法》第一百一十九条第五项的规定，"交通事故"是指车辆在道路上因过错或者意外造成的人身伤亡或者财产损失的事件。由此可见，作为高速运输工具形式之一的机动车，因道路交通事故对人身、财产造成损害的，属于高度危险作业的行为。行为人应当承担的致害责任，就是无过错责任。只要加害人提不出法定的免责抗辩事由，则应承担损害赔偿责任。对于这点，最明显地体现在《道路交通安全法》第七十六条的立法精神中，机动车与非机动车驾驶人（自行车、助力车等交通工具的驾驶人）、行人之间发生交通事故造成损失的，机动车一方承担无过错的赔偿责任；非机动车驾驶人、行人一方有过错的，根据过错程度适当减轻机动车一方的赔偿责任；机动车一方没有过错的，承担不超过10%的赔偿责任；交通事故的损失是由非机动车驾驶人、行人故意碰撞机动车造成的，机动车一方不承担赔偿责任。

无过错责任的适用应注意三个方面：第一，无过错责任原则的适用必须有法律的明确规定，不能由法官或当事人随意扩大适用；第二，适用无过错责任，受害人不须证明加害人的过错，加害人亦不能通过证明自己无过错而免责，但原告应证明损害事实及其因果关系；第三，我国实行的是有条件的、相对的无过错责任原则，在出现某些法定免责事由时，有关当事人也可全部或部分免除其民事责任。如我国环境保护法规定，完全由于不可抗拒的自然灾害，并经及时采取合理措施，仍然不能避免造成环境污染损害的，免予承担责任。

代理律师应当清楚无过错责任与推定过错责任都具有相同点是法律的明确规定才是其认定的要因。

典型案例：张某诉某县电力公司高压输线致人损害案

入选理由： 无过错原则的认定

案情简介： 未成年人张某，女，13岁，1988年8月去某镇姨父江某家度暑假，江某于该年3月翻建三层楼房一间。黄昏，江某一家聚在三楼内室看电视，张某半途离室去阳台，手扶栏杆乘凉，不料突然被平行于栏杆半米之外的高压输线所吸，迸发闪光，江某一家急忙施救，但张某已被电击，扑倒在阳台地面上，急送至医院救治，但右手手指全部烧残，身上也有烧伤，经鉴定为三级残废。张某的父亲要求某县电力公司承担民事赔偿之责。

法理明晰： 某县电力公司的代理律师认为，应由张某姨父江某承担责任，理由是：第一，江某三楼在1977年原系一层平顶屋，高压线路改建于1984年，经规划部门并报县城乡建设局批准，并不违法。当年改建时，与江某之平顶屋垂直高度有5米之多，也符合水电部国家标准规定的万伏高压导线与建筑物之垂直距不得少于3米，不存在对周围环境有高度危险的情况，故电力公司之改建高压输线并不违法，也不存在电力公司过错。而江某存在过错，明知楼上方有高压输线还加盖楼房，且没有到电力部门报批。因此，存在明显过错，理应承担过错责任。电力公司虽无过错，但由于是高压输线的管理部门，负有检查，要求整改的责任。

在这种情况下，就看代理律师的归责原则及证据收集与诉讼请求如何介定了。

无过错责任原则的法律规定：

（1）监护人责任。《侵权责任法》第三十二条："无民事行为能力人、限制民事行为能力人造成他人损害的，由监护人承担侵权责任。监护人尽到监护责任的，可以减轻其侵权责任。有财产的无民事行为能力人、限制民事行为能力人造成他人损害的，从本人财产中支付赔偿费用。不足部分，由监护人赔偿。"

（2）用人单位责任。《侵权责任法》第三十四条："用人单位的工作人员因执行工作任务造成他人损害的，由用人单位承担侵权责任。劳务派遣期间，被派遣的工作人员因执行工作任务造成他人损害的，由接受劳务派遣的用工单位承担侵权责任；劳务派遣单位有过错的，承担相应的补充责任。"

（3）个人劳务责任。《侵权责任法》第三十五条："个人之间形成劳务关系，提供劳务一方因劳务造成他人损害的，由接受劳务一方承担侵权责任。"

（4）产品生产者的产品责任。《侵权责任法》第四十一条："因产品存在缺陷造成他人损害的，生产者应当承担侵权责任。"第四十三条第一款："因产品存在缺陷造成损害的，被侵权人可以向产品的生产者请求赔偿，也可以向产品的销售者请求赔偿。"

（5）不能指明产品生产者和供货者的销售者对被侵权人承担的产品责任。《侵权责任法》第四十二条第二款："销售者不能指明缺陷产品的生产者也不能指明缺陷产品的供货者的，销售者应当承担侵权责任。"

（6）机动车与非机动车驾驶人、行人之间发生交通事故的侵权责任。《侵权责任法》第四十八条："机动车发生交通事故造成损害的，依照道路交通安全法的有关规定承担赔偿责任。"［《道路交通安全法》第七十六条第一款第（二）项："机动车与非机动车驾驶人、行人之间发生交通事故，非机动车驾驶人、行人没有过错的，由机动车一方承担赔偿责任；有证据证明非机动车驾驶人、行人有过错的，根据过错程度适当减轻机动车一方的赔偿责任；机动车一方没有过错的，承担不超过百分之十的赔偿责任。"］

（7）医疗产品损害责任。《侵权责任法》第五十九条："因药品、消毒药剂、医疗器械的缺陷，或者输入不合格的血液造成患者损害的，患者可以向生产者或者血液提供机构请求赔偿，也可以向医疗机构请求赔偿。患者向医疗机构请求赔偿的，医疗机构赔偿后，有权向负有责任的生产者或者血液提供机构追偿。"

（8）环境污染责任。《侵权责任法》第六十五条："因污染环境造成损害的，污染者应当承担侵权责任。"第六十八条："因第三人的过错污染环境造成损害的，被侵权人可以向污染者请求赔偿，也可以向第三人请求赔偿。"

（9）高度危险责任。《侵权责任法》第六十九条："从事高度危险作业造成他人损害的，应当承担侵权责任。"第七十条："民用核设施发生核事故造成他人损害的，民用核设施的经营者应当承担侵权责任，但能够证明损害是因战争等情形或者受害人故意造成的，不承担责任。"第七十一条："民用航空器造成他人损害的，民用航空器的经营者应当承担侵权责任，但能够证明损害是因受害人故意造成的，不承担责任。"第七十二条："占有或者使用易燃、易爆、剧毒、放射性等高度危险物造成他人损害的，占有人或者使用人应当承担侵权责任，但能够证明损害是因受害人故意或者不可抗力造成的，不承担责任。被侵权人对损害的发生有重大过失的，可以减轻占有人或者使用人的责任。"第七十三条："从事高空、高压、地下挖掘活动或者使用高速轨道运输工具造成他人损害的，经营者应当承担侵权责任，但能够证明损害是因受害人故意或者不可抗力造成的，不承担责任。被侵权人对损害的发生有过失的，可以减轻经营者的责任。"第七十四条："遗失、抛弃高度危险物造成他人损害的，由所有人承担侵权责任。"第七十五条："非法占有高度危险物造成他人损害的，由非法占有人承担侵权责任。"第七十六条："未经许可进入高度危险活动区域或者高度危险物存放区域受到损害，管理人已经采取安全措施并尽到警示义务的，可以减轻或者不承担责任。"

（10）饲养的一般动物损害责任。《侵权责任法》第七十八条："饲养的动物造成他人损害的，动物饲养人或者管理人应当承担侵权责任，但能够证明损害是因被侵权人故意或者重大过失造成的，可以不承担或者减轻责任。"

（11）禁止饲养的动物损害责任。《侵权责任法》第八十条："禁止饲养的烈性犬等危险动物造成他人损害的，动物饲养人或者管理人应当承担侵权责任。"

（12）遗弃、逃逸的动物损害责任。《侵权责任法》第八十二条："遗弃、逃逸的动物在遗弃、逃逸期间造成他人损害的，由原动物饲养人或者管理人承担侵权责任。"

（13）因第三人的过错致使动物造成他人损害的责任。《侵权责任法》第八十三条规定："因第三人的过错致使动物造成他人损害的，被侵权人可以向动物饲养人或者管理人请求赔偿，也可以向第三人请求赔偿。"

（14）建筑物、构筑物或者其他设施倒塌致人损害责任。《侵权责任法》第八十六条第一款规定："建筑物、构筑物或者其他设施倒塌造成他人损害的，由建设单位与施工单位承担连带责任。"

（15）在公共道路妨碍通行致人损害责任中，堆放、倾倒、遗撒人应承担的侵权责任。《侵权责任法》第八十九条："在公共道路上堆放、倾倒、遗撒妨碍通行的物品造成他人损害的，有关单位或者个人应当承担侵权责任。"

无过错责任适用的注意事项：

（1）无过错责任原则只能适用于法律有特别规定的情形，即侵权责任法上述规定的特殊侵权行为。法无明文规定的，不得适用无过错责任原则。

（2）无过错责任原则不以行为人主观上有过错为责任的构成要件，即不问行为人主观上有无过错，只要行为人的行为和所管理的人或物与造成的损害后果之间有因果关系，且符合法律的规定，他就应承担民事责任。行为人是否承担民事责任，不以主观上有无过错来评定。

（3）受害人在主张权利时，对加害人主观上有无过错不负举证责任。加害人也不能以自己没有过错为由而主张抗辩。法院在处理有关纠纷时也无须根据具体案情对是否存在过错问题作出判定。

（4）加害人承担的责任，并非绝对责任，加害人也有权依照法律规定的抗辩事由而主张抗辩。

（5）在无过错责任原则中，责任的确定主要从受害人一方的损害程度来考虑，并且对这种责任往往规定有最高赔偿限额或限制赔偿范围。法律作出这种规定的目的在于适当限制无过错责任承担者的责任程度，减轻他们的负担。

（6）无过错责任原则的适用方法主要是基于"不考虑加害人有无过错"，而免除原告对加害人过错的举证和证明责任。加害人也不得以证明自己没有过错的方式主张免责抗辩。但是，原告仍需证明侵权行为、损害后果以及二者之间的因果关系。

（7）适用无过错责任原则的举证责任，也存在由被告承担，实行举证责任倒置的规则。具体的规则是：①被侵权人即原告应当举证证明违法行为、损害事实和因果关系三个要件。对此，侵权人不承担举证责任。②在被侵权人完成上述证明责任以后，如果侵权人即被告主张不构成侵权责任或者免责，自己应当承担举证责任，实行举证责任倒置。被告所要证明的不是自己无过错，而是要证明被侵权人的故意是致害的原因或者构成法律规定的其他免责事由，这也是无过错责任原则与过错推定原则的一个重要区别。③被告能够证明损害是由于被侵权人的故意所引起的或者构成法律规定的其他免责事由，即免除赔偿责任。④被告对上述举证责任举证不足或者举证不能，侵权责任即告成立，被告应承担侵权责任。

（8）在适用无过错责任原则时，一般由法律设定若干免责事由。免责事由包括两个方面：一是一般的免责事由，如不可抗力、受害人故意、第三人过错等，此种免责事由也并不是在任何情况下均可适用，如果法律有特别规定时也不能作为免责事由，如《侵权责任法》第七十一条关于民用航空器致人损害责任就排除了不可抗力的免责事由。二是特别的免责事由，如《侵权责任法》第七十六条："未经许可进入高度危险活动区域或者高度危险物存放区域受到损害，管理人已经采取安全措施并尽到警示义务的，可以减轻或者不承担责任。"再如《产品质量法》第四十一条第二款第（一）项规定的"未将产品投入流通的"，生产者不承担赔偿责任等。

所谓严格责任就是指行为人损害他人民事权益以后，不管行为人有没有过错，依据法律规定要承担责任的，仍然要承担责任。

那么严格责任的特点在哪里？它与过错及过错推定的区别在哪里？笔者认为可以从以下方面理解。

（1）在于归责的依据不同。在严格责任情况下，归责的依据不是过错，不是因为行为人做错了一件事。在严格责任情况下，行为人可能没有做错一件事，特别是在高度危险活动的情况下，大家知道高度危险的活动是合法的活动，都是法律鼓励的、对社会有益的活动。我们不能说行为人有过错或者行为人的行为违法，比如核设施、民用航空器，如果民用航空器遇到了暴风雨，行为人有什么过错，他的活动本身是合法的，损害是由于不可抗力引发的，很难说他有什么过错。所以这类责任归责的依据不是因为有过错而是因为形成了危险。因此，大家一定要注意严格责任归责的依据不是过错而是危险，这个危险当然可以有不同的解释。举个例子，有人在高压电线旁边钓鱼，鱼钩不小心勾到了高压电线上，结果钓鱼人被高压电线的电击中，死了。高压电管理部门提出自己没有过错，高压电都是按照国家标准建造的，高压电运营活动本身也是对社会有益的活动，怎么能说高压电管理部门有过错呢？确实我们很难找到他有过错，很难解释他有过错。但是为什么要让他承担责任？这是因为活动本身虽然没有过错，但活动给我们带来了危险，给社会生活带来了危险，而且他从危险活动中获得了利益。所以严格责任的规则依据首先就是形成危险，其次就是从危险中受益，因此要行为人负责。形成危险的人应当对自己的危险活动负责，从危险活动中获益的人应当对危险的后果负责。我们在社会中生活，如果没有高压电，我可以随便到这里钓鱼，可以在这里自由的活动。但是有了高压电，就对我们的生活造成了危险，我们不能说这个活动有过错，这个活动是对社会有益的，但是毕竟还是形成了危险。这个危险可以解释为多种情况，在高度危险的情况下，可能是危险作业形成了危险，也可能是危险物形成了危险，如存放易燃易爆的物件，等等。在动物致人损害的情况下，这个动物形成了危险，不仅仅是动物伤人的危险，动物还可能咬人，可能引发传染病等。产品责任为什么应该适用严格责任？这是因为瑕疵、缺陷产品本身给消费者形成危险，给消费者的人身安全及财产形成了危险，也是一种危险。所以"危险"这两个字就是我们严格责任归责的主要依据。因为有危险，为了防护危险，有必要对行为人课以严格责任。

（2）在适用严格责任的情况下，不考虑行为人有没有过错。这就是说，法官凡是在适用严格责任的时候，不能够也不必要去查证行为人有无过错。既不需要过错的要件，也不需要实际地去认定过错，更不需要任何一方当事人去证明过错。所以，通常讲的侵权责任的三要件或者四要件，这是就过错责任一般要件来讲的，这个一般要件是不适用严格责任的。因为严格责任根本不需要考虑行为人的过错，过错责任要件在这里根本不适用。过错的要件都不能适用，那违法性更不用考虑。事实上，在严格责任的情况下根本就没有违法性的问题，很多的危险活动本身都是合法的。

（3）在责任的免除和减轻严格限制。严格责任的免责事由应该怎么判断？如关于民用核设施致人损害怎么样才能免除责任？《侵权责任法》第七十条都有规定：能够证明损害是由于战争等情形或者受害人故意造成的，不承担责任。这个对免责事由作了严格的限制，只有两种情况，一种是战争等情况，第二种就是受害人故意，其他的都不能作为免责事由。第七十一条关于民用航空器致人损害的，免责事由只有一种，就是受害人故意。但是对于存放高度危险物，就是第七十二条的内容。易燃易爆等高度危险物造成损害，这种责任免责事由有两种，即受害人故意或不可抗力，这个时候不可抗力可以作为一个免责事由。由此可见，免责事由在严格责任情况下都是由法律特别规定的，它不适用《侵权责任法》第三章中的一般性规定。而在特别规定的情况下，法律对于免责事由常常是有严格限制的，也就是说只限于一种或者几种，它不是泛泛的、所有的。在过错责任情况下，严格地讲，只要能够证明自己没过错事由都可以作为免责事由。但在严格责任情况下，免责的事由受到了非常严格的限制，行为人要证明有这个事由存在是非常困难的。大家想想，民用航空器造成损害，要证明受害人故意，这种情况几乎不太可能发生，只有一种情况，那就是劫机，劫机造成劫机人自己死亡，民用航空器的经营者可以对劫机人不赔偿，但对其他人还是要赔偿的。

对减轻责任事由来说，原则上就是重大过失才能够减轻，甚至在某些情况下，故意也只能是减轻的事由可能还不能免责。如《侵权责任法》第七十八条规定，饲养动物造成他人损害，能够证明损害是由被侵权人故意或者重大过失造成损害，可以不承担责任或者减轻责任。有人说不好理解，主张故意应该免责，重大过失可以减轻责任，为什么侵权责任法将两者连在一块？故意或者重大过失造成的损害，可以不承担或者减轻责任，为什么不分开写？这个原因就在于，立法者考虑在某些情况下受害人的故意也不一定导致免责，也只是一个减轻的问题，所以把它放在一起笼统地说。这样大家可以看出，严格责任要减轻责任也是有严格限制的。

但是在整个《侵权责任法》里面有一个特别例外的规定，就是《侵权责任法》第七十三条，高空、高压、地下挖掘活动还有使用高速轨道运输工具造成他人损害的，适用严格责任。这个高速轨道运输工具主要是指高铁、地铁，把机动车排除开。机动车交通事故责任主要适用过错推定责任。原来《民法通则》第一百二十三条的表述是高速运输工具包括机动车，但是侵权责任法这次做了修改，就是机动车原则上不适用严格责任，机动车还是适用过错推定，适用严格责任的仅限于高速运输工具、轨道运输工具，加上"轨道"两个字，其他的都适用过错推定。但是这样一个规定确实从责任的成立上对高压、高速轨道等的所有人、管理人强调了一个更重的责任，总体上责任更重了。所以笔者认为这些行业的责任太重，所以《侵权责任法》在减轻责任上做了一个平衡。第七十三条，这是个特别例外规定，责任的成立适用严格责任，但是责任的减轻允许一般过失可以减轻责任。可以说在所有的严格责任里面，只有这一条是个例外规定，允许一般过失也可以减轻责任，但不能免除责任，这可以说是一个利益平衡的结果。因为大家知道围绕有关高空、高压、铁路等这些，刚才我们讲了，高速运输工具不仅仅是高铁，铁路也在里面。过去《民法通则》就是规定的严格责任，但后来《中华人民共和国铁路法》《中华人民共和国电力法》等单行法把《民法通则》相关规定都改了，变成了过错责任。适用过错责任在实践中非常不合理，应该说对受害人的保护非常不利。因为这个原因，在司法实践里面根本无法操作，有些法官还是适用严格责任。《侵权责任法》在总结了这些经验的基础上，认为在高度危险活动里面还是应该坚持严格责任，但是又为了一定程度上要兼顾这些行业的利益，允许根据受害人的一般过失减轻责任。

第四节　公平责任原则：民商诉讼维权寻求
法官心证原则求助的最后防线

公平责任原则是指损害双方的当事人对损害结果的发生都没有过错，但如果受害人的损失得不到补偿又显失公平的情况下，由人民法院根据具体情况和公平的观念，要求当事人分担损害后果。《民法通则》第一百三十二条规定：当事人对造成损害都没有过错的，可以根据实际情况，由当事人分担民事责任。

公平责任原则的适用要注意以下几个问题：第一，适用公平责任的前提，必须是当事人既无过错，又不能推定其过错的存在，同时也不存在法定的承担无过错责任的情况。如果可以适用过错责任、法定无过错责任或推定过错责任就不能适用公平责任。第二，当事人如何分担责任，由法官根据个案的具体情况，包括损害事实与各方当事人的经济能力进行综合衡量，力求公平。第三，公平原则的实质是法官自由裁量权与心证原则的法律保障。

根据我国《民法通则》的规定，可能适用公平责任原则的情形主要有：紧急避险致人损害的；在为对方利益或共同利益活动中致人损害等。因紧急避险造成他人损失的，如果险情是由自然原因引起，行为人采取的措施又无不当，则行为人不承担民事责任。受害人要求补偿的，可以责令受益人适当补偿。当事人对造成损害均无过错，但一方是在为对方的利益或者共同的利益进行活动的过程中受到损害的，可以责令对方或者受益人给予一定的经济补偿。

典型案例：叶某诉王某及第三人某小学人身伤害赔偿纠纷案

入选理由： 学校对学生人身伤害没尽到监护职责的按份赔偿责任比例的认定

案情简介： 叶某与王某系福建省某小学三年级学生，2003年12月14日上午课间时，叶某、王某等学生在学校操场旗杆边玩耍，叶某用废雨伞的骨针当作飞镖插对面的大树，王某用一根竹竿将伞骨针打下，当叶某跑到大树边准备捡落在地上的伞骨针时，撞在了王某所持的竹竿上，造成叶某右眼受伤，共花费医疗费、法医鉴定费等各项费用3791.9元。经法医鉴定：叶某右眼受到锐物所伤，导致右眼球摘除，并造成左眼视力下降到0.08度，伤情属于重伤，伤残程度为四级。对此，原告叶某向法院提起诉讼，要求被告王某、某小学共同承担上述医疗开支以及原告日后继续治疗的费用。

法院经审理后，按照原告叶某、被告王某、被告某小学民事赔偿责任承担的大小作出了如下判决：原告叶某右眼损害需医疗费、法医鉴定费、护理费、残疾者生活补助费等费用共计61523.33元，原告叶某应自行承担60%的损失，共计36914元，具体损失由原告叶某母亲承担；被告王某应承担20%的民事赔偿责任，共计12304.66元，具体赔偿责任由被告王某父亲承担；被告某小学应承担20%的民事赔偿责任，共计12304.67元。上述款项于本判决生效后10日内给付。

公平责任原则的法律规定：

（1）一般情形。《侵权责任法》第二十四条："受害人和行为人对损害的发生都没有过错的，可以根据实际情况，由双方分担损失。"

（2）因正当防卫造成损害的情形。《侵权责任法》第二十三条："因防止、制止他人民事权益被侵害而使自己受到损害的，由侵权人承担责任。侵权人逃逸或者无力承担责任，被侵权人请求补偿的，受益人应当给予适当补偿。"

（3）因紧急避险造成损害的情形。《侵权责任法》第三十一条："因紧急避险造成损害的，由引起险情发生的人承担责任。如果危险是由自然原因引起的，紧急避险人不承担责任或者给予适当补偿。紧急避险采取措施不当或者超过必要的限度，造成不应有的损害的，紧急避险人应当承担适当的责任。"

（4）无过错的暂时丧失心智致人损害的情形。《侵权责任法》第三十三条第一款："完全民事行为能力人对自己的行为暂时没有意识或者失去控制造成他人损害有过错的，应当承担侵权责任；没有过错的，根据行为人的经济状况对受害人适当补偿。"

（5）难以确定具体侵权人的抛掷物、坠落物致人损害的情形。《侵权责任法》第八十七条："从建筑物中抛掷物品或者从建筑物上坠落的物品造成他人损害，难以确定具体侵权人的，除能够证明自己不是侵权人的外，由可能加害的建筑物使用人给予补偿。"

（6）当事人均无过错的堆放物倒塌致人损害的情形。《最高人民法院关于贯彻执行〈中华人民共和国民法通则〉若干问题的意见》（以下简称《民法通则意见》）第一百五十五条："因堆放物品倒塌造成他人损害的，如果当事人均无过错，应当根据公平原则酌情处理。"确定堆放物倒塌致人损害的民事责任时，应首先适用《侵权责任法》第八十八条所采的过错推定原则，推定物品堆放人有过错，如果物品堆放人证明其没有过错，即当事人均无过错，而由受害人承担全部损失又显失公平的，则应适用公平责任原则来分担责任。

（7）为对方利益或共同利益而致损害，当事人均无过错的情形。《民法通则意见》第一百五十七条："当事人对造成损害均无过错，但一方是在为对方的利益或者共同的利益进行活动的过程中受到损害的，可以责令对方或受益人给予一定的经济补偿。"

（8）帮工人因第三人侵权遭受损害而第三人不能确定或者没有赔偿能力的情形。《最高人民法院关于审理人身损害赔偿案件适用法律若干问题的解释》（以下简称《人身损害赔偿解释》）第十四条第二款："帮工人因第三人侵权遭受人身损害的，由第三人承担赔偿责任。第三人不能确定或者没有赔偿能力的，可以由被帮工人予以适当补偿。"

公平原则适用的注意事项：

（1）公平责任原则，是当事人双方在对造成损害均无过错，但是按照法律的规定又不能适用无过错责任原则的情况下，由人民法院根据公平的观念，在考虑受害人的损害、当事人双方的财产状况及其他相关情况的基础上，判令加害人对受害人的财产损失给予适当补偿，由当事人公平合理地分担损失的一种归责原则。

（2）公平责任原则是以公平观念作为价值判断标准来确定责任的归属。所谓公平观念绝不是指平均，而是要根据案件的具体情况、受害人所受损害的程度、当事人的经济状况等，由当事人合情合理地分担民事责任。

（3）公平责任原则适用于当事人均无过错的情况。均无过错是指加害人和受害人对损害的发生均无过错。如果一方有过错或第三人有过错，都不能适用公平责任原则。也就是说，公平责任原则只适用于那些不属于过错责任原则、过错推定原则和无过错责任原则调整的侵权损害赔偿法律关系。

（4）公平责任原则既可适用于侵害财产权的案件，又可适用于侵害人身权的案件。

（5）公平责任原则不同于公平原则。首先，民法上的公平原则是一种交易公平的原则，此原则是以经济学上的价值规律和等价交换原则为根据的。而公平责任原则要解决的问题，不是一种交换性质的关系。一方因他方的行为而受损害，能否由他方获得赔偿，以及在何种程度上获得赔偿，不是一个利益交换问题，而是一个损失分配问题。其次，交易公平注重的是过程而不是结果，更不是后果。而公平责任则不同，如果对于造成的损害双方都没有过错，受害人处于非常悲惨的境地，富裕的加害人又无动于衷、一毛不拔，是与社会的公平观念相悖的，公平责任原则就是为了解决这一不公平的结果的。可见，不能用交易公平的理论来作为公平责任原则的根据。

（6）《侵权责任法》第二十四条规定中的"可以根据实际情况，由双方分担损失"，表明该条规定并非强制性规定，是否在当事人之间分担损失，属于法官根据个案的具体情况自由裁量的范畴，应由法官综合具体案情决定。但是，在上述另外七个专门条文中，除了《民法通则意见》第一百五十七条、《人身损害赔偿解释》第十四条第二款的规定之外，其他条文均在相关方进行补偿的问题上作了强制性规定，要求相关方必须进行补偿。也就是说，适用上述条文处理纠纷时，不可能出现损失由一方独自承担的法律后果。

典型案例：赵某诉林某等人船舶碰撞人身伤害赔偿纠纷案

入选理由：法官自由裁量权在推定责任方面的司法应用

案情简介：2000 年 10 月 12 日晚 22 时，原告赵某所有的 A 船正在某渔区作业。此时，前方不远处有一艘走锚船正向 A 船靠近，很快该走锚船的锚绳挂住了 A 船船头桅杆，致 A 船右船艉部与走锚船左船艉部紧挤在一起，在大风中不断地上下轧碰。由于两船无法开档，A 船的船员用刀将走锚船锚绳砍断，两船分开，走锚船随即离去。事发后，A 船船员发现本船的船艉部被撞损，舱内开始进水，船员在进行自救的同时呼叫 B 船前来施救。由于当时海上风大浪大，B 船无法航行，至次日凌晨 5 时才赶到出事渔区，将 A 船 9 名船员救起，A 船在当天 7 时沉没。由于正值捕捞高峰期，B 船施救后，载着 A 船 9 名船员在海上继续作业。10 月 20 日，B 船返港。同日，原告向江苏渔监吕四分局递交了"事故报告书"。10 月 23 日，江苏渔监吕四分局对 A 船船员进行了调查，并向东海渔监作了汇报。之后，东海渔监要求宁波海事局和浙江、上海、江苏、福建等地渔监部门协查事故发生时的走锚船。2001 年 2 月 18 日，东海渔监向江苏渔监出具了"调查意见"，认定被告林某、许某、卢某、丁某、杨某共有的"浙象渔运×××"船（以下简称 C 船）为肇事船。为此，原告赵某诉请判令被告林某等赔偿船舶、捕捞、船载鱼货和船上生活用品等损失。

法理明晰：上海海事法院一审认为，原告提供两船碰撞的相关证据具有排他性，可以推定 C 船就是走锚的相对方船舶，其与沉没船只即 A 船发生碰撞的事实成立。同时，由于两船碰撞之前作业和走锚的具体情况难以查明，运用避碰规则无法认定双方碰撞的责任比例。所以，鉴于两船碰撞实际上已经发生，根据我国《海商法》的有关规定，对船舶碰撞无法判定责任比例的，作平均负赔偿责任处理。据此，判决被告林某等连带赔偿原告赵某因船舶碰撞所受经济损失 152507.27 元。被告林某等不服一审判决提出上诉。在二审期间，上诉人撤回上诉。

茫茫大海之上，一旦发生船舶碰撞，其现场无法保留，其经过稍纵即逝。因此，通过综合审查判断双方提供的证据，尽最大可能还原事实真相，就成了审理船舶碰撞案件的关键。该案中，原告指认被告船舶就是碰撞发生时的相对方船舶，而被告否认事故发生时其船舶在碰撞现场，双方各执一词，并均提供了证据材料加以证明。最后，法院运用海事诉讼证据规则中常用的事实推定方法，对相关事实进行演绎推理，比较有说服力地得出了被告就是碰撞另一方当事人的结论。

第五节　免责事由：应符合法律的明确规定

在责任追究过程中，对责任方律师来讲，时常以免责事由为由，解脱当事人的责任追究。免责事由实则是一种减轻或免除责任的理由，往往是责任方的抗辩理由。在以免责事由作为抗辩理由时，要么具有法定性，要么具有约定性。从目前民商法的规定来看，有五种正当的抗辩理由：一是执行职务。二是受害人同意。三是自助行为。虽然此三种行为侵权法没有具体的规定，但依然具有法理上的现实意义。四是正当防卫：因正当防卫造成损害的，不承担责任。正当防卫超过必要的限度，造成不应有的损害的，正当防卫人应当承担适当的责任。五是紧急避险：因紧急避险造成损害的，由引起险情发生的人承担责任。如果危险是由自然原因引起的，紧急避险人不承担责任或者给予适当补偿。紧急避险采取措施不当或者超过必要的限度，造成不应有的损害的，紧急避险人应当承担适当的责任。

当然，还有四种外来原因，可以依照因果关系作为抗辩的理由：一是过错相抵：被侵权人对损害的发生也有过错的，可以减轻侵权人的责任。二是受害人故意：损害是因受害人故意造成的，行为人不承担责任。受害人故意导致自己损害，受害人故意是损害发生的全部原因，此时原行为人与损害之间的因果关系被打破，所以完全免除行为人责任。过错相抵是对"对损害的发生也有过错"，原行为人与损害之间的因果被关系还存在，只不过混合了受害人的故意和过失，所以只是减轻行为人的责任。三是第三人原因：损害是因第三人造成的，第三人应当承担侵权责任。第三人原因不得免责。四是不可抗力：因不可抗力造成他人损害的，不承担责任。法律另有规定的，依照其规定。

免责事由的存在并非绝对导致责任被免除，在某些情况下，可能仅导致责任的减轻，但它是以法律责任的存在为前提的。

免责事由也不完全同于抗辩事由。在侵权责任中，免责事由如正当防卫、紧急避险、自助等表现为抗辩事由；但在合同责任中，抗辩事由的概念常与抗辩权的行使相等同。法律上所谓抗辩权，是妨碍对方当事人行使其权利的对抗权，抗辩权以对方当事人请求权的存在和有效为前提，抗辩权的行使将造成对方请求权消灭或使其效力延期发生，但并不使权利人被免责，因为行使抗辩权时，根本不存在违约问题，也不存在违约责任。

免责事由，是指根据法律规定或者合同的约定，当事人可对其不符合合同约定的行为或者对于他人人身、财产等损失不承担法律责任的事实和理由。例如在涉外纠纷中，可根据海牙规则、维斯比规则等国际公约和中国海商法等国内立法，主张驾驶船舶过失、天灾、托运人过错等事项都可成为承运人在海上货物运输合同下对于货物灭失、损坏或者迟延交付的免责事由。至于合同约定的免责事由则应当符合有关法律的基本原则。

一、合同免责事由的内容

合同责任的免责事由既包括法定的责任事由（如不可抗力），也包括约定的责任事由（如免责条款）。

免责条款是指当事人在合同中约定免除将来可能发生的违约责任的条款，其所规定的免责事由即约定免责事由。免责条款不能排除当事人的基本义务，也不能排除故意或重大过失的责任。这表明：其一，免责条款是合同的组成部分，是一种合同条款。它既然是一种合同条款，就必须是经当事人双方同意的，具有约定性。其二，免责条款的提出必须是明示的，不允许以默示方式作出，也不允许法官推定免责条款的存在。其三，免责条款旨在排除或者限制未来的民事责任，具有免责功能，这是免责条款最重要的属性，是区别于其他合同条款的明显特征。

"免责"只是一种概括的命名。其实，在不同的免责条款中，免责的范围不尽相同。有的条款之免责，是完全排除当事人未来的民事责任，有的不完全排除当事人未来的民事责任。免责条款并非一律无效，有的免责条款是无效的，不能发挥免责的作用。这样，免责条款又有无效的免责条款和有效的免责条款之分。

免责条款有效以它成为合同的组成部分为前提，或者说以它成为合同条款为先决条件。只有免责条款成了合同的组成部分，才谈得上免责条款的控制及解释。

判断免责条款是否成为合同的组成部分，适用《合同法》总则关于合同订立的规定和《民法通则》关于民事行为的规定。免责条款以格式条款的形式表现时，判断它是否成为合同条款，适用格式条款成为合同的组成部分的规则。

免责条款成为合同的组成部分，并不意味着它一定有效。在我国法律上，确定免责条款有效和无效的最根本的法律依据，是《民法通则》第六条、第七条等规定的基本原则。就是说，如果民事责任的成立及其实现为保护社会公共利益、稳定社会秩序、满足社会公德的要求所必需，是法律坚决谴责和否定侵权或者违约的表现，那么免除这类民事责任的条款无效。如果民事责任的成立及实现主要关系到当事人之间的利益分配，对保护社会公共利益、稳定社会秩序、维护社会公德来说虽然需要，但作用相对小些，即使允许当事人以协议排除或者限制之，也无碍大局，甚至是必要的风险分配，那么法律就可以承认这类免责条款有效。当然，免责条款的类型和性质不尽相同，确定免责条款有效抑或无效的根据（即标准）也有差异，需要具体分析。

二、免责条款无效的情形

根据《合同法》第五十三条规定，合同中的下列免责条款无效。

（1）造成对方人身伤害的；

（2）因故意或者重大过失造成对方财产损失的。造成对方人身伤害的条款无效。这是因为对于人身的健康和生命安全，法律是给予特殊保护的，并且从整体社会利益的角度来考虑，如果允许免除一方当事人对另一方当事人人身伤害的责任，这与保护公民的人身权利的宪法原则是相违背的。在实践当中，这种免责条款一般都是与另一方当事人的真实意思相违背。因故意或者重大过失给对方造成财产损失的免责条款。我国《合同法》确立免除故意或者重大过失造成合同一方当事人财产的条款无效，是因为这种条款严重违反了诚实信用原则，如果允许这类条款的存在，就意味着允许一方当事人可能利用这种条款欺骗对方当事人，损害对方当事人的合同权益，这是与《合同法》的立法目的完全相违背的。

第二十五章
责任形式：民商诉讼如何认定各方责任的承担

权益受到损害，在责任认定的过程中，有两种可能性：一是物权的所有权人或持有人都对物权的损害负有责任；二是物权的所有权人或持有人对物权的损害没有责任，而有二人以上的其他人产生了侵害物权的行为，这样就形成了多数人之债。多数人之债在法律上简单地可分为按份之债和连带之债。在债务人违反法定义务或约定义务并导致民事责任的承担时，与按份之债和连带之债相对应的就形成了按份责任和连带责任这两种民事责任承担方式，这也是依责任人内部的关系所作出的划分。

第一节　弄清案由：责任形式的识别与分析

对于代理律师来讲，要弄清案由，首先面对的问题就是责任形式的识别与分析。责任形式有一般责任和特殊责任。法理上认为一般责任形态主要有连带责任与按份责任两种。

一、一般责任形态分析

所谓连带责任，是指具有行为或利益上的牵连关系的多数责任主体中的任何一人或多人依照法律规定或者当事人约定，对外均应负强制性全部给付义务而对内具有求偿权的一种民事责任。所谓按份责任，是指多数当事人按照法律的规定或者合同的约定各自承担一定份额的民事责任，又称分割责任。按份责任最明显的特征是当有数个责任人对债权人承担民事责任时，该数个责任人均是按照自己所应负担的份额向债权人承担责任，某一责任人的承担与否与其他责任人无关。当然如果债权人也存在一定责任时，其他责任人相应地减少其主人应承担的责任。物权的所有权或持有者与其他责任人可形成按份责任，但绝不会形成连带责任。

连带责任与按份责任作为多数人责任中两个相对应的民事责任承担方式，两者之间存在着较明显的区别。

在同一案件中，某一责任人如对债权人承担的是连带责任，则其不可能又承担按份责任，反之亦然，不可能同时适用。而在法务实践中，对有些案件法官在判定共同责任人承担按份责任后，还会要求共同承担连带支付责任。连带支付与连带责任具有本质的差别。因为连带支付后，可以依法按份对其他人行使追偿权。连带责任中，在数个责任人内部，还是存在着责任人之间的责任份额，但这与按份责任是两回事。连带责任虽然在有效保护债权人的利益、维护交易安全和社会经济秩序方面有着很大的作用，但连带责任是严格的法律责任，只能依法成立，也就是说对于代理律师业讲，当主张对方当事人共同承担连带责任时，应识别连带责任的具体的法律规定，否则就可能因其主张没有法律依据而被法院驳回。连带责任包括保证人的连带责任、物上保证人的连带责任、共同侵权人的连带责任、合伙人的连带责任等。

按份责任是指多数当事人按照法律的规定或者合同的约定各自承担一定份额的民事责任。至于按份责任中各个责任人之间责任份额的大小与多少，应由法律规定或者通过当事人自行约定。法律没有规定或当事人没有约定的，推定各责任人承担相同的份额。

连带责任是因违反连带债务或者共同实施侵权行为而产生的责任，各个责任人之间具有连带关系。所谓连带关系是指各个责任人对外都不分份额、不分先后次序地根据权利人的请求承担责任。

补充责任，是指在责任人的财产不足以承担其应负的民事责任时，由有关的人对不足部分依法予以补充的责任。

典型案例：杨母诉儿媳承担孙女抚养费案

入选理由：亲属间自愿的互助行为不能认定为无因管理

案情简介：杨母是某村的一名农村妇女，她因做小生意曾一度在省城某市居住生活。其长子杨某于 1993 年与向某结婚，婚后在某县城居住生活，并于 1994 年生育一女杨女。从 1995 年 3 月，杨母征得杨女父母杨某、向某的同意，带孙女杨女前往某市跟随其居住生活，直至 2000 年 4 月止。其间，杨母多次带杨女返回某县住于杨某、向某家，而杨某、向某也多次前往某市杨母住处探望杨女。1999 年 11 月，杨某与向某离婚。2000 年 4 月，杨女被送回某县跟随其已离异的父母分别生活。2001 年 10 月，杨母向法院起诉，要求杨某、向某承担从 1995 年 3 月至 2000 年 4 月止共 5 年时间，杨母抚养杨女所支付的生活费，每月按 250 元计算，共计为 1.5 万元。

一审法院认为，杨母是杨女的祖母，其在杨女之父母尚健在且有抚养能力的情况下，对杨女不具有法定的抚养义务，杨女的法定抚养人是其父母杨某、向某，因而杨母带养杨女所支付的生活费由应小孩的法定抚养人杨某、向某承担。故一审法院判决，由杨某、向某各自给付杨母抚养杨女的生活费 7500 元，合计 1.5 万元。

二审法院认为，虽然杨母对其孙女杨女不具有法定抚养义务关系，但是其对杨女的抚养照料，是现实生活中家庭成员之间基于血缘、亲情关系所实施的相互帮助行为，这种行为是经双方协商同意的，对杨母来说是自愿的，且是默认的无偿行为，因此不属于无因管理行为。现杨母因杨女之父母离异而起诉，要求杨女之父母承担杨母抚养杨女所支付的生活费，杨母此行为是对其当初自愿、无偿行为的反悔，该反悔并无溯及力，不能因为杨女之父母的离异而改变当初杨母自愿、无偿照料杨女的初衷，因而杨母的实体请求既无双方约定的依据，也无法律规定的根据，依法不应支持。于是二审法院判决，撤销原判，驳回杨母的诉讼请求。

法理明晰：由于该案原告杨母对其诉讼请求，并未明确主张或说明其请求权的基础是什么，因而要判断杨母的诉讼请求是否成立，应当全面分析其诉讼请求是否具有实体法上的请求权基础。

该案杨母的诉讼请求是一种给付之诉，该请求的权利基础是债权债务关系。依照我国《民法通则》的有关规定及其原理，债是按照合同的约定或者依照法律的规定，在当事人之间产生的以给付和接受给付为特定内容的权利、义务关系，可因合同行为、侵权行为、不当得利和无因管理事实4种法律事实而产生。其中合同之债，是指当事人在平等基础上通过合同设定的债权债务关系；侵权行为之债，是指不法侵害他人的合法权益而产生的赔偿义务；无因管理之债，是指没有法定或者约定的义务，为了避免他人利益受损失而对他人的事务进行管理或者服务的，受益一方有向实施管理或服务行为的一方补偿相关费用的义务；不当得利之债，是指没有合法根据而获利并使他人受损的，获利一方有向受损方返还所获利益的义务。

在该案中，对于杨母为杨某、向某带养小孩的行为，首先，由于双方并未约定要由杨某、向某支付杨母带养小孩的生活费，因而不构成合同之债；其次，双方之间显然不存在侵权行为，故不构成侵权之债；再次，由于双方是经过协商同意由杨母带养杨女的，因而也不构成无因管理和不当得利之债。为此，杨母的诉讼请求不具有请求权的基础，对其诉讼请求应予驳回。

那么，杨母的行为到底是什么性质？杨母为杨某、向某带养小孩的行为，是经双方协商同意，实际上是一种合同约定的行为。在诉讼中，杨母并未主张当时存在双方约定杨母带养杨女要由杨女的父母杨某、向某支付生活费的事实，根据我国家庭成员之间的亲情和伦理关系，对杨母带养孙女杨女的行为只能认定为默认的无偿行为，属于双方合同中的默示条款。现杨母因其孙女杨女的父母离异，而向杨女的父母索要带养杨女所支付的生活费，杨母此行为是对其当初自愿、无偿带养孙女初衷的反悔，也是对双方已经实际履行完毕的合同的任意否定，是违背合同约定和法律规定的，对该行为依法不应支持。

当然，杨母对孙女的扶养，以后自己遇到生活困难，可以以曾尽抚养义务为由，要求杨女及杨某、向某尽赡养义务，如果向某离异，是否还具有赡养义务，应看杨女是否达到成年，由法院依具体案情判断，显然，合同违约与赡养问题是不同的法律关系。

二、特殊责任形态的分析

特殊责任形式主要有三种形态：公平责任、相应的补充责任和不真正连带责任。

公平责任不是《侵权责任法》的归责原则，《侵权责任法》第二十四条："受害人和行为人对损害的发生都没有过错的，可以根据实际情况，由双方分担损失。"规定的是侵权损害赔偿的形态，是指按照侵权归责原则，行为人不构成侵权，不应承担侵权责任的前提下，受害人的损失按照公平原则由双方当事人分担。解决的是损害后果的分担问题，是一种损害赔偿原则。

《侵权责任法》第三十七条的规定了"相应的补充责任"。"补充"的含义首先是一种顺序责任，意味着它是第二顺序的责任。这就是说，凡是法律规定补充的一概都是第二顺序的责任人，第一顺序的责任人是实际的加害人。实际加害人负有承担全部赔偿责任的义务，换句话说，首先要由实际加害人承担全部的责任，那么第二顺序责任或其他责任人的补充责任就为零了，也就不用承担责任了。补充责任是第二顺序的责任；也是实际的加害人承担了责任之后剩下的部分责任；补充责任从属于侵权责任，如果侵权责任成立，补充责任才成立，如果侵权责任根本就不能成立，那么补充责任也就不存在了。当然，在侵权责任中享有的抗辩权，在补充责任中也应该享有，这是补充责任非常重要的一个特点。

相应的判断标准：首先，是根据原因力和过错程度来判断的；其次，是根据原因力和过错在整个结果中所起的作用或比例来确定的；最后，相应性在很大程度上给了法官自由裁量的权限，让法官来综合判断。

按照《侵权责任法》第三十七条规定，管理责任人或相应组织承担相应的补充责任，这里的相应的责任实际上已经否定了追偿权。因为既然第三人对自己的过错和原因所造成的损害后果负责，一旦承担了全部责任，就不能够再向其他管理人或相应组织追偿了。

所谓不真正连带，就是指因为不同的原因发生了同一损害赔偿责任，在一个人承担责任后，可以向终局责任人全部追偿。在侵权责任里不真正连带和连带责任有相似的地方，也就是说，受害人可以选择并要求某一个责任人承担全部责任，在这一点上与连带责任是相似的，甚至在这点上是完全一样的。但是，它也与连带责任有区别，表现在：第一，连带责任通常是由于同一原因造成的。第三人挑逗致动物损害，动物饲养人要负责，第三人要承担责任，这两种责任主体完全是两种不同性质的责任类型，归责的依据就不一样，动物饲养人的责任是危险责任，第三人挑逗动物，是对其过错负责，它的归责依据是不同的。但是在连带责任情况下，比如说共同侵权，行为人之间存在共同过错，通常是由于同一原因造成的。第二，有没有终局责任者。在连带责任情况下是没有终局责任之说的，某些人都有责任，都要负责。但是在不真正连带责任的情况下一定有一个终局责任承担者。第三，在连带责任情况下最后要分摊，每一个责任承担者都不能向另外的责任承担者全部要求追偿，他只能追偿超过自己应当承担的部分。但在不真正连带责任的情况下，每个责任承担者都可以向终局责任承担者全部进行追偿。责任承担者承担的责任，最终都要转移到终局责任者身上，暂时的责任承担者最终可以一点责任都不承担。

三、归责原则的逻辑顺序

代理律师在寻求法律依据的时候，自然首先要分析严格责任里有没有规定，如果严格责任里没有规定，然后再看过错推定，找不到依据的时候适用过错责任。所以归责原则确立了一个基本的法律适用的逻辑顺序。

侵权责任法的体系就是按照归责原则构造起来的，侵权责任形态也是按照归责原则构建起来的，侵权免责事由的适用，减轻责任事由的适用也是按照归责原则构建起来的，我们在法律规则的选择上，哪些是一般法、哪些是特别法的规定也是按照归责原则构建起来的。所以，理解了归责原则，我们才能理解究竟如何去选择法律依据和裁判依据。侵权责任法中过错责任是最轻的，然后是过错推定，然后是严格责任。

典型案例：唐某、李某诉胡某等 4 人人身伤害赔偿案

入选理由：过错责任必须以有过错为赔偿义务的前提

案情简介：原告唐某、李某是死者唐甲的父母。2007 年 8 月 23 日 11 时许，曾某与唐甲来到某村 93 号，由曾某"望风"，唐甲踢门入屋盗窃一把螺丝刀，事后失主在公安机关陈述称还同时被盗窃了人民币 400 多元。接着，该两人在撬 94 号门锁时被适逢回家的胡某发现并喝止，二人马上逃离现场，胡某见状即尾随曾某、唐甲。见二人跑下河堤后，胡某就到附近邀上胡乙追找。正在沙场午餐的群众十几人闻讯即一并追赶。唐甲见势难逃，率先脱衣跳入北江河中，曾某亦随后跳入。因水流湍急，唐甲不熟悉水性，试图拉扯曾某，被曾某挣脱后旋即没入水中，曾某随即大声呼救。当时参加追赶的群众顾某见此情形后，立即驾驶机动小铁船去河里施救，把曾某救上船后，已不见唐甲的踪影。期间，胡乙用手机报警。当地派出所干警快速赶到，再次去河里搜救，仍然不见唐甲。第三天，才在附近水域发现唐甲的尸体，并打捞上岸。此后，唐某、李某认为唐甲的死是由于胡某、胡乙等人误以为唐甲系小偷加以追赶，并用石块掷打头部后导致溺亡。唐某、李某向多个部门反映要求处置未果。遂以胡某等4人负有不可推卸的民事责任为由向当地一审法院提起诉讼，要求判令赔偿35万元，精神抚慰金3万元，尸体保管存放费7万元，合计45万元。当地法医机构出具了法医学尸体检验报告书，检验结论为：唐甲的死符合溺死。

法理明晰：该案中的争议焦点可归纳为：第一，原告诉请胡某等4人就唐甲的死亡承担侵权责任，其中最为核心的问题是判断胡某等4人对唐甲的死亡有无过错。第二，胡某等4人追赶唐甲、曾某的行为意图是捉拿小偷，有否存在逼迫二人跳江的意识，是否能认定为存在故意？第三，胡某等4人目睹了唐甲跳江，但他们对唐甲的死亡是否存在过失，是否因此对唐甲、曾某的追赶行为而应产生一定范围内的注意义务。

被告代理人的辩护意见主要集中在以下几点：一方面胡某等4人对唐甲、曾某的追赶行为，是符合理性人的要求的，而且也得到社会公序良俗认可，其本身不存在是否合理的问题。另一方面，尽管依据胡某等4人追赶唐甲、曾某的这一先前追赶的行为，可以认定他们对唐甲、曾某的跳江产生了一定范围内的注意义务，比如他们应当继续在合理限度内对唐甲、曾某进行追捕。如果发现被追赶人因此而跳江遇溺的情形时，应在合理限度内进行施救。所谓合理限度，是指追赶人应当作出作为理性人之所应作为之限度，超出此限度的，追赶人无义务。比如即使该追赶人的职业为潜水员，但应依一般人的标准，仍不能要求追赶人跳江进行追捕或者施救。但是，可以要求追赶人在被追赶人跳江后，及时进行报警或采取其他合理的救助措施。证据证明，他们采取了合理的措施，比如用船施救，且其中一人得以获救。

最终法院认定胡某等4人已尽其能力对唐甲进行施救，并未违反其先前追赶的行为而对唐甲产生的救助义务，按照过错责任原则中的"有过错就有责任""有过错才有责任"的要求，无法认定胡某等4人对唐甲的死亡具有过错，即他们的行为不构成侵权行为，因而无须承担任何责任。

过错责任是指行为人因过错侵害他人民事权益应当承担的侵权责任。过错责任原则是指以过错为归责的依据，并以过错作为确立责任和责任范围的基础的归责原则。比如违反安全保障义务责任，行为人依据法律规定、合同约定或先前行为等负有对他人的注意义务，因未尽到注意义务而造成他人损害的，应当承担赔偿责任（《侵权责任法》第三十七条第一款），属于典型的过错责任。

还有医疗损害责任，也属于过错责任。依据《侵权责任法》第三十四条规定，医务人员在诊疗活动中给患者造成损害的，应由用人单位即医疗机构承担责任。在一般情况下，医务人员的过错都属于医疗机构的过错。

过错推定，也称过失推定，指行为人因过错侵害他人民事权益，依据法律规定，推定行为人具有过错，如行为人不能证明自己没有过错的，应当承担侵权责任。过错推定是根据法定的基础事实，推定侵权人有过错。过错推定采取举证责任倒置的证明方式，如果行为人未能有效证明其没有过错，则人民法院最终得以认定其具有过错，并据此确立侵权责任。

过错推定的典型形式是道路交通事故责任。《道路交通安全法》第七十六条规定："机动车与非机动车驾驶人、行人之间发生交通事故，非机动车驾驶人、行人没有过错的，由机动车一方承担赔偿责任；有证据证明非机动车驾驶人、行人有过错的，根据过错程度适当减轻机动车一方的赔偿责任；机动车一方没有过错的，承担不超过百分之十的赔偿责任。"因此，机动车一方只有在证明自己没有过错的情况下，才能承担"不超过百分之十的赔偿责任"。也就是说，道路交通事故发生后，首先推定机动车一方有过错，只要机动车一方不能证明其没有过错，则其需要承担全部责任。

严格责任，是指行为人的行为造成他人的损害，不论该行为人是否具有过错，如不存在法定的免责事由，都应当承担侵权责任。严格责任归责的基础在于风险活动，行为人的免责事由受到严格限制。严格责任主要有产品责任、环境污染侵权、高度危险责任及动物致人损害等。

第二节　违约责任：分析民商诉讼维权是否存在
违反合同约定的责任追究

两大违约归责原则的对比如下：

（1）过错责任原则。过错责任原则是指当事人一方不履行合同义务或履行合同义务不符合约定时，应当以过错作为确定责任的要件和确定责任范围的依据。此原则将过错视为违约责任的构成要件，体现了强烈的道德价值取向，即有过错即有责任，无过错则无责任。这有利于贯彻诚实守信、遵守诺言、尊重他人劳动和财产的社会主义道德规范，有利于社会主义精神文明建设。依该原则，只要合同当事人尽到了适当的注意，即使因不可抗力或意外事故造成合同不能履行或不能完全履行，也可以依法不承担责任。同时，每个主体对自己的过错行为负责，也有利于强化人们对自己行为负责的意识。从而有利于正当地实施交易行为，鼓励正当交易和竞争。此外，适用过错责任原则可惩罚有过错的当事人，并可对其起到教育和警示的作用。

过错责任原则虽具有上述优点，但其弊端也显而易见，即当事人在违约时可获得较多免责的机会。而由于当事人在订约时很难预知未来可能出现的导致合同不能履行的情况，当这些情况又不可归责任于违约方时，就使合同的履行难以保障；并且有时当事人有无过错很难判断，这就可能会使有过错的当事人得到了无过错的认可，从而逃脱违约责任，放纵了违约行为。

（2）严格责任原则。其一，严格责任原则是指不论违约方主观是否有过错，只要不履行合同义务或者履行合同义务不合约定，就必须承担违约责任。严格责任原则是以实际损害结果为要件的一种归责原则，它不注重于对过错的惩罚，而注重于补偿债权人的损失。这样即使在另一方当事人无过错（自己也没有违约）的情况下也可得到合理补偿，从而避免了因过错责任原则的适用而产生的弊端。相比过错责任，实行严格责任原则，免去了当事人证明有无过错的困难，利于诉讼和仲裁。其二，当事人的违约行为，即不履行或不适当履行合同的行为与违约责任直接联系，互为因果，利于增强当事人责任心和法律意识。其三，严格责任原则更符合违约责任的本质。从某种意义上讲，合同中双方约定的义务，就是双方当事人为自己制定的法律，当事人违反合同义务，并无法定的免责事由，就应当承担违约责任。其四，严格责任原则是现代法中合同法制发展的趋势。如《联合国国际货物销售合同公约》等许多重要的合同方面的国际公约，也都采取的是严格责任原则。

但是严格责任原则在立法上缺乏弹性条款，并且也欠缺传统民（商）法上的公平理念。《合同法》采用双重归责原则，在过错责任原则的基础上，适用严格责任原则就便于合同履行以及合同纠纷的及时解决，也有利于促使当事人严肃对待合同，避免在过错责任原则之下违约方总是企图寻求无过错的理由以逃脱责任的现象，增强当事人责任心和法律意识，有效减少不必要合同纠纷。

当合同纠纷产生时不同主体的归责原则不同：①根据《产品质量法》第四十一条："因产品存在缺陷造成人身、缺陷产品以外的其他财产（以下简称"他人财产"）损害的，生产者应当承担赔偿责任"，此为无过错责任原则。②根据《产品质量法》第四十二条："由于销售者的过错使产品存在缺陷，造成人身、他人财产损害的，销售者应当承担赔偿责任。销售者不能指明缺陷产品的生产者也不能指明缺陷产品的供货者的，销售者应当承担赔偿责任。"此为过错推定原则。

（3）责任法定原则。其含义包括：①违法行为发生后应当按照法律事先规定的性质、范围、程度、期限、方式追究违法者的责任；作为一种否定性法律后果，它应当由法律规范预先规定。②排除无法律依据的责任，即责任擅断和"非法责罚"。③在一般情况下要排除对行为人有害的既往追溯。

法律责任的其他规则还有：因果联系原则。其含义包括：①在认定行为人违法责任之前，应当首先确认行为与危害或损害结果之间的因果联系，这是认定法律责任的重要事实依据。②在认定行为人违法责任之前，应当首先确认意志、思想等主观方面因素与外部行为之间的因果联系，有时这也是区分有责任与无责任的重要因素。③在认定行为人违法责任之前，应当区分这种因果联系是必然的还是偶然的、直接的还是间接的。

(4) 责任自负原则。其含义包括：①违法行为人应当对自己的违法行为负责。②不能让没有违法行为的人承担法律责任，即反对株连或变相株连。③要保证责任人受到法律追究，也要保证无责任者不受法律追究，做到不枉不纵。

(5) 责任相称原则。其含义包括：①法律责任的性质与违法行为性质相适应。②法律责任的轻重和种类应当与违法行为的危害或者损害相适应。③法律责任的轻重和种类还应当与行为人主观恶性相适应。

典型案例：张某诉某医院医疗纠纷案

入选理由： 侵权责任以过错责任为承担责任的先决条件

案情简介： 某私立医院在广告中宣称无痛治疗痔疮、随治随走、复发率低等内容。张某于2012年到该院接受了痔疮手术治疗。术后两个月，张某的切割伤口并不见好转，遂又到该医院进行检查。医生说张某伤口只是比一般人恢复得慢，过一段时间就会好，之后给张某开了点消炎药。直至手术后近半年时间，张某的伤口并未见明显好转，张某随后到省公立医院进行检查，医生说由于伤口未愈合的时间太长，伤口已不会再自动愈合，需要进行第二次手术。张某无奈，只能接受第二次手术。张某在第二次手术恢复后，要求某私立医院返还医疗费并赔偿损失。在多次请求返还医疗费和要求赔偿无果后，张某在某私立医院门口挂起标语，内容为"未能治好病，还我医疗费赔我损失"。某私立医院认为，张某的行为侵犯了其名誉权，遂向法院提起诉讼，要求张某停止侵害、赔礼道歉、恢复名誉，并赔偿因名誉权被侵害给其带来的各项损失6万元。

法理明晰： 在该案中，对于张某是否要向医院承担侵权责任，关键在于张某的行为是否存在过错。被告辩称不存在过错，无需向医院承担侵权责任。其辩护理由为，张某作为医院的患者，采用挂标语这一过激行为的原因，是因为多次向医院讨要说法无果。张某第一次在该医院手术治疗后伤口未能愈合这是一个事实，张某为此不得不接受第二次手术治疗，并承受了近半年来隐私部位伤口未愈合带来的痛苦。张某的行为虽然客观上对该医院造成影响，但张某并非捏造事实，而且该医院对事实的发生也有一定的责任，张某在主观上不存在过错。其原因有二：第一，虽然我国侵权责任法及《民法通则》都提到了"过错"，而过错有主观、客观与混合之说。该医院对于张某的行为本身存在过错，是张某采取过激行为的一个诱因。第二，谁也无法否认，过错责任原则是我国《侵权责任法》中最基本的归责原则。但过错责任在司法实践中，也应依照具体的情况确定。而该案中的张某的行为是否具有过错，要看张某的行为是否超出了合理人行为的范畴。从本案的事实情况看，张某在该院接受了第一次手术治疗，手术治疗后近半年伤口未能愈合，在近半年的时间内，张某不得不承受因为隐私部位伤口未愈合而带来的痛苦，而且不得不接受了第二次手术治疗。作为一般人来说，发生上述事实后，心理上都将受到比较大的打击，要追究该医院的相关责任是一般人本能的反应，该医院对张某的行为应当有一定的容忍度。虽然张某的行为有点过激，并给该院的名誉造成一定的影响，但张某并非捏造事实，在情绪过激时采用不恰当但未超过容忍限度的行为，是可以理解的。因此，在该案中，张某主观上并不存在过错，无须承担侵权责任。而医院存在过错，且过错在先。

典型案例：杜某某亲属诉陈某某（未成年人）人身损害赔偿案

入选理由：同一法律关系的死亡赔偿与人身伤害赔偿依照不同比例计算具有借鉴意义

案情简介：杜某某（88岁）与陈某某（小学学生）系同村村民，2009年1月4日在双方住房附近的街道上，陈某某将杜某某撞倒在地。杜某某被送住院治疗，经医生诊断为：①心房纤颤；②右股骨粗隆间粉碎性骨折。花费医疗费2121.85元。半年后，卫生所再次诊断为右下肢骨折，合并感染。同年8月17日，杜某某去世。杜某某亲属要求陈某某及其法定代理人赔偿包括死亡赔偿金在内的各项损失94145元。陈某某一方辩称，陈某某是要去上学时发现杜某某躺在水沟里，主动上前要把她扶起来，根本没有撞倒杜某某，其行为完全是助人为乐。

法理明晰：法院审理查明，2009年1月8日，被告陈某某的祖父陈某华出具一张便条交原告收执，该便条载明："经征求杜某某意见，不报警私了，一切由我自负。2009年1月8日陈某华"。2009年1月10日，原告陈某权、陈某胜、陈某辉（均系杜某某之子）出具一张收据交陈某华收执，该收据载明："今收到第二监护人陈某华现金壹仟伍佰元正，因其孙撞倒杜某某造成骨折。（前收据已由陈某华烧掉，以本据为准）。收款人：陈某权、陈某辉、陈某胜，2009年1月10日"。

法院审理认为，陈某华作为陈某某的长辈，在事发当日即到现场，从其出具的"私了"便条和其提供的"收据"内容分析，可以认定陈某华确认了陈某某撞倒杜某某的事实。虽然陈某华主张该便条并非其真实意思表示，但并未提供证据证明其系受到欺骗或威胁而写下，结合其已支付1500元的事实也表明其同意承担赔偿责任。就死亡后果与此次摔伤间的因果关系看，杜某某摔倒骨折并非导致其死亡的唯一原因，结合该案实际，法院确定杜某某的摔伤在其死亡结果中占20%的原因力。陈某某对杜某某的摔伤结果存在过错，但杜某某的子女未尽好监护义务导致其在巷道里摔倒同样存在过错，故原告应承担相应的责任。法院因此酌定被告陈某某与原告各承担50%的责任。结合杜某某摔伤与其死亡结果的原因力比例，法院确定，杜某某因伤就医的损失为13321.85元，死亡造成的损失为59925元。判决被告方承担杜某某受伤、死亡造成经济损失为（13321.85元+59925×20%）×50%＝12655.43元。

该案中，双方对侵权人是否实施侵权行为的事实各执一词，在此情况下，原告方提出的被告方在处理此事的过程中承认侵权行为的书面证据，就成为认定事实的关键。该案的典型意义在于，在被告方不能提供证据反驳案涉书面证据的情况下，法院根据书面证据认定被告的侵权事实，符合《民事诉讼证据规定》第七十二条的规定。此外，在赔偿责任的负担上，法院对于侵权行为与被侵权人死亡结果之间原因力的区分和确认，以及对最终赔偿责任的合理划分，亦有借鉴意义。该案中将责任划分为两种，一种是与死亡有关的责任，一种是以伤害有关的责任，两种划分的比例不一样，具有一定的借鉴意义。

当然不同的案情，在不同的法系依照相同的法律可以作出截然相反的判决。比如：某农场主将自己的一块土地出租给某一生产型公司制造某种产品，租期为15年，合同履行到4年时，国家强制性征收了其中的75%建设高速公路，承租方以土地承租时的条件发生了改变，已不能满足合同签订时的目的为由，向农场主提出终止合同的请求，农场主断然拒绝，无奈之下，承租方向法院提起诉讼，主张终止合同。按照中国法律的规定，这属情势变迁，中国的法官也会认为签订合同时的条件发生了改变，承租方已不能利用剩下的土地达到经营的目的，显然符合合同终止的条件，才能最大限度地保障承租户减少损失，一旦条件成立就可以充分利用法律赋予的权力。而按照英美法，显然这是不可能，因为根据契约至上原则，签订的合同不可随意终止，国家在建设高速公路对土地进行征收时会考虑对被征收人的补偿，也会考虑对承租户的补偿。这就是英美法与大陆法价值观念的差异。

第三节　侵权责任：是否符合法律规定的情形

侵权责任形态是指确定侵权责任在侵权法律关系当事人之间进行分配的形式。由于承担侵权责任主体的复杂性，责任形态既有单独责任，又有多数人责任。在多数人责任中，又包括连带责任、不真正连带责任、补充责任、按份责任等。

一、连带责任

所谓数人侵权中的连带责任，是指数个侵权人实施了共同侵权行为、共同危险行为、以聚合的因果关系表现的无意思联络的数人侵权行为人，依法应当向被侵权人承担连带责任。共同侵权行为而产生的连带责任是法定责任，不因加害人内部的约定而改变。

加害人之间基于共同协议免除某个或某些行为人的责任，对受害人不产生效力，也不影响连带责任的适用。

二、按份责任

按份责任，是指数个责任人各自按照一定的份额对债权人承担的赔偿责任。在无意思联络的数人侵权的情况下，行为人对外也可能承担按份责任。《侵权责任法》第十二条规定了部分的因果关系，又称共同的因果关系，指数人实施分别侵害他人的行为，主观上并无意思联络，由加害人分别承担损害赔偿责任。

三、补充责任

补充责任，是指在不能够确定实际加害人或加害人不能够承担全部责任的情况下，由补充责任人在一定范围内对受害人直接承担赔偿责任的责任形态。补充责任的主要特点在于：第一，补充责任具有次位性。在补充责任的情况下，行为主体和责任主体发生了分离，行为人承担责任的同时，还可能使行为人之外的人承担责任，责任主体不一定是直接的行为人。补充责任是一种第二顺序的责任。第二，补充责任具有从属性。第三，补充责任大多是一种相应的损害赔偿责任。

四、相应的责任

所谓相应的责任，是指根据补充责任人的过错程度和原因力大小承担的责任。我国《侵权责任法》在多个条款中，规定了"相应"的责任。第一，相应责任一般是对外责任，即对受害人承担的责任。第二，相应的责任也可能是对外应负的责任份额。第三，相应的责任常常是对补充责任的限定。

相应的补充责任，首先应当确定相应的份额，如果需补充范围超过相应份额的，以相应份额为准；其次，如果需要补充范围小于相应份额的，以实际需要补充的份额为准；再次，需要确定在补充责任的范围内应当承担多大的相应责任。

五、补偿责任

所谓补偿责任，通常是指在侵权人没有过错的情况下，基于公平依法由其向受害人承担的适当的补偿责任。补偿责任主要特点在于：第一，补偿责任主要是一种公平责任。所谓公平责任，就是指在法律规定的情形下，根据当事人双方的财产状况等因素，由双方公平合理地分担损失。第二，补偿责任的责任范围是有限制的。第三，补偿责任主要由法官根据具体情况确定。

六、不真正连带责任

不真正连带责任，是指数个责任人基于不同的原因而依法对同一被侵权人承担全部的赔偿责任，某一责任人在承担责任之后，有权向终局责任人要求全部追偿。我国《侵权责任法》在第四十三条"关于产品的生产者和销售者之间的连带责任"、第五十九条"关于医疗领域产品责任的连带责任"、第六十八条"关于因第三人过错污染环境造成损害的责任"、第八十三条"关于第三人过错造成动物致害的责任"4个条文中规定了不真正连带责任。

典型案例：王某诉丁某债权纠纷案

入选理由： 因诉讼请求所基于的法律关系错误而败诉的法理分析

案情简介： 原告王某、被告丁某双方原本均系甲公司股东。×年×月×日，原告退出该公司并转让其所持有的股份，被告丁某作为公司的法人代表于同年×月×日向原告出具欠条一张，欠条载明：今欠到王某人民币贰拾万元整，其中壹拾万元整待张某贷款后还，但未约定利息。

同年×月×日原告诉至一审法院要求被告归还所欠20万元，一审法院认定"其中壹拾万元整待张某贷款后还"是一附条件民事法律行为，只有该条件成就时，被告才负有还款的义务。而原告、被告双方均未提供张某贷到款的证据，因此被告所负还款条件尚未成就。次年×月×日原告诉诸法院，认为张某在银行存在不良信用记录，不可能贷到款，遂请求法院判如所请。

一审法院认为：被告丁某向原告王某出具的欠条是双方的真实意思表示，双方债权债务关系依法成立。被告虽提出此欠款系退股后股东分红的辩解意见，但未提供合理证据予以证明，故对其辩解法院不予采纳。被告作为债务人，理应按照欠条上载明的事项全面履行自己的还款义务，尽管双方约定其中10万元以张某贷款后还为条件，但对如何履行该约定及履行的具体期限均未明确。我国《合同法》规定：履行期限不明确的，债权人可以随时要求履行。而根据诚信原则，被告对该条件的成就负有积极协助的义务，其应积极促进实现主给付义务，使原告的债权得以实现。距原告第一次向被告主张权利之日起至一审开庭，张某依然没有贷到款，事实上，被告怠于行使此项义务，其对张某何时及能否贷到款采取放任态度。我国《合同法》规定：当事人为自己的利益不正当地阻止条件成就的，视为条件已成就。这里所说的不正当行为是指行为人违反法律、道德和诚实信用的原则，以作为和不作为的方式促成或阻止条件的成就。被告在出具欠条前未调查张某是否符合向银行申请贷款业务的条件，在出具欠条后，至本案审理过程中，未举证证明其积极督促张某去银行办理贷款业务的行为客观存在，现被告以此为由拒绝支付10万元欠款，显然怠于行使诚信原则所要求的协助义务，其以不作为的方式使双方约定的法律行为无法实施，导致原告的债权无法实现。根据法律规定，应当视为条件已成就。故对原告要求被告归还10万元欠款的诉请，经原告催告及提起诉讼后，可认为该债务业已届期，其诉求可予支持。原告请求被告支付利息，因当时双方并未约定，故应从原告起诉主张利息权利之日起计算。一审法院判决如下：被告丁某于本判决生效后 10 日内归还原告王某欠款本金 10 万元及利息（自 2009 年 9 月 16 日起按同期银行贷款利率计算至判决确定给付之日止）。

二审查明的事实和证据与一审基本相同。二审庭审时双方当事人均承认他们之间未发生真实的民间借贷关系，该案的 10 万元、一审民事判决书中确认的 10 万元欠款，均系王某向甲公司退股所产生的股权转让款。

二审法院经审理后认为：该案并非丁某向王某借款所引起的民间借贷纠纷，而是王某向甲公司退股时，丁某作为甲公司的法定代表人承诺给予王某因退股所产生的分红价款而引起的股权转让纠纷。因此，王某起诉时主张丁某归还借款 10 万元，此与法院经庭审查明的事实不符，故法院认为王某的起诉应予以驳回，其可基于法院查明的事实另行主张权利。此外，"其中壹拾万元整待张某贷款后还"系附条件民事法律行为，此已经一审判决书所确认，且王某并无证据证明丁某阻止条件成就，因此丁某的上诉理由，法院予以支持。

二审法院依据相关法律规定，裁定如下：①撤销一审民事判决；②驳回被上诉人王某的起诉。

法理明晰： 该案在二审时出现了新的事实，即王某与丁某均认为该案并非因借贷引起，而是因王某退股产生的分红款引起，即该案的请求权基础非民间借贷关系，而是退股法律关系。双方的陈述意见一致，无须其他证明材料就足以定案。该案在合议庭合议时产生两种不同意见：一种意见是该案应直接根据查明的事实予以改判，判决驳回王某的诉讼请求；另一种意见是裁定驳回被上诉人王某的起诉，保留王某的诉权。案件最终采纳了第二种意见。这样不至于因二审的直接改判，而令原告丧失诉权，确保程序公正。

首先，结合一审、二审查明的事实，这起案件缘于王某向甲公司要求退股，公司虽同意其请求但并未立即支付退股分红款，公司的法定代表人丁某于是书写了一份欠条，载明：今欠到王某人民币贰拾万元整，其中壹拾万元整待张某贷款后还。由此可知丁某并未向王某实际借款，本案的债务系退股款的转化。而丁某书写欠条的行为既可以理解为其以公司法定代表人身份认可公司欠王某 20 万元债务，也可以理解为丁某自愿替公司承担此笔债务。因此，本案的审理要涉及王某退股行为的合法性，及债务人的选择问题。二审中，当事人双方对是否要审查退股行为没有进行选择，在此情况下，若二审直接以查明的事实进行判决，显然侵犯了双方当事人的上诉权。而且，即使双方当事人选择不审查退股行为，同样有失程序公正，因为王某选择丁某作为被告，显然是认为丁某替公司承担此笔债务。而我们知道，民事活动要遵循等价有偿原则，丁某书写欠条的行为并不能当然地理解为其自己愿意承担此笔债务，因其并不能从中获益，该行为理解为其以法定代表人身份在履行职务更符合情理，因此本案的被告不适格，显然本案应裁定驳回王某的起诉，而非判决。

再者，原告选择的请求权基础错误，法院理应驳回起诉。所谓请求权基础，简单地说，就是与诉讼请求所对应的法律（法条）规定。对诉状中的每一项诉讼请求，必须有对应的法条，在没有法条对应的情形下，也要找到相应的法律原则。如果请求权基础错误，又不在法律规定的期限内变更诉讼请求，对于原告来说，法院的判决结果只能有一个，那就是驳回其诉讼请求。欠条表明的债务关系，可能是民间借贷关系，也可能是其他债务关系。该案中，原告选择民间借贷关系作为请求权基础进行起诉，显然是不适当的，因原告、被告之间并未发生真实的民间借贷关系（原告不能通过出示单一的支付凭证来证明借贷关系存在，更不能依此证明双方之间存在借贷合同关系），在此情况下，法院根据查明的事实只能驳回原告的诉讼请求。原告若选择以股权转让合同关系请求支付欠条上的款项，则很容易得到法院的支持。那么，在原告请求权基础错误的情况下，到底应裁定驳回原告的起诉还是判决驳回原告的诉讼请求呢？从公平效益原则出发，法院应裁定驳回原告的起诉较为适宜。

第三，"其中壹拾万元整待张某贷款后还"系附条件民事法律行为。附条件民事法律行为是指以将来发生的事件作为民事法律行为生效或失效的根据。附期限民事法律行为是指以将来某一期限的到来作为民事法律行为生效或失效的根据。二者的区别在于附条件法律行为中的条件具有或然性，可能发生，也可能不发生，而附期限法律行为中的期限具有必然性，一定发生。该案中，"其中壹拾万元整待张某贷款后还"显然是附条件民事法律行为，因张某能否贷款及何时贷到款都具有不确定性。若丁某书写欠条时张某不具备贷款条件，即张某具有银行不良信用记录或不具备其他贷款需求的条件，则该案所附的条件无效，王某可随时主张还债。若张某当时具备贷款条件，之后不具备，则"其中壹拾万元整待张某贷款后还"系附条件民事法律行为。若丁某书写欠条时张某具备贷款条件，且正在办理贷款，则"其中壹拾万元整待张某贷款后还"系附条件民事法律行为，以上两种情况均待条件成就时，王某方能主张还债。若张某当时具备贷款条件，之后也具备，但一直不积极办理贷款，则视为条件已成就，王某可在催促张某贷款一段时间后，主张还债。

此外，合议庭在合议时有人认为该案的判决违反了法律程序，因一审民事判决已经生效，此判决认定丁某与王某之间形成民间借贷关系，应作为该案定案的证据，而该案在未推翻此判决情况下，未将一审民事判决内容作为证据使用，显然是不恰当的。笔者认为，该案的判决虽不违法，但有失程序性公平。因在出现了新证据，即王某在二审中承认了欠条的真实来源。根据民事诉讼法相关规定，该案在二审中予以改判并不一定完全正确的。显然，在发现新的证据足以推翻一审判决时，发回重审比依法改判似乎更符合公平原则。否则，无形中就剥夺了一审胜诉方的上诉权。

归责原则的判断顺序一般遵循：过错推定—无过错责任（特殊侵权）—过错责任（一般侵权）—公平责任（补充）。

第四节　合理划分：弄清连带责任与补充赔偿责任的区别

民事责任是指公民或法人违反民事义务，侵犯他人合法权益，依照民法所应承担的法律后果。对于代理律师来讲，一定要注意责任的合理划分，弄清连带责任与补充责任赔偿的区别，弄清楚独立承担民事责任、共同承担民事责任、按份或按比例承担民事责任、连带承担民事责任与补充承担民事责任。

连带责任，是指责任人为多人时，每个人都负有清偿全部债务的责任，各个责任人对外都不分份额，也没有先后次序地根据权利人的请求承担责任。权利人有权要求每个责任人同时向自己清偿，也有权要求其中某一个人清偿全部债务。比如甲搬家公司派员工李某为客户搬家，李某担心人手不够，请同学王某帮忙，搬家途中，王某从车上坠地受伤。在这种情况下，李某和搬家公司就承担连带责任，王某既可以向李某要求赔偿，也可以向搬家公司要求赔偿。

补充责任，是指在责任人的财产不足以承担其应付的民事责任时，由有关的人或单位对不足的部分予以补充的责任。比如小学生甲和乙在学校里发生打斗，致丙脾脏破裂，在场老师丁未予以制止。该案中，甲、乙的监护人按形式大小应对丙履行赔偿责任，如果甲、乙的监护人无力全部赔偿，则应由存在一定过错的学校来承担不足的部分。

对于责任形式，一定要严格区分原因、责任内容、合同效力及先后顺序。

一、法定连带责任与约定连带责任

依连带责任产生之原因不同，可以将连带责任划分为法定连带责任和约定连带责任。连带责任虽对债权人有利，但对债务人，无疑是一种加重责任。所以《民法通则》规定，承担连带责任，须由当事人的约定或法律的规定。可见，在一般情况下，多数人之债务是以按份责任为基本清偿原则的。

二、违约连带责任与侵权连带责任

依连带责任内容之不同，又可将连带责任划分为违约连带责任与侵权连带责任。违约连带责任即指当事人共同违反合同规定而产生的连带责任，侵权连带责任即指当事人共同侵权行为造成损害发生而产生的连带责任。

三、有效合同连带责任与无效合同连带责任

依产生连带责任的合同效力的不同，可将连带责任分为有效合同连带责任和无效合同连带责任。有效合同连带责任的前提是合同有效。在合同成立之时，当事人各方具有民事主体资格，所订合同的内容和形式都符合法律规定，当事人主观上没有过错，客观上没有违约行为。因此，或是主合同或是从合同皆为有效合同。只是在合同履行过程中，一方或多方违约才产生了连带责任。无效合同连带责任产生的前提是合同无效，或是主合同无效，或是从合同无效。由于当事人主观上有过错，客观上有违反法律、法规的行为。因此，合同在成立时就无效。合同无效并不能免除当事人的连带责任，这种连带责任即为无效合同连带责任。

四、一般连带责任与补充连带责任

连带责任确定后，依债务人承担责任的先后顺序不同，可将连带责任划分为一般连带责任与补充连带责任。一般连带责任的各债务人之间不分主次，对整个债务无条件地承担连带责任。债权人可以不分顺序地要求任何一个债务人清偿全部债务。比如合伙、半紧密型联营、代理关系等。补充连带责任须以连带责任中的主债务人不履行或不能完全履行为前提，从债务人只在第二顺序上或者与责任总额不一定相等的情况下承担连带责任。如保证人在被保证人不能偿还债务时，保证人才承担连带责任。倘若被保证人只能承担60%的债务，那么保证人只能承担另40%的债务。

典型案例：崔某彩诉崔某伟及某中心小学人身伤害赔偿案

入选理由： 学校对学生伤害承担补充赔偿责任的认定

案情简介： 原告崔某彩、被告崔某伟均为某中心小学未成年学生。2012年3月26日下午第一节课下课后，原告骑坐在教学楼楼梯扶手上，被告上厕所后准备回教室，原告骂了被告一句，被告于是在原告身体摸了一下，原告因为怕痒，身体本能地发生动摇，继而身体失去平衡从楼梯扶手上滑下摔倒。被告和另一同学将原告扶到教室。由于当时伤情并不明显，老师知道后，简单询问了一下就继续上课。第二天，原告被送往芜湖县医院治疗，诊断为右肱骨髁上骨折，住院31天，用去医药费×元。原告的伤经安徽广济司法鉴定所鉴定构成九级伤残。

2012年7月17日，原告法定代理人将被告及某中心小学起诉到法院，认为被告崔某伟的行为给原告造成巨大的经济损失和精神痛苦，依法应对原告进行赔偿。被告某中心小学未尽到教育、管理、保护和救助的义务，也应对原告的损失承担赔偿责任。原告的诉讼请求包括：医药费×元、护理费×元、住院伙食补助费×元、营养费×元、残疾赔偿金×元、精神损害抚慰金×元、鉴定费×元、交通费×元，合

计×元。

法理明晰：法院经审理认为，原告崔某彩和被告崔某伟虽为未成年人，但均已年满10周岁，对自己的行为及后果已有一定的预见能力，被告明知原告坐在楼梯扶手上，仍然用手触摸原告身体，导致原告从楼梯滑下摔伤，主观上有一定的过错，应承担相应的侵权赔偿责任；被告崔某伟是未成年人，其民事责任依法应由其监护人承担；原告崔某彩应当清楚自己坐在楼梯扶手会有一定的危险性，并且原告的损害后果与其坐在楼梯扶手上有因果联系，因此，原告对自己的损害也有一定的过错，依法应减轻被告方的责任；被告某中心小学应当知道在校学生均为限制民事行为能力人，他们心智不成熟，好动且控制能力弱，喜欢打闹嬉戏，极易发生人身伤害，但学校在课间未采取任何监管措施，以避免损害的发生，主观上有一定的过错，可认定为未尽教育管理职责，依法应承担相应的侵权责任。判决：被告崔某伟的法定监护人赔偿原告各项损失×元；被告某中心小学赔偿原告×元，上列款项于判决生效后10日内一次给付。被告某中心小学以只承担补充责任为由，不服判决，二审依法改判被告某中心小学在被告崔某伟无支付能力的情况下，补充承担×元。

本案所涉的焦点问题是学校未尽安全保障义务，致使第三人侵权造成他人人身损害的，学校应当承担赔偿责任为补充责任，而非按份责任。

第三人代理律师认为，法院的上述判决混淆了第三人过错的一般赔偿规则和特殊赔偿规则的规定。《侵权责任法》第二十八条规定了第三人过错的一般规则："损害是由第三人造成的，第三人应当承担侵权责任。"同时，《侵权责任法》在第三十七条"公共场所第三人侵权"、第四十条"教育机构以外第三人侵权"、第六十八条"第三人过错造成环境污染"和第八十三条"第三人过错的动物损害"分别规定了第三人过错的特殊规则。这些第三人过错的特殊规则分为以下两种情形：

（1）第三人过错实行不真正连带责任。在第三人过错的情形下，《侵权责任法》规定了两种不真正连带责任的规则，而不适用直接由有过错的第三人承担责任的一般性规则。这就是：第一，第六十八条规定："因第三人的过错污染环境造成损害的，被侵权人可以向污染者请求赔偿，也可以向第三人请求赔偿。污染者赔偿后，有权向第三人追偿。"第二，第八十三条规定："因第三人的过错致使动物造成他人损害的，被侵权人可以向动物饲养人或者管理人请求赔偿，也可以向第三人请求赔偿。动物饲养人或者管理人赔偿后，有权向第三人追偿。"

（2）第三人过错实行补充责任。在第三人过错的情形下，《侵权责任法》还规定了两种补充责任的规则，而不适用直接由有过错的第三人承担责任的一般性规则。这就是：第一，第三十七条规定："宾馆、商场、银行、车站、娱乐场所等公共场所的管理人或者群众性活动的组织者，未尽到安全保障义务，造成他人损害的，应当承担侵权责任。""因第三人的行为造成他人损害的，由第三人承担侵权责任；管理人或者组织者未尽到安全保障义务的，承担相应的补充责任。"第三十七条第二款规定，第三人的行为造成受到安全保障的人损害的，实行补充责任，即先由第三人承担侵权责任；如果第三人不能承担或者不能全部承担侵权责任，则安全保障义务人未尽到该义务的，承担相应的补充责任。这个规则与第三人过错的一般规则不同，增加了安全保障义务人的补充责任，能够更好地保护被侵权人的合法权益。第二，第四十条规定："无民事行为能力人或者限制民事行为能力人在幼儿园、学校或者其他教育机构学习、生活期间，受到幼儿园、学校或者其他教育机构以外的人员人身损害的，由侵权人承担侵权责任；幼儿园、学校或者其他教育机构未尽到管理职责的，承担相应的补充责任。"

在该案中，被告崔某伟为直接实施侵权行为的自然人，应当承担直接侵权赔偿责任；被告某中心小学所承担的是补充赔偿责任。

幼儿园、学校或者其他教育机构承担补充责任的构成要件：一是第三人侵权是损害结果发生的直接原因；二是幼儿园、学校或者其他教育机构对第三人的侵权行为未尽管理职责；三是第三人侵权与幼儿园、学校或者其他教育机构未尽管理职责发生原因竞合。

被告崔某伟是原告受伤的直接侵权人，某中心小学应当知道在校学生均为限制民事行为能力人，他们心智不成熟，好动且控制能力弱，喜欢打闹嬉戏，极易发生人身伤害，但学校在课间未采取监管措施，避免损害的发生。原告受伤后，学校老师也未及时送原告去医院检查、就诊，可以认为某中心小学在主观上有过错，客观上未尽安全保障义务，因此，某中心小学应承担补充赔偿责任。

补充赔偿责任的承担范围。幼儿园、学校或者其他教育机构的补充赔偿责任的额度，不是以直接侵权人应当承担的赔偿责任的总额为限，而是根据其过错程度应当承担的赔偿责任的额度为限。但许多情形下，幼儿园、学校或者其他教育机构的赔偿责任范围要小于直接侵权人的赔偿责任范围。首先确定被告崔某伟的法定监护人承担直接赔偿责任，如果被告崔某伟的法定监护人在规定的时间内没有能力承担，才由幼儿园、学校或者其他教育机构承担补充责任，并且在承担补充责任后，可以向被告崔某伟的法定监护人进行追偿。

补充赔偿责任不等同于连带责任。连带责任要求每个债务人都负有对债权人清偿全部债务的义务。连带责任还存在各债务人之间的分配和追偿问题。补充赔偿责任涉及侵权行为，有终局的责任承担人，因而发生单向的追偿权，即实际承担补充赔偿责任的债务人可以向终局责任承担人行使追偿权。被告崔某伟的法定监护人承担终局责任，被告某中心小学只有在被告崔某伟的法定监护人在判决生效后10日内未执行判决内容时承担补充赔偿责任，承担补充赔偿责任后，可以向被告崔某伟的法定监护人进行追偿。

五、补充责任与连带责任

连带责任为数个独立的给付责任，是复数之债。补充责任虽也是复数之债，但有主责任人和补充责任人的划分，其中的补充责任是依附于主责任才成立的，并非一个完全独立的责任。

连带责任有的有内部责任份额的划分（比如共同侵权责任），有的则没有内部责任划分（比如保证关系中的连带责任）。补充责任则完全不存在内部责任份额的划分。

连带责任中的各责任人承担责任并无顺序，而补充责任中主责任人与补充责任人承担责任是有先后顺序的，应先由主责任人承担责任，在主责任人的财产不足以清偿债务时，才由补充责任人承担补充责任。

连带责任中的各债务人在承担了超出自己应负的责任份额后，可向其他债务人追偿。补充责任中的补充责任人承担了补充责任后不一定都能够追偿，如《中华人民共和国个人独资企业法》第三十一条规定，个人独资企业财产不足以清偿债务的，投资人应当以其个人的其他财产予以清偿。这里规定的也是一种补充责任，但个人独资企业也是投资人的个人财产，投资人以其他财产清偿个人独资企业的债务后，实际上根本就无法行使追偿权。

连带责任须在法律有明文规定或当事人有明确约定时才可适用，而补充责任则是基于与主责任人的某种特定法律关系或因为存在某种与债务相关的过错而承担补充清偿的民事责任，不以法律明文规定或当事人的明确约定为成立的要件。

六、补充责任的诉讼程序

因补充责任也系多个责任主体承担责任方式，在诉讼时，须根据责任主体之间关系的密切程度，决定各责任主体是否均应参加到诉讼中来，诉讼形态须分别情况予以适用。根据补充责任人与主责任人和权利人之间的关系及密切程度，可以分为以下两种类型：权利人是基于同一原因得向各债务人请求清偿的，因补充责任人承担补充责任与主责任人承担责任系基于同一原因而产生的，实际上是同一个债。对于此种类型，权利人起诉主张权利的，必须将全部债务人追加为共同被告，因此类诉讼的结果及于所有债务人，应将各债务人均追加为被告，参加到诉讼中来，以保障权利人的权利。

下面这则案例属于侵权责任法中的按份责任，也是必要的共同诉讼型，都对丁的伤害构成共同侵权。只有一同提起诉讼，才能使丁的权益依法得到保护。

典型案例：丁的法定监护人诉甲、乙、丙人身伤害案

入选理由： 没有意思联络分别实施侵权行为造成同一损害的，每个侵权行为都不能独立造成全部损害，且难以确定责任大小的，应按份承担相应的责任

案情简介： 甲在市场上蹓狗时，狗挣脱了链子，叼走了肉贩乙的一副大肠，正好乙也在蹓狗，其狗也挣脱了链子，甲的狗与乙的狗争夺起了大肠，大肠缠绕丙的鱼摊，杀鱼的刀掉在地下，而丙正低头挑鱼，慌忙之中用提着的篮子挡刀，刀正好将在此玩的幼儿丁的脚扎伤。于是丁的母亲作为法定监护人将甲、乙、丙诉至法院。法院判决甲、乙、丙对丁的损失各承担75%的1/3的责任，丁的母亲作为法定监护人承担25%的责任，并要求甲、乙、丙三人负连带清偿责任。

法理明晰： 该案是一起典型的间接结合的多因一果侵权案件。两只狗的奔跑行为和丙的紧急避险，作为没有意思联络分别实施侵权行为造成同一损害，但每个侵权行为都不能独立造成全部损害，且难以确定责任大小，根据《侵权责任法》第十二条"二人以上分别实施侵权行为造成同一损害，能够确定责任大小的，各自承担相应的责任；难以确定责任大小的，平均承担赔偿责任"。甲、乙、丙应对丁的损失承担按份责任，而幼儿丁的法定监护人也应承担看护不力的责任，所以该案中法院的判决是正确的。

值得注意的是，间接结合的侵权行为虽然从表面看有多个行为人，但其不是行为的结合，而是原因力的结合。各个行为人的行为构成受害人损害发生的多个原因之一，从因果关系上看属于多因一果情形。因此，在间接结合的侵权中，各行为人只须对其本人的行为负责，考虑其行为在损害中所占原因力比例的大小或过错的大小单独确定其责任份额。而直接结合的侵权行为是数个行为直接结合，共同成为受害人损害结果发生的唯一原因。在这种情形下，数个行为的结合非常紧密，对加害后果而言，各自的原因力和加害部分无法区分，而受害人发生损害的原因只有一个，在因果关系的形态中属于一因一果的情形。直接结合的侵权行为不考虑行为人主观上是否有共同故意或共同过失，只要行为人的行为在客观上具有共同性，就认定其构成共同侵权，使其负连带责任，从而更好地保护受害人的利益。

七、普通共同诉讼

权利人基于不同原因得向各债务人请求清偿的，因补充责任人承担补充责任与主责任人承担责任系基于不同原因而产生的，不形成必要共同诉讼。权利人可以先起诉主责任人，而不必追加补充责任人为被告，在主责任人未能清偿的情形下，权利人可以再次起诉补充责任人要求承担补充责任。当然，权利人也可以直接起诉主责任人和补充责任人。在权利人只起诉补充责任人时，则必须追加主责

任人为被告。

需要注意的是，补充责任人是在主责任人的财产不足以清偿债务的情形下才承担补充责任的，因此在实务中，必须是在强制执行主责任人的全部财产后仍不足以清偿债务时，才由补充责任人承担补充责任。补充责任人承担补充责任后，可直接向主责任人追偿，因此，应该在判决主文中予以明确，而不必形成另外一个诉讼。

典型案例：武某诉马某房屋租赁合同案

入选理由：合同约定共租人连带承担房租的并案审理问题

案情简介：×年×月×日，马某、杨某与武某共同签订房屋租赁合同一份，合同约定武某将其拥有所有权的房屋一套以每月3000元的价格出租给马某与杨某，其中约定马某负责押金及房屋的维护，并负责水电、通信、煤气及公共物业费的缴纳，每月承担其中两间房屋2000元的租金，杨某占用一间房屋负责每月缴纳1000元的租金，同时约定马某对杨某的租金及房屋损坏负有连带支付与赔偿的责任。马某欠各种费用及房租2.3万元，杨某共欠费1.5万元，到期未还。武某用一纸诉状将两人诉至法院，要求二人偿还拖欠各项费用3.8万元，并要求马某对杨某的欠费承担连带支付责任。法院受理后，把马某与杨某列为同案被告，因杨某没有到庭，原审法院进行了缺席审理。马某庭审中抗辩称，原告收房时并没有要求杨某支付，而收房时，武某完全可以自己找杨某结清房租，而现杨某去向不明，武某放走了杨某，意味武某放弃了对杨某的追偿权，现今他也无法找到杨某，因此，不应对杨某所欠的房租承担连带支付责任。

该案原审开庭时杨某没有到庭，对合并审理原审没有征得杨某同意，因此原审法院将该案作为一案审理并适用同一案号合一判决，混淆了普通的共同诉讼中合并审理含义，作为一案处理显系程序不当。在原告不服原审判决而提起上诉的情况下，虽然原审程序不当，但因该案欠款事实清楚，二审法院仍然没有考虑其中的程序性问题，而是依法驳回。

法理明晰：原审法院审理后认为：债务应当清偿，原告武某与被告马某、杨某之间的债权债务关系明确，有被告马某、杨某与武某签订的房屋租赁合同为证，二被告退房时理应偿还租金并及时结清相应的费用。被告马某辩称杨某走时武某同意其离开，因此属于自愿解除杨某的债务，因此，马某的连带责任也自然解除。因原告武某对此提出异议，被告马某未提供任何证实武某放弃对杨某追偿的证据，不予支持。被告马某辩称原告武某的起诉已超过诉讼时效的理由不符合法律规定，依法应予驳回。被告杨某经合法传唤，无正当理由拒不到庭，原审遂缺席判决：①被告杨某于判决生效后10日内偿还原告武某所欠房租1.5万元。②被告马某于判决生效后10日内偿还原告武某所欠房租及各项费用计2.3万元，并对杨某所欠房租 1.5 万元承担连带支付责任。马某对杨某所欠房租承担连带支付后，可依法另案向杨某索赔。被告马某不服原审判决，提起上诉。后经二审驳回上诉。

该案由于马某、杨某对武某的债权债务清晰，不存在数额上的纠纷，因此武某可以分别以马某和杨某为被告就各自所欠债务分别起诉，也可以马某、杨某为共同被告形成普通共同诉讼。当然武某在以杨某为被告时，可以要求杨某单独承担债务支付或以杨某及马某连带承担杨某的债务的支付责任为共同被告起诉。

《民事诉讼法》第五十三条规定，共同诉讼是指当事人一方（无论是原告还是被告）或双方为两人以上的诉讼。共同诉讼属于诉的主体的合并。共同诉讼分为普通共同诉讼与必要共同诉讼。普通共同诉讼是指当事人一方或双方为二人以上，其诉讼标的是同一种类，人民法院认为可以合并审理并经当事人同意而进行的共同诉讼。

该案中武某将马某、杨某作为共同被告起诉，要求两个被告分别支付拖欠的房租及费用，因马某与杨某之间不具有任何的权利义务关系，作为武某可以分别起诉马某与杨某，马某与杨某也应分别应诉，判决时应分别判决。由于合同约定马某对杨某所欠房租的连带支付责任，因此，武某也可合并起诉马某与杨某，作为普通的共同诉讼，可以合并审理，是否能够合并审理还必须征求当事人的同意，当事人同意的予以合并审理，当事人不同意的法院不能合并审理。

第二十六章
连带责任承担与推卸的制胜战术

在民商诉讼中，连带责任是一种较为严重的责任，代理律师对于当事人连带责任的承担持十分谨慎的态度，对于原告代理律师来讲，总是想办法为没有执行能力的被告寻求一个或几个连带被告，而连带被告的代理律师则总是通过各种抗辩理由来帮助被代理人推卸连带责任。这其中的诉讼技能很能反映代理律师的执业水平。代理律师在诉讼代理过程中不得不就有关连带责任的承担与推卸耗费精力。

第一节　承担连带责任的注意事项

在民商诉讼实践中，代理律师要通过对诉讼案由中连带责任的承担进行分析，以此来确定诉讼参与人的诉讼地位是否正确。比如，将相对方应列为共同被告却错列为第三人，应列为第三人却错列为共同被告，或者有其他漏列连带责任被告的情形。

对于连带责任的承担，代理律师一定要注意以下事项，这对于正确理解连带责任的承担或推卸十分有益。

第一，区分约定式连带责任与法定式连带责任。

第二，区分真正连带责任与不真正连带责任。

第三，区分补充责任与连带责任。

第四，区分按份责任与连带责任。

第五，区分请求权竞合与连带责任。

作为原告代理律师来讲，要会应用相关法理，注意共同被告连带责任的承担。一是通过法律的规定或彼此间的事先约定来认定诉讼参与人的连带责任地位；二是通过诉讼参与人的民事行为来认定连带责任。

作为被告代理律师来讲，要学会应用相关法理，注意共同被告连带责任的推卸。一是通过法律的规定或彼此间的约定来识别诉讼参与人的非连带责任地位，或者证明其根本就不具有诉讼主体资格。二是通过诉讼参与人的民事行为与诉讼请求所主张的损害结果根本就没有因果关系，来对诉讼案由中连带责任进行推卸。

第二节 分析连带责任成立的依据

代理律师在接案后，为了使案件复杂或者使被告代理人的权益更便于保护，往往在当事人的连带责任上做文章，但无论是原告代理律师还是被告代理律师，必然要通过各种方式、方法来分析连带责任是否成立，以此来达到诉讼制胜的目的。对于原告方的代理律师来讲，如果连带责任成立，就应当从连带责任的承担上去组织起诉材料；如果不成立，则看是否能够通过列为第三人的方式恰当地引入诉讼参与人，以此来维护当事人的合法权益。对于被告方代理律师来讲，如果连带责任成立，就要从连带责任的承担上去组织抗辩材料，或者通过与其他被告的联合来共同抗辩，或者通过分析是否能够让单一的被告承担责任，让其他被告不承担责任；如果连带责任不成立，就要去从推卸上组织材料进行抗辩，或者找出第三人来进行抗辩或担当责任。

一般来讲，应当从以下几个方面展开分析，看连带责任是否成立或连带责任的构成是否充分。

一、通过法律关系来分析连带责任是否成立

第一，分析多个被告之间与原告的法律关系是否为同一法律关系，分析被告之间存在什么样的法律关系。非同一法律关系只能是假想的连带责任，而非合法的连带责任。比如甲因公乘坐公交车与违章行驶的丙驾驶的乙单位所属的货车相撞而受伤，构成三级伤残，如果甲作为原告，这里就可能产生三种法律关系：一是甲与单位间的劳动合同关系，二是甲与公交公司的合同关系，三是甲与乙单位的侵权行为形成的民事赔偿关系，如果乙单位司机的行为构成肇事罪，被告检察机关刑事立案，则甲还与丙构成刑事附带民事赔偿关系。显然三种法律关系之间不能互为连带责任。

第二，分析原告与被告及第三人是否具有诉讼参与人的资格，从实体法和程序法的标准判断充当诉讼参与人的资格是否适格。

第三，分析连带责任与主责任之间的承担时间是否一致（包括时效与除斥期间两个重叠性问题）。

第四，分析连带责任是基于约定还是法律规定。如果是约定，是否与约定的前置条件相符；如果是法律规定，分析是否存在法律的但书条款，或者根本就不符合法律的前置条件。

二、通过请求权来分析连带责任是否成立

第一，分析原告对于多个被告之间的请求权是否同一，还是存在请求权竞合问题，再通过是否有法律的规定来判断连带责任是否成立。

第二，分析具体的请求权是否与原告的损失程度相当。

第三，分析原告的损失是否与主债务人的行为有因果关系，是否属于被告应承担连带责任的范围。

三、通过被告间的责任分担分析连带责任是否成立

第一，分析责任的承担是否在原、被告间及被告间彼此事先有约定。

第二，分析被告间或被告与第三人间的约定责任承担原告是否明知；该责任承担是否违反法律的规定，或者其约定的责任承担不具有对第三人（包括原告）的抗辩力。

第三，分析构成连带责任的被告的行为是否符合彼此间约定有免责条款或符合法定的免责事项。

第四，从按份责任、补充责任入手，分析能否推卸一部分责任。

第五，从主债务的成立与否来分析连带责任的成立基础。

四、通过被告间的行为属性来分析连带责任是否成立

第一，分析共同被告间或被告与第三人间的行为是否存在牵连性，是同一行为引起的还是相继行为引起的。

第二，分析共同被告间或被告与第三人的行为引起的对原告的债务是同一债务，还是不同的两个债务。

第三，分析共同被告间或被告与第三人对原告债务承担连带清偿后，是否还存在没了结的债务，未了结的债务是否构成新的债务。

第四，分析共同被告间或被告与第三人间的行为造成对原告的损害是否具有偶然性，还是具有事先的约定性或事前的共同谋划。

第五，分析共同被告间的单一行为是否足以使原告的损失发生，或者被告间的行为只有相互共同作用才能致原告的损失发生。如果在单一行为与共同行为难以认定的情况下是否可推定为两种可能都存在。比如两家工厂向同一河道排污，造成养鱼户的鱼死亡，此时两家工厂对排污损害的发生既可认定为单一行为可以造成原告的损失，也可认定为两家工厂共同的行为造成了原告的损失。

第三节　相关法律对连带责任的规定

随着我国民商法和民事诉讼法的不断完善，国家法律开始关注连带责任问题，对一些社会比较关注的问题都以不同的法律形式规定了连带责任的承担，也就是说不真正连带责任有加重的立法趋势。比如《中华人民共和国劳动合同法》（以下简称《劳动合同法》）对于用工式连带责任的承担，《人身损害赔偿司法解释》对于侵权式连带责任的承担等。因此，代理律师应当通晓国家对连带责任的一些强制性规定。

下面摘录一些国家相关法律对于连带责任的法律规定。

一、侵权式连带责任

按照《民法通则》的规定，只有共同侵权行为才由共同加害人承担侵权连带责任。但是，在《人身损害赔偿司法解释》中，规定了以下7种侵权行为适用侵权连带责任，这就是：

（1）《人身损害赔偿司法解释》第三条规定，典型的共同侵权行为，即数人基于共同故意或者共同过失实施的侵权行为，由共同加害人承担连带责任；

（2）《人身损害赔偿司法解释》第三条规定，视为共同侵权行为，即数人既没有共同故意也没有共同过失，其实施的行为直接结合，造成一个共同的损害结果的，由共同加害人承担连带责任；

（3）《人身损害赔偿司法解释》第四条规定，共同危险行为，由全体共同危险行为人承担连带责任；

（4）《人身损害赔偿司法解释》第九条规定，在雇主责任中，雇工在执行职务中造成他人损害，具有故意或者重大过失的，由雇主和雇工承担连带责任；

（5）《人身损害赔偿司法解释》第十一条规定，在雇工工伤事故中，雇员因从事雇佣活动由于安全生产事故遭受人身损害，发包人、分包人知道或者应当知道接受发包或者分包业务的雇主没有相应资质或者安全生产条件的，由发包人、分包人与雇主承担连带责任；

（6）《人身损害赔偿司法解释》第十三条规定，在帮工责任中，帮工人执行帮工活动造成他人损害，具有故意或者重大过失的，由帮工人和被帮工人承担连带责任；

（7）《人身损害赔偿司法解释》第十六条第二款规定，在人工构筑物致害责任中，因人工构筑物的设置缺陷造成他人损害的，由人工构筑物的所有人、管理人与设计人、施工人承担连带责任。

与《民法通则》规定的侵权连带责任的范围相比较，在上述 7 种侵权连带责任中，就有 6 种侵权连带责任是在《人身损害赔偿司法解释》中增加的。这就是视为共同侵权行为、共同危险行为、雇主责任、雇工受到损害的责任、帮工致害责任和人工构筑物设置缺陷责任。

二、代理式连带责任

《民事通则》第六十五条规定，民事法律行为的委托代理，可以用书面形式，也可以用口头形式。法律规定用书面形式的，应当用书面形式。

书面委托代理的授权委托书应当载明代理人的姓名或者名称、代理事项、权限和期间，并由委托人签名或盖章。

委托书授权不明的，被代理人应当向第三人承担民事责任，代理人负连带责任。

《民事通则》第六十六条规定，没有代理权、超越代理权或者代理权终止后的行为，只有经过被代理人的追认，被代理人才承担民事责任。未经追认的行为，由行为人承担民事责任。本人知道他人以本人名义实施民事行为而不作否认表示的，视为同意。

代理人不履行职责而给被代理人造成损害的，应当承担民事责任。

代理人和第三人串通、损害被代理人的利益的，由代理人和第三人负连带责任。

《民事通则》规定，第三人知道行为人没有代理权、超越代理权或者代理权已终止还与行为人实施民事行为给他人造成损害的，由第三人和行为人负连带责任。

《民事通则》第六十七条规定，代理人知道被委托代理的事项违法仍然进行代理活动的，或者被代理人知道代理人的代理行为违法不表示反对的，由被代理人和代理人负连带责任。

三、监护式连带责任

监护人可以将监护职责部分或者全部委托给他人。因被监护人的侵权行为需要承担民事责任的，应当由监护人承担，但另有约定的除外。被委托人确有过错的，负连带责任。

委托代理人转托他人代理的，应当比照《民法通则》第六十五条规定的条件办理转托手续。因委托代理人转托不明，给第三人造成损失的，第三人可以直接要求被代理人赔偿损失；被代理人承担民事责任后，可以要求委托代理人赔偿损失，转托代理人有过错的，应当负连带责任。

《合同法》第四百零九条规定，两个以上的受托人共同处理委托事务的，对委托人承担连带责任。

四、合伙式连带责任

《民法通则》第三十五条规定，合伙的债务，由合伙人按照出资比例或者协议的约定，以各自的财产承担清偿责任。

合伙人对合伙的债务承担连带责任，法律另有规定的除外。偿还合伙债务超过自己应当承担数额的合伙人，有权向其他合伙人追偿。

《民法通则》第五十二条规定，企业之间或者企业、事业单位之间联营，共同经营、不具备法人条件的，由联营各方按照出资比例或者协议的约定，以各自所有的或者经营管理的财产承担民事责任。依照法律的规定或者协议的约定负连带责任的，承担连带责任。

《最高人民法院关于贯彻执行〈中华人民共和国民法通则〉若干问题的意见（试行）》（以下简称《民法通则意见》）第四十七条规定，全体合伙人对合伙经营的亏损额，对外应当负连带责任；对内则应按照协议约定的债务承担比例或者出资比例分担；协议未规定债务承担比例或者出资比例的，可以按照约定的或者实际盈余分配比例承担。但是对造成合伙经营亏损有过错的合伙人，应当根据其过错程度相应的多承担责任。

《民法通则意见》第四十八条规定，只提供技术性劳务不提供资金、实物的合伙人，对于合伙经营的亏损额，对外也应当承担连带责任；对内则应按照协议约定的债务承担比例或者技术性劳务折抵的出资比例承担；协议未规定债务承担比例或者出资比例的，可以按照约定的或者合伙人实际的盈余分配比例承担；没有盈余分配比例的，按照其余合伙人平均投资比例承担。

《民法通则意见》五十三条规定，合伙经营期间发生亏损，合伙人退出合伙时未按约定分担或者未合理分担合伙债务的，退伙人对原合伙的债务应当承担清偿责任；退伙人已分担合伙债务的，对其参加合伙期间的全部债务仍负连带责任。

《中华人民共和合伙企业法》（以下简称《合伙企业法》）第二条规定，合伙企业是指依照本法在中国境内设立的由各合伙人订立合伙协议，共同出资、合伙经营、共享收益、共担风险，并对合伙企业债务承担无限连带责任的营利性组织。

《合伙企业法》第四十五条规定，入伙的新合伙人与原合伙人享有同等权利，承担同等责任。入伙协议另有约定的，从其约定。

入伙的新合伙人对入伙前合伙企业的债务承担连带责任。

《合伙企业法》第五十四条规定，退伙人对其退伙前已发生的合伙企业债务，与其他合伙人承担连带责任。

《合伙企业法》第六十三条规定，合伙企业解散后，原合伙人对合伙企业存续期间的债务仍应承担连带责任，但债权人在 5 年内未向债务人提出偿债请求的，该责任消灭。

《中华人民共和国律师法》（以下简称《律师法》）第十八条规定，律师可以设立合伙律师事务所，合伙人对该律师事务所的债务承担无限责任和连带责任。

五、担保式连带责任

担保责任是一种较为典型的连带责任，担保人还是首先承担责任的人。因此，一般民商行为较乐意选择有经济实力的单位或个人为其经济行为担保，这也是容易引起纠纷的原因所在。

《民法通则》第八十九条规定，依照法律的规定或者按照当事人的约定，可以采用下列方式担保债务的履行：保证人向债权人保证债务人履行债务，债务人不履行债务的，按照约定由保证人履行或者承担连带责任；保证人履行债务后，有权向债务人追偿。

《民法通则意见》一百一十一条规定，被担保的经济合同确认无效后，如果被保证人应当返还财产或者赔偿损失的，除有特殊约定外，保证人仍应承担连带责任。

《担保法》第十二条规定，同一债务有两个以上保证人的，保证人应当按照保证合同约定的保证份额，承担保证责任；没有约定保证份额的，保证人承担连带责任，债权人可以要求任何一个保证人承担全部保证责任，保证人都负有担保全部债权实现的义务。已经承担保证责任的保证人，有权向债务人追偿，或者要求承担连带责任的其他保证人清偿其应当承担的份额。

《担保法》第十八条规定，当事人在保证合同中约定保证人与债务人对债务承担连带责任的，为连带责任保证。连带责任保证的债务人在主合同规定的债务履行期届满没有履行债务的，债权人可以要求债务人履行债务，也可以要求保证人在其保证范围内承担保证责任。

《担保法》第十九条规定，当事人对保证方式没有约定或者约定不明确的，按照连带责任保证承担保证责任。

《中华人民共和国票据法》（以下简称《票据法》）第五十条规定，被保证的汇票，保证人应当与被保证人对持票人承担连带责任。汇票到期后得不到付款的，持票人有权向保证人请求付款，保证人应当足额付款。

《票据法》第五十一条规定，保证人为二人以上的，保证人之间承担连带责任。

《票据法》第六十八条规定，汇票的出票人、背书人、承兑人和保证人对持票人承担连带责任。

六、用工式连带责任

《劳动法》第九十九条规定，用人单位招用尚未解除劳动合同的劳动者，对原用人单位造成经济损失的，该用人单位应当依法承担连带赔偿责任。

《劳动合同法》第九十一条规定，用人单位招用与其他用人单位尚未解除或者终止劳动合同的劳动者，给其他用人单位造成损失的，应当承担连带赔偿责任。

《劳动合同法》第九十二条规定，劳务派遣单位违反劳动合同法规定，给被派遣劳动者造成损害的，劳务派遣单位与用工单位承担连带赔偿责任。

《劳动合同法》第九十四条规定，个人承包经营违反劳动合同法规定招用劳动者，给劳动者造成损害的，发包的组织与个人承包经营者承担连带赔偿责任。

七、其他形式的连带责任

《最高人民法院关于审理票据纠纷案件若干问题的规定》第七十五条规定，依照票据法第一百零五条的规定，由于金融机构工作人员在票据业务中玩忽职守，对违反票据法规定的票据予以承兑、付款、贴现或者保证，给当事人造成损失的，由该金融机构与直接责任人员依法承担连带责任。

《中华人民共和国证券法》第一百六十一条规定，为证券的发行、上市或者证券交易活动出具审计报告、资产评估报告或者法律意见书等文件的专业机构和人员，必须按照执业规则规定的工作程序出具报告，对其所出具报告内容的真实性、准确性和完整性进行核查和验证，并就其负有责任的部分承担连带责任。

《中华人民共和国招标投标法》第三十一条规定，两个以上法人或者其他组织可以组成一个联合体，以一个投标人的身份共同投标。

联合体各方均应当具备承担招标项目的相应能力；国家有关规定或者招标文件对投标人资格条件有规定的，联合体各方均应当具备规定的相应资格条件。由同一专业的单位组成的联合体，按照资质等级较低的单位确定资质等级。

联合体各方应当签订共同投标协议，明确约定各方拟承担的工作和责任，并将共同投标协议连同投标文件一并提交招标人。联合体中标的，联合体各方应当共同与招标人签订合同，就中标项目向招标人承担连带责任。

招标人不得强制投标人组成联合体共同投标，不得限制投标人之间的竞争。

《中华人民共和国税收征收管理法实施细则》第四十九条规定，承包人或者承租人有独立的生产经营权，在财务上独立核算，并定期向发包人或者出租人上缴承包费或者租金的，承包人或者承租人应当就其生产、经营收入和所得纳税，并接受税务管理；但是，法律、行政法规另有规定的除外。

发包人或者出租人应当自发包或者出租之日起 30 日内将承包人或者承租人的有关情况向主管税务机关报告。发包人或者出租人不报告的，发包人或者出租人与承包人或者承租人承担纳税连带责任。

《合同法》第九十条规定，当事人订立合同后合并的，由合并后的法人或者其他组织行使合同权利，履行合同义务。当事人订立合同后分立的，除债权人和债务人另有约定的以外，由分立的法人或者其他组织对合同的权利和义务享有连带债权，承担连带责任。

下面摘录一宗有关连带责任的诉讼纠纷案件。

典型案例：原告 B、C、D 三人诉丙矿业公司借款纠纷案

入选理由： 有限责任公司注销后股东是否应相互对外承担无限连带责任

案情简介： 1992 年 3 月甲国有公司与乙村委会共同投资组建丙矿业公司，注册资金为 100 万元。双方投资比例为 6.5：3.5，主要开采、销售铅锌矿。1995 年 5 月 4 日丙矿业公司总经理黄某向丁工程队（没依法注册，由 B、C、D 三人合伙）借 20 万元，双方签订借款协议书一份。内容为：丙矿业公司向 B、C、D 三人借款 20 万元，时间自 1995 年 5 月 4 日起至同年 7 月 4 日止两个月，到期后若不能归还，愿将矿山开采权包括设备按法律规定程序办到丁工程队名下，若如期归还，收回开采证、矿山许可证。借款协议上有总经理黄某的签名，并加盖了丙矿业公司印章。同时，协议上注明以丙矿业公司采矿证作为抵押。随后，B、C、D 三人以丁工程队名义将 32 万元一次给付丙矿业公司，丁工程队取得丙矿业公司开采权。1995 年 5 月 10 日丙矿业公司总经理黄某又与丁工程队签订一份联营承包补充协议，规定待投资方收回 32 万元投资后，可按 5.5：4.5 分红。承包期满矿山自主权仍归丙矿业公司所有。随后丁工程队实际占有矿山，并负责矿山开采。1995 年 10 月 26 日，B、C、D 三人作为原告以丙矿业公司为被告，要求返还 20 万元借款，通过一审、二审开庭，法院判决认定由丙矿业公司偿还（另案已了结）。1995 年 8 月 31 日，丙矿业公司的开办股东召开董事会，认为矿山已被丁工程队实际占有开采，采矿证已到期难以续展，加之资金周转困难，决定成立清算组，向当地工商部门申请注销丙矿业公司。丙矿业公司被注销后，清算报告显示剩余资产 14 万元。丙矿业公司开办的采矿许可证因到期未续展而失效。之后乙村委会单独将同一区块采矿许可证申请办到自己名下。2000 年 1 月 24 日 B、C、D 三原告因采矿许可证到期而无法继续开采，以甲国有公司与乙村委会为共同被告，要求两被告继续履行协议约定，将矿山开采权转移到原告名下。开庭后，原告变更诉讼请求：

（1）两被告返还投资 32 万元；

（2）两被告赔偿因丙矿业公司违约给原告造成的 80 万元的经济损失；

（3）诉讼费用由两被告承担。

双方诉讼理由摘要如下：

在一审中原告称双方签订联合承包开采合同后，原告继续投资生产，当合同履行到 1995 年 4 月时，因丙矿业公司不依法办理采矿证到期续展手续，使原告被矿管部门通知停止开采，造成损失，使合同无法履行。后作为丙矿业公司开办部门的两股东为达到自己开采矿区的目的，废除双方联营协议，解散丙矿业公司，

并将采矿证办到被告乙村委会名下，侵害了原告利益，请求法院判令被告继续履行合同，并赔偿三原告经济损失 80 万元。

被告甲国有公司辩称：丁工程队没有经过注册登记，三原告作为自然人也不具备联营、承包开采矿山的主体资格。丙矿业公司已经合法注销，三原告不能以二股东为被告。作为股东之一的甲国有公司已足额投入注册资金，且无抽逃行为，依法应以已收回的资产为限承担有限责任。原告与丙矿业公司之间的补充协议一直没有按照约定经过公证，也未经主管部门批准，该协议不产生法律效力。三原告实际占有矿口，采矿许可证也在其手中，到期没办理续展采矿许可证，应该自行承担责任。

被告乙村委会辩称：该案所涉及的《联合承包的补充协议》未依矿管法规办理审批，协议依法不生效。丙矿业公司具备法人资格，依法应对外承担民事责任。原告依没生效的补充协议强占矿区和采矿权，应对自己实施的不法行为承担全部责任。

两股东作为上诉人，其上诉的理由可概括为：

第一，原审法院适用法律错误。该案应适用公司法、有限责任公司条例及最高法院法复（1994）4 号批复，不应适用《民法通则》第一百三十条。该案中上诉人在丙矿业公司已投入资金 100 多万元，到解散时，分文未收回。这些资金都投入到矿山的开采之中，上诉人作为股东没有得到任何投资。因此，上诉人不应承担任何责任。

第二，原审法院判决的认定理由有以下几点不合法。一是丙矿业公司的成立，解散是丙矿业公司自己的公司行为，是否批准是工商部门的职权，而不是上诉人的行为；二是办理采矿许可证是乙村委会单方的民事行为，采矿许可证该颁发给谁属政府行为，作为股东之一的上诉人甲国有公司没有权力将许可证办到村委会名下。

第三，原审法院认为被上诉人与丙矿业公司签订的《联合承包的补充协议》不违反法律规定，但事实上已由执法主管部门认定为违法，且某县人民法院也在其他文书中对此违法性加以确认。

第四，上诉人作为丙矿业公司的股东，在丙矿业公司解散后，只能以出资额为限对外承担责任。

第五，丙矿业公司总经理黄某私自将矿山对外承包及采矿许可证抵押给他人，没有董事会的授权，属个人行为，且以采矿许可证作为抵押借款的 20 万元没有在丙矿业公司财务账目上显示。因此，其对外承包、采矿许可证抵押都属无效行为。

原告作为被上诉人提出如下答辩理由：

第一，上诉人认为被上诉人与丙矿业公司合伙联营开采矿山违反行政法规对开采矿山的规定，是对该行政法规的误解；

第二，原丙矿业公司总经理黄某是经授权全面负责该公司经营的总经理，其行为系职务行为，且未超越权限；

第三，自己没有收回投资，遭受了重大损失；

第四，双方的纠纷的发生是由于上诉人违约所造成的，因此上诉人应承担赔偿责任。

两级法院认定事实及判决结果如下：

某县人民法院认定：1995 年 5 月 10 日三原告与丙矿业公司签订的《联合承包的补充协议》是在不转移采矿权基础上原告单方投资，另一方提供技术资料，双方按 5.5 : 4.5 分红的合伙联营合同，故不属于《中华人民共和国矿产资源法》（以下简称《矿产资源法》第六条、河南省实施《矿产资源法》第三十六条和《探矿权采矿权转让管理办法》第三条规定的必须办理采矿转让批准手续的情况。三原告为联系方便合伙以丁工程队名义与丙矿业公司签订合伙协议联合开采，法无明文禁止规定，并无不妥。双方的补充协议虽未经公证但已实际履行近一年时间，在此期间，二被告及丙矿业公司均未表示异议，视为合同双方同意撤销该公证条款。丙矿业公司在该协议履行期间，在采矿证到期时不积极申请办理续展登记，怠于履行义务，属有过错的违约行为。二被告后来单方认定补充协议无效，解散丙矿业公司，继而将原采区采矿许可证办到被告乙村委会名下，主观上存在相互串通损害三原告利益的故意，客观上造成合同无法履行，应承担相应的民事责任。现丙矿业公司已被工商部门注销，作为该案合同一方法人已经死亡，原告要求其开办股东、被告乙村委会继续履行合同无法律依据，故原告要求被告乙村委会继续履行补充协议的请求法院不予支持。但二被告对原告的合理损失应承担连带赔偿责任。原告请求的 80 万元损失赔偿额，除证明其中的 32 万元系一次性投资外，其他未在法院指定期间举出有力证据，故对其他损失法院不予认定。

两股东不服一审判决提起上诉，某市中级人民法院依法开庭审理。

二审法院经审理后认为：

丙矿业公司与三被上诉人的法律关系应为合伙型联营关系。在双方联营过程中，丙矿业公司的采矿权并未转移，双方所签订的联营合同《联合承包的补充协议》未报有关地质矿产部门申请批准并无不妥，又上述合同虽未按约定进行公证，但双方已实际履行，该合同应为有效合同。甲国有公司上诉称双方联营合同为无效合同的上诉理由，法院不予支持。合同中双方约定，联营期限截至 2000 年 5 月 10 日止。丙矿业公司于 1995 年 4 月未办理采矿证到期续展手续，同年 6 月被有关部门下令停止采矿，致使双方联营合同无法履行。丙矿业公司因其违约应承担对三被上诉人经济损失的赔偿责任。

联营过程中，丙矿业公司依据《公司法》第一百九十条第（一）款第二项，经股东会决议解散并无不当。但其在清算过程中，二上诉人作为清算主体，应依据《公司法》第一百九十三条规定，及时清结与丙矿业公司的权利义务关系。二上诉人未履行上述程序，便向工商行政部门申请注销，属有过错行为。二上诉人在申请注销时向工商部门出具的清算报告中，承诺丙矿业公司与其他单位的权利义务关系已清理完毕。现三被上诉人对丙矿业公司提起诉讼，依其承诺，二清算主体应当承担丙矿业公司与三被上诉人权利义务关系的清理责任。而丙矿业公司依法对三被上诉人承担违约责任的事实清楚。所以，二上诉人依法对三被上诉人的经济损失应承担赔偿责任，但考虑到三被上诉人能认定的投资款为32万元，且开采了一段时间，其账目又不正规，可适当减少赔偿数额。

河南省某县人民法院（200×）×经初字第21号民事判决书判决：

（1）原告B等三人要求被告继续履行合同为诉讼请求不予支持；

（2）被告甲国有公司、乙村委会互负连带责任，赔偿三原告经济损失32万元，并在判决生效后10日内清偿完毕。

某市中级人民法院（200×）×经终字第12号民事判决书判决：

（1）维持某县人民法院（200×）×经初字第21号民事判决第一条。

（2）变更某县人民法院（200×）×经初字第21号民事判决第二条为：在本判决生效后10日内甲国有公司、乙村委会各赔偿三被上诉人12.5万元，双方互负连带责任。

法理明晰：笔者作为甲国有公司的代理律师，发表了以下代理意见：

从合同签订上来看，被上诉人主观上存在过错，其对自己的损失应承担主要责任。理由是：

（1）三被上诉人明知丙矿业公司的采矿许可证到1995年5月到期，但仍然与之签订了长达8年的采矿承包协议。因此，可以认定被上诉人主观上存在过错，应对其损失承担主要责任。

（2）根据《河南省〈矿产资源法〉实施办法》第三十八条规定，采用承包经营方式开采矿产资源的，应当在采矿许可证的有效期限内。同时，采矿许可证由三被上诉人实际占有，在协议中也没约定由丙矿业公司负责续展，被上诉人主观上存在过错，其损失应由自己负责。

从合同的履行来看，被上诉人违约在先，且构成根本违约，致使丙矿业公司不能实现与其签订的合同的目的，加之丙矿业公司资不抵债，两股东决定成立清算组对其开办的丙矿业公司进行清算后予以解散符合法律规定。一是丙矿业公司与被上诉人签订联合开采矿山补充协议后，被上诉人是单方采矿，单方受益，并没按合同约定比例分成，实质上造成了对丙矿业公司的违约；二是没有证据显示被上诉人在开采中没有收回投资，因为被上诉人没按约定进行账务管理，也提供不出开采矿山的收入证据。

作为丙矿业公司的股东，不应对被上诉人承担连带赔偿责任。

一是丙矿业公司为有限责任公司，按照《公司法》及当时由国家经济体制改革委员会颁布的《有限责任公司规范意见》的规范性文件，股东的权益应当依此相关法律文件得到保护。丙矿业公司作为企业法人应对外独立承担民事责任，其股东不应对其损失承担连带责任；

二是丙矿业公司在清算后，其剩余资产已全部移交到乙村委会名下，而大部分资产实际一直由三被上诉人在管理。丙矿业公司对外的债务只能以其清算后的剩余财产承担，作为开办股东不应对其承担连带责任；

三是《最高人民法院关于企业开办的企业被撤销或者歇业后民事责任承担问题的批复》中第一项第一条规定："企业开办的企业领取了企业法人营业执照并在实际上具备企业法人条件的，根据《中华人民共和国民法通则》第四十八条的规定，应当以其经营管理或所有的财产独立承担民事责任。"

从本案的案情来分析，涉及多种法律关系，比如借款关系、抵押关系、联营关系、代理关系、合伙关系还有股东与设立公司的产权关系，以及公司解散后，股东与解散公司的债权债务及清偿的问题，而这诸多法律关系中，对本案的结果的评判，应当搞清责任的划分及责任的定性，并弄清以下三个问题，对本案就比较好理解了。

第一，有限责任公司依法清算时，谁是清算主体，是开办股东、原企业法人，还是由董事会成立决定解散公司而成立的清算组。

第二，应当明确本案是属违约责任还是属侵权责任；在同一判决中，不能既引用违约责任，又引用侵权责任。

第三，如果定性为违约，是双方违约，还是单方违约；如果定性上诉方违约，是丙矿业公司违约，还是其清算组违约；如果定性上诉方侵权，是丙矿业公司侵权，还是其清算组侵权；认定股东违约或侵权的法律依据是什么。

第四，作为股东，对于清算组的清算行为对外是应当负有限责任还是应当承担无限连带责任；如果股东应当承担责任，是应当以其清算回收的资产为限，还是不以清算回收的资产为限。

从本案的判决结果来看，法院认定丙矿业公司应负违约责任，但同时认定二股东作为清算主体应承担侵权责任。同时不依照有限责任公司的开办股东只能以其投资为限承担有限责任，而是让二股东承担无限责任赔偿三被上诉人的损失有悖法理。同时，股东不是清算主体，清算主体是依法成立的清算组。

再者，某市中级人民法院（200×）×经终字第12号民事判决书滥用民事连带责任。判决认定，二股东申请注销丙矿业公司，向工商部门出具了清算报告，作为清算主体应当承担丙矿业公司与三被上诉人的权利关系的清理责任，所以股东依法应对三被上诉人的经济损失承担赔偿责任。这显然是对清算主体的混淆，因为清算主体是依法成立的清算组，而不是股东。我国法律规定有关有限责任公司注销后其股东应当以清算组分回剩余资产限额内承担责任，而不是承担无限责任，对于股东更不应当互负连带责任。

依据我国的《民法通则》和《合同法》等相关法律规定，民事责任依据其行为所涉及民事内容性质可分为合同责任（因违反合同约定的义务或违反《合同法》规定的义务而产生的责任）、侵权责任（因侵犯他人的财产权益与人身权益产生的责任）与其他责任。一般来讲，如果某一行为既有合同产生的违约责任，又有因民事产生的侵权责任时，一般只能"二选一"进行取舍，并与当事人一同协商作出责任竞合性选择。

第一节　权力主张：弄清诉讼当事人的权益所在

民事责任依据行为是否存在过错可以分为过错责任（指行为人主观上有过错而给他人造成了损害而应承担的责任）、无过错责任（指行为人只要给他人造成损失，不问其主观上是否有过错，都应当承担的责任）、公平责任（指当事人对造成的损害都无过错，不能适用无过错责任要求加害人承担赔偿责任，但如果不赔偿受害人遭受的损失又显失公平的情况下，由人民法院根据实际情况，依公平原则判双方或多方分担损失的一种责任方式）等。

在合同纠纷中，会有因违反诚信原则而需要承担侵权补充责任的竞合事项，这也是需要认真对待的事由。

典型案例：B 银行诉甲公司、A 银行贷款合同纠纷案

入选理由： 过桥银行失约而致借款人难以还贷的，过桥银行应承担补充责任

案情简介： 债务人甲公司无力偿还 A 银行×万元到期欠款，向 B 银行借款以偿还该笔欠款。甲公司与 B 银行磋商借款合同过程中，A 银行向 B 银行出具其上级分行作出的《信贷审批通知书》，主要内容为："同意你行向甲公司办理×万元银行承兑汇票业务，……用于支付购买圆钢和漆包线的贷款。"因甲公司不能向 B 银行偿还借款，且 A 银行也没有为甲公司办理前述《信贷审批通知书》所称承兑汇票业务，故 B 银行、甲公司与 A 银行签订贷款事实经过书面材料一份，内容为："因甲公司在 A 银行的×万元人民币流动资金借款到期，A 银行表示对其借款收回再放。因甲公司流动资金不足，经 A 银行介绍，并出具了 A 银行信贷审批通知书，

向 B 银行临时借给甲公司人民币×万元垫付倒贷资金，确定 A 银行放款给甲公司后，甲公司再将借款还给 B 银行。但是当 A 银行收回甲公司的借款后没有对其收回再放，致使 B 银行×万元贷款逾期。"随后，B 银行将甲公司、A 银行一并诉至法院，对 A 银行的诉请为"对甲公司不能偿还的贷款本金及利息向原告承担赔偿责任"。

法院判决：基于合同相对性，作为中间介绍人的 A 银行因不是借款合同的当事人，故不承担合同责任。

法理明晰：从查明的案件事实来看，A 银行虽竭力说服 B 银行向甲公司放贷，但都是立足于使 B 银行相信甲公司具备债务清偿能力，A 银行自始至终未向 B 银行作出过"如甲公司不能清偿债务，则由 A 银行承担清偿责任"的意思表示。但是，A 银行在介绍、促成双方达成借款合同的过程中，存在不诚信的行为，因此，在 B 银行不能清偿借款及利息的情况下，A 银行应承担《侵权责任法》上的补充责任，二审法院依据《侵权责任法》第六条及第二十六条的规定，酌定 A 银行对甲公司不能收回的贷款及利息损失承担40%的过错责任，并无不当。

银行在债务人无力清偿到期借款时，拟采用"收回再放"方式继续为债务人提供借款。期间，需要引入第三方为债务人提供过桥资金以完成"收回"环节，且安排债务人以银行"再放"的资金向过桥贷债权人偿还债务；银行承担责任的基础对象均为"债务人不能履行的部分"，认定银行应当承担侵权责任。

法院在该案中认定侵权行为构成所引用的法律为《侵权责任法》第六条："行为人因过错侵害他人民事权益，应当承担侵权责任。"而对民事权益的解读，《侵权责任法》第二条规定，侵权责任的客体包括权利人的人身权和财产权，其中财产权包括物权和债权，换言之，《侵权责任法》虽并未明确将债权作为侵权的客体，但不列明也并未排除其适用的空间，对第三人侵犯债权的行为仍然可援引《侵权责任法》予以调整。

再者，根据合同相对性原则，由于合同仅存在缔约双方之间，第三人一般无从知晓缔约过程，即契约并不具有物权的"公示"效力，因此为了保护交易安全和经济秩序，原则上对因第三人的行为导致相对人之间合同履行出现障碍，按照各自的法律关系进行梳理。如果第三人明知相对人之间存在缔约关系，仍施以不法行为，故意阻碍合同的履行、造成实质性障碍或对债权人作出虚假陈述足以使对方产生合理信赖的，那么此时合同相对性原则便存在突破空间，受到损害的债权人可要求第三人承担侵权责任。

债权作为相对权，虽然不同于绝对权具有公示性与对抗效力，但如果债的关系以外的第三人明知债权存在，仍故意实施妨碍债权存续、实现的行为，应当承担侵权责任。《侵权责任法》第二条保护的范围未排除债权，因此可以解释为债权也受《侵权责任法》所保护。债权虽然可以成为《侵权责任法》所保护的客体，但由于债的相对性使第三人难以知晓，债权受到侵害的一方可以依据合同主张违约责任获得救济等原因，应当对侵害债权的构成予以严格的限制。

作为第三人的银行方向小贷公司作出不实陈述或虚假意思而使得小贷公司对债务人之履约能力产生超出原有预期之信赖，银行方的意思表示虽旨在促进缔约双方的缔约过程之完成，但就会超出小贷公司正常的预期所产生的对借款方还借贷能力的信赖且债务人不能履行的部分，银行应当承担侵权责任。如果银行虽然存在侵犯债权的故意，但是债务人可完全履行合同义务（损失未发生），或小贷公司的缔约行为并非基于对第三人不当表示之信赖（不存在因果关系），则此时银行虽有侵权的故意，但并不会产生侵权责任。

债权人基于债务人完全且适当履行合同项下的义务，可期待的主要合同利益包括信赖利益、履行利益和可得利益。

履行利益依其字面解读，即债务人如依约全面履行其合同项下的义务后，债权人可获得的利益。债权人所享有的履行利益应界定为债务人履行合同义务后，作为债权人的银行一方得收回的本金及利息。

违约方因侵犯守约方履行利益，应承担《合同法》第一百零七条规定的责任，包括继续履行、采取补救措施或者赔偿损失等。

侵权行为人承担责任的范围以其主观过错程度来确认，而主观过错的程度通过客观行为所造成的损失来限定。法院判令银行方针对债权人不能收回的贷款及利息损失承担40%的过错责任的裁判结果与前述论证并不矛盾，判决行文遵循了过失相抵原则。银行方"应当"承担的侵权责任范畴为侵害小贷公司债权履行利益所造成的全部实际损失，然而，最高人民法院认定，小贷公司自身也应承担其追求超过市场普通水平贷款利息（月息27‰，超过中国人民银行同期同类贷款利率的4倍）的市场风险，并且依照地方性法规，根据《民法通则》第一百三十一条，以及《侵权责任法》第二十六条对过失相抵原则的规定，可以适当减轻加害人银行方的民事责任。这属于法院的自由裁量权。

综上，以债务人不能承担的违约责任的部分确定第三人的侵权责任的范围，即要求侵权行为人承担补充责任，符合侵权责任法确定的过错责任的归则原则，具备可兹信赖的法理基础。

银行追偿权的问题，第一，合同缔约双方作为履行合同义务的主要责任人，完全且适当地履行合同项下的义务是最基本的要求；第二，银行侵犯债权的介入行为虽然在一定程度上妨害了合同的履行，但如果其过错程度不足以致使合同根本不能履行，而要求其承担与债务人一样的责任范畴，不符合公平原则。然则对于第三人侵犯债权的行为意图旨在使合同根本得不到履行或者以违背公序良俗的方式侵犯债权，那么赋予其追偿权则实属没有必要。

从法理上讲，银行与债务人通过过桥资金完成倒贷情形下，银行未兑现"再放"安排之责任承担充分说明了违反诚实信用原则是要承担严重后果的。银行系因过错而承担侵权责任，因此在确定其能否追偿及追偿范围的时候，需对其主观过错程度进行审视。

第二节　竞合例外：责任追究赔偿也可重复主张

按照一般的观念，一案不两理，存在民事责任竞合的情况下，当事人只能选择其中之一申明请求权。但责任竞合也有例外情况。比如，工伤员工能否重复享受工伤赔偿与民事赔偿就值得思考。

工伤事故损坏赔偿实际上是工伤保险赔偿，用人单位应当为其职工建立工伤保险关系，一旦发生工伤事故，则保险机构对受害人予以赔偿，用人单位不承担工伤事故的民事赔偿责任，职工享受的工伤保险待遇是社会保险的一种，从工伤保险基金予以支付；这与"损害赔偿"的项目、标准、性质并不相同。《工伤保险条例》第二条规定，中华人民共和国境内的企业、事业单位、社会团体、民办非企业单位、基金会、律师事务所、会计师事务所等组织和有雇工的个体工商户（以下称"用人单位"）应当依照本条例规定参加工伤保险，为本单位全部职工或者雇工（以下称"职工"）缴纳工伤保险费。

中华人民共和国境内的企业、事业单位、社会团体、民办非企业单位、基金会、律师事务所、会计师事务所等组织的职工和个体工商户的雇工，均有依照本条例的规定享受工伤保险待遇的权利。

《最高人民法院关于审理人身损害赔偿案件适用法律若干问题的解释》第十二条规定，依法应当参加工伤保险统筹的用人单位的劳动者，因工伤事故遭受人身损害，劳动者或者其近亲属向人民法院起诉请求用人单位承担民事赔偿责任的，告知其按《工伤保险条例》的规定处理。

因用人单位以外的第三人侵权造成劳动者人身损害，赔偿权利人请求第三人承担民事赔偿责任的，人民法院应予以支持。

典型案例：陈某诉王某交通肇事案

入选理由：民事责任的竞合选择

案情简介：乘客陈某乘坐客运汽车，途中客运汽车与另一货车相撞，造成陈某受伤，经法医鉴定，陈某的伤残等级为八级。交警部门认定，货车司机应对这次交通事故负全部责任。

法理明晰：这次交通事故产生违约和侵权两种民事责任。从陈某购买车票坐上客车时起，陈某与客运公司就形成客运合同关系，"承运人应当在约定期间或者合理期间内将旅客、货物安全运输到约定地点（《合同法》第二百九十条）"，"承运人应当对运输过程中旅客的伤亡承担损害赔偿责任，但伤亡是旅客自身健康原因造成的或者承运人证明伤亡是旅客故意、重大过失造成的除外（《合同法》第三百零二条）"。客运公司未能依约将陈某安全送达目的地，应承担客运合同违约责任。这种归责适用的是无过错责任原则。货运公司的货车司机是这次交通事故的肇事者，造成陈某受伤致残，侵犯了陈某的人身权，应负民事侵权责任。

在民事责任竞合的情况下，陈某受伤致残的损失由谁来赔偿呢？《合同法》第一百二十二条规定："因当事人一方的违约行为，侵害对方人身、财产权益的，受损害方有权选择依照本法要求其承担责任或者依照其他法律要求其承担侵权责任。"据此，陈某有权要求客运公司承担违约责任，或者要求货运公司承担侵权责任，两者可任选一种。陈某可依照有利于保护自己利益的原则进行选择，选择时要充分考虑赔偿数额的大小和对方赔偿能力的大小，以及提起诉讼的费用是否经济和执行起来是否方便等，然后择优定夺。

在交通事故索赔的代理过程中，会发现当事人因工出差又牵出工伤的赔偿事项，该两项是否可以合并计算呢？不同的情况应作不同的分析，不可一概而论。

典型案例：王某诉杨某交通事故赔偿案

入选理由：工伤赔偿后可否减轻交通方的赔偿责任

案情简介：原告王某在滁州市某建筑安装有限公司某工地做扳钳工。2007年12月14日，原告驾驶摩托车在下班途中与从同方向行驶的被告杨某摩托车刮擦，致使原告倒地头部受伤。原告治疗共花去医疗费31938元。交通警察部门认定，被告对事故负主要责任，原告负次要责任。全椒县劳动仲裁委员会裁决原告为工伤，经伤残赔偿金仲裁委员会调解，滁州市某建筑安装有限公司赔付原告13300元。原告获得工伤赔偿后，又以被告肇事人侵权赔偿为由起诉到安徽省全椒县人民法院，请求法院判令被告赔偿损失。法院一审判决被告杨某按原告的损失70%承担赔偿责任，即赔偿原告王某医疗费、误工费、住院伙食补助费、营养费29969元。

法理明晰：法院认为，原告王某在获得工伤赔偿后又向侵权人被告杨某要求人身损害赔偿的诉讼请求符合法律规定，法院予以支持。原告在此次事故中负次要责任，故应适当减轻被告赔偿责任。

在代理上班期间被人刑事犯罪侵权的，不仅可以刑事附带民事诉讼，还可同时提起工伤理赔。

典型案例：张某诉某单位支付工伤保险等案

入选理由：工作中被人刑事伤害是否可另行要求工伤补偿

案情简介：2005年9月，日照某物流公司职工张某按照公司领导安排到港口内接货，不料刚到港口就被一伙不明身份的青年围攻，将张某殴打致伤。事故发生后，张某得知这伙青年与另一家单位因为业务发生矛盾，将张某误认成是该单位的职工。这起故意伤害案件经法院审理后，以刑事附带民事判决对张某因此造成的医疗费等损失进行了赔偿。后张某申请了工伤认定和劳动能力鉴定，并向所在公司主张工伤保险待遇和解除劳动关系应获得的经济补偿。经鉴定，张某属工伤，其构成九级伤残。张某还向劳动仲裁部门提出申请，经裁定，由用人单位支付张某工伤保险待遇4万余元。用人单位对该仲裁裁定不服，遂起诉至山东省日照市东港区人民法院，经过法官调解，2008年10月原、被告双方达成了由单位一次性给付张某32000元的调解协议。

法理明晰：法院审理后认为，张某与单位形成了事实劳动关系，单位有义务为职工交纳社会保险费，因该单位没有参加工伤保险而造成的损失，应由单位承担。致害人虽已对张某的各项损失进行了赔偿，但不妨碍张某主张享受工伤保险待遇的请求，法院遂依法作出上述调解。

第三节　争议定性：弄清诉讼标的或标的物

在民商诉讼中，作为代理律师了解基本案情之后，就要给当事人所涉案件定性，弄清诉讼标的或标的物，告诉当事人是什么，为什么。所谓定性分析就是分析请求权的属性（包括当事人的行为责任担当）。如当事人的请求权是基于确认之诉、给付之诉还是变更之诉；当事人的行为属侵权还是违约；当事人应当承担什么样的责任，是按份还是连带、补充，等等。这就要弄清两个问题："是什么""为什么"，就是给案件定性，对案件的事实作出合乎法理的判断。对案件的性质作出独立的判断，只能靠法理法条和经验，而这些需要一定的专业知识。一份合同是有效还是无效，是侵权还是违约，或者是侵权与违约责任竞合，都需要给当事人作出客观判断。

民商诉讼涉及具体的请求权，它关系法官对案由的认定，对于代理律师来讲，应从案由选择的逆向思维出发，确定列举原告的诉讼请求可能涉及的请求权，或者作为被告代理律师确定原告的诉讼请求是否符合具体的案件事由，或是否与可能的案由存在冲突。

这样，代理律师就要确定各种请求权的类型。根据请求权的基础关系不同，将请求权分为如下几类：

一是债权的请求权，包括合同履行的请求权、违约损害赔偿请求权、缔约过失请求权、无因管理请求权、侵权的请求权、不当得利所产生的返还请求权。其中，赔礼道歉、恢复名誉等责任形式，因本质上不是一种给付关系，不应当包括在债权的请求权中。

二是物权的请求权，具体包括返还原物请求权、停止侵害请求权、排除妨碍请求权、妨碍预防请求权。

三是占有保护的请求权，主要包括在占有受到侵害的情况下而享有的占有返还请求权、妨碍排除请求权、消除危险请求权。

四是人格权和身份权上的请求权，人格权上的请求权，主要是指在人格权受到侵害的情况下产生的停止侵害和赔偿损失的请求权。身份权上的请求权主要包括抚养请求权、赡养请求权，以及生育权等。

五是知识产权上的请求权，主要是指知识产权受到侵害的情况下产生的停止侵害、排除妨碍、消除危险请求权等。

对案件的定性判断有两种方式：一是基本的法理，以法律规定辅之以法理作为判断的依据；二是用相同或类似的案例辅之以丰富的办案经验作出判断。

典型案例：A 企业诉甲鱼池租赁纠纷案

入选理由：一般经验法则作为判案依据

案情简介：某个体户甲承租了某国有 A 企业的三个养鱼池。双方签订租赁协议后，承租人没有养鱼，而是将池塘挖了 7 米多深，将 5 万方土擅自卖给了一个大学。出租人发现后提出终止合同，要求其将土坑恢复原状。承租人不同意，将出租人诉至法院，请求出租人承担违约责任，并承担运费。

法院经审理认为该合同是无效合同，因将国有土地出租未经政府有关部门批准，合同成立了，未生效。但法院判决结果却令出租方大失所望：判令出租人赔偿 5 万方土的运费。

法理明晰：为什么出租人会败诉呢？显然承租人违背了租赁合同的目的。这就引出了以下事实分析：①养鱼池深度按生活常理一般在 2～2.5 米，有关养鱼池的科普资料也是这样要求的。但有人质疑：合同没有约定挖多深，因此原告无过错，承租人是以"社会生活经验"为依据，出租人的质疑是以合同约定为判断标准的。②出租人认为原告养鱼是假，卖土是真。从经济效益的角度考虑，如果确需挖 7 米深的鱼塘，那么只要挖 3 米深，将土叠在坝上，鱼塘自然增高，根本无须外运，外运还要增加运费等成本，而法院认为合同没有限制外运，出租人终止合同要承担缔约造成的损失。前者是以社会生活经验作为判断标准的，后者是以法律原理作为评判标准的。③卖土行为已经违法（已经触犯刑律，但公安机关立案后，刑法无此对应罪名，故撤案），其违法行为不应受到法律保护，这就如同小偷去你家偷东西，你还要支付运费，是十分荒唐的。但法院称，按照"谁主张，谁举证"的原则，你要找到土的下落。因有关当事人不愿作证，出租人遂向法院申请调查收集相关证据，但法院不理。前者是从民事过错的基本原理和社会生活经验作为判断标准的，法院是以证据规则作为裁判依据的。但是两者相较，孰是孰非读者不难作出合乎理性的判断。

有知名学者早就提出"判断特定及事实是否为法律构成要件所指称者，经常也不只依靠感知，更需要借助社会经验"，称之为"一般经验法则"，可想该案虽似荒谬，但却是法律经验的现实。显然原告的诉讼请求是以养鱼池深度不够，承租人需要达到合同目的，就需要挖深，而承租物不符合约定，这一额外的费用理应由出租方承担，显然这合乎法律的规定。而一般的经验法则也说明，养鱼应具备养鱼的条件，如同出租房屋，房屋作为标的物基本功能齐全，如果没有门窗，水电不通，那相关完善的费用理应由出租方承担。该案出租方败诉的根本原因在于抗辩理由没有足够的证据支撑，即出租人没有收集到承租人偷卖土方的证据，包括偷运的证据照片、土方堆集的照片、承租人出卖土方的合同等证据，及第三人收购土方的支付凭证或相关证人证言等。

不仅仅是法官，民商代理律师也要懂得用社会一般经验法则判断的案件中所反映出的基本道理，同时也要用专业的眼光收集到足以佐证其请求权或抗辩理由的证据材料，符合"真实性、关联性与合法性"的三性要求。

要回答当事人质疑为什么的问题，也就是说要回答作出判断的理由是什么。

以保险公司开设酒醉开车保险为例，发生理赔时，如果保险公司主张酒醉开车保险无效，而代理律师主张保险合同是有效的。正方的意见：①反对酒醉开车责任险的第一项理由是不能成立的。如酒后开车是违法的，违法的行为不能投保，那么清醒的人开车肇事是不是违法的，违法的行为为什么可以投保（如第三者责任险）。这也是法理类推。②同样，第二项反对理由也不成立。酒醉开车肇事，属过失行为或民事行为，属轻度违法（如果出现重大交通事故触犯刑律，由公法制裁，保险也不保犯罪问题），杀人放火属故意犯罪，两者没有可比性。这是从法的基本原理作为评判标准的。③认为设此项保险，将造成事故增多，这也不能成立。从"社会生活经验"看，比如相当多的车已投了第三者责任险，但在开车时还是小心翼翼，唯恐出事。保险只是经济上的补偿，免除不了刑事责任。由此可见，设第三者责任险，并未造成交通事故增多，恰恰相反，使受害人能够及时得到救济。保险公司其他险种或者为事故，或者为盗窃，或者为人寿而设立的（都是为违法和意外事故设立的）。酒醉不能驾车并不等于没有酒醉驾车的人，如果酒醉驾车出现事故后无力赔偿怎么办？不能认为设立事故保险就是鼓励出事故，设立财产保险就是鼓励盗窃或纵火，设立医疗保险就是鼓励生病。关键是要分析保险法的立法目的是什么？它就是募集社会资金去救济少数投保人发生的经济困难，并不存在鼓励违法行为的问题。

典型案例：郑某诉200家连锁美容店肖像权纠纷上诉案

入选理由：肖像权和人格尊严保护的证据责任

案情简介：原告郑某因小时候在面部患上雀斑和暗疮，偶然在媒体上发现甲市美容院能治疗该病，就前去就诊，因院方索要7800元，而他又拿不出这样昂贵的治疗费，讨价还价之中，双方经协商签订了一份协议书。协议的主要内容：①郑某属严重先天性雀斑，粉刺暗疮，在甲方（甲市美容院）祛斑费用7800元。②乙方（郑某）自愿为甲方在全国各地提供祛斑美容前后对比照片和拍摄电视摄影专题广告等各类广告素材，甲方一次性付给10年广告费用5000元和免费提供10年保养液，有效期10年，任何一方如有反悔应承担对方的一切损失。

上述协议签订后，该美容院为郑某作了祛斑美容治疗祛斑。之后，郑某便开始了打工生涯。2002年甲方请郑某去广州美容公司工作。这时他发现该老板又分别开了乙市美容有限公司和丙市美容有限公司，而且这两公司均以加盟店的形式经营运作，并在未经自己同意的情况下，将自己的肖像转让给了其他加盟的美容院使用，且数量高达300家之多，几乎遍布全国各地。为此，郑某与甲方交涉未果，即开始了将近两年的调查取证工作，足迹遍布10多个省份，获取了234家加盟店使用其肖像的证据。

于是，他以甲方及相关美容公司为共同被告，请求法院判决保护其肖像权和人格尊严。

法理明晰：该案侵权事实清楚，证据确实充分，但出乎意料的是乙市某区法院却判决原告败诉，某知名媒体也作了不利于原告的新闻播报和法律点评。该案代理律师通过研究该案的具体情节后认为，法院判决是错误的，并对被告是否构成侵犯原告肖像权作了如下分析：

第一，关于使用原告肖像的主体范围问题。原告与作为被告的甲市美容院签订的协议书的主体是谁。双方于1999年4月15日签订的协议书的甲方为甲市美容院，乙方主体为郑某。并且该协议第二条明确约定："经甲、乙双方协商，乙方自愿为甲方在全国各地提供祛斑美容前后照片对比和电视摄影专题广告各类10年广告宣传。"从上述协议约定的两点内容看，完全可以断定，原告的前后对比肖像使用权只授予了"甲市美容院"这一特定主体，任何超出这一特定主体使用原告肖像的行为都违反了该协议约定的条款，是严重的违约行为。

第二，关于使用原告肖像的客体范围问题。原审判决书混淆了为美容院做广告和美容液做广告这两个不同的客体法律概念。原告同意为美容院做广告，但并不等于同意为其产品美容液做广告。这就如同同意为厂名做宣传与产品商标做宣传存在本质上的差别。祛斑不仅仅是用药问题，更主要的是要在医生或技师指导下作手术治疗，如果仅仅卖药，医院和美容院就没有存在的必要了。美容院是民事主体，美容液属于商品，将民事主体与商品等同起来，是十分荒谬的。

第三，关于使用原告肖像的权利范围问题。该份合同约定甲方的权利为甲方使用前后照片对比肖像在全国各地媒体作十年广告。根据双方的权利义务的界定，如果甲方按合同的约定行使权利，使用乙方的前后对比肖像在全国各地为"甲市美容院"做广告宣传（请注意"美容院"这三个字）那就不存在侵权问题。但是本案的事实是甲方不顾合同的约定，在未经原告郑某允许的情况下，将乙方的前后对比肖像擅自转让给第三人使用，并且用作祛斑美容液的广告宣传，其行为已超出了原合同约定的主体和客体使用范围。

通过以上分析，就可以作出较为客观的判断，即几位被告的共同侵权行为是成立的。

由此，对案件的正确判断源于正确的分析，正确的分析源于对民法基本原理娴熟的掌握和对社会生活经验的积累。

代理律师在梳理当事人的具体诉讼请求时，一般要对当事人的诉讼请求进行定性与定量分析，看其诉讼请求是否合适。

第四节 争议定量：弄清具体的诉讼请求

可以这样说，诉讼请求是指原告获得实体法上的具体法律效果或具体法律效果的诉讼主张。我国《民事诉讼法》规定，起诉必须有具体的诉讼请求和事实理由，一般认为诉讼请求即诉求，指的是当事人所欲达到的具体法律上的效果。在具体案件中，当事人的诉讼请求将作为主线贯穿于诉讼始终，法院可据此确定当事人争执的法律关系，当事人则围绕诉讼请求举证、质证，围绕诉讼请求就其法律依据层层辩论，当事人无论对于事实的分歧陈述，还是对法律关系的不同认识，归根结底，都体现在诉讼请求上。法官对案件的评议、判决书的制作以及判决主文均围绕当事人的诉讼请求展开，判决书的内容是评议内容的缩写，判决主文就是对当事人诉讼请求的针对性回答。原告所提出的诉讼请求一定要具体明确，具体明确的诉讼请求应如下：

（1）必须具体明确请求法院确认什么或请求被告做什么，并以怎么样的方式去实现具体的诉讼请求。

（2）必须具体明确请求多少，确保请求计量单位与计量数量的科学与准确。

比如应明确请求给付金钱的币种或特定币种的具体数量。具体请求不能借助不确定的公式或表述方式含混。

这样，代理律师在梳理民商诉讼请求权时应注意以下几点：

（1）诉讼请求必须具体，具体请求哪些项，对于具体的数额，不能可能是多少、大概是多少。

（2）当事人提出的诉讼请求既可以是实体权利方面的权益请求，也可以是程序上的权益请求。如请求法院判令诉讼费用由被告承担的诉讼请求就具有程序上的权益请求属性，与实体权利的争议没有直接的关系，却与案件的胜败相关联，因为我国《民事诉讼法》规定败诉方承担相应的诉讼费用。

（3）诉讼请求可以随着案件的进程发展，由当事人在诉讼过程中进行随意处分、变更。当民事争议发生以后，当事人以某一诉讼标的向法院起诉，可以依法主张若干实体权益请求。对于这些权益请求，当事人可以基于处分权全部主张，也可以只主张一部分，在诉讼过程中可以随意变更、放弃或者增加这种权益请求。而诉讼标的一经提出不能随意变更、放弃和追加。

比如，甲单位以职工乙旷工为由解除与其劳动合同关系，经乙申请仲裁，判令甲单位恢复与乙的劳动合同关系，原告甲单位不服劳动仲裁，向当地人民法院提起诉讼要求解除与被告乙的劳动关系，被告抗辩要求维持其与原告的劳动合同关系。在诉讼过程中，原告提出要求被告归还其所欠原告借款 2000 元（挂在财务备用金账户上），由于在劳动合同关系的解除过程中，一般都涉及双方未了结的工资、借款及补偿数额问题，因此，原告所提出要求被告归还欠款问题不涉及案件基本标的的性质改变。但是，如果在诉讼过程中，原告另行提出被告私自将商业秘密泄露给第三人，构成侵犯其商业秘密权，要求被告赔偿经济损失 20 万元，并且承担全部诉讼费用，则法院不会准许，会告知当事人另案处理。

（4）如果当事人所争议的民事法律关系纠纷只有一个，则可以以当事人所争议的实体法律关系的性质确定具体的诉讼请求。如果存在多个法律关系，要将有逻辑关系的法律关系进行梳理，然后依照逻辑顺序确定诉讼请求，同时要防止各诉讼请求存在重叠或不周延的情形。

（5）在确定请求权时，还要分析是否存在责任竞合问题。按照要求，代理律师应从得益最大化考虑，帮助当事人进行选择。

再者，当事人所提出的诉讼请求不仅应具有特定性、具体化的特点，还应具有可执行的特点。就是说，不是可以任意提出诉讼请求，而是根据特定的案由和民事法律规定，提出特定的诉讼请求。如果当事人超出法定的请求范围，提出的诉求不具有可执行性，也就失去了诉讼的意义和作用。因为诉讼是当事人维护自身权益的司法救济途径，除了行政的、经济的手段以外，司法解决争议往往是最后的防线。诉讼的功能是达到当事人对自身权益进行保护的目的。所以，当事人提请司法保护措施的可操作性是至关重要的。

典型案例：受害人乙的亲属诉甲、丙公司车辆交通事故赔偿案

入选理由： 不当得利返还请求权的适用

案情简介： 某日甲驾驶车辆发生交通事故，致乙受伤；随后丙公司车辆经过并再次发生事故，致乙死亡。交警认定甲承担次要责任，丙公司驾驶员承担主要责任，乙无责任。该事故共造成受害人乙损失 20 万元。事发后，乙的亲属没有采取诉讼的方式维权，也没有向甲主张赔偿，而是整日去丙公司闹事索赔。丙公司为维护正常经营，向乙的亲属支付了 20 万元赔偿金，并另外支付了 2 万元抚慰金。之后，丙公司以甲为被告提起诉讼，要求甲承担自己应承担的赔偿份额。

法理明晰： 不当得利返还请求权是债权请求权中一个独立的权种，它与民法上的其他请求权共同构筑起民法的请求权系统。但是因为不当得利返还请求权可以与其他请求权产生竞合，在实践操作当中对不当得利返还请求权的适用相对较少，涉及的案情也相对简单，导致很多实务工作者不能正确认识不当得利返还请求权的实质，不当得利返还请求权的价值也未能充分展示，从而严重影响了民法整体功能的实现。我国《民法通则》第九十二条规定，"没有合法根据，取得不当利益，造成他人损失的，应当将取得的不当利益返还受损失的人。"根据该条规定及通说，不当得利的构成要件为：第一，一方受益；第二，一方受损；第三，受益与受损之间有因果关系；第四，没有合法根据。

该案是由侵权引起的纠纷，侵权人甲和丙公司职员的侵权行为不构成共同侵权，根据相关司法解释，甲和丙公司承担按份赔偿责任。在本案当中存在两个潜在的不当得利关系（首先假设甲应承担 30% 的赔偿责任，即 20 万元×30% = 6 万元）：一个是乙的亲属对丙公司向其支付的本应由甲承担的 6 万元属于不当得利，在学理上，该不当得利属于因给付产生的不当得利中的自始欠缺给付目的的不当得利，在本案中，乙的亲属为受益人，其受益为积极利益，即不应当增加而增加。一个是甲对本应由自己承担，而实际上由丙公司承担的 6 万元赔偿款属于不当得利，在学理上，该不当得利属于因给付以外的原因所产生的不当得利中的因受损人行为而生的不当得利。在本案中，甲为受益人，其受益为消极利益，即应当减损但没有减损。这两项潜在的不当得利相反相成，因为受损人的选择而最终确定各自的法律地位，当受损人选择其中一项行使权利时，另一项自然变成了正当的所得。

所以，丙公司有权选择向乙的亲属或者甲行使不当得利返还请求权。如果丙公司选择向乙的亲属行使权利，除了现实中同情受害人的心理及乙的亲属的过激举动因素之外，还有乙的亲属再次向甲索赔的诉累。而从甲、丙公司、乙的亲属三方整体关系上来看，乙的亲属因为侵权而导致的损失已经得到了填补，

既非受损人，也非受益人；丙公司和甲之间的损益关系一目了然，并且丙公司对甲的请求权可以彻底解决纠纷，所以，不论从法律效果还是社会效果上来看，丙公司向甲主张请求权是最好的选择。另外，丙公司多支付给乙的亲属的2万元抚慰金属于赠予，不属于不当得利，丙公司无权、实际操作中也没有向甲某主张权利。

在审理过程中有不同观点认为，丙公司无权向甲主张赔偿。理由是：丙公司与乙的亲属之间并没有达成任何协议，乙的亲属也没有授权丙公司向甲行使赔偿请求权，丙公司向乙的亲属全额赔偿是其行使自主处分权的行为，在这种情况下，乙的亲属有权向甲索赔，而丙公司既没有向甲索赔的权利，也没有向乙的亲属主张返还财产的权利。这种观点是错误的，可以从以下几个方面廓清：

第一，丙公司向乙的亲属全额赔付并追加2万元抚慰金的行为是否是行使单方自主处分权，是否只是在承担自己的赔偿责任而放弃了向甲主张返还请求权的权利，应当以丙公司的真实意思表示来认定。如果丙公司将款项的内容做了明确的分类说明，即分别是依法确定的损害赔偿款以及额外的抚慰金；或者以行为表明自己的真实意思是没有放弃前述权利，如在本案中，丙公司向甲提起诉讼的行为，在这两种情况下，即可认定丙公司的真实意思是：自己的行为是要承担本次侵权的全部赔偿责任，而非只是自己所应承担的份额。我国确定的民事赔偿规则为填补规则，损失和赔偿相当，受害人无权要求侵权人承担超出损失范围的赔偿。如果推定丙公司的赔偿行为只是在承担自己的份额，而非对全部损失的赔偿，那么，不仅使得乙的亲属在理论上获得了超额的赔付——他们可以再向甲索赔，而且违背了丙公司的真实意思，对丙公司是不公平的。

第二，根据法律规定和学界通说，不当得利不以受损人和受益人的主观方面作为构成要件，只要在客观上符合法定的四要件即构成不当得利，受损人就有权向受益人主张不当得利返还请求权。因此，认为丙公司向甲主张权利应当有乙的亲属授权的观点也是站不住脚的。况且，如果有乙的亲属的授权，就构成了债权让与，丙公司与甲之间的法律关系就不是不当得利关系了。第一项探讨丙公司的真实意思，并不在于讨论其主观方面，而是判断丙公司是否受损，是否符合不当得利构成要件中一方受损的要件。如果其偿付行为是针对全部损失，那么丙公司就受损了；如果其行为只是针对自己所承担的份额，那么丙公司就是行使自主处分权，因而没有受损。

第三，如果乙的亲属先于丙公司向甲起诉，甲仍应当向乙的亲属履行赔偿责任。这时，丙公司与甲之间的潜在不当得利关系因为乙的亲属的索赔行为而消失，但是同时也因之而确定了丙公司与乙的亲属之间的不当得利关系。此时丙公司有权向乙的亲属行使不当得利返还请求权。当丙公司向甲主张权利之后，如果乙的亲属向甲索赔，甲可以此向受害人亲属行使抗辩权。

　　作为丙公司的法律顾问，应当引起重视的是丙公司在向乙的亲属支付全额赔偿时，应说明哪些是属于自己应承担的责任比例，哪些是代甲先行支付的比例，如丙公司代甲先行支付，应由受害人在赔偿合同约定中，在接受丙公司代位受偿时，将应由甲支付的部分权利转让给丙公司，由丙公司代位行使受偿权。

第二十八章
第三人的巧列与阻却制胜战术

在民商诉讼实践中，第三人与共同被告的列入有时很容易混淆，下面重点谈一下第三人的巧列与阻却的制胜战术，以此来加深对连带责任的承担或推卸的理解与应用。

第一节　第三人参与诉讼的特征分析

民事诉讼的第三人是指对已经人民法院立案的民事诉讼中有争议的诉讼标的有独立请求权，或者虽无独立的请求权，但案件的处理结果与其有法律上的利害关系，而参加原告、被告已经开始的诉讼中进行诉讼的人。也就是说第三人之诉可以是独立于原诉的其他诉，也可是对原诉的支持或抗辩。

民商诉讼中的第三人具有以下特征：

第一，对原告、被告争议的诉讼标的认为有独立请求权，或者案件处理结果可能与其有法律上的利害关系。这是第三人参加诉讼的根据。第三人同原告或者被告存在某种民事法律关系，案件的审理结果可能与第三人有法律上的利害关系，这是第三人区别于共同诉讼人和诉讼代理人的根本之点。

第二，必须在诉讼开始后、案件审理终结前参加诉讼。第三人参加诉讼，必须以原告、被告之间的诉讼正在进行为前提，如果原告、被告之间的诉讼尚未开始，或者原告、被告之间的诉讼已经结束，即人民法院对案件已经审理终结，任何人都不可能通过诉讼而成为第三人。

第三，第三人是与案件有利害关系的人。这种利害关系来源于两个方面：一是来自本诉的原告和被告的侵害或争议；二是来自法院对诉讼的处理结果。

下面是一段有关巧列第三人或阻却第三人列入的感想。摘录如下。

让他人买单的断想

在现实生活中，有一些自觉精明的人，总有理由能够很圆滑地让无关的他人请客，而自己又把话说得顺理成章。

比如，某日老张去老李与老陈的办公室找老李办事。临走时，老李说，老张别走了，一会老陈请客。话一出口，老陈丈二和尚摸不着头脑，但老陈与老张又是老同学，只好应承下来说："老张，别走了，我请客。"

这样的事偶有发生。老李确实精明，从来不说自己请客，有时虽是出于寒暄，但也能反映一种为人的圆滑。不禁让人有所感慨。

这里我们先分析一下：老李是主人，老张是客人，老陈是他人。这里有主客关系、同学关系、同事关系。主人让无关的他人请客，能够起到很好的寒暄效果，有时也真能达到某种目的。

这不禁让笔者想起在诉讼中如何巧列第三人或阻却第三人的列入，从中受到教益。

最近同行办了几起经济案件，分析来分析去，无不败在错将第三人列为共同被告。

其一，是作为被告甲的代理人，向法院提出让占有标的物的丙单位一同列入共同被告，以便让实际占有资产的丙单位加入进来，通过调解结案。谁知在庭审中原告乙单位不同意列丙单位为被告（因为丙的支付能力不如被告甲），列谁为被告，向谁主张权利是原告的诉讼权利，不是被告甲的诉讼权利。结果法院判决丙单位在本案中不承担责任，由被告甲独自承担责任。由于该案中被告甲与丙单位构不成法律上的连带关系，因此，在判决中指出被告甲与丙单位的纠纷可另案解决。

其二，是在一起油料购销纠纷中，原告与丁单位共同向戊单位购油料，其中原告负责资金筹措，丁单位负责向戊单位购油和对外销售，因原告与丁单位双方账款不清发生纠纷，原告想当然地提出将戊单位与丁单位一同列为被告，认为法院会帮助厘清资金往来关系，结果庭审后，法院判决说丁单位与戊单位属另一法律关系，证据显示戊单位欠丁单位的钱，法院判决说丁单位可另行起诉戊单位，而不是戊单位直接向原告履行义务，自然原告的官司白打了。

上述两案，实质上都败在应当将实际受益人或占有人丙单位或戊单位列为第三人，这样就不会出现另案问题了。

第二节　巧列第三人的关键点

巧列第三人的实质是把握好"对当事人双方的诉讼标的，第三人认为有独立请求权的"，"对当事人双方的诉讼标的，第三人虽然没有独立请求权，但案件处理结果同他有法律上的利害关系的"。理解上述两项条件，主要有两点要注意：

第一，对本诉原告、被告之间争议的诉讼标的有直接牵连关系的人应当作为有独立请求权的第三人，与当事人一方之间的法律关系的履行及其适当与否直接影响了当事人双方的法律关系的履行及其适当与否的人，应当作为无独立请求权的第三人；

第二，共同的被告与原告之间是同一诉讼法律关系，而列入第三人往往是因为其与被告或原告之间具有其他的不同诉讼法律关系，法院从诉讼资源的节约出发而将两案一并审理。

正确理解民商诉讼第三人制度的设立，实质上是基于两点：一在于简化诉讼程序，彻底解决彼此有联系的纠纷；二在于维护第三人自己的权益。第三人参加诉讼既不是为了维护原告的利益，也不是为了维护被告的利益，即便有时参加到当事人一方进行诉讼，也不是为了维护参加一方当事人的利益，而是以自己的名义，为维护自己的权益参加诉讼。

无论原告还是被告，如果把不属同一法律关系的第三方错误地列入了第三人，法院从诉讼资源收益的角度考虑会判决另案。而真正地符合列入第三人，属于两案的并案，法院无论从什么角度考虑它都必须作出判决，而不能再另立案了。

第三节　巧列第三人的诉讼目的

巧列第三人是代理律师如何根据《民事诉讼法》有关第三人制度实施的诉讼实践技巧。一般来讲这一技巧的应用可以达到以下诉讼目的：

（1）排除当事人的诉讼管辖权；

（2）剥夺当事人的上诉权的主体资格；

（3）有利于证据链的巩固；

（4）有利于诉讼请求的支持；

（5）有利于法律判决结果的履行；

（6）有利于原告债权的实现；

（7）有利于被告与第三人间的责任划分或债务移转。

当然，从相反的思维去理解，就是如何阻却对手第三人的乱列，应对对手对第三人制度的滥用。在审判实践中，代理律师如何掌控第三人的列入的确是一个诉讼难点，往往因把握不准第三人确立的标准或因地方保护主义作怪而使诉讼结果大失所望。实践中经常存在错列、漏列或乱列第三人的现象，也因此损害案外人的合法权益。

第四节　第三人适格的正确识别

如何防范，确保当事人的诉权与诉益，正确列入第三人或阻却第三人的列入，主要从以下几个方面把握：

（1）分析第三人是否有独立请求权；

（2）诉讼标的物是否属同种类；

（3）是否存在多种法律关系；

（4）归责原则是否混乱；

（5）同一诉讼中是否存在请求权的混乱；

（6）分析应用民法原则是否严谨、科学；

（7）分析具体的案件是将共同被告或共同原告错列为第三人，或者将第三人错列为共同被告或共同原告；

（8）第三人的列入是基于实体法的规定，还是法院的判断。

需要说明的是，第三人参加诉讼是一种合并审理，而不是诉的合并，案外人要进入本诉正在进行的诉讼，其所依据的法律关系必须为法院所主管，并且本诉的受理法院必须对该具体的法律关系享有管辖权。

第五节　巧列第三人的注意要点

在民商诉讼实践中，代理律师要通过对诉讼案由中第三人的诉益进行分析，以此来确定诉讼参与人的诉讼地位是否正确。主要是将相对方应列为共同被告却错列为第三人，应列为第三人却错列为共同被告，或者既不该列为共同被告也不该列为第三人。代理律师在分析时，应重点注意以下相关问题。

第一，区别实体法上的第三人与程序法上的第三人。如《民法通则》第六十五条关于委托代理形式的第三款规定委托书授权不明的，被代理人应当向第三人承担民事责任，代理人负连带责任，这里的第三人属于实体法上的第三人，在诉讼程序上，第三人可能成为原告，要求代理人与授权人连带承担赔偿责任；再如《民法通则》第一百二十七条规定：饲养的动物造成他人损害的，动物饲养人或者管理人应当承担民事责任；由于第三人的过错造成损害的，第三人应当承担民事责任。这里的第三人就是实体法上的第三人，在诉讼程序上该第三人可能就会成为共同被告。

第二，区分程序法上第三人是与审理结果有法律上的利害关系的还是与审理结果无法律上的利害关系。

第三，弄清第三人的列入是原告提出的、被告要求加入的、法院追加的，还是第三人申请加入的。

第四，弄清当事人作出第三人加入的目的是基于便于查清事实，还是便于审理结果的执行，还是出于管辖法院的选择等。

第五，弄清第三人与共同被告的区别，其是否具有共同原告的地位。

第六，弄清第三人之诉与本诉是否属同一诉，还是两个具有不同属性的诉，还是两个可以合并的具有相同属性的诉。

第七，弄清第三人在本案中是与原告具有共同利益，还是与被告具有共同利益。

第八，弄清第三人在本案中结束后是属于新债务人地位，还是属于新债权人地位，还是不具有任何债权、债务地位。

下面摘录一宗通过法理点睛，巧妙排除第三人而赢得诉讼的案例。

典型案例：甲单位诉乙非法侵占矿区土地使用权纠纷案

入选理由：胜诉的关键点是确权之诉与侵权之诉不能合并审理

案情简介：2006年3月原告甲单位在进行工矿区道路扩建时，对周边的私搭乱建等非法占地行为进行了公示，要求私搭乱建非法占地户在规定时间内拆迁完毕。被告乙临路边所建的二层小楼在原告甲单位所征用土地红线范围内。原告甲单位多次派工作人员通知被告乙自行拆除违章建筑，但被告乙一直不予理睬。无奈之下，原告于2006年5月以侵权为由将被告乙诉至宛城区人民法院，要求法院判令被告乙立刻拆除违章建筑。在一审过程中，乙所在村委会向法院提出以独立第三人身份参加到诉讼中来，并称乙所建房屋的土地为其村委会集体所有土地，原来该村委会已收过乙划拨建房所用土地的补偿款6000元。原告代理律师当庭提出第三人之诉应为确权之诉，而本诉属侵权之诉，两案性质不同，不能并案审理，一审法院经审理后裁定第三人之诉不能并入该案，第三人诉原告甲单位之诉为独立之诉，建议其另案处理。

经双方举证、质证后，法院确认了以下基本事实：

（1）法院认定原告、被告所争议的土地根据河南省基本建设委员会建设字（8×）第××号文件和××县建设委员会（8×）××建字第××号文件已由被告上级主管单位做了安置补偿。

（2）1995年全国土地普查时，涉诉争议土地由宛城区人民政府向原告颁发了宛城区国有（199×）字第××号国有土地使用权证，并附有宗地红线标定附图，证明被告所建房屋在原告具有合法土地使用权证的土地上。

（3）被告诉称向所在村委会缴纳了6000元的土地使用费用。由于没有任何部门批准的建房许可手续，也没有土地使用权证及房屋产权证。不能证明被告所建房屋具有合法的权证手续。明显形成对原告土地使用权证的侵犯。

（4）经法院实地勘查：按照宗地红线划定图所记载事项，原告所使用的土地沿路至商业银行所在地与被告所建房交界之间的距离为 78.9 米，南围墙至建设用地之间的距离为 55.4 米，与宗地红线图示所显示的平面图相一致，而被告所建房正好在原告所拥有土地使用权土地宗地四至东南角范围内，故被告诉称其建房没有侵犯原告土地使用范围的理由不能成立。

（5）在法庭上，原告代理律师出具了一组照片，照片显示，被告所建房屋（二层楼后的平房）和围墙利用了原告所建的公共厕所的旧墙，法院在现场勘查时进行了确认。

经法院开庭审理后，宛城区人民法院支持了原告甲单位的主张，要求被告乙在判决书生效后 30 日内自行拆除位于原告所辖土地的东南角的房屋。如逾期不予拆除，拆除费用由被告承担。被告不服一审判决，上诉到南阳市中级人民法院。二审法院经审理后维持了一审判决。

随后乙所在村委另案起诉甲单位侵权之诉开庭审理，由于甲单位的代理律师坚持认为该案属于确权之诉，并以有土地使用证为由，不予配合，后经法院裁定同意乙所在村委会撤诉。甲单位完全获得诉讼胜利，并随后申请法院强制执行，将乙所建房屋强行拆除。

法理明晰： 经审理，法官归纳该案的争议焦点有两点：第一，被告侵权行为是否成立。第二，第三人乙某所在村委是否能够以独立请求人的身份参加到本诉中来。

在该案的代理中，代理律师主要抓住了诉的合并的法理分析，通过排除第三人的独立请求权来确认自己的合法权益受到了侵犯。

第三人诉称原告所占有的土地超过了土地使用权所征的批复范围。代理律师认为土地使用权属于权属管理范围的争议，这一争议应当先向土地使用部门提起，由土地管理部门裁决，如果一方不服土地管理部门的裁决，可通过行政诉讼的方式来解决。而该案属于侵权之诉，不能将确权之诉合并到该案中。

一般来讲有独立请求权的第三人参加诉讼后，就形成了两个诉讼：一个是原来当事人之间的诉讼，另一个是第三人与原来当事人之间某一方或共同方的诉讼。人民法院实际上是将这两个诉合并在一个诉讼程序中共同加以审理。这种合并虽然与诉的主体合并有相似之处，但它已不完全相同于诉的主体合并，有自己的特点，所以被单独列为一种诉的合并形式。

该案第三人之诉之所以不能合并到原诉之中审理，因为该案涉及请求权的竞合的法理学问题，实质上是当事人在民事实体法上请求权的竞合，或者说竞合的诉的合并只发生在请求权竞合的场合。根据诉讼标的理论的旧实体法学说，不同的请求权实质上产生于不同的实体法律关系，原告对不同的法律关系或者实体法上的请求权在诉讼中的主张就构成不同的诉讼标的。一般的法理观念认为任何一种请求权竞合，因其诉讼目的只有一个，因此只能有一个诉讼标的。在实体法上的请求权产生竞合的情况下，当事人只能就其中之一以诉的声明的方式提起诉讼，诉的声明是识别诉讼标的的标准，因此，在实际的诉讼中，不存在竞合的诉的合并的问题。

竞合的诉的合并只可能在给付之诉、形成之诉（变更之诉）中发生，不会在确认之诉中发生。因为确认之诉的诉讼标的通常以诉的声明来识别诉讼标的，在确认之诉中原告请求法院对某种法律关系是否成立或者是否有效予以确认，原告无法就多个实体法律关系合并提出单一的诉的声明。

通过对诉的竞合的解释说明，一审法院将第三人排除在本案之外，要求另案是完全正确的。在另案审理中，代理律师又抓住第三人的主张属行政诉讼而不能作为民事诉讼，同时拿出法院对本案的判决作为证据证明原告没有侵权，从而迫使第三人撤诉。

在侵权之诉中，也不能忘了主张自己对土地使用权证合法拥有。诉讼中，从事实、法律上论证该征地协议具有法律效力，征地补偿的方式实际是适当的补偿，协议受法律保护，应认定有效。

在司法实践中，房产确权是政府房地产主管部门的行政行为，只要颁发了房地产证，确权就具有法律效力。民事诉讼中，法院也依据房地产证认定所有权，不会直接在民事案件中判决撤销房地产证。故此，对于已颁发房地产证而要求房产确权的案件，法院往往建议当事人通过行政途径向主管部门申请复议。而主管部门此时却往往表示，会依据司法部门的裁决结果重新登记确权。

下面是笔者曾经接触过的一个案件，是被告当事人因为没有巧妙列入第三人造成重复支付工程款的典型案例，摘录如下。

典型案例：甲单位诉乙单位截留工程款纠纷案

入选理由：合理列入诉讼当事人是制胜的开端，而不同性质的诉不能并案审理

案情简介：×年×月，甲建筑安装工程公司（以下简称"甲单位"）与乙石油工程技术有限公司（以下简称"乙单位"）签订了承建综合楼工程的建筑施工合同，该工程项目由甲单位交由丙施工队负责具体施工。开工后，甲单位安排丙施工队按约定在乙单位处领取施工材料，其中包括价值10万元的用于配套工程的铝材及玻璃。次年9月，乙单位与丁装饰厂签订了综合楼工程铝合金门窗制作安装施工合同。在实际施工中，乙单位协调由丁装饰厂在丙施工队领出用于配套工程

中的铝材及玻璃材料，有丁装饰厂领料员出具的领料单。该工程在最后施工结算时，乙单位没有将价值10万元的铝材及玻璃材料从丁装饰厂的结算中扣除，而直接从甲单位工程结算款中扣除。

多年后甲单位以乙单位为被告起诉到法院，要求法院判令被告立即偿付误扣原告工程款10万元并支付延期滞纳金利息。

法院在审理过程中，依职权将丁装饰厂列为共同被告。

法院经开庭审理后认为：

（1）被告丁装饰厂与该案原告甲单位和被告乙单位双方所争议的工程款并非系同一法律关系。所以，被告丁装饰厂在本案中不应承担任何法律责任。

（2）原告甲单位诉请被告乙单位立即支付误扣原告工程款10万元及其利息，事实清楚，证据充分，请求合法，法院予以支持。

法理明晰：案件在开庭审理的过程中，作为甲单位的代理律师，不早不晚地向法庭提交了该案的法律关系分析。就法律关系来讲，本案可归纳以下几个法律关系：

（1）甲单位与乙单位的建筑工程合同关系；

（2）乙单位与丁装饰厂的装饰工程合同关系；

（3）甲单位与丙施工队的分承包关系；

（4）丁装饰厂与丙施工队的领料关系。

从上面的法律关系分析，该案中甲单位与丙施工队可作为同一诉讼主体看待。

从乙单位来讲，该案败诉的根本原因在于没有弄清诉讼主体当事人的身份，而将诉讼重心放在一味强调诉讼时效问题上，分析败诉的原因，可以从以下几个方面得到答案：

（1）法院追加丁装饰厂为被告是否恰当的问题。从程序法来看，我国《民事诉讼法》第一百一十五条规定，必须共同进行诉讼的当事人没有参加诉讼的，人民法院应当通知其参加诉讼。追加被告必须符合必要共同诉讼的条件。

所谓必要的共同被告是指对诉讼标的有共同的权利或义务关系、与原告有一定的利害关系的人。不具备该条件，不得追加为被告。比如以个人合伙为被告的诉讼，全体合伙人为必要的共同被告；个体工商户、个人合伙或私营企业挂靠集体企业并以集体企业的名义从事产生经营活动的，该个体工商户、个人合伙或私营企业与挂靠的集体企业互为必要的共同被告。对于非必要的共同诉讼，当事人申请追加的，不得允许。在该案中，丁装饰厂与甲单位和乙单位之诉不属于同一法律关系，显然不属于必要的共同被告。由于丁装饰厂领料是基于乙单位的同意完成的，在材料没有用于工程时，可以认为甲单位只是帮助乙单位代管。如果不属于同一法律关系，又不是必要的共同被告，那就是另一法律关系，理当另案处理。显然法院依职权追加丁装饰厂为被告欠妥。在该案中即使乙单位作为原告，也不能将甲单位与丁装饰厂列为共同被告。

（2）乙单位应当预见到追加丁装饰厂为被告时，甲单位作为原告可能出现的立场。

第一，按照私法自治的原则，原告以谁为起诉对象以及放弃对谁的起诉，这属于其意思自治的范围，诉权具有程序发动的主动性，而审判权处于被动、中立地位，审判应以当事人的诉讼请求范围为裁判的依据，只有这样，才能真正保障当事人的诉讼权利，维护审判权的公正性。

第二，按照原告不诉不理的原则，即使法院依职权追加了被告，如果在法庭上原告对其中之一的被告不予起诉，显然法院不可能依职权主动站在原告一方去诉请被告承担什么责任，这样就违背了公正原则。

第三，假如甲单位要求丁装饰厂返还材料，但这属于另一法律关系，同时难以有足够的证据理由获胜，显然甲单位不会要求法院判令丁装饰厂承担责任。

（3）站在乙单位的立场上，该案制胜的关键是要求法院依职权追加丁装饰厂为第三人比较适当。

民事诉讼中的第三人，是指对原告、被告之间的诉讼标的享有独立请求权，或者与案件处理结果有法律上的利害关系，而参加到原告、被告之间正在进行的诉讼中去的人。第三人参加诉讼的目的在于维护自己的权益。以对原告、被告之间的诉讼标的是否具有独立请求权为标准。第三人分为有独立请求权的第三人和无独立请求权的第三人。在案件审理过程中，如果丁装饰厂通过乙单位的申请，列为本案的第三人后，甲单位就不能随意放弃对第三人丁装饰厂的返还要求，因为该案的标的物与丁装饰公司有直接的利害关系，这样法院就不会判决乙单位本不应当承担的额外义务，也不至于被法院判决与丁装饰厂的债务关系另案解决。

（4）从实体法的角度来分析，乙单位就不应当与丁装饰厂签订装饰合同，而应当要求丁装饰厂与甲单位签订转包合同，签订转包合同后，丁装饰厂再从丙施工队领料就顺理成章了。显然乙单位疏忽了这一点，这也是造成其败诉的主要原因。

第二十九章
治赖有方：民商诉讼拖延与诉讼拖延阻却

在战略谋划中，代理律师通过对案情的深入了解，就要对双方当事人所处优势、劣势进行分析，并从战略上考虑双方可能采取的诉讼拖延与反拖延技巧进行预测，制定行动指南和制胜措施，并贯穿于整个代理过程。

诉讼拖延与反诉讼拖延根据制定和应用时间不同主要分为战略诉讼拖延与战术诉讼拖延两种。反诉讼拖延一般是对诉讼拖延战术的阻却，因此只能归于单一的战术反诉讼拖延。战略诉讼拖延一般在开庭前就有初步的思考。战术诉讼拖延与反战术诉讼拖延主要表现为代理律师在具体的诉讼程序中及时作出应对措施并具体实施。

代理律师在实施诉讼拖延与反诉讼拖延技巧时要弄清实施诉讼拖延与反诉讼拖延战术的目的，以及如何实施诉讼拖延技巧与诉讼拖延阻却技巧。

第一节 诉讼拖延的目的

诉讼拖延的目的就是代理律师为什么要实施诉讼拖延与反诉讼拖延技巧，必须将自己的意图提前与当事人进行沟通，同时要将采取诉讼拖延与反诉讼拖延技巧可能加大当事人的诉讼成本和诉讼法律风险的情况及时向当事人提示，以利于代理律师的诉讼拖延与反诉讼拖延代理行为能够得到当事人的理解和认同。

实施诉讼拖延的利益所在，主要体现在以下几点：

第一，让事实真相更加清晰，争议是非更加清楚；

第二，能平息对手的愤怒，在一方实施诉讼拖延技巧时，可以使双方都冷静下来思考解决问题的方式，认识自己过去的得失，特别是通过诉讼时间的增加，会让利益方从诉讼成本角度去思考问题，也会从诉讼博弈的基本假设中领会到结束诉讼的得大于失，而坚持诉讼则失大得小；

第三，争取理想的调解方式。通过拖延，让双方处于休战状态，让各种激烈的诉讼行为暂时停止，让各自的代理律师有足够机会进行多方面的了解沟通，通过法官的说和，最终双方能够达成一致的和解方案；

第四，能够争取时间收集有利的证据，腾挪足够的空间，寻找胜机。

一般来讲，实施诉讼拖延主要基于以下四点目的：争取时间，腾挪空间，消磨意志与寻找战机。

一、争取时间

代理律师接受案件后，通过综合分析，可能认为影响胜诉的因素是没有足够的时间吃透案情或收集证据，就会在现有诉讼程序规则的前提下通过诉讼拖延争取时间，以使代理律师有足够时间赢得诉讼。

代理律师可通过诉讼拖延技巧达到以下争取时间的目的：

（1）给自己熟悉案情的足够时间；

（2）为收集证据留够准备足够的时间；

（3）通过拖延更多地了解对方的诉讼实力和人际关系；

（4）通过拖延更好地掌握对方的诉讼准备情况。

二、腾挪空间

代理律师接受案件后，可能难以在诉讼程序规定的时间内厘清案件关系，或者在证据方面明显感到不如对方的证明力强，或处于证据劣势，就要考虑采取诉讼拖延技巧，以达到腾挪空间的目的。

所谓腾挪空间，实质上就是一种诉讼的节奏，也是当事人及其代理律师施展诉讼的各种因素能够达到最佳的配合。诉讼拖延中的节奏掌握，就像下围棋时抢占位置的改变，通过时间换空间，通过一处实地之失得他地之发展，或者说是为争先手，有意避免与对手正面冲突，通过缓着转战到其他盘面寻得先手。诉讼中的腾挪空间拖延，一般应从战术上考虑，打破对手在某一方面的优势而破坏对方的整体思路，如在质证阶段，当一方发现对手的某一证据明显处于优势时，可通过申请新的证人、申请调查新的证据，通过延期开庭破坏对手的诉讼思路。无论如何，作为代理律师要明白腾挪空间的目的是能够主动掌握案件的诉讼节奏。当然，还有更主动和更有力的，那就是根据案情发展情况提出反诉或改变诉讼当事人的构成。这是律师作为专业人员应有的诉讼技巧。

代理律师通过诉讼拖延达到以下腾挪空间的目的：

（1）为争取时间，增强达成调解协议的能力（比如筹措资金）；

（2）为达到配合当事人的整体经营计划调整的目的；

（3）为了获得更大的罚则利益，主要是在合同纠纷中，双方约定了很高的违约罚则，债权人对有足够支付能力的债务人会通过诉讼拖延达到利益最大化的目的。

三、消磨意志

代理律师接受案件后，如果对手存在明显的蛮横无理，或原告过高地提出诉讼要求或被告提出了反诉要求等，就要考虑诉讼拖延，以达到消磨对手蛮横意志的目的，从而选择最佳时机与对手达成和解协议，或者通过诉讼拖延，让对手不再缠诉。

在诉讼中，被告代理律师一般都会主张采用拖延技巧，改变原告对案件的评价，动摇原告对案件胜诉的信心，直到原告接受被告方开出的和解条件，或者由原告主动提出撤诉。由于拖延技巧的实施，双方诉讼成本都会随之增加，必然给双方产生心理压力，影响原告蛮横意志的维持。

四、寻找战机

代理律师通过分析，发现被代理人处于明显诉讼劣势，且对手采用了不正当诉讼行为，当事人一方明显属于累诉，代理律师就要考虑通过诉讼拖延技巧来寻找战机，就如篮球比赛的技术暂停，当对手势如破竹时，停顿一下，给对手心理上的迷惑，打乱其部署，自己得以喘息，重新调整部署，以此扭转战机。当然，这一措施的运用要及时与当事人沟通，在充分利用社会资源的基础上因人、因时、因地而异，如果当事人想尽快了结案件，那就不要横生枝节了，特别是对于劳动争议纠纷、婚姻家庭纠纷，等等。

寻找战机主要从寻找和解战机（包括寻找是否有合适的第三人出来调解，影响对方）和扭转局势战机两方面去考虑。

五、诉讼拖延并非只有被告会采取

无论是被告还是原告，都会利用法律许可的时效或期间等宽松的时期要求，采取诉讼拖延技巧达到诉讼拖延的目的。一般来讲，原告方的诉讼拖延是基于诉讼的时间成本远小于诉讼得益而融入了经营意识后的谨慎行为；被告方的诉讼拖延是基于寻找战机，降低和解值而融入了消磨对方意志后的主动行为。诉讼拖延并非总是被告代理律师的杰作，原告代理律师在没有完全掌握被告资产或明知被告有足够支付实力，而拖延对于原告来讲会明显增加收益时（一般认为罚则条款约定的滞纳金或违约金支付远大于社会平均收益率），代理律师也会主张立案后实施诉讼拖延来增加被告的额外负担。

第二节　诉讼拖延的技巧

诉讼拖延技巧就是代理律师在民商诉讼代理过程中，为达到诉讼拖延目的所采取的具体方式、方法或手段。

根据我国现行的《民事诉讼法》的规定，给了代理律师很多合理的诉讼拖延技巧施展机会，主要可以从以下几个方面施展才能。

一、提出管辖权疑异

一宗民商诉讼纠纷，按照法定程序，如果你提出管辖权疑异，人民法院可能在 1 个月内驳回你的申请，你可以在 10 日内上诉，上诉法院最快也要 1 个月才能收到你案子的案卷，程序走下来，最少都能够为你争取 3 个月的时间，还不算案卷的在途时间。实施提出管辖权疑异的诉讼拖延技巧，足以让你达到争取时间、腾挪空间的诉讼拖延目的。

二、当事人资格疑异

在诉讼立案过程中，原告方由于急于立案，或出于不想与其他第三方产生诉讼纠纷，很有可能出现当事人诉讼资格的错误，错列当事人或者漏列当事人，当事人可以申请当事人疑异或申请追加当事人。这样，至少可以拖延 1 个月。对于当事人的错列或漏列既可能是原告（存在共同原告的情形），也可能是被告，还可能涉及第三人。如《民事诉讼法》第五十六条规定："对当事人双方的诉讼标的，第三人认为有独立请求权的，有权提起诉讼。对当事人双方的诉讼标的，第三人虽然没有独立请求权，但案件处理结果同他有法律上的利害关系的，可以申请参加诉讼，或者由人民法院通知他参加诉讼，人民法院判决承担民事责任的第三人，有当事人的诉讼权利义务。"该规定虽然规定了由人民法院通知第三人参加，但司法实践中一般先得由原告或被告书面提出申请，法院裁定后通知第三人参加。

三、申请法院参加庭审人员回避

一般来讲，代理律师在开庭前，要慎重考虑申请法院参加庭审人员的回避，并严格按照《民事诉讼法》第四十五条至第四十八条及第一百二十三条规定提出回避申请。通过申请回避来达到诉讼拖延的目的。在司法实践中，当事人还可通过正当渠道反映法官不公正司法的问题来达到诉讼拖延的目的。曾经有一个案子涉及一位法官开庭前私下与一方当事人一起对对方做询问笔录，在当庭宣读询问笔录时，被对方代理律师抓到这一点后，当庭提出该法官的行为有失公正，要求审判庭另行换人，并抵制开庭，最后达到诉讼拖延的目的。

四、提出证据延期提交、案件延期审理申请

在诉讼过程中，代理律师根据案情发展或对于证据的收集情况及时评估证据体系及总体战略情况，为争取时间，一般在举证阶段书面向法庭提出证据延期提交申请，从而达到诉讼拖延的目的。向人民法院申请延期开庭也是拖延的战略，运用得当，很可能改变案件进程，甚至翻盘。理由无外当事人因病、因事不能出

庭，还有的提出特别授权代理人因公在外难以赶回等，一般主审法官都会答应当事人的请求，或者经常与主审法官沟通，要求开庭时间后延，这些都可以起到诉讼拖延的目的。

五、申请法院重新鉴定、调取证据和现场勘验等

很多案子需要进行鉴定，原告总是喜欢独自申请鉴定，以为这样对自己有利，这就给了被告拖延的借口。代理律师要不失时机地提出申请法院重新鉴定，甚至有的要求多次鉴定。有时候还可依据《民事诉讼法》的规定申请法院调取对方所执有或与对方有关联的第三方所执有的证据，有些案件还可申请法院到现场勘验，以利法官了解案情，同时也可达到诉讼拖延的目的。

六、通过程序性规定穷尽司法资源

代理律师在接案后，就要懂得《民事诉讼法》给予当事人哪些合理的诉讼拖延的程序性规定。比如被告代理律师应当知晓"先刑事，后民事"的规定，通过分析是否有当事人的行为违反刑法的规定，是否有些证据需要刑事案件的了结来确认，可以主张"先刑事，后民事"来达到诉讼拖延的目的；还有的如劳动争议纠纷需要仲裁前置；土地、房产权属争议涉及行政诉讼等都可以达到诉讼拖延的目的。

要穷尽司法资源还体现在一审后有二审，二审后还可申诉，通过审判监督程序启动再审程序，还有的可通过检察院抗诉启动重审程序等，这些都是对司法资源的穷尽。

当然，无论采取何种诉讼拖延技巧，一般都要在诉讼法所规定的期间之内合理行使，严格按照法院系统的解释或规定，及时提交延期申请，提出充分的理由，并能够得到主审法官的准许，否则，代理律师的诉讼拖延技巧是很难奏效的。即使一方当事人想通过程序性规定穷尽司法资源手段达到诉讼拖延的目的，如果被业务熟练的主审法官识破，那些有个性的主审法官会快刀斩乱麻，及时驳回申请，让妄想诉讼拖延的代理律师有口难辩，"诉讼拖延"可能反弄成"诉讼速决"。

第三节 反诉讼拖延的技巧

反诉讼拖延技巧也称作诉讼拖延的阻却技巧。这是代理律师在意识到对手实施诉讼拖延对己方不利后后，启动制衡对手，达到阻却诉讼拖延目的的一种战术行为，或是反制对手实施诉讼拖延的具体方式、方法或手段。

根据我国现行的《民事诉讼法》的规定，合理的诉讼拖延阻却技巧主要可以

通过"影响""威胁""妥协"三个方面展开。

一、影响

影响就是代理律师在发现对手应用诉讼拖延技巧后，采取诸如媒体、社会监督机构、与对手有利益关系的第三方来影响案件的进程。比如说服法官公正执法，加快审理速度，或说服当事人尽快结束诉讼，恢复正常的生产、生活秩序等手段，达到左右诉讼进程的目的。

以下几种手段可以达到影响对手诉讼拖延战术的改变：

（1）通过媒体形成舆论；

（2）通过司法监督机构影响法院的办事效率；

（3）通过有影响力的社会团体或无关第三人来说服对手；

（4）直接通过相关渠道，包括法律的信访部门，或者直接向主审法官的主管领导进行案情反映。

二、威胁

在影响不奏效的情况下，代理律师要采取进一步的措施，通过更强有力的手段对对手产生威胁，逼其走到正常的诉讼程序上来，从而尽快结束诉讼。

一般来讲，以下几种手段可达到诉讼威胁的目的：

（1）申请冻结账户；

（2）申请破产还债；

（3）申请财产保全；

（4）申请公证提存；

（5）及时发布相关事宜公告；

（6）将对手的失信通过合法途径公布于众；

（7）通过律师函告知对手下一步可能采取的严厉形式。

三、妥协

对于对手的诉讼拖延，最终都要反映到诉讼成本的增加、双方的诉讼风险加大上来，对于明显处于诉讼劣势的一方来讲，选择妥协也未必不是明智的选择。因此，代理律师要把握好和解的有利时机，及时、适当地提出和解条件，使对手能够坐下来考虑己方妥协的诚意，尽快结束诉讼纠纷。明显优势的一方也要考虑诉讼成本的增加，会给案件产生增加变故的概率。如果明知对手没有支付能力，还不如妥协作出部分诉讼请求免除的承诺，让对手接受相对优惠的条件，从而达到平息诉讼的目的。

当然，在反诉讼拖延技巧中，妥协并非投降，而是一种识大局的求真务实，同时也是一种深思熟虑的决断，需要代理律师及时捕捉有利信息，并及时提出解决方案，防止日长生变，出现反复。

下面摘录一宗双方实施诉讼拖延与反诉讼拖延战术的精彩博弈案例。

典型案例：乙公司诉 A 单位装饰装修合同纠纷案

入选理由：通过威胁阻却诉讼拖延的成功案例点评

案情简介：×年 6 月河南 A 单位驻郑办事处（以下简称"甲办事处"）与郑州某装饰公司（以下简称"乙公司"）签订了《丙大酒店建筑装饰装修合同》。合同约定由乙公司为其在建的丙大酒店部分客房及会议室进行装饰装修，暂定价为 364.10 万元。同时约定发生争议时，提交郑州仲裁机构裁决。工程竣工后经甲办事处委托某中介机构审定价款为 580.15 万元。甲办事处向乙公司支付 549.8 万元后，因甲办事处部分职能归丙大酒店接管，丙大酒店办理了独立法人营业执照，随后乙公司与丙大酒店在工程款尾款结算中产生争议。不久，乙公司向 A 单位所在地××人民法院提起诉讼，请求支付 281.97 万元及滞纳金。甲公司所依据的是自己提供的结算报告，总额为 844.17 万元，双方实际差距为 264.02 万元。

经公开开庭审理后，一审法院判决如下：

（1）被告河南 A 单位（甲办事处的上级机构）于本判决后 10 日内支付给原告乙公司工程余款 303513.7 元。

（2）被告河南 A 单位自 2006 年 1 月 6 日起按本金 23693.21 元日 0.1% 向原告乙公司支付滞纳金至款付清之日止，自 2006 年 11 月 3 日按本金 72820.49 元的日 0.1% 向原告乙公司支付滞纳金至款付清之日止。

（3）驳回原告其他诉讼请求，案件受理费 34367 元由原告负担 26000 元，被告负担 8267 元。

法理明晰：作为 A 单位的代理律师，对双方采取诉讼拖延与反诉讼拖延的博弈分析如下：

乙单位在法院以 A 单位及甲办事处为共同被告立案后，A 单位代理律师由于没有足够时间向法院提交证据，主要的一些证据材料都由相关的监理单位保管，且原建设工作筹建小组的相关人员已另行分配到其他单位上班，难以在法定的举证期限提供相关证据材料。因此，A 单位以合同约定由仲裁机构仲裁为由提起管辖权（严格来讲属法院主管权）疑异，理由是甲办事处不在立案法院管辖范围。通过一审驳回，二审裁定驳回，这样，A 单位代理律师为此获得了超过 90 天的举证时间。

开庭后，乙公司以 A 单位没能在法定期间举证为由，拒绝对 A 单位提交的证据进行质证，认为自己获得了绝对胜诉权。A 单位认为没能在法定期间举证是因为提起管辖权疑异，在裁定管辖法院确定后提交证据也不违反法律规定，如果说有疑问，是由于法院没有重新指定举证期间所致，这一责任应当由法院承担。无奈，法庭宣布休庭。

休庭后，A单位通过分析，意识到乙公司是在故意实施诉讼拖延战术，显然诉讼拖延对乙公司有利。而且乙公司也明知A单位属于国有大型企业，具有很强的支付能力。通过分析，A单位马上启动反诉讼拖延预案，加强与法院方面的工作联系，指出对手诉讼拖延的目的，法院很快按照诉讼程序法的规定恢复庭审，并在法定时间内下达一审判决。

法院判决后，A单位代理律师分析：A单位向乙公司还应支付余款303513.7元，同时从11月6日开始支付日0.1%的滞纳金，也就是年36%的资金成本，这样乙公司肯定会通过上诉来延长审理期限，甚至二审判决后，不会立刻要求A单位履行，待到一定时间后乙公司会向法院提起强制执行，这样就可从中获得高额资金回报，这也是目前小公司与有支付能力的大单位采取诉讼拖延战略的主要动机所在。

基于此点，代理律师建议A单位先向乙公司发律师函限其一周内向丙大酒店提供账号，尽快结清工程余款，否则，工程余款与对应的滞纳金将依照法律规定提存到××人民法院或××市公证处，这样，从提存之日起A单位就不用再支付滞纳金。从而也使乙公司失去诉讼拖延的利益驱动。

乙公司接到A单位的律师函（实质上是一种合法的威胁手段），见拖延下去对双方都无利可图，没有上诉，并很快派代表人提供结算票据，到丙酒店结清余款及相应滞纳违约金，诉讼纠纷得以圆满解决。

第三十章
民商诉讼：专业的事还是交给专业的人去做

民商诉讼并非那么简单，要打赢官司，诉讼的利益相关人不仅要懂得基本的诉讼程序，还要知晓法律的规定，这就要请一位专业的律师作为自己的代理人，帮助自己去做专业的事。对于职业代理律师来讲，专业的素质培养就显得尤为重要。那么，哪些因素能够体现代理律师的综合素质呢？

第一节　民商诉讼代理律师的基本素质要求

代理律师的基本素质主要体现在心理素质、表达能力、思考能力、配合能力和良好的职业道德等方面。

一、良好的心理素质

要当名律，往往胜在心理上。虽不说心如止水，但所有能让当事人满意的代理律师的一个重要特征就是其心理的承受力远高于一般人。也就是说代理律师自身要有良好的心理素质，假如代理律师的心理素质不高，即使法理水平再高也不一定能做到让当事人满意，对于法理的认识也只能停留在书本上，而法理又岂止是书本中的知识呢。法理要不拘于书书，做到一案一理，一事一理，否则法理是难以有所突破的。

任何情况下都要保持冷静，才会有客观的分析、准确的判断和合理的选择；对案件认真负责，当作一项事业去完成，不要随口言输，努力帮助当事人进行回忆，收集对己有利的证据，查找各行业的法规和权威部门的司法解释，也许会获得意外的收获。对自己要有强大的信心，才会出言有分量，不为对手的假证、伪证所迷惑。精于心理战的代理律师，通过法庭中的交手，能觉察出对手心理的微妙变化，并巧妙地将庭审引导到自己希望的轨道上来。这没有机械的训练可供选择，通过内省也许是提高自身修养的办法，"吾日三省吾身"。对于对方的恶语相斥，更要晓之以理，而不能以血还血，那样你的好思维也就一去而不复返了，因为你已正中对方的下怀。

二、良好的表达能力

无论是起诉状、答辩状、还是代理词，不能没有层次，也不能没有逻辑性，更不能言语过激。如果让法官感到一股杀气，盛气凌人，那样就会让对方以逸待劳，轻松获取你的信息，很简单地准备证据或法条就能战胜你。作为代理律师学会用平和的语气表达正确的思想十分重要。要表达自己的思想，代理律师不能夸夸其谈，更不能炫耀文采，要通俗易懂，写出来的文书既语音精练又内容丰富，让人一看就明了。

三、良好的思考能力

无论证据是否有利于自己，都要对案件的结果有所预测，并在开庭前有几种可能出现的假设，特别是对于关键证据的质证过程，代理律师要心中有数，能够做到退让有路，不能没有思想上与法理上的准备。优秀的代理律师不指望一两个证据就能说明问题的本质。要尽力收集到直接证据，更多地收集一些间接证据，对于笔录不可多做，也不可不做，要有所选择，特别是对与案件双方当事人都无利害关系的证人的证言更要仔细认真地做好笔录。还要注意与庭审笔录相结合地分析案情。如果在证据上出了问题，可能就会影响整个案情的结局。

四、良好的守时习惯

代理律师应当具有良好的守时习惯。无论工作多忙，都不能没有时间观念。

一是按时开庭。代理律师要提前对时间进行安排，发现冲突时，要及时与主审法官联系，希望能够调整开庭时间。开庭时，不要迟到，能够早到半小时最好，通过提前到达，抓紧时间与主审法官就某些问题进行沟通，或者看看开庭的准备材料，看有没有遗漏的地方。

二是严格时效、期间制度。对于每一件案件，代理律师都要弄清楚相关的时效与除斥期间问题，对于法院文书的收发，一定要记住给定的时间范围，比如上诉期、证据提交终止日等都要严格以天计算，遇到节假日时更要持谨慎态度。特别是对于节假日前一天到期的事项，一定要提前到相关部门办理，不能等到节假日后办理，否则就有可能失去胜诉权。代理律师如果因为计算时间有误而误了大事，那就"罪"责难逃了。

三是良好的作息时间。代理律师整天因为案件忙碌，就一定要有良好的作息时间，特别是第二天有案件开庭时，一定要早点休息，以防开庭时精力不够。如果代理律师在法庭上精神不振，那就收不到好的代理效果，肯定会受到当事人的质疑。

五、良好的职业道德

"法理"与"律德"相互依存。好的代理律师，要有好的职业道德。不然，是打不好官司的。法理功底深是代理律师应用法律知识、研究个案的基本要求，对于比较复杂的疑难案件更要以法理作指导来进行分析、研究，从而厘清思路，指导辩论方向。法理变化不尽、浩渺无穷说的是要代理律师在办案中不拘法条，但又不违背法律的原则与实质性精神，这样才能使自己的办案水平得以提高。律德是执业代理律师在接案、办案、结案过程中要有正确的认识，有敬业精神，专心致志，言行文明礼貌、虚怀若谷，不炫耀自己，精益求精。

优秀的代理律师，要能够进入案情，不受当事人陈述的左右，能够在诉讼纠纷的解决中通过法理点睛使胜诉思路清晰。未见有一概听任当事人摆布的代理律师能够代理出好案来的，其更不可能有高深的法理功底；也未见有不注重研究新法规、新问题、新案情的代理律师能让当事人得到满意的结果的。代理官司与对弈一样，"学海无涯勤是岸"，言过其实者是打不好官司的。

据《南史·羊玄保传》记载，宋文帝刘义隆（403—457 年）与羊玄保都喜欢下围棋。一次宋文帝和羊玄保下围棋，用一个郡来赌输赢，羊玄保胜了，文帝就把他补为宣城太守。后来文帝认为羊玄保廉洁奉公，所以连着把好几个有名的郡授给他治理。羊玄保治理这些地方虽然没有什么特殊的政绩，但他离开这些地方时，那里的人们还总是怀念他，这是因为他不为自己牟取财利，为人正直。文帝曾经说过："人做官并非只靠才能就行了，还要靠命运和机缘。每当有好官职时，我总是首先想到羊玄保。"而宋文帝看中的不仅是羊玄保的才能，更重要的是他的为人正派。对于代理律师来说，光有光有博学的法理知识作指导是远远不够的，还需要有一颗正直、正义与公平的心。法理精湛能使代理律师思维宽广；道德良好能使代理律师富于进取。在代理的过程中，若能两者兼而有之，则代理水平将与日俱增。

第二节　民商诉讼代理律师的综合素质要求

自从有了代理律师，人们就用"好"与"差"这两个字来评论代理律师，评论代理律师办理的某一个案件，评论代理律师的能力。然而，"好"与"差"是一对非常模糊的概念，对于当事人来讲，能打赢官司并且收费低廉，或者干脆分文不取的代理律师就是一个好代理律师。那么，作为一名代理律师要想赢得诉讼，就必须具备博学、慎思与正义感，也就是说好的代理律师应具备一定的综合素质。

代理律师的综合素质可用下面的八个字来概括，即：博、谋、敏、辩、准、贯、悟、疑。

一、博

代理律师在民商诉讼的博弈中，要博学，具有广博的知识，不仅具有熟练掌握并运用法律的能力，还必须拓宽视野、博览群书。作为一名代理律师，要掌握法律，首先要有较深的法理知识；其次是国家颁布实施的法律。这里所说的法律是广义的法律，它包括程序法、实体法、司法解释，最高人民法院的批复、纪要、通知等一般工作性文件，国家政策，法学研究的最新动态，以及各种不同的学术观点。除此之外，要在全面掌握的基础上加以运用，仅仅会背几个法律条文是远远不够的，必须对法律知识加以融会贯通，要以自己对法律的理解，去说服法官。

代理律师的业务涉及社会生活的各个领域，这就要求代理律师不仅要精通法律，在法律方面是一个大师，而且要求代理律师还具备丰富的社会知识，对经济、金融、会计、商务、医学、建筑、工程等都应该有广泛的了解。也就是说，代理律师不仅是一个法学家，而且还应是一位"杂"家。

当然，代理律师在具有相当的理论知识的前提下，更主要的还具有丰富的代理经验。

"玉不琢，不成器。人不学，不知义。"只有博学多闻，才能触类旁通，才能学有所悟，方可出类拔萃。随着代理律师事业的发展，代理律师的专业分工越来越细，代理律师的学习就必然要以专业为主，重点学习、深刻领悟、熟练掌握专业知识，但也要适当学习与专业有关的知识和经验，力争做一个"一专多能"的新型代理律师。做一名有悟性的代理律师，要努力做到文理渗透，科学、文化、艺术交融，各个学科相互促进，相互启发。另外，还要勤而好学，敏而好学，不耻下问，于不疑处疑，才能不断激发悟性。代理律师可以从各方面来全面提高自己的悟性，包括看电视、阅读报刊、通过网络教学学习，与各行各业的人士交流，学习专业知识等，只有不断学习和总结，善于积累相关知识，才能增长见识，增强自己的洞察力和思辨力。

二、谋

"上兵伐谋"是一条兵家古训。在民商诉讼中，如果能熟练掌握诉讼技巧，同时具有一定的谋略意思，无疑更有利于取得诉讼的胜利。

代理律师谋略的运用贯穿于诉讼活动的各个环节和各个层面。可"谋大"，即诉讼的目的，诉讼的请求或满足原告方请求的最低让步；可"谋小"，即每一项具体诉讼请求的计算，具体数额的提出，证据的出示秩序等。

当然，代理律师应当充分考虑诉讼被代理方所面临的优势与劣势。诉讼结果的输赢就是在各方证据应用的优劣转化中实现力量的对决、胜负的分野，谋略同样是在力量的此消彼长、态势的优劣转化中起作用。利用己方的优势因素，压制、削弱敌方的有利条件是谋略的主要方面。

"谋事在人，成事在天。"在民商诉讼中，诉讼的判决当然由法官在法律范围内通过自由裁量权来实现，这就是所谓的成事在天。但代理律师的作用就是谋事了。

代理律师的"谋"包含了两部分的内容：其一，是代理思维；其二，是代理的行为，也就是如何完成诉讼代理行为。

思维能力每个人都有，而且是看起来很容易的事情，其实要想在实际生活当中真正发挥它的作用，正确指导我们的实践活动，却是一件很不容易的事情。诉讼过程中存在着很多不可预料的因素，代理思维再缜密，总有想不到的地方，总有把握不好的方面，所以代理律师要让代理思维始终跟上诉讼进程。一方面要求代理律师不断地加强学习，提高自己的思维能力；另一方面，要求代理律师不能自我僵化。代理律师的思维不能拘泥于已掌握的证据材料，对于出现的新情况、新问题，要遵循一条原则，即一切让思维运动，一切让证据说话。

有了缜密的代理思维后，参加诉讼或者说代理实践，是代理律师又一个重要的环节。代理律师的代理思维要通过新的发现与新的认识不断得到完善。

"谋"所体现的是一件事情的过程，是代理律师所代理的实践过程。这个过程，需要用自己的思维与代理行为来共同完成。有些要按照诉讼程序的要求来完成，有些要按照主审法官的指定来完成。代理思维与代理行为是紧密相连不可分割的，缺一不可。代理律师要达到自己的目的，"谋"是首要的、必须完成的步骤。只有努力、不断地去"谋"，代理律师才能为最终赢得满意的结果打下良好的、坚实的基础。

三、敏

代理律师要有异常敏捷的思维能力，否则就可能在对方代理律师多变的诉讼技巧中败下阵来。尤其是法庭辩论中的应变技巧的掌握十分重要。代理律师在庭审中遇到意外情况或未曾预料到的辩论观点时，机敏地适时采取措施反驳或说服对方，也是一种诉讼掌握主动的技巧，这种技巧如果运用得当，往往会收到意想不到的辩论效果。

随着我国审判方式的改革和深入，代理律师的责任越来越大，因此，代理律师的工作方法和方式也面临新的要求、新的挑战，特别是当庭举证、质证，这就要求代理律师反应异常敏捷。在代理律师的业务中，涉及的材料往往很多，但并非都是有用的，这就要求代理律师对情况加以具体的分析、综合、推理、判断，最后得出结论，确立自己的观点。因为诉讼的输赢，不是取决于案件原本就存在的"客观真实"事实，而是取决于在庭审中，经过举证、质证后由法官认证的"法律真实"证据。如果代理律师在庭审中该举证的没有及时举证，该质证的没有当庭质证，那么，法官就可能以对方举证的证据来认证，这样，必然导致己方的失败。

在庭审中，有时证人证言会发生变化，有时会发现新的事实，有时辩论时间比自己事先估计的时间要短。一旦出现这些情况，如果仍按自己原来准备的思路和方法进行辩论，那就可能使自己陷入不利的境地。为此，必须采取应变措施，摆脱困境。在同一案件中，证据与证据间可能会存在矛盾，这些矛盾只要认真细致地研究案卷材料是完全可以发现的。针对出现的新情况，代理律师要迅速作出反应，揭示矛盾，争取案件处理的主动权。

瞬息万变的事物，有些是可以预见并能事先作出对策的，而有些却是无法预见的，面对无法预见情况的出现，每个人反应不同，或惊慌失措，或镇静自若。作为代理律师，其业务活动涉及的范围十分广泛，各种无法预料的事物随时都可能发生。这就要求代理律师具备十分灵活的应变能力，对出现的新情况应处变不惊，对与自己掌握的材料中有出入的事实，应加以分析论证，及时修正自己的意见，切忌"以不变应万变"，不顾案情的变化，按照事先准备好的方法去应对。

四、辩

诉讼代理律师要有辩才，做到善辩、巧辩，绝不能诡辩，不仅有是非的辨别能力，还要有熟练驾驭语言的辩论技巧。

代理律师代理过程中无不需要进行语言交流，与当事人接触，解答法律问题，进行调查取证，参加调解、谈判，都离不开语言，法庭辩论更显示出善辩的重要性。从证明方式由神明裁判到法定证据再到法庭质证的发展看，依靠充分说理的方式分清是非是历史的进步。要说理就离不开善辩。善辩则要求代理律师熟练驾驭语言，将自己要讲的话，用准确、清楚、生动、简洁的语言告诉法官。

的确，法庭辩论的对抗性、情节性加之辩论技巧的高超运用，常常给人以美的享受，称之为艺术是一点也不过分的。但是，法庭辩论的复杂性，又常常使人难以把握其要领。

无论《刑事诉讼法》《民商诉讼法》，还是《行政诉讼法》都将法庭辩论规定为开庭审理程序的一个组成部分。代理律师法庭辩论的内容和形式也必然受到审判形式和目的的约束，必须为审判服务，因此，要按照既定顺序、围绕争议焦点进行辩论，切忌跑题，也不宜过多地举与案情无关的例子。

代理律师法庭辩论是高度理性的活动，应把握分寸，不能离开案件基本事实，更不能离开法律基本规定，否则，就不可能收到较好的辩论效果。代理律师在辩论中应该意识到，用简洁和规范的语言描述的不仅仅是案情，而是要通过规范、简洁语言的使用，体现代理律师过人的智慧、严谨的思维、高度的冷静、良好的法学修养和善辩的口才，在法庭辩论的过程中，任何好胜逞强、意气用事、哗众取宠或对对方讽刺挖苦等都有损代理律师形象的举动，其后果的实际承担者都是委托人。

代理律师法庭辩论是围绕案件事实和法律适用进行的，但是案件事实究竟是怎样的，需要适用哪些法律规定，在法庭调查结束前，辩论内容的范围处于不确定状态。任何一场法庭辩论，其辩论的基础都是案件事实。事实陈述清楚是代理律师辩论的基本功。在辩论双方对案件事实认识不一致的情况下，辩论代理律师首先要根据自己掌握的证据和对证据的分析论证，对案件事实进行概括。这种概括要有充分的证据支撑，要能够自圆其说，而不能主观臆想。通过对所有证据进行分析，双方无法对案件事实得出一致结论时，要对双方争议较大的事实进行提炼并集中辩论。争议焦点问题提炼得好，有助于增强自己的观点的说服力。

代理律师的申辩、解释都是给法官听的，而不是给对方当事人及其代理律师听的，因此，只要把自己要说的话都说给主审法官听了，避免与对方当事人及其代理律师作无为的争辩。

代理律师具有"辩"的能力，还要培养"辨"的能力，明辨是非，辨析真伪，通过"辨"的能力的提高来巩固"辩"的能力。

五、准

代理律师在民商诉讼案件代理中，无论对案件性质的把握，还是具体诉讼请求的计算，都要做到准确。准确是代理律师的综合素质，要在代理实践中培养自己的准确性。

第一，审查民事主体是否准确。民商诉讼中的当事人，以自己的名义进行诉讼，案件审理结果与其有法律上的利害关系，并受人民法院裁判约束。因此，对当事人主体资格的审核一定要认真仔细，否则就会把案件的主体列错而导致错案，主要涉及是否追加当事人与第三人的问题，在审查中主要从主体证件的合法性及审核主体与案件事实之间的关系中把握。诉讼主体的身份合法不等于能够进入到庭审中，庭前审核的是诉讼主体，也就是案件的当事人。能否进入审判开庭审理不能从是否有合法的证件、执照单一的方面判断，还要从起诉书的请求、事实、要求承担义务的责任人及答辩状中反驳理由进行判断。

第二，要找准案件的关键，做到案件的定性准确，即能够锁定适用法律，锁定争议要害，锁定证明方向。

第三，要准确把握时间。对于代理律师来说，惜时如金，在忙碌中一定要有准确的时间观念，不能因为自己的过失，在时间上犯原则上的错误。对于时间的把握，主要体现在三个方面：出庭时间准时，做到分秒不差；约见当事人，按时、不失礼仪；记住时效，一天不差。

第四，要准确适用法律。代理律师是因为对法律的精通才受到当事人的信赖，才会有人委托，才有事业的成功。因此，代理律师不仅要精通普通的法律，还要熟悉地方法规、司法解释，甚至每部法律的立法背景、立法宗旨，这样才能准确引用法条。

第五，代理律师一定要对当事人诉讼请求所主张的数额进行准确的计算。对于当事人所主张的数额一定不能是概数，更不能随意填写，即使考虑诉讼请求数额的技巧，也应当数出有据，而不能在法庭上出现难以自圆其说的情况。

第六，代理律师在法律文书的用字上要准确，要严谨到不能有一个多余的字，也不能少一个字，不能出现用词错误的现象，每一个字的使用都是唯一的酝酿结果，这些需要代理律师在平时的代理实践中有意识地培养练就。

六、贯

代理律师从接受当事人委托开始，就应当拟出自己的代理提纲，并围绕诉讼目的将其代理思路贯通代理的始终，这就是代理律师代理思维的连贯性。连贯，即代理意见前后相连，上下贯通。它包含两个方面的内容，一是对当事人的解答；二是在说服法官方面，代理律师的语意表达要做到自始至终具有内在的逻辑性联系，不能出现观点混同、矛盾、歧义的地方。

向主审法官陈述自己的观点，对案件的分析，以及提交法律文书，应当思维连贯，相互印证，同时要肯定，不能模棱两可，更不能出现对反证有利的主张。

一般来讲，代理律师的连贯思维应当做到"三统""两合""三一致"。

"三统"：统一的关键词，统一的证明角度，统一的法理阐明。

"两合"：在事实认定与主张支持上合乎顺序、合乎逻辑；代理律师在代理过程中要做到时间、空间与事物出现的先后次序要按符合规律的顺序进行，在分类上要简单明了，合乎法律人的思维习惯，做到反映客观事物的本质、体现规律性。

"三一致"：要做到陈述角度一致，证明方向一致，前后出现的概念一致，确保代理思维的连贯性。

"举一而反三，闻一而知十，乃学者用功之深，穷理之熟，然后能融会贯通，以至于此。"（摘自《朱子全书·学三》）代理律师要做到思维的连贯，就必须学会对法理、法条及科学知识的融会贯通，能够做到由表及里、由此及彼，掌握法理，把握法条，并用法理来指导自己的代理。要让自己的言行贯通主线。这就要求代理律师要仔细地了解当事人反映的案件，包括当事人的陈述、提供的资料，切不可把当事人提供的资料都认为是证据，无论是对当事人提供的资料，还是自己即将提供给法官的法律文书，要逐字逐句地阅读、字斟句酌。

代理律师要达到思维连贯，就必须培养系统思维的能力，就是要将不同的事物汇聚，逐一思考并发现其中的关联及相互的影响，学会将零碎的、混乱的事物作连接，找出可以连上关系的连接点，从杂乱的事物中理出线索。所谓系统思维是运用系统理论和系统观，分析、处理复杂事物的现代思维方式，比如，实现从线性思维到非线性思维、从整体性思维到总体性思维、从零和博弈思维到共赢思维的三个层次的转变。从不同的角度看同一件事物，吸取更多更广阔的资料，能扩大自己的视野。

七、悟

《说文解字》："悟，觉也"。作为代理律师的悟性，是在拥有一定法律知识和代理实践经验的基础上，自觉或不自觉地对于一些法律纷争进行法理的思考，并通过高度的集中、抽象、概括、加工而形成的智慧和技能，这一技能具有一定程度上的突发性和风格个性。同时，代理人的悟性还是一种独特的理解、分析案件的能力。对于每一个具体案件的苦苦思索、艰难探求中的顿开茅塞或突现灵感，就是一种悟性的表现。

"师其意，不泥其迹。"要想有独创，必须勤观察、勤思考，学会在比较中提高、在比较中创新。悟性重在一个"悟"字上，悟性不是一种天赋，而是一个人的学识、修养、智慧、感觉、实践的综合体，是一种人文精神，并非"天资聪颖"的人都有悟性。悟性并不是虚无缥缈的东西，它是一种善于对事物进行由表及里、由实及虚的融会贯通的思考和认识的一种能力，也是不断地对自身实践进行总结和升华的结果，是自己的思维由具体到抽象的过程。这是一个人综合素质，特别是思想素质的反映。悟性需要长期的实践和经验积累，只有从实践中去感悟、从积累中去融通。因而，悟的过程也是我们通过学习、实践来对事物规律的认知和感悟的过程。无论从事什么工作，勤于学习，勤于调查研究，勤于实践，都是必不可少的。但不能停留在这一步，还必须思考—消化—总结—升华，做到触类旁通。

悟性也是一种非定式思维。代理律师的悟性与其职业有关。也就是"日有所思，夜有所梦"，当其遇到具体的案件时，善于发现一般人难以发现或经常被忽略的问题，善于抓住稍纵即逝的有利时机，善于将法律和事实巧妙地结合起来，再加上律师对世事的洞察和对法律与法理的深刻理解，常常出奇制胜。

一名代理律师没有悟性，就不可能有出奇制胜的绝招。这种悟性里既有思想的内涵，也有工作的方法。任何代理律师所表现出的悟性都不是凭空掉下来的，它是一个人知识与经验的沉淀和凝结。生活与工作中不善于观察问题、分析问题，就悟不出解决问题的正确途径和方法，就会出错招、走错路、办错事，就不会有理出线索的灵感。

八、疑

"学起于思，思源于疑。"思维都是从思考问题开始的。质疑是解疑的前提，要做好代理律师的代理工作，首先得学会怎样质疑，包括从何处质疑和怎样质疑。我们常说，要注重代理律师思维能力的培养，笔者认为首先要注重分析问题、解决问题能力的培养，特别是会总结案件的要点、争点与诉点。通过总结，看还有哪些没能弄清的问题，从而为自己准备好要向对方及证人提问的事项。

"博学之，审问之，慎思之，明辨之，笃行之。"而"问"的能力又是代理律师参加庭审的能力中最基本的业务素质之一。因此，在代理实践中要注重问的技巧，学会提问、反问、质问。在法庭上，要根据法庭调查情况，有针对性地提问，使疑问得以解开，使案情明了。

代理律师的提问不能没有目的性，要通过对对方当事人及其证人的提问，使之隐瞒的真相得以揭示。有利于自己提出代理意见，便于己方的辩论。

"善问者如攻坚木，先其易者，后其节目，及其久也，相说以解。"（摘自《学记》）这里讲的是提问的艺术，要求代理律师在法庭上不仅敢问、好问，更主要的是善问，即无论代理律师采取什么方式问，都要深入钻研案情，熟悉双方争议的焦点，通过提问能够达到减少分歧的目的，或者达到让法官相信己方所主张的事实是真实可信的，通过一问一答，使法官解除一些疑问。在提问中，对方回答后，提问者最好不要急于解释或反驳，要给法官足够的思考时间，同时为自己下一步的辩论提供思维空间。

培养代理的提问能力，代理律师不仅要研究提问的方法，更要注意加强自身业务修养，做到博学多才，思维敏捷，才有可能遇追问不慌，困难迎刃而解，取得应有的质疑效果，通过质疑，达到与法官的共鸣。在法庭上要重视质疑，疑是探究问题、辨别是非的起点，所以要学会质疑，学会提出问题。

第三节　代理律师的沟通能力培养

代理律师很大程度上是与人打交道，因此沟通技能十分重要，不仅要学会与当事人沟通、与法官沟通，还要学会与对方当事人及其代理律师沟通。

一、善于与己方当事人沟通——心有灵犀一点通

在法庭上要学会与当事人默契配合，我们不能以代理为全揽，因为当事人对案件的事实最有发言权，代理律师要与当事人有分工有配合。在举证方面，代理律师要通过法理说明证明方向。在质证时，代理律师要通过当事人对证据的辨认或一些专业问题的解释引出对己方有利东西。不能让当事人作为陪衬。有时当事人的回答比代理律师更有说服力，因为当事人对于一些事实真相或实体权力的处理比代理律师要理解得多。当事人不一定有很好的法理水平，对法律的理解也可能是一知半解。倘若当事人与代理律师能够在法庭上心有灵犀一点通，通过一个小小的暗示他就明白代理律师想让他说什么、不说什么，而不通过直白的语言去提示。比如，当两人的目光同时锁定在某条辩论线路上时，预示着对对方的无情反

击或有力攻击；当代理律师的发言极具攻击性时，当事人给代理律师一个微笑以稳定代理律师的情绪；当代理律师为找证据手忙脚乱时，他给代理律师一个小小的点拨；当代理律师的当事人被对方问得哑口无言时，代理律师可以接过话题，或引出新的话题，以打破僵局。

要记住最重要的是，认识当事人、了解当事人、宽容当事人，不要认为他对法律一窍不通，代理的目的就是要把当事人想获得满意结果的想法通过代理方式转达给法官，所以要与当事人沟通，把案件吃透。做到了对当事人的理解和宽容，法庭的辩论也就必然对己方有利。

二、善于与对方代理律师沟通——减少双方不必要的分歧

作为代理律师，要有维护当事人利益的坚定立场，任何时候不能够损害当事人的利益。但不是说由于当事人与对方当事人之间有利益冲突，代理律师不能越线去化解，非得等法官来解决。实质上，代理律师如果能够善于与对方当事人及其代理律师沟通，也会使案情简单明了，甚至可能说服一方撤诉或作出让步，特别是要善于通过法律语言与对方的代理律师进行沟通。有时候当事人之间的纷争可能是因误会、赌气或对于事实的不清，从而双方之间产生了激烈的冲突。如果双方的代理律师能够通过庭下的法律语言有效沟通，那么案件的症结就会很容易解决。笔者办理过很多庭前觉得十分复杂的案件，通过主动与对方当事人的代理律师进行有效沟通，使案件一下简单明了很多。很多案子都能够通过沟通达成庭下和解。

三、善于与证人及专业技术人员沟通——让代理律师读懂证据

代理律师要善于与证人及专业技术人员沟通，其目的就是要对一些证人证言及证据疑点进行澄清，从而更有效地读懂证据所要反映的事实本质。

如果是己方事先准备请证人当庭质证，代理律师在庭前一定要单独与证人进行一次有效的沟通，弄清证人出庭将要指证什么，并告诉其在庭上对己方不利的事可以不予指认并不违法，还要交代法官及对方代理律师可能会就什么向证人发问，代理律师事先要向证人交代如何应答。对于证人出庭是具有两面性的，如果代理律师不能庭前与证人进行有效沟通，有时证人出庭会起到相反作用，特别是对一些文化程度较低的证人很容易被对方代理律师质问出新的东西，成为对己方不利的反证。有时候，一些证人对于证据的形成十分清楚，会让代理律师能够更好地理解证据间的关系，找到证据间可能存在的破绽。

对于一些涉及专业知识的证据，代理律师一定要抽时间与相关专业技术人员进行有效沟通，不要以为自己是律师就什么都懂，有时候对于一些涉及专业技术的证据，一个符号、一个标记通过专业技术人员的解读会让你轻松很多，能够一

下子豁然开朗。因此，代理律师要想真正读懂证据就应当多与证人及相关专业技术人员进行有效沟通。

四、善于与法官沟通——让法官接受你的主张

律师代表诉讼当事人双方，并为双方当事人的利益进行事实和法律的辩论。律师所提供的证据、代理意见、法庭辩论观点以及所提出的适用法律的依据，对于法官决策具有重要参考价值。从法律的角度，法官必须听取律师的意见和建议，并在判决时阐明采纳与否及其理由。但有时存在法官和律师意见相左、分歧很大的情况，此时法官与律师之间的互动和沟通就显得十分重要。实践中法官可能较少主动与律师沟通，而是主要被动等待律师来"说服"。在律师游说法官的过程中，又往往存在越轨的地方，比如通过权力、关系、金钱等不正当手段来影响法官决策，这都是消极、庸俗的非法现象。为了正确决策，应当提倡法官适时主动地实现与律师之间的良性互动。这种良性互动，应当拒绝和排除上述不良现象，法官要保持与律师之间的地位和利益的独立，并应在不违反"法官不得私自会见当事人"等有违司法公正原则之下进行；这种良性互动，应当是纯粹技术层面上的，即在技术层面上实现全面、有效的"相互利用"和"取长补短"。通过律师的立场和观点，法官作为裁判者，不断地在争议双方当事人之间进行换位思考，有利于作出正确决策、解决纠纷。

律师应当学会与法官沟通，只有通过有效的沟通，才能将自己的代理思路传递给法官，才能与法官对案件的认识产生相同性。

如何进行有效的沟通呢？下面是笔者与法官进行有效沟通奏效的方法：

（1）通过案前对证据的提供时间简短向法官对所反映的信息进行解释性沟通；

（2）通过与法官的约见，向法官简短阐明案件，影响法官对案件的定性，从而达到与法官的印象性沟通；

（3）通过提供证据链组织说明（尤其是优势与强势证据）、法律引用的合理性及代理词与法官进行技术性沟通；

（4）努力让法官读懂证据。

有些代理律师由于不知道如何让法官读懂证据吃了很多亏。换句话说，代理律师不能够简单的作证据的二传手。收集到证据后，首先要自己读懂证据，每一份证据能证明什么，需要说明什么问题，拿出去会有什么后果，这些都是代理律师需要搞清楚的。还有一点就是不要认为法官什么都懂，特别是对于一些涉及需要专业知识才能够看懂的证据材料，代理律师就更要注意。需要提前吃透、弄懂、搞通，有时还要将难懂的专业术语用通俗语言向法官翻译解释，让法官一看就明白。

下面举个例子，既能说明让法官读懂证据的重要性，又能提供让法官读懂证

据的方式方法。

入选理由：如何让法官读懂证据对于案件的审理至关重要

案情简介：甲单位与乙单位于×年×月×日签订一份工程施工合同，后甲单位以乙单位拖欠工程款为由向法院提起诉讼。

法理明晰：作为乙单位代理律师，接手甲单位诉乙单位拖欠工程款纠纷案后，就忙于证据链的组织之中，但被代理的当事人复印出了上千页财务凭证用来说明乙单位不仅将工程款与甲单位结算清楚了，而且由于内部管理不严，还多支付给了甲单位20多万元。上千页财务凭证让法官去理解，实在有点让法官为难。什么预付款支付单，什么在建工程划转单，什么工程款转结应付款单，什么工程款投资接转单，还有甲单位在乙单位的领料单等，如此多单据及财务专业术语让人如坠云雾。这样不做整理地向法庭提交证据，法官肯定是读不懂的。如果提交的证据让法官读不懂，提交证据又起什么作用？看来该案制胜的关键是要让法官读懂己方提供的证据。让法官读懂证据，应当是律师的职责所在，也就是说此案的律师要将财务专业术语翻译成一般人都能够读懂的通俗语言，并且能够将财务凭证分类整理好。

通过与财务人员的有效沟通，了解到目前我国财务制度规定财务记账实行的是借贷发生制。而借贷发生制和我们大家所熟悉的收付实现制是有本质差别的。为此，笔者要求被代理方财务人员协助将所有凭证分成三类：

一类属于应付工程款的结算凭证，主要是对方出具的结算通知单及所附发票类；

一类属于支出类，也就是工程实际发生的支付项，包括给施工单位的预付款、借支、领料部分，结算支付款等；

还有一类就是扣款及已付款类，比如代扣设计费、代缴税款、代扣水电款、代支付分包商等。

通过两天两夜的紧张工作，终于理出了头绪，分类合计后一目了然，还专门制作了一张证据清单及证据分类说明。

工程结算款-支出类-扣款及代付款=应付款。

这样的证据提交给法庭，法官不仅能很快读懂，而且还会被代理律师的敬业精神所感动。提交了这样的证据，在随后的庭审中，法官会对代理律师刮目相看，绝不会为难代理律师，因为代理律师在方便法官的时候也是在方便自己。

通过此案的证据整理，使笔者深深感到代理律师不仅要提交证据，更主要的是要让法官能够读懂证据。涉及复杂的经济事项时，一定要将借贷发生制转换成收付实现制，如果代理律师利用借贷发生制去让法官理解，法官是很难读懂证据的。由于一般人的思维很难理解隐含专业术语的证据原意，所以代理律师必须将一些隐含专业术语的证据转换成通俗语言后才能够有效地说服法官，才能让法官去采纳代理律师的代理意见。

"细节决定成败"，这句话对于律师也十分有教益。笔者因工作关系，曾经接触过钳工的工作过程，对于自己养成良好的习惯受益良多，也很有启发，现将当时的感受摘录如下：

"工具箱效应" 与代理律师的基本功培养

评价一位钳工是否胜任某一工作，或者需要评价一位钳工的技能水平时，可以通过查看其工具箱便略知一二。

第一，一名优秀的钳工无论工作多么忙，无论加班到什么时候，收工后总要将自己的工具箱整理好，各种工具要在收工后按规定的位置摆放好。

第二，一名优秀的钳工在没有具体工作时，总要修理、保养自己的工具，对自己所承保修理的机器设备进行维护、保养。

第三，一名优秀的钳工总在自己的工具箱里放置一个百宝箱，放着每次修理工作完成后收集来的自己认为有用的东西，因为任何时候，等效替换与厉行节约思维都在支配着他的行为。优秀钳工的工作不在于换新，而在于修复。

代理律师的基本技能就在于从"工具箱效应"中悟到律师应养成五种良好的职业习惯：

（1）养成整理的习惯。案件办理完后，无论工作多么忙，都要在一周内完成自己的办案小结，从中总结出本案焦点、代理思路、制胜宝点、法理问题及得失教益，形成文字，提高自己的概括能力。

（2）养成研究案例的习惯。研究案例能够从中受益，并能够分析出代理人的不足之处。虽然我国属成文法系，不像英国、美国对于判例十分重视，但养成研究案例的习惯自然能够提高律师的办案水平。

（3）养成归类的习惯。将自己所办的案件与研究的案件进行比较分析，并进行归类，找出其中的异同，从而提高自己的业务水平。

（4）养成质疑的习惯。任何证据，换个角度就可能得出不同的证据方向，如果每个人对同一证据材料或者同一人对一个证据材料只有一个可依证明的方向，那么，所有的法律人就应当改行了。

（5）养成补充证据的习惯。任何时候证据只能澄清，不能创新，这也是体现代理律师做强证据的能力所在。

第三十一章

代理律师法庭辩论的基本功

法庭辩论技巧指各方当事人及其代理人（或被告人的辩护人、公诉人）在庭审诉讼活动中，为确保己方合法权益，达到预期目的，在依据事实和法律的基础上，就自己的诉讼主张所作出的全盘计划和实施的方式、方法及谋略。这是代理律师辩技的体现。辩论艺术在代理律师业务活动中占有的地位是十分重要的，它既是代理律师业务才能和智慧的集中体现，又是品评代理律师办案质量及其称职与否的标准。

第一节　代理律师的基本辩论技巧

律师应当注意培养以下基本的辩技。

一、语言表达清晰

纵观成功的代理律师，在出庭辩论、代理时，都具有驾驭、支配辩论形势的能力。庭审制度改革为每个代理律师在这方面能力的发挥提供了广阔的空间。

在庭审辩论中，律师应当做到：

（1）要用简洁的语言对案件进行定性，吸引法官的注意力。

一般来讲，主审法官对于案件很难定性时，往往需要借助代理律师的聪明才智对案件进行定性，但一般又不愿主动找律师寻求帮助，如果代理律师能够用简洁的语言在法庭上对案件进行定性，这在一定程度上是替主审法官思考问题，主审法官会很愿意倾听。

（2）控制语速，吐字清晰。

代理律师在庭审辩论时，应做到口齿清楚，发音准确，音调和谐，快慢适度；有时要根据庭审情况和主审法官的听案状态适当控制语速，有时还可以作稍事停顿，以引起主审法官的高度注意。千万不能不顾及主审法官对庭审辩论的关注度而口若悬河，这样做达不到预期目的。

（3）善于入情入理。

语言可以伤人，也可以感人。用辩论语言伤人，对于代理律师职责来说则是不道德的，但代理律师的辩论语言以情感人则是可取的。特别是不要为了故意讨好当事人而有意与对方代理律师打口水仗，更不能恶语伤人。

（4）紧紧抓住制胜的法理问题。

代理律师如果能够在庭审中提出明晰的法理问题，并以此解决一些关键性问题或争议焦点，会很快得到法官的认同。

（5）抓住引用法条的对错问题。

在庭审中，如果代理律师能够指出对手引用法条的错误，那是绝好的辩论，会使对手很快陷入困境。

二、体态表达形象

除了文字表达、语言表达技巧外，代理律师还应具有良好的体态语言表达技巧。我国的法庭辩论不同于英美国家代理律师可以在法庭上自由走动，难以用大的体态语言说明事实和内心思维，但不是说就不应该注意体态语言的表达技巧了。有时候用适当的微笑、暗示，或者通过沉默，或者有意地停顿等有声与无声、语言与体态的融合统一，展现出代理律师精湛的表达能力。

在形象表达技巧方面，代理律师可有意识地从以下几点培养自己的能力：

（1）注意刚柔并济。

代理律师在庭审辩论中要有风度有气魄，不卑不亢，不趾高气扬。代理律师应树立这种刚柔并济、以静制动、以稳求成的庭审形象。

（2）注意控制情绪。

要求代理律师在法庭上能够控制自己的情绪，怒而不暴跳如雷，惊却能声色不露，即席采取有效措施，做到应变自如、稳中求胜。如果代理律师在法庭上失去了控制，就可能产生严重的后果，甚至会被主审法官请出法庭，使律师的代理作用大打折扣，可能使被代理人的权益受到损失。

（3）注意说服法官。

在法庭辩论过程中代理律师记住不要照着法规去念，更不应把法规拿给法官去看，这样会降低对法官的说服力。在法庭辩论中，一定要注意说服法官的方式，摸清主审法官的审案意图或发问倾向，从中把握好自己的言行。

三、文字表达娴熟

一个称职的代理律师，不仅要有准确、简洁、清楚、生动的语言表达能力，还应具有好的文字组织能力。

可以说，庭审后，通过综合案情，理顺辩论思路，写好代理词、辩护词，是每一位律师在庭后必做的一项基础工作。

法律文书的组织必须做到：

（1）字斟句酌，用词严谨；

（2）前后衔接，环环相扣；

（3）张弛有度，条理清晰；

（4）注重关键，明法晰理；

（5）围绕焦点，旁征博引。

第二节　代理律师的庭审质疑技巧

代理律师的法律思维是基于"性本恶"的人性假设展开的，对于对方当事人及其证人提供的情况要质疑，对于己方当事人提供的情况也要提出疑问，不能认为己方当事人提出的资料就一定符合事实，需要代理律师通过自己的学识来补强证据，这样就可以打有准备之仗，不至于在法庭上被对方的代理人质疑出问题。

民商诉讼博弈中要善于对事实质疑，包括对已掌握事实的质疑，对对方提出的事实质疑。

律师质疑的技巧主要包括以下几种。

一、全面之过滤质疑

全面之过虑质疑就是对所有事实先实施全盘否定，再通过肯定来达到过滤的目的，从而删除被否定的事实；或者是先对所有事实进行全盘肯定，再通过否定来达到过滤的目的，从而接受被肯定的事实。

二、现象之本质质疑

现象之本质质疑就是先要透过事实的现象，分析其存在的合理性，再对其本质予以分析，确认达到留存符合事物发展规律的事实。有很多事实都可以透过现象来看清本质的内在东西，这就要求质疑者具有良好观察事实现象的能力。对事物的现象要多角度、多方位地观察、分析，从而更接近本质。

三、漏洞之真假质疑

漏洞之真假质疑就是要通过事实所表现出来的漏洞来辨别事实的真假，达到去伪存真的目的。事实之所以有漏洞，必然是有虚假的成分，要辨别真假，就得从事实所暴露出的漏洞开始分析。只有这样才能剔除虚假的东西，才能还原事物的真相。

四、定量之定性质疑

定量之定性质疑就是要对事实进行定量分析，通过定量发现问题，从而使事实的性质发生改变。有时候，事实的量变能够引起质变，质变同样也会在量上有所体现。在分析案件的性质时，可以通过确定事物的量来分析其性质，把握其本质。同样，通过对事实性质的分析，可以对数量加以确认或增减。

五、科学之关联质疑

科学之关联质疑就要通过科学的思维方法分析事物间是否存在关联性，通过分析事物相互的变化是否符合人的思维习惯、是否符合形式逻辑的要求等，以此可以用来否定事物间的关联性。

六、语义之法理质疑

语义之法理质疑就是通过引入法理分析，达到对事物的正确理解、对行为的法理约束。人们在对某一问题发生争执时，如果引入适当的法理问题，就会使争执马上平息。争执必然反映在语义上的理解差别，或发生歧义，或发生理解上的困难，这就要通过法理约束、法条的引用来减少分歧，达到理解上的一致。

第三节　代理律师在法庭辩论中应合理控制时间

代理律师的辩技还体现在灵活掌握庭审的节奏上，就是要有控制辩论时间的能力。在事实调查结束后，法官一般要对双方无争议的事实和证据做一下概括，引导当事人双方仅围绕有争议的事实和证据及适用法律问题发表辩论意见。因此，代理律师在辩论中就不要对没有争议的事实及证据进行辩论，也不要对很明了的争议反复辩论，这样既能节省时间，还能解决主要矛盾和重点问题。

当庭审辩论接近尾声时，代理律师作为辩论一方必须具有控制收场的能力。通常做法是：

（1）提出要求。

当对方在整个辩论中已受到了辩论的影响，此时提出合理的要求，对方容易接受，也易为法庭认可，以促成双方和解结案。

（2）提出问题。

以提出问题为结尾，进一步深化自己的辩论主题，让主审法官去甄别和思考。如果代理律师提出的问题恰当，主审法官会引导辩论进入下一个环节，这可以弥补没有展开辩论的过失，从而使辩论有利于己方。

（3）概括主题。

用简洁明了的语言将自己辩论的全部内容概括成几句经典的话，更易加深主审法官对己方辩论观点的印象。比如具体的请求是什么，双方争议差距的原因何在，等等，最好具有法理点睛的概括效能。

（4）拒绝"无味"。

当然，在法庭辩论最后阶段，如果发现对方有纠缠不休、死不认账等情况，代理律师作为一方辩者还应掌握善于拒绝无味辩论的技巧。所谓拒绝无味的辩论，一是不重复说。二是当对方抓住一些无碍案件处理的枝节问题不放时，则应采取"对这个问题不予辩论"或"发言到此结束"的办法。这种近似于沉默的不辩，不仅在一定时机在法庭上有着巨大的震动力，而且在辩论技巧上戛然而止、干脆有力，看上去似乎退了一步，实质上却是进了多步。三是直接说该问题已达成共识了，没有辩论的必要。四是提请法官不要让对方说些与辩题无关的事。

第四节　代理律师的辩论应围绕争议焦点进行

法庭辩论是律师参与诉讼的重要环节。在法庭上，能否充分依据事实和法律进行辩论，使自己的诉讼观点得到采纳，从而最大限度地保护委托人的合法权益，是每个律师着力追求的。代理律师在从交换证据转向法庭辩论后，应当从细致的证据辨析转向综合应用法理知识，围绕双方"争议焦点"进行有理有据的辩论的角色之中去。

一、确定攻打对方的薄弱环节或致命点

律师在法庭上的辩论活动，实际上是通过当事人陈述、举证、质证后向全体诉讼参加人，特别是主审法官，陈述自己立场并反驳对方观点所发表的公开演说。因此，辩论时，律师首先必须根据案件事实和有关法律法规来确定自己的诉讼观点，同时选择辩论的最佳角度。辩论角度正确与否，常常会直接影响到辩论的成败。实践中代理律师要通过寻找对手在质证程序中的不利因素或有利于己方的争议焦点，确定如何攻打对手的致命点或薄弱点，以此作为对己方有利的辩论观点，选择辩论角度，掌握辩论的主攻方向。辩论角度主要有事实、证据和诉讼程序等方面。由于案件的性质和复杂程度各有不同，因此，律师应针对具体案情，从实际需要出发，采取灵活的辩论方法。这就需要律师在实践中注意培养自己敏锐观察、分析案件的能力。

律师在法庭辩论中不仅要有针对性，而且还要有预见性，要预测对方可能提出的问题，从论点和论据材料、法律根据和语言表达上做好准备。特别是在辩论中必须牢牢地把握住对手的致命点或薄弱环节。对于关系不大的枝节问题，尽管有可辩性，但也不能过于纠缠，否则主次不清，甚至本末倒置，虽然能够唇枪舌剑，但于自己的观点无益。所以在安排各个论点时不应平均分配力量，应当把有

显著特征并基于事实的论点放在最前面，然后是关于法律的论点，最后是一般的综合考虑。

在辩论过程中，由于双方辩论交叉进行，代理律师在第一轮最好将所要攻击的辩题全部托出，到第二轮、第三轮……可以就某一个方面进行重点攻击，否则就有可能被法官以时间有限为由中止辩论。因此，从举证、质证一结束，代理律师就要快速梳理需要辩论的辩题，千万不要等到第一轮结束后再进行准备。

二、影响主审法官的定式思维

代理律师时时敏锐地掌握法庭上发生的各种情况变化，及时根据变化调整自己的战略和部署，运用各种方法影响审判人员的定式思维，以求得对自己辩论立场的认同，是说服法官成功必不可少的因素。

辩论的技巧十分重要，首先要有驾驭语言的能力，有周密的逻辑思维，不能只当法律条文的"运输机"，而要充当主动出击、把法律用准用活的"战斗机"。对对方的发言，应根据案件实际情况，或针锋相对，正面出击；或避其锋芒，旁敲侧击。无论是何种情况代理律师都应不违背事实、不违背法律、忠实地维护当事人的合法权益。既不计较对方的不当言行，又要不失时机地围绕辩论的中心问题阐明自己的观点，以巩固辩论的成果。

法庭上的诉讼活动，是多方当事人参加的。到了法庭辩论阶段，情况可能会有所变化，甚至爆出冷门，抛出新的事实材料，这是难以预料的。对此，代理律师应当作出灵敏的反应，快速调整、修正和补充原来的观点、材料和方法，形成新的观点，确定新的对策，恰到好处地处理和应付新的情况和问题。

从法庭辩论的角度来看，影响法官的定式思维和内心信念应该是律师参与诉讼的最核心的内容。一个好的律师必须牢牢地把握这一原则，并以此确定自己的活动方向。在法庭辩论中代理律师要善于将理性因素和情感因素有机地结合起来，做到情理交融、合情合理，一方面要清楚、准确地表达自己的观点并进行严谨的论证，另一方面又要充满感情，以情导理、明理生情、以情感人、以理服人。

代理律师在法庭上的发言不仅面对审判人员，而且也面对原告、被告、第三人、证人及其他听众。因此，律师在辩论中还要注意和听众作情感上的交流，求得他们的支持，以期对法官心理产生有利的影响。为了让听众的注意力集中到自己的诉讼观点上来，可以采取多种方法。如对关键问题直接提请法庭注意；适当停顿、暂时中断某一话题，而在后面续上；声音的抑扬顿挫，语速的变换，适当的手势，丰富的表情等。

三、应用发问技巧诱出真情

代理律师在庭审中不仅要向对方较多地提问，对方当事人、证人等也经常

"发问"。通过发问技巧的展现，巧妙地诱出真情。巧妙地发问使律师在辩论中容易掌握主动。擅长于法庭辩论者都善于发问，而且都有自己富有特色的发问技巧。实践中较多使用的几种问法如下。

（1）单刀直入。

代理律师就某一疑点问题开门见山，单刀直入，不迂回、不绕弯地向被问对象直接点出，能起到切中要害、一针见血的功效。这种发问一般是在证据充分，无可辩驳的情况下利用。

（2）步步紧逼。

代理律师在向被问对象发问时先不说出自己要问的内容，而是从那些看起来同所问内容关系不大的情况问起。由远及近层层推进，步步紧逼，而使被问者进入自己设好的伏击圈。这种问法可以使被问者在开始问答时实际上已把绳索套在自己的脖子上，随着发问的深入越来越紧，待被问者发现时，已无法挣脱。这种发问，一般是在对某一问题十分敏感的情况下的发问。

（3）迂回设问。

代理律师不直接向对方提出要询问的对象，而是转弯抹角、迂回设问，让对方说出前后矛盾的话，使其不能自圆其说。这种问法要求律师必须巧妙设置问题，使对方在心理上解除武装，无意中吐露真情，方能达到目的。这种问一般是在当事人早有思想准备的情况下为了打乱其思维而进行的发问。

（4）明知故问。

对明知的问题进行发问，其目的在于充分引起他人尤其是法官对于某一重要情况的重视。这种问是当事人已承认，对确定性质和责任影响重大的情况下，为达上述目的的一种发问。

第五节　代理律师在辩论中应注重关键词的抽取

近年来进行的民商诉讼改革提出了"争议焦点"这一概念，要求进行证据交换以固定"争议焦点"，围绕"争议焦点"举证、质证，针对"争议焦点"论证说理。实质上，案件代理中往往需要通过一些具体的法律事实与法理问题的关键词来达到切入"争议焦点"的目的，因此，代理律师要有通过"关键词"的抽取，达到对案件"争议焦点"把握的实践技能。因此，这里重点谈谈"关键词"在民商诉讼中的作用及其制胜战略中如何抽取关键词的有关问题。

能够正确从众多的专业术语中提取让自己对掌握案情有利的关键词，是代理律师的技能突破所在。因为关键词在民商诉讼各个环节起着十分重要的作用，尤其对争议焦点的产生更是举足轻重。

一、关键词是代理律师法律适用分类的标志

在民商诉讼中，代理律师应当想到如何适用法律、适用什么类型的法律，还可具体到适用哪一部法律，以及与之相关的司法解释。而关键词就成了代理律师适用法律的分类标志，某一关键词往往是一看便明了，通过其可以看出代理律师所承办的案件应当适用什么样的法律，才能对当事人最有利。比如在诉讼过程中涉及当事人相对于法院的权利义务时就应当适用程序法，而涉及当事人相互之间的具体权利、义务就适用实体法，离婚就涉及具体的《婚姻法》，继承就涉及具体的《继承法》。同时，也可能出现一个关键词适用多种法律的问题，如何选择既要看法律的层次，又要代理律师根据案情，靠业务水平的直觉或悟性感觉选择最能让当事人的利益最大化的问题。

二、关键词是代理律师在法庭辩论中形成思维线索的联结点

进入法庭辩论后，由于在诉讼中需要弄清的问题很多，而开庭时间往往有限，一般都限定在半天时间，这就要求代理律师能够通过关键词作为联结点，形成自己的思维线索，以此简洁明了地说明案情，把握案件的性质，让法官理解、接受自己的代理观点。在法庭辩论阶段，无论是举证、质证，还是询问证人以及发表代理意见，都要反复强调关键词，以此来加深法官对案件的印象，让法官容易认同自己的代理意见。

三、关键词是代理律师向法官陈述案情中最简单明了的专业术语

无论是开庭前还是庭审中，代理律师都要善于用最简单明了的专业术语来向法官陈述案情，尤其是法律术语，让法官一听见代理律师所陈述的术语，就能把握案件的性质，并能够进一步以此归纳出双方的争议焦点，代理律师也可以此来引导证据的开示，从而寻找案件的突破口。而代理律师所选择的专业术语就是办案的关键词。即使庭审结束，代理律师也要利用一切与法官接触的机会来说明自己的关键词，让法官完全接受自己的代理意见，加大对法官即将开始的判决文书撰写的影响。

四、关键词抽取的主要思维线索

代理律师在办理民商诉讼案件过程中，应当养成抽取关键词的习惯，将培养提取关键词作为一项必修的基本功。因为在办理案件的过程中，能够较好地抽取到恰当的关键词，就等于找到了代理制胜的佳径。

下面从四个方面提供寻找关键词的思维线索，供借鉴参考。

（1）从法律关系的辨识中寻找关键词。

代理律师应视案件的复杂、疑难程度来归纳当事人的争议焦点。案件反映的法律关系复杂，争议涉及面广的，可以在确定争议焦点的基础上，在每一个争议焦点问题里确定需要调查的重点，主要是对当事人认识不一致的事实、当事人未予认清但又对案件处理起作用的事实、决定案件法律关系性质的事实进行有针对性的叙述，概括反映当事人的真实意思，突出各方当事人针锋相对的观点，客观、全面、真实地反映当事人之间的讼争事实，以求做到纲举目张。而诉讼代理的纲就是一个具体案件中所涉及的法律关系，通过法律关系的辨识来寻找关键词，从而弄清当事人是否具有诉讼主体资格、当事人应具有什么样的权利义务，以及客观事实是怎样的，等等。这样就可以确定举证、质证的重点和证明方向。

（2）从请求权基础上寻找关键词。

当事人在提出诉讼请求时应当明确其请求权的基础，即权利义务的内容和法律依据。代理律师应当以当事人请求权为核心，分析其法律关系的性质，并寻找其请求权依据的法律规定，原告是根据"诉讼请求—事实—理由—证据"的思路起诉的，而代理律师则要根据"证据—理由—事实—诉讼请求"的思路来思考案件。代理律师要弄清当事人争议的问题是事实问题还是法律问题，是实体问题还是程序问题。一般来说，当事人争议的问题属于事实问题的，放在法庭调查阶段查明；当事人争议的问题属于法律问题的，则放在法庭调查阶段辩明。这样安排有助于问题的查清，条理清楚，庭审程序也不会混乱。而请求权基础就涉及法律依据，代理律师可从中寻找关键词，从而把握案情。

（3）从归责原则与责任分担上寻找关键词。

归责原则是确定民事责任由谁承担的一般准则，是民事责任的统帅与灵魂。民事责任的归责原则包括侵权行为归责原则、违约行为归则原则以及其他损害赔偿之债的归责原则。责任分担涉及各方当事人责任上的分担。实质上就是要求从案件的定性与定量的要点上寻找关键词，以此来明确案件的性质，确定各方承担责任的大小与多少的问题。

（4）从事实的认定与因果关系上寻找关键词。

民商诉讼无论是违约责任，还是侵权责任，一般讲究从当事人的行为与损失中寻找因果关系，只有符合因果关系，有过错或有责任的一方才会对对方的损失承担赔偿或补偿责任。因此，关键词的寻找就应当从事实的认定、因果关系的构成上下功夫，找到一个好的关键词，就能很好地说服对方，从而有利于查清案情，找到纠纷的症结所在。

第三十二章

思维线索：民商代理律师独特的制胜法宝

律师的一切法律活动与法律事务都离不开其大脑思维的积极参与，更依赖质疑与实证思维的发挥。质疑与实证是极其复杂的心理活动，不同的思维主体对不同的法律事务与法律活动在不同的个案中表现出不同的思维方式。实质上律师在质疑与实证思维中为达到某种特定的目的或解决特定的问题时总要遵循一定的规律，运用具有共同特征的思维方式。也就是说以质疑与实证为目的的法律思维有着特定的思维模式和分析原理。代理律师掌握这些原理与模式，对于指导办案、分析案情、举证与质证都大有好处。

思维就是思索、思考的意思。"思"就是想问题，"维"就是多角度、多层次，意味着活动的有序性。思维的基本内涵就是多角度、有秩序地思考，分层次、有条理地分析研究。

律师的法律思维就是要求律师在办理法律事务和从事法律活动的过程中，能够多角度、多层次、有条理地以个案进行质疑与实证，从而达到解决法律纠纷、做好法律事务的目的。

法律思维是每位代理律师应具有的特定执业思维方式，是其在处理法律问题，解决法律纠纷，预防法律风险等决策过程中遵循法律的逻辑，去思考、分析、解决问题的思考模式。

任何人的思维过程都可分为三个层次：意识、潜意识和无意识。这三个层次并没有时间上的先后次序，也没有清晰的界限。

第一节 法律思维特征分析

法律思维是一种特殊思维，它指职业法律群体根据法律的属性对人的思维走向进行抽象、概括所形成的一种思维定式，是受法律意识和操作方法所影响的一种认识社会现象的方法。

律师的思维特征主要体现在以下几个方面。

一、思维的独立性

一般来讲，代理律师的思维要具有独立性，不要随便受当事人及其他第三人的左右，能够独立判断事物的运行规律，能够独立地勇于承担相关责任。

二、思维的法理约束性

代理律师在思考的过程中，要始终受法理的约束，不能凭感情用事，也不能离开基本的法理胡言乱语。

三、对法条引用的准确性

代理律师对法条的引用一定要准确无误，不能张冠李戴，更不能将无关的法律体系或失效的法律条文加以引用。

四、对事实的质疑性

对事实的质疑是代理律师极有价值的思维素质，要对已掌握的事实先发生怀疑，然后通过自己掌握的证据材料和法理、法规提出问题，用整体的眼光分析、审视案情。

五、对证据的实证性

任何证据都需要实证，不能凭想象确定证据的真伪，也不能从表观上确定证据的真伪。在证据的求真性过程中，要学会还原事物的本质，掌握事物发展的规律，从而科学把握证据。

六、对信息捕捉的敏锐性

代理律师在信息捕捉过程中，要反应敏锐，能够及时调整自己的思路，充分认识事物的复杂性。

七、处理问题的灵活性

代理律师在处理案件的过程中，要注意分寸，要有灵活性。及时化解矛盾，不要受当事人倔强、固执心理的影响，灵活处理好案件。诉讼的灵活性表现为经常不断地在局面结构上作重要更替，其内在则表现为以统一的具体诉讼计划构思为背景而实现的一系列诉讼实践性思想。灵活所包含的内容是：寻求达到诉讼目的的、最简单的制胜途径和最有效的诉讼手段。

第二节 代理律师独到的思维种类

在民商诉讼博弈中，律师独特的思维种类大致可以分为以下几种。

一、固点思维

固点思维就是律师特有的一种思维方式，就是律师通过所收集的信息，及时抽点、提点，使复杂的问题简单化。比如归纳争议焦点，就是典型的固点思维。再比如，作为被告代理律师针对原告的诉讼请求如何寻求破绽，并通过有力的证据使破绽为我所用也是固点思维。

二、整合思维

整合思维就是律师通过把凌乱的信息进行整理、归纳使之趋于统一。律师有倾向且有能力同时接纳两种相互冲突的信息，不会简单地进行非此即彼的取舍，而是另辟蹊径，提出一个新证明观点。这一新的思路，既融合了原先各种观点的冲突所在，又比原先的观点更胜一筹。这种通过消化信息、优化选择并出新的思维过程称为整合性思维。

三、链式思维

链式思维也叫线型思维，是指思维沿着一定的线型或类线型（无论线型还是类线型，既可以是直线，也可以是曲线）的轨迹寻求问题的解决方案的一种思维方法。线性思维在一定意义上说来属于静态思维，是律师的一种单一思维模式，通过单一方向思考问题，寻求事物的规律，以得出结论。比如按照时间顺序整理证据、按照事物方位还原行为等都属于链式思维。

四、逆向思维

逆向思维也叫求异思维，它是对已成定论的事物或观点反过来思考的一种思维方式。逆向思维让思维向对立面的方向发展，从问题的相反面深入地进行探索，树立新思想，创立新形象。人们习惯沿着事物发展的正方向去思考问题并寻求解决办法。其实，对于某些问题，尤其是一些特殊问题，从结论往回推，倒过来思考，从求解回到已知条件反过去想或许会使问题简单化，甚至因此而有所发现，这就是逆向思维的魅力。证据的真与假、回答问题的是与非、方位的前与后等都融有逆向思维的因素。比如在劝说当事人和解时让对方换种思维方式，十分有效；有时在利用对方证据时引为反证，十分有力。

五、侧向思维

侧向思维就是律师在思考问题时换个角度思考问题，不拘于一种解决纠纷的形式。有句成语叫作"他山之石，可以攻玉"。当我们在一定的条件下解决不了问题或虽能解决但只是用习以为常的方案时，可以用侧向思维来产生创新性的突破。

在法庭辩论过程中侧向思维，需要律师另立论题，在证据整理时需要律师改变引用的证明方向，还可能需要请教专业人员来帮助分析问题的症结。

六、趋中思维

趋中思维也叫折中思维，即律师在解决双方争议纠纷时，能够在吸取双方意见的基础上，通过均衡双方利益提出让双方都接受的意见，一般来讲，律师总要想办法说服一方让步，并要有其让步的足够充分的理由。

七、发散思维（点—线—面）

发散思维亦称扩散思维、辐射思维，是指在创造和解决问题的思考过程中，从已有的信息出发，尽可能向各个方向扩展，不受已知的或现存的方式、方法、规则和范畴的约束，并且从这种扩散、辐射和求异式的思考中，求得多种不同的解决办法，衍生出各种不同的结果。这种思路好比自行车车轮一样，许多辐条以车轴为中心沿径向向外辐射。发散思维是多向的、立体的和开放型的思维。律师在代理案件过程一般会通过"点—线—面"思维进行发散。在证据收集时、在法庭辩论时宜采用发散思维。在固证时则相反。

八、收敛思维（面—线—点）

收敛思维又称为聚合思维、聚集思维、集中思维、求同思维、综合思维、辐射思维等。这种思路好比自行车轮一样，辐条向车轴集中。律师在代理案件过程中一般会通过"面—线—点"思维进行收敛。在法庭辩论快终结时，律师宜采用收敛思维，使案件越来越明了。

第三节 代理律师法律思维的训练

代理律师解决法律问题的独特的方法，就是法律方法。曾经看过著名法学家江平老师的一篇有关法律方法与法律思维的公开演讲稿，很受启发，本章有关法律思维的、法律方法的、越轨思维的等内容均源于此，特此说明。

狭义上说，法律方法就是获得解决法律问题的正确结论的方法；广义上说，法律方法则包括法律思维、法律技术、法律执行、法律程序，等等。其中，法律思维是法律方法的核心，因为只有依靠正确的思维活动，包括严格合法的法律推理和法律解释，才可能形成、推导出解决法律问题的正确结论。法律技术、法律程序等都是为了配合法律思维的特殊性而形成的。作为律师应当在案件代理过程中不断培养和训练自己的法律思维，通过独特的法律思维，提高解决复杂法律问题的能力。

代理律师办案的核心是法律思维，而法律思维的核心则是法理约束，法理约束的核心则是法条引用。

一、法律思维的独特性

代理律师的法律思维有其独特性，这一独特性就是在实施法律思维过程中要自觉或不自觉地受到所学法理知识的约束，自觉或不自觉地去引用法条，通过法条引用来证明或引导我们解决所面对的一些法律问题。法理、法条给予我们的内容十分丰富，但不是我们个案完全需要的东西，代理律师的技巧就是有所取舍，使它们为我所用。那么，代理律师就要熟悉先于案情事实存在的法理、法条，以此来帮助思考。因为代理律师要受众多法理的约束，要做不同的法条引用，所以会对个案产生不同的思维。就是说，代理律师习惯了法理约束和法条引用，就等于具备了用法律思考问题的能力。

所有代理过一些案件的律师都知道，在法庭上代理律师还有一个作用，就是能够用通俗的语言与当事人沟通、与法官沟通、与其他人员沟通，采用的一定是大家都认同的语言和思想方式，只有这样，法律思维最终才能转化为大众思维，代理律师的法律语言才能为公众所承认、才能被法官所接受。所以，代理律师不仅要熟悉法律语言、法律术语、法律规范，而且还要充当法律语言与大众语言的编译者，语句编译的成功与否就要看代理律师的法律思维能力了。

律师代理工作是一门职业性很强的工作，有其独特的思维模式——法律思维。以法律人的姿态学习，有意识地锻炼自己的法律思维，能有效地帮助自己进行法律推理和法律解释，从而进一步加强对法律知识的运用能力。代理律师要在代理的实践中逐步养成法律思维的习惯。

二、法理突破思维

代理律师在将具体的法理应用到具体的案件时，要有突破法理的思想，有前瞻性思维，但并不是漫无边际，也要适当地控制，能够使自己的思维更大众化，要自觉受到正确法理思维的约束。

对于法理突破思维的基点，在法理突破思维的过程中，要通过以下几点进行控制：

（1）有相关的政策相支撑；

（2）有国家明令禁止的条文；

（3）要有具体的司法解释出台；

（4）因情势变迁立法的指导思想或部门法的基本原则发生了质的改变。

律师要有政治敏锐性，就是要对国家政策进行研究，因为政策可能通过立法部门或法学家对法理整合，对法理进行突破，或变成具体的法条。政策具有前瞻性，政策在一定条件下对法条具有补充性，政策在一定政治环境下对法理具有突破性。也就是说政策不能指导办案，但如果政策以国家明令禁止的条文出现，它就对法理实施了突破，它就成了具体的法条。当然在学术研究中，律师不能局限于固定思维的约束，否则不可能产生法律思维上的突破，也就不可能有学术上的建树。

三、法理约束思维的不良影响

律师的法理约束思维需要律师在不断的实践中培养，但现在必然要受到社会上人情思维、越轨思维或非法理约束思维的影响。这是与法治化的要求背道而驰，因此，律师有必要养成法理约束思维的习惯，坚决抵制人情思维与越轨思维两种不良思维的影响。

人情思维是小农经济社会里形成的一种思维方式，在小农经济社会里，人们往往根据彼此血缘关系的远近来确定交往的亲疏，根据交情的厚薄来把握办事的分寸，由此形成相对独立又彼此交叉的人际圈，人情是维系社会生活的一条重要纽带，熟人好办事、亲戚好帮忙，是被事实反复证明了的"定律"。人情思维也是人治社会的产物。我国封建社会漫长，人治意识在一些人头脑中根深蒂固，人情思维有如此顽强的生命力也就不难理解了。但代理律师在办案中决不能受到人情思维的左右，必须用法理约束思维来支配自己的行动。

越轨思维是社会转型时期值得关注的另一种不良现象，一些人为了追求利润的最大化而不择手段，唯利是图，见利忘义，甚至不惜越过法律的界限，越轨行为层出不穷，又受不到应有的制裁，久而久之，便形成了一种负面的示范作用，"要发财，就要敢越轨"的逻辑慢慢形成，越轨思维就成了一些人的思维习惯。我们的社会需要代理律师，一个实践的而非想象的代理律师，总是拥有一种独立的运用法律解决纠纷和问题的方法。反过来说，代理律师是否能够成为真正意义上的代理律师，这个问题与法律思维、法理约束、法条引用大有关系，或者说，我们可以通过法律思维、法律约束、法条引用之间的关系，从一个侧面展示代理律师的思维特点。但代理律师思维就是与越轨思维相背离吗？代理律师也不是不食人间烟火，关键是如何越轨后的回归，其思维过程可以不计较，但思维成果必须能够让法官接受，让当事人理解。

四、法条引用思维

代理律师掌握法理，引用法条，其核心问题就是如何说服人，即建构法律的说理性体系。当然，律师的说理活动最根本的还是"理"，看其是否能够"说"出道理。道理看似简单，实际不简单。俗话说"有理走遍天下"。在现代社会经济人看重的是效益，依据效益原则衡量一切行为的合理与否；政治家可能用稳定来要求一切行为；道学家则会采用自己的道德标准来进行评价；律师的评价标准则是以其是否公正执行法律为准绳。无论何种标准，都取决于一个"理"字，不同的人用不同的方式表达自己的道理；在不同背景的人内部，道理很容易被相应的语言所阐释，达到沟通和形成共识；而在他们相互之间，则又很难得到相应结果。法条是枯燥的，但通过代理律师结合法理后就变得十分"有味"，层次性、逻辑性、情理性都是"有味"的体现，这就要求代理律师具有法条引用思维的扩散能力，而不能就法条谈法条，要使法条成为理，成为能够说服法官的引句。

看来律师的法理约束与法条引用，最核心的问题就是根据法律说理，在法律的术语系统内说理。要使自己在履行职务过程中的每一句话都与法律保持一致。当然，律师独立的术语系统的存在与现代性的社会背景是分不开的。不是任何社会都需要独立的法律思维，更不是所有的社会都能够形成独立的法律方法。律师法律思维、法理约束与法条引用的说理性离不开一个"法"字，否则我们有理由怀疑律师的职业道德与执业技能了。

法律思维是律师最基本、最重要的能力，它在事实与法律中穿梭，准确理出争点，作出坚定判断，从而解决纠纷。搞法律是需要感觉的，有的人对着案件几天理不出头绪，有的几分钟即知其要点。这种差异，既有先天禀赋之异，又有后天经验之不同。判断律师思维是否清晰，听他的辩论即可。律师能否准确地从双方当事人中获取信息，能否从主审法官归纳的争议焦点中形成准确判断，主要体现在质证和辩论中，律师一开口，水平就显出来了，对方代理律师与法官就知道律师的水平了。因此，律师的法律思维必须清晰，讲话要有层次，在层次之中有主线有次线、有重点有次点。这一切的前提就是律师在具体的办案过程中把鲜活的法理和干涩的法条统一起来。

一般来讲，代理律师要有独特的法律思维，就是在办案中自觉或不自觉地接受法理约束，会引用法条。能够通过个案分析与证据应用，依据现有的法律规范确定个案性质，厘清法律关系、诉讼法律关系，明确具体的诉讼请求，并能围绕诉讼请求组织证据、引用法条。陈述理由应具有合法性，诉讼标的应具有证据性，这就是法律思维中的定性问题。法律思维受法理约束就是要对个案进行定性。

确定具体的诉讼请求、核算标的额就涉及具体的法条引用、证据引用。法律思维中的法条引用就是对个案进行定量，涉及具体的数额、金额、单价，一切可计算的数据、可明确的具体项目必须有相应的法条支撑，如果出现与具体的法条相违背的情况就可能被否定或删减，这不只是数据大小的调整，而是项目的删除。因此，法条引用的实质不是照搬，而是通过引用扩散到法理之中，扩散到事实之中，使案件更明了，让法官一听就明白。

五、民商法律的选择性适用

在法律的适用上，代理律师要有选择性的适用，而非拿来就用。

无论是企业法律顾问还是代理律师，在考虑法律的适用时，总是要思考一下当事人行为的善意、恶行与中庸的问题。这样可以指导法条的引用。

（1）分析当事人的行为有恶意，我们就要有意识地寻找禁止性法律条文；

（2）分析当事人的行为有善意，我们就要有意识地寻找保护性法律条文；

（3）分析当事人的行为时如果看不出恶行与善意，我们就要选择看其行为是否符合法律的规定，按照是否有约定、是否有商业惯例等来有意识地选择有利于支持行为合法或不违法的法律条文。

六、分析法律适用的昨天、今天与明天

其实代理律师业务水平的高低在很大程度上体现在法律的适用上，也就是说对于同一法律条文，不同的专业人员由于业务水平不同会作出千差万别的理解。正确理解的前提就是要分析法律适用的昨天、今天与明天。

分析法律适用的昨天，就是要分析一部法律出台或法律条文修订、废止的背景，以及立法说明。

分析法律适用的今天，就是要分析与选用法律相邻的上位法、下位法及司法解释是否有不同的规定或相反的解释。

分析法律适用的明天就是要分析所引用的法律是否适合于现在的政策、经济运行规律，也就是说要有法律的前瞻性思维，要有突破法理的思想。比如时刻关注立法部门的立法计划，立法部门所做的立法解释等。

在关注过程中，对于法的适用必须从以下几个方面加以分析：

（1）执政党、政府或立法部门出台了哪些相关的政策；

（2）立法部门明令禁止哪些不适宜经济发展水平的条文；

（3）是否出台了相关的司法解释或有立法部门的权威专项发言；

（4）因情势变迁立法的指导思想或部门法的基本原则发生了质的改变。

研究民商法律适用的昨天、今天与明天就是要求法律人员有政治敏锐性，注意研究国家经济政策的变化。因为政策可能通过立法部门或法学家对法理整合，对法理进行突破，或变成具体的法条。

典型案例：李某诉陈某及第三人某银行与北京某纸业有限公司房屋买卖合同纠纷案

入选理由：出卖人能否以限购政策出台后买受人不具备购买资质、合同目的无法实现为由解除合同？买受人因新政被限购，能否请求出卖人将房屋过户到指

定第三方名下？

案情简介： 2015 年 12 月 6 日，陈某（买受人）与李某（出卖人）在北京某房产公司的居间下签订《存量房屋买卖合同》（房屋用途为办公）及三份补充协议，约定房屋价款为 290.5 万元，剩余购房款 25 万元于过户前做建委资金监管、在出卖人取得房屋所有权证书之日起 10 个工作日内，双方共同向银行申请办理贷款手续；出卖人李某产权证正常办理下来后 90 个工作日内解押。此外，双方约定，出卖人允许买受人有权书面指定将该房屋权属过户至买受人确认的第三方名下。合同签订后，陈某按期支付李某房屋约定相应价款，李某于 2016 年 6 月 5 日将涉诉房屋交付陈某。

涉诉房屋证书颁发时间为 2016 年 12 月 20 日，抵押登记时间为 2017 年 2 月 28 日。2017 年 3 月 27 日，李某领取涉诉房屋不动产权证书原件。2017 年 3 月 26 日北京市住房与城乡建设委员会发布《关于进一步加强商业、办公类项目管理的公告》，规定个人购买商办类房屋需要满足以下 2 个条件：①名下在北京无住房或商办类房产记录的；②在申请购买之日起，在京已经连续缴纳 5 年社会保险或者连续 5 年缴纳个人所得税。陈某因名下已有住房导致不具备购房资质。

李某向法院起诉，请求：①判令房屋买卖合同及三份补充协议解除；②判令陈某将涉诉房屋返还给李某。

陈某向法院反诉，请求：①判令继续履行房屋买卖合同及补充协议；②判令将涉诉房屋的所有权过户至陈某所指定的第三人即北京某纸业有限公司名下；③判令出卖人李某支付陈某违约金 14.5 万元。

判决结果： 一审判决：①诉争房屋买卖合同及补充协议继续履行；②陈某及北京某纸业有限公司代出卖人李某偿还抵押贷款，剩余购房款支付给李某；③某银行股份有限公司北京分行在判决第二项贷款偿还完毕后注销涉诉房屋的抵押权登记；④李某于判决第三项履行完毕后配合陈某、北京某纸业有限公司将涉诉房屋所有权转移登记至北京某纸业有限公司名下。

二审判决：驳回上诉，维持原判。

法理明晰： 笔者作为陈某的代理律师，提供了以下代理意见。

（1）出卖人能否以限购政策出台买受人不具备购买资质、合同目的无法实现为由解除合同？

合同是解除抑或继续履行应当考虑双方利益平衡的问题。本案中，买卖双方签订的《北京市存量房屋买卖合同》及补充协议系当事人的真实意思表示，不违反法律、行政法规的强制性规定，双方均应按照合同约定履行义务。出卖人李某于 2016 年 6 月 5 日将涉诉房屋交付买受人陈某，买受人陈某实际占有、使用该房屋已成事实，且买受人陈某已如约履行了付款义务，合同的解除将导致双方的利益失衡。从各方利益来讲，对于出卖人李某来说，其合同利益是取得全部购房款，可以由买受人陈某、北京某纸业有限公司一次性支付购房尾款实现其合同目的；对于买受人陈某来说，其合同利益在于取得涉诉房屋，在已经完成房屋交付的情况下，将涉诉房屋过户至其指定第三人名下符合其预期利益；关于限购政策，对于已经销售的商办类项目再次上市出售时，可出售给企事业单位、社会组织、也可出售给个人，但对个人购房资质进行了限制，可见限购政策的出台在于规范商业、办公类房屋市场，而非禁止该类房屋再次销售，将涉诉房屋过户至北京某纸业有限公司名下未违反该限购政策的规定，该合同并非履行不能，此外，合同签订时，限购政策尚未出台，买受人陈某并无恶意规避限购政策的主观意愿，纯系限购政策出台后的变通之举，现有证据亦无法证明买受人陈某存在利用信息优势、转售涉诉房屋赚取差价的炒房行为。

《合同法》的基本精神是鼓励和促进交易，维护市场交易秩序稳定，避免社会资源浪费。在合同履行过程中，因新政出台，陈某不具有购买商办类房屋的购房资质，但依据双方协议约定，陈某有权书面指定将该房屋权属转移登记至其确认的第三人名下，现陈某指定将涉诉房屋转移登记至北京某纸业有限公司名下，符合双方合同约定。陈某依约向李某支付款项共计 14.55 万元，庭审中其已经提供了具备购房资格的第三人即北京某纸业有限公司，且陈某及第三人北京某纸业有限公司均同意一次性支付剩余购房款，涉案合同的继续履行不存在法律和事实上的障碍。《关于进一步加强商业、办公类项目管理的公告》第五条明确规定：本公告执行之前，已销售的商办类项目再次上市出售时，可出售给企事业单位、社会组织，也可出售给个人，个人购买应当符合下列条件：①名下在京无住房和商办类房产记录的；②在申请购买之日起，在京已连续五年缴纳社会保险或者连续五年缴纳个人所得税。

综上，法院结合买卖双方签订的合同的性质、合同继续履行的可能性、合同解除对当事人利益的影响等情节，判决双方合同继续履行。买受方在政策受限的情况下，可以由其指定符合条件的第三方代为过户。符合鼓励交易与保障交易安全的合同法律目的。

（2）限购政策出台买受人不再具备购买资质，出卖人未如约履行房屋解抵押手续是否构成违约？

合同是解除抑或继续履行应当考虑双方利益平衡的问题，应结合签订的合同的性质、合同继续履行的可能性、合同解除对当事人利益的影响等情节综合判定。限购政策的出台在于规范商业、办公类房屋市场，而非禁止该类房屋再次销售。《合同法》的基本精神是鼓励和促进交易，维护市场交易秩序稳定，避免社会资源浪费。《合同法》第八条依法成立的合同，对当事人具有法律约束力。当事人应当按照约定履行自己的义务，不得擅自变更或者解除合同。依法成立的合同，受法律保护。

第三十三章
代理律师法庭辩论制胜的思维线索引发

法庭辩论是经过双方当事人陈述、主审法官归纳争议焦点，以及双方举证、质证后的又一重要诉讼程序，也是代理律师对案情的掌握程度、对法律的识别、对所学法理知识的应用等最具检验力的过程。在法庭辩论中，有些代理律师不知从何处发言，也不知如何辩论。代理律师在法庭辩论中要学会引发制胜的思维线索，通过思维线索引发进而达到制胜的目的。代理律师进行法庭辩论又必须与前几个诉讼程序和自己所做的各项工作相连接，不能脱离已查清的事实，也不能无目的地信口开河，更主要的是代理律师能够应用法律和各方面的综合知识，做到"两利相衡取其重，两害相权取其轻"。

第一节　应用逻辑，引发制胜线索

在法庭上，能够充分依据事实和法律进行辩论，使自己的诉讼观点被法官采纳，从而最大限度地保护委托人的合法权益，是每个律师努力追求的目标。而辩论水平的发挥，笔者认为在一定程度上就是看代理律师是否有一定的逻辑思维形式的掌控能力。培养律师对客观事物及双方争议进行理论性的认识，掌握抽象思维从复杂到一般的规律。开拓代理律师的辩论思路，激发代理律师逻辑思维的能力，是提高代理律师做好法庭辩论的根本途径。

一、代理律师应掌握法庭辩论的一般常识和基本的思维线索

法庭辩论就是要先弄清双方争议的焦点，那是代理律师不能离开的辩题。代理律师要用证据和法律来展开这一辩题。你所主张的论点，就是力求让争议的焦点转化为对己方有利的胜点。这就要认识到双方争议的分歧、差距在哪里，有什么法律依据能够支持自己的观点，有什么证据能够被引用，通过什么途径才能缩小双方的差距；对方的致命点或引用证据、识别法律的薄弱点在哪里；同时看有没有相反的观点要反驳；能不能够从逆向思维着力，以此来紧扣双方争议的焦点，讲清己方的论点、论据和论证的方向。更重要的是，代理律师要临场发挥，通过自己独到的思维引发触及法官及当事人的思维，从而把握整个法庭审理的脉络。

二、代理律师要掌握法庭辩论的一般形式

人的思维，必须按照一定的事理逻辑来进行，它是有规律的。这种规律必然地体现在法庭辩论的过程之中，所以它又是具体的、可摸索的、可掌握的。从法律逻辑学的角度来看，对于双方争议焦点的论证思维基本可以分为排列论证法、归谬论证法、正反论证法、矛盾论证法和通过揭示对方的思维违反逻辑的基本常识出发来进行论证，等等。

（1）关于排列论证法。

所谓排列论证，就是围绕双方争议的焦点先提出对己方有利的总论点，然后列举出已经认定的证据和识别的法律作为分论点，并从几个方面对总论点加以阐发，以此得出结论。这种论证方法，条清缕晰，严密周详，便于把道理讲清楚，对于一般的案件都是比较适用的。这一论证方式最好是应用在争议焦点群的中心点上，同时是经法庭认证的证据对己方绝对有利并检索出了无可争议的法律依据相支撑。

（2）关于归谬论证法。

所谓归谬论证法，就是在法庭辩论的过程中先假设对方提出的问题是正确的、真实的，但通过法律的识别和法条的引用与已认证的证据明显矛盾或对立，即要么违反自然规律、已知的公理和公正、公平、公共的利益，要么自身包含了逻辑矛盾，要么通过其假设可推出荒谬的结论。再根据不矛盾律实现反驳，或对方诉讼请求不能实现，或对方的诉讼理由不能成立，从而证明其问题不能成立或解决问题的方案不可行；或这种方法的正确使用让人啼笑皆非，从而使法官立刻改变对己方不利的印象，是一种极具攻击力的辩论方法。在同一案件中，证据与证据间可能会存在矛盾，只要认真细致地研究案卷材料，这些矛盾是完全可以发现的。但有时由于疏忽，往往等到法庭上出示有关证据时才发现这个问题，而这个问题又可能会影响到案件的定性。此时，律师应针对出现的新情况，迅速作出反应，提示矛盾，争取案件处理的主动权，以防止对手采用归谬法来制约自己的有利点。

（3）关于正反论证法。

所谓正反论证法，就是针对双方所争议的焦点，先正面引用对方提出的问题后进行反驳，或先以自己提出的问题对对方进行驳斥后进行引用。这种论证方法，对比强烈，是非明显，说理充分、全面透彻，能够让法官及当事人的思维跟着自己的思维进行变化。这种论证方法富于变化：有的是在一段中分成正反两个方面，有的是在一个句子中分成正反两个方面，有的正现反隐，有的是用关联词语进行转折，有的是用反问正引相互对照。比如法庭辩论中所应用的"如果换个角度……""如果不按照这样做……""法律是这样规定的……""证据显示……"等可贯穿整个辩论过程。代理律师掌握这种形式多样、不拘一格的论证方法的规

律，给对方以很好的说服，有时能够让情绪激动的对方趋于平静，从而峰回路转，打破僵局。

（4）关于矛盾论证法。

所谓矛盾论证法，就是利用对方提出的诉讼主张或诉讼请求与证据及识别法律之间的矛盾，权衡利害后"以其矛攻其盾"，或"以其盾挡其矛"，从而证明对方的论题虚假或证据虚假，或识别引用法律不当。我们常用的法律用语是："假如按你所说的那样……""假如事情真是这样的话……""假如证据是真的……"等。而最典型的要属"二难推理"，它是由两个假言判断和一个选言判断作为前提而构成的论证方法，自己所提出的两种假设最好是对立的。这两个方面本身就概括了争议焦点可能得到的情况，当对方无论作出肯定还是否定都是对问题的正确判断或错误判断，这样得出的结论无可辩驳。

笔者曾办理过的"李某诉甲厂鱼塘污染纠纷案"之所以能够获胜，在很大程度是利用了二难推理的辩论技巧。

典型案例：李某诉甲厂鱼塘污染纠纷案

入选理由：二难推理在民商诉讼纠纷法庭辩论的应用

案情简要：李某诉甲厂鱼塘污染案，已在×年经某人民法院主持，就甲厂生活污水排入李某鱼塘致鱼死亡造成损失达成调解协议。调解协议的主要内容如下：甲厂赔偿李某鱼塘清挖污泥费×万元，鱼塘损失×万元，并将生活污水改道，不再流经李某的鱼塘。1年后李某又以同一理由诉至同一人民法院要求赔偿从上次调解之日起到重新起诉之日的损失与清污费。甲厂代理律师通过查看现场，调阅原审卷宗，及法庭调查确定李某获得赔偿与清污费后甲厂并没有对李某的鱼塘产生新的污染，而李某也没对鱼塘实施清污与换水工作。

法理明晰：代理律师在法庭辩论中提出了如下二难推理辩题：如果说甲厂的生活污水对李某的鱼塘能够产生污染，为什么李某在获得赔偿后并没对鱼塘进行清污与换水，而是继续实施放养，显然生活污水对鱼塘没有造成污染。如果说甲厂的生活污水不对李某的鱼塘产生污染，那么现在生活污水已经改道，说明不可能产生新的污染，没有污染也就根本谈不上对李某实施赔偿的问题。

如果原来的生活污水还对鱼塘有损害那就属于一案再理了，显然违反了民事诉讼法有关立案标准的规定。紧接着代理律师又发出另一二难推理辩题："李某获得赔偿后，明知鱼塘受到了污染，而没有进行清污与换水，说明要么污染根本就不存在，要么李某就根本没有进行养殖，那就说明李某没有任何损失可言。"

不难得出结论：鱼塘没有造成污染或者李某的鱼塘没有任何损失。

上述两个连珠炮似的二难推理和归纳的结论让对方哑口无言。最终法院判决李某败诉。

（5）通过揭示对方的思维违反逻辑的基本常识。

通过揭示对方的思维违反逻辑的基本常识就要及时指出对方在辩论过程中有违反逻辑思维的基本常识的地方，或外延不周，或偷换概念，或违反三段论的论证规律等，以此来击破对手。同时还可借对手承认或默认思维违反逻辑思维错误时引入实质性的内容。比如借助某些双方达成共识的地方，提出本不存在的争议焦点，或已查清的事实，或已识别引用的法律，来对其他的一些争议焦点中的问题进行论证，从而说明其他问题也是真实可信的，在运用中证明了某一问题的真实性、关联性和合法性，也就从另一角度否定和揭露了另外一些假的东西。其证明、辩论的作用不乏破坏性和攻击力。这就要求己方在证明时必须符合论证的要求，做到提出的观点明确、与争议焦点相联系、证据充分、法律关系清晰明了、法律识别与引用正确。同时注意揭示对方所犯的违反逻辑的基本常识方面的错误。比如出现概念模糊、虚假理由、预期理由、循环论证，所提出的概念、法律用语违反同一律或矛盾律。这一论证方法就是要采用法律逻辑思维的充足理由律，这就要求在法庭辩论中，将"以事实为根据，以法律为准绳"用作为衡量辩论胜败的尺度。这也是要求代理律师法庭辩论中应掌握基本的逻辑常识。但在实际的庭审中双方都会因强词夺理而出现逻辑混乱的问题，代理律师的辩论必须符合已掌握的基本的逻辑常识，做到使自己的辩论无懈可击。

第二节　拓展空间，提炼制胜线索

进行好一场法庭辩论，从接案开始到当事人法庭的最后陈述，往往需要多种思维形式，需要调动若干种思维方法，从形象思维到抽象思维，形成一个综合思维过程。在这个过程中，关键是拓展思维空间，帮助自己提炼思维线索，进行立体思维，由点到线，由线到面，由局部到整体，由个别到一般。而思维线索一般可以通过发散性思维或收敛性思维线索使众多的思维环得以厘清和整合。比如引用法律时可采用收敛性思维，是该适用普通法律还是特别法律，是该适用地方性法规还是适用某一部门的司法解释，再到具体法条的适用；在证据的寻找方面，就要用发散性思维，对所有已经认证或还可能未收集到的证据进行回顾性整理，以确定自己应当在哪方面对证据链进行加固，或找出对方证据链的薄弱环节。可以说善于抓住线索、厘清脉络、拓展思维空间、进行综合思维引发，是代理律师做好法庭辩论的成功所在。

笔者根据自己多年的民商诉讼代理实践，认为应从以下几个方面引发制胜思维线索。即通过"事实纠偏，质证设疑，科学发问，法条错用，围绕焦点，法理点睛"六个方面引发制胜的思维线索，从而展开有利于己方的辩论。

（1）通过事实纠偏，引发制胜思维线索。

在法庭辩论之前，一些基本的事实已经查清，双方对事实的认识难免产生一些偏差，代理律师就要善于抓住一些明显的偏差，引发制胜的思维线索，以此来纠正偏差，从而使自己认定的基本事实上升到由法官认定的法律事实。

（2）通过质证设疑，引发制胜思维线索。

通过举证质证后，代理律师要善于将质证中的疑点转换成争议焦点，以引发制胜的思维线索。在质证设疑的过程中，代理律师要始终保持头脑清醒。设疑的目的是使疑惑的解开向着有利己方的方向发展。设疑是因为心中已经有了定论，比如在书证质证中发现对方提供了假证，或者原件与复印件有明显的不同之处，就要大胆设疑，并展开思维线索。

（3）通过科学反问，引发制胜思维线索。

代理律师在法庭辩论开始之前对原告、被告、第三人和证人进行发问，在发问中不要直接释疑，而是等到法庭辩论时直接提出自己的疑问，通过科学反问，引发制胜思维线索。在实施反问时，最好是能够让法官一听就明白。很多经过代理律师设置的反问都是明知故问。

（4）通过法条错用，引发制胜思维线索。

在法庭辩论中，一般都要涉及法条引用问题，代理律师要通过庭前已检索的法条，及时发现对手引用法条的错误所在，通过法条错用来引发制胜的思维线索。比如法条的层级、法条的适用范围、法条的有效期间、法条的性质等都可能成为引发制胜的思维线索。

（5）通过围绕焦点，引发制胜思维线索。

在法庭辩论过程中，代理律师一定要围绕法官归纳的争议焦点进行辩论，在争议焦点形成后，代理律师就要看哪些焦点对己方有利、哪些焦点对己方不利，有利的可深层次地展开，不利的就要回避或提出其他建议，以此来引发制胜思维线索。

（6）通过法理点睛，引发制胜思维线索。

在法庭辩论中，代理律师要在对案情吃透的基础上，确定双方争议焦点是否涉及十分明了的法理问题，如果涉及，代理律师就要抓住不放，通过法理点睛，引发制胜的思维线索。比如甲某诉乙酒店洗手间未铺防滑设施致其摔伤案中，当乙酒店代理律师提出洗手间的水是由甲某自己洗手不小心洒出的，应由甲某自己承担责任时，甲某代理律师立刻提出乙酒店没尽到保护消费者人身安全的义务，这一义务适用无过错责任原则。通过法理点睛使法官一下子就明白了案件审理方向。

下面这个案例就是笔者利用法理点睛引发制胜思维线索的精彩博弈。

入选理由： "优先权承租是相对权，并非绝对权"辩护技巧的应用

案情简介： 2003年5月12日，被告乙单位在A市张贴招租公告，对其拥有的原"××麻辣汤"平房二间对外公开招租。原告甲看到招租公告后，于2003年5月18日向被告乙单位提交房屋承租申请书。同年5月26日，被告乙单位通知原告甲向其提交平房改建方案、改建图纸、改建预算。同年6月2日，原告甲按被告乙单位的要求向其提交了以上文件。同年6月4日上午，原告甲与被告乙单位在乙单位办公室内达成了口头房屋租赁合同，双方约定：平房改建资金由原告负担，改建后的房屋在5年内使用权归原告甲，原告甲每年向被告乙单位缴纳租金6600元。5年后房屋使用权无偿归还被告。双方达成协议后，原告于当日向被告缴纳押金1000元，2003年8月21日至年底房租2600元。原告甲向被告乙单位缴纳费用后，第三人丙以具有优先承租权为由不将房屋钥匙交与承租人甲。无奈原告甲起诉被告乙单位。

第三人丙以具有独立请求权的第三人身份参加诉讼，并向法院提交了民事诉状。诉称：第三人于2002年5月1日与被告乙单位签订房屋租赁合同，由第三人租用原告所指房屋，租期为1年，并约定合同到期时，若承租人继续使用，在同等条件下，原承租人有优先承租权。但现在被告又将房屋出租给原告，侵害了第三人的合法权益，丙请求以同等条件优先承租涉诉房屋。

法院查证事实： 经法院开庭审理后查证的主要事实和证据有以下几点：

（1）2002年5月1日第三人与被告签订了一份房屋租赁合同，合同租期为1年（2002年5月1日至2003年4月30日），年租金为4000元。

（2）2002年6月3日第三人丙向被告乙单位提交了一份申请，说明所租房屋屋顶石棉瓦老化、漏雨等情况，要求被告尽早研究修建。

（3）2003年4月1日第三人丙向乙单位提交了申请书，要求乙单位同意其改建房屋，并延长租赁时间。

（4）被告乙单位公开对外的房屋招租说明，以及经办人员向第三人送达的证明材料。

（5）原告甲向被告乙单位缴纳租金、押金的税务发票及收据。

（6）第三人丙欠交租金9个月，并要求乙单位退还其所交1000元承租房屋押金的申请。

本案争议的焦点： 本案归纳的争议焦点有三点：

（1）第三人是否应当继续享有与被告乙单位承租房屋的优先承租权；

（2）第三人丙欠交租金并书面要求乙单位退还押金的行为是否构成退租；

（3）原告甲与被告乙单位达成的房屋租赁合同是否有效。

判决结果：

（1）判令被告乙单位尽快与原告甲签订书面的房屋租赁合同，并交付所出租的房屋；

（2）第三人丙在1周内将房屋钥匙交给原告甲；

（3）诉讼费用由乙单位承担，第三人反诉不成立，其诉讼费用由第三人承担。

法理明晰：利用法理点睛的辩论技巧是该案制胜的关键点。

该案在庭审的辩论阶段，主要争论的关键点是第一个争议焦点，作为原告代理律师的撒手锏就是应用了法理点睛的辩技，并从以下两点引发制胜的思维线索。

（1）第三人丙不应享有优先承租权的原因是基于其违背了诚实信用原则，甲有足够的证据证明丙放弃了优先承租权。

原房屋承租户享有优先承租权的前提是原承租户按照诚实信用原则，在合理的期限按出租方的要求向出租方提出续租，并且能够得到出租人的相信，在同等条件下享有。在该案中，第三人在签订1年的房屋租赁合同后，在9个月内没有交付房屋租金，并且提出要求房屋出租人退还已交的1000元承租房屋押金。同时，第三人也明知双方所签订的房屋租赁合同到期，也知道了被告以招租方式对外招租，而不在招租公告规定的期间主张优先权，长期沉默，显然失去了被告的合理信任，使其相信承租人不再行使优先承租权。而第三人在知道原告经招租方式与被告达成了协议后再主张行使优承租先权，违背了诚实信用原则。

（2）原承租户的优先承租权是一种相对权，而非绝对权。

承租人的优先承租权，是指出租人在出租合同到期时，将出租房屋再行出租时，原承租人在同等条件下，依法享有优先于新的承租人承租房屋的权利。那么，如何理解"同等条件"呢？

在遇到出租人在租赁期满要出卖或再出租此房屋的情况时，出租人应根据有关规定，提前3个月通知承租人，承租人可以在同等条件下享有房屋的优先承租权。出租人未按此规定出租房屋的，承租人可以请求人民法院宣布该房屋出租无效，并要求享有优先承租该房屋的权利。

至于房屋租赁期满后，承租人要求续租的，在无争议的情况下，出租人与承租人签订新的合同后，出租人应当允许承租人承租。如果承租人不同意出租人提出的条件，可视为放弃优先承租权，出租人可与他人建立新的租赁关系，并将原租赁合同废止。

优先承租权主要从以下两个方面理解：

第一，它是同等条件下的优先承租权。这是指优先承租权人所接受的承租价格和其他合法条件与其他承租人相同或相一致的情况下优先承租权人所享有的权利。承租人优先承租权是一种在行使上附有限制条件的形成权。

第二，优先承租具有一定的期限性。优先承租权有明确的期限限制，在规定的期限内优先承租权人已得知房屋出租而不主张权利，期限届满后即丧失。优先购买权开始于卖方明确作出出售的意思表示并决定了出售条件时，至房屋买卖依法成交，所有权合法转移时止。

从上述不难分析，优先承租权是一种相对权，而非绝对权。本案中第三人没能在合理期限提交承租申请，也没能与反诉被告甲和原诉被告乙单位达成协议，基于优先承租权是一种相对权，第三人在不接受新的招租条件的前提下丧失同等条件的优先承租权。

第三节　质证设疑，触动制胜线索

法庭辩论前对于证据的认证过程，代理律师一定要及时地把握认证的节奏，从中触动制胜线索，作为制胜思维的引发点，以此提高分析案情、归纳论据的能力。因为法庭辩论水平的高低，在很大程度上取决于对证据的掌握与应用，如果对证据没有进行很好的认证，就不可能引发出对己方有利的思维线索，只能是"有理说不清""有法不会用"。代理律师掌握分析证据的方法，养成分析证据的习惯，提高分析证据的能力，这对于提高代理律师的说服能力和法理应用的能力具有十分重要的作用。

实践证明，以下方式能够在质证设疑的过程中，触动制胜思维线索。

一、寻找论据，明确论点

这是一个由此及彼、由表及里、去伪存真的思维过程。代理律师就是要根据整个案情的发展进程，提出和归纳一些对己方有利的争议焦点，经法庭认证过的证据，已被双方认同应当适用的法律条文等，以此来明确己方的诉讼主张，支持自己的诉讼主张，或者列举出对对方不利的证据或法律条文，从而使整个案情更趋明了，同时又有利于向己方需要的结论转变。

二、引发分析问题、解决问题的方法

提出正确的解决问题的方法是解决问题的最好辩题，也是法官希望尽快了结案件的目的所在。在引发辩题和分析案情的思维过程中，要将这把金钥匙主动掌握在己方手里，但也不能让对方认为己方有让步或认输的假象。这就要求在思维引发中，代理律师要向法庭提出己方的主张和理由，并能为案件的处理提供一定的思维线索（即具体的内容和要求）。比如主张和解、折中处理、双方让步等，能够做到于法有据、于情有理。特别是对于离婚案件、劳动争议案件和亲属间发生

的民事纠纷案件等，容易将自己所需要得出的结论被法官认同。

三、提出争议分歧点，明确差距原因

代理律师要合乎思维发展的规律，切合案情剖析的实际，使对方的观点有所转变，就要求能够无偏见地提出争议焦点的分歧所在，明确差距原因，并努力提出缩小差距的方式方法，让主审法官能够接受或认同。同时要明确指出，造成这一差距的根本原因是对方当事人还是己方当事人，当然尽可能一目了然地认为就是对方当事人无理取闹的结果或是对方当事人不懂法律所造成的，或者因为己方当事人出于非本人所能左右的原因所为，或是己方当事人因碍于同事、同学、朋友或亲属关系作出让步的结果，从而使双方产生了分歧，造成了差距，并提出解决问题和缩小差距的具体方法，收到辩论的效果。这就要求论点明确、论据得当、论证有条理。实践证明，在法庭上引发明确双方分歧点和差距原因所在的思维，能够极大地提高代理律师的辩论水平。

第四节 设疑提问，激发制胜线索

庭审中代理律师在辩论过程中，要注意围绕双方争议的焦点，重视问的辩论艺术，不仅向对方较多地提问，对第三人、证人，甚至对方的代理人等也经常发问。"问"对辩论的成功有着重要的作用，巧妙的提问会使律师在辩论中掌握主动。擅长法庭辩论者都善于问，而且都有自己富有特色的问的技巧。通过提疑设问，能够有效激发制胜的思维线索。

一般来讲，在提问设疑中要注意"巧""缓""度""诱""防""敏"等几个问题。

一、提问设疑要"巧"

代理律师在提问设疑时一定要"巧"，要真正有助于双方当事人和主审法官对争议焦点的理解和案件事实的掌握，真正有助于引发、扩展己方的思维，启发己方弄清事实真相。这就要求代理律师在法庭上不失时机地当庭向对方当事人或证人提问，可以在举证时进行，也可在质证中进行，还可在法庭辩论的过程中经主审法官同意突然向对方发问，在发问中要选择好最佳的切入点：关键证据的真实性认定；造成分歧的责任应当由谁负；本案的疑点、难点和重点；己方对案件的困惑之处；当事人的换位思考；对对方和解的可能性的试探；思维的转折、论点的过渡、僵局的打破和对方处于情绪浮躁时的直问等。每一问题的事先设计既突出了己方所希望得到的案情真相，又起到了论题与论题之间的承上启下、导入新

论题的作用，互相呼应，相得益彰。同时还要问得巧妙，不能让对方马上明白己方的设疑意图。

二、提问设疑要"缓"

在法庭提问时语气一定要平缓，并有一定的停顿时间，给对方一定的思考时间，不能没等对方表述清楚或对方无话可答时就急促地进入己方的辩论。当对方答非所问或回答到关键性东西时，要求书记员记录在卷，以提醒法官。同时，遇到关键性问题时要指出对方当事人作出了与事实不相符合的陈述，这样就容易引起法官的注意。

三、提问设疑要有"度"

我们说话办事，做什么都要恰到好处，在法庭的提问设疑也同样面临一个"度"的问题，即提问的时机、难度、广度都要恰到好处，都要符合法庭审理的程序、特点及思维规律，而不能因提问引起对方当事人或主审法官的反感，更不能让被问方认为己方在挑衅滋事。在发问时最好要注意拉近与被问人的距离，不能盛气凌人或问一些与本案无关的问题。

四、提问设疑要会"诱"

在法庭审理过程中提问实际上就是向被问者质疑、解惑、引发或诱导出己方希望得出的真实性东西的创造性思维过程，它以达到弄清案情、减少分歧、缩短争议差距为目的。这就要求提问的语言要有诱引性，而不能让对方一听就知道己方想得到什么。这就要求设问有多个以上的思维层次，容易让被问者进入己方所设计好的路径，达到控制对方当事人思维为目的。一般设问具有诱惑性，是利用反向思维，最好投其所好，施以小惠，在对方还没有反应过来时直奔主题，令对手措手不及，从而达到设疑的目的。

五、提问设疑要设"防"

代理律师在法庭辩论时上要有较强的反应能力，己方对对方的反问，要在提问前预先估计可能出现的问题，有设防意识，防止被对方抓住把柄，适得其反。并对意外出现的新情况结合案件实际迅速作出判断，是对己方有利还是不利，能及时分析双方争议焦点的分歧在哪儿，解决问题的差距在哪儿，为什么会对己方不利，或如何尽快结束对己方不利的辩题。比如王某诉某厂劳动争议案中，主审法官问某厂代理律师"按劳动法规定试用期为 6 个月，为什么王某上班 18 个月还没有转正定级"时，某厂代理律师停顿片刻后回答道："因为王某招工时没有试用期，而是按行业规定有 2 年的学徒期，学徒期未满，王某就病倒了，因此未能按期转正和定级。"这一问一答，使代理律师和法官对案件情况有了更深层次的了解，也就必然对正确回答方有利。

六、提问设疑要"敏"

在法庭上面对对手恶语伤人，一定要机敏应对。因此提问设疑时要反应敏捷。为了防止刺激对方，代理律师在法庭辩论过程中语气一定要委婉，说话要有分寸。辩论中既要使自己的语言通俗流畅，能准确恰当地表达自己的观点，又不能言辞过激攻击对方，更不能恶语伤人，要有"台上是辩手，台下是朋友"的那种宽以待人的品质，这也是律师职业特点所决定的。得理不饶人，让对方难堪，甚至用尖刻的语言挖苦对方不是辩论的目的。这种做法不仅无益，反而会引起法官及其他诉讼参加人心理上的厌恶，为辩论的失败埋下种子。语言要规范，不能生造词句，但也不能刻板僵直，使用幽默风趣的语言能增加辩论的效果。当对方当事人或代理人恶语伤人时一定要沉着应对，切莫暴跳如雷，更不能使用诽谤或侮辱性语言反击对方，此时可能法庭气氛非常紧张，法官、双方当事人及其他诉讼参加人的神经都绷得紧紧的，律师可在辩论中突然插入幽默诙谐的语言，或适当反诘对方，甚至严肃地向法庭提请审判长查一下对方代理人的真实身份，并提出"如果对方是律师的话请对方注意律师形象，如果是公民代理的话，请审判长考虑将这一骂客劝其退出"。这样可以使局面缓解，又能体现代理律师的风范，或者让对方目中无人的霸气有所收敛，对法庭的气氛起到微妙的调节作用，因而具有较大的心理影响力。笔者有一次开庭时，遇到的对手是一位年轻气盛的女律师。她发言说："我讨厌对方的代理律师发言。"听到后，笔者沉默片刻回答道："如果你讨厌我，说明你心虚了，如果你要喜欢我，那就上咖啡厅了，而不是在法庭……"一句诙谐的语言，使对手措手不及，收敛了很多。

第三十四章
心理分析：搭建与诉讼当事人沟通的桥梁

作为一名优秀的职业律师，无论是法律咨询还是诉讼代理，笔者认为应当认识到了解当事人心理的重要性，通过初次的接触与交谈，起码知道当事人对案件的认知与打官司的动机，从当事人的心理变化中确定咨询的方向与诉讼的必要性和可行性。一般来说，处于纠纷中的当事人具有下列心理特点：气愤、矛盾、求胜、责怪与担忧心理。只有把握这些特点，才能灵活运用所掌握的法律知识和工作方法，更好地了解当事人陈述的真实性与客观性。从而掌握案情的整个复杂过程和环节，使法律服务工作收到良好的效果。

第一节　当事人的心理特征表现

当事人由于受案件的影响，其心理特征必然不同于一般人，他们或多或少地具有以下一些心理特征，或呈现一定的心理表现。

一、气愤心理

当事人找律师进行法律咨询或者请求律师代理，往往是与对方当事人的争议达到了不可调和的地步，所以心理处于愤愤不平的状态，可能他总认为对方是在找茬或者对方蛮不讲理，因此在谈话就会流露出过激的言辞，甚至还会骂骂咧咧，此时的律师最好一言不发，让对方尽情倾诉，以稳定情绪，让对方的气愤心理慢慢释放之后再进行有针对性的询问，从中找到双方矛盾的焦点，并晓之以理，从而达到了解案情的目的。

二、矛盾心理

当事人来进行咨询或找律师代理之前，往往经过深思熟虑，是否与对方打官司是经过了激烈的思想斗争的，大多数当事人与周围的亲属、朋友或同学等进行了很深的交谈或交流，并有可能处于进退两难的心理状态，特别是因小而引大的纠纷或双方当事人具有某种特定的法律关系的当事人，矛盾的心理会更强烈。比如婚姻关系、相邻关系、劳资关系以及扶养与赡养关系，等等。处于这种法律关系的当事人来进行法律咨询或选择诉讼途径是处于一种矛盾的心理状态，此时的律师应当从多了解当事人之间过去的情感出发，以使当事人的矛盾心情有所平缓，此时最好不要责怪对方当事人，否则就有可能会加剧当事人的心理变化。因为处于特殊关系的当事人往往与对方当事人之间的纠纷并非处于不可调和的地步，与对方当事人的感情也并非完全消失，在平缓中通过正确的提问来达到了解案情的目的，是对处于矛盾心理状态当事人进行法律服务的最好方法。

三、求胜心理

当事人选择打官司或诉诸法律，往往都具有求胜心理，总认为自己的理由充分，而对方当事人不讲理，或说对方欺人太甚，选择打官司的目的是想尽早了结纠纷，同时也抱有完全胜诉的把握。因此，当事人总是对案件的输赢十分在意。据此，律师在与对方交谈的过程中不要信口开河，向当事人承诺官司必赢，而是要让当事人在对答中获得满意，这就要由浅入深、从简单到复杂、由量到质逐步地去说明；如果操之过急，指望一句话定性，往往会适得其反。一般来说当事人处于求胜心理时会认为案件比较简单，通过法律途径讨回是非公道，特别是相邻关系发生的纠纷或者熟人之间发生的矛盾，这就要求提供法律服务的律师能够从争议双方的过错入手，分清是非，明晰事理，同时告知当事人一般的诉讼程序和法定时效、期间等，以此来说服当事人心平气和地陈述来龙去脉，从中了解案情的实质和产生纠纷的原因。

四、责怪心理

就是说当事人对于发生纠纷的原因往往归罪于对方当事人，在咨询与请求代理的过程中，会把产生纠纷的原因归于对方，总觉得对方不讲理，或者说对方势大欺人，或者说对方借势压人，或者说对方不作让步，特别是处于婚姻危险期的当事人，对于对方的责怪主要从个性上的差异与外因两个方面来达到目的，如前者多数当事人是责怪对方道德品质低劣，或者维持生活的能力极差，或者脾气乖戾反常，从而提出离异。因外因产生纠纷的主要是责怪对方没能处理好家庭与社会的关系，比如坐牢、有不良恶习或有第三者插足。这两种原因归结到一点，就是生活观念和人生观念的差异导致家庭破裂，但当事人总是责怪对方而不善于检讨自我。此时的律师应当对纠纷作一分为二的分析，让对方知道自己的过错在哪里，对方的优点在哪里，从而把握案情，了解当事人真正的心理活动。

五、担忧心理

大多数当事人来进行咨询或聘请代理律师都有一种担忧心理。打官司前，当事人总有一个产生纠纷的过程，这个过程充满着争论、争吵甚至发展到打骂，充满火药味，这时的当事人常处于一种焦虑不安的状态，另外在当事人的内心还产生一种担忧心理，害怕他人知道自己打官司的事，担心别人看不起自己，或担心对方当事人对自己进行打击报复，对未来产生不安的焦虑心理。特别是劳资纠纷、抚养与赡养等纠纷中的当事人。因此，接待律师一定要通过讲解法律知识来打消对方担忧的心理，从而让当事人讲出真情。在与对方的谈话过程中，律师要与来访者彼此相互影响，相互配合，使谈话在轻松的气氛中进行。

六、繁杂心理

呈现在律师面前的当事人的心理更多的是复杂性。因为任何人的心理结构和心理面貌是通过认知、情感、意志及行为表现出来的，因而心理问题或心理障碍往往发生在四个方面。在认知方面，人们经常处于是与非、真与假的矛盾之中，以致对自我和他人的认识发生偏差；在情感方面，人们对于客观事物的爱与憎、好与恶、亲与疏等不同的态度而造成的心理不平衡；在意志方面，人们有坚强与柔弱、果断与寡断、持久与短暂等不同的品质而形成的生活、工作、学习作风；在行为方面，人们的勤劳与懒惰、热情与冷漠、合群与孤僻等行为风格与行为习惯而造成的个性心理品德的差异。这四个方面组成了一个统一的有机体：认知是起点，行为是归宿，情感和意志是中介。认识愈深刻，情感就愈有理性指导，意志就愈坚定，行为就愈自觉。在通常情况下，知、情、意、行四个方面是协调的。如果某一方面偏离常规，就可能出现心理障碍，这一心理障碍也可能就是产生纠纷的症结所在，而且可涉及其他方面，造成心理结构失调、失控。因此，律师与当事人了解案情的过程可从多方面进行：从晓之以理着手，帮助其厘清事理，认识纠纷的实质；从动之以情着手，用情感沟通对方的心灵，清除心理防卫的屏障；从炼之以意着手，使其树立公道、公正、公平的法律信心，善始善终地配合法律服务过程；从导之以行着手，让当事人能够提供真实可靠的证据，能够如实地陈述案情缘由，也能够正确地评价双方争议的差距与自己能够获得的期望值。

第二节　当事人的心理健康表现

当事人的心理是否健康，对于办案的进程具有十分重要的影响，对于了解案情的真相也十分重要。因此，代理律师必须懂得当事人心理健康的标准，以此来决定从哪方面来调整当事人的心理，从而更好地让当事人配合案件的办理。

在实践中，应从以下几个方面把握当事人的心理状态。

一、智力正常

这是让当事人讲清案情、提供证据的基本心理条件，也是适应案情发展或诉讼程序变化所必需的心理保证，因此衡量时，关键在于当事人是否正常地、充分地发挥自己的作用：有正确的思维方式，有一般的认知能力，能够积极参与案情的讨论，并能提出自己了结案件的见解。

二、情绪健康

情绪健康的标志是情绪稳定和心平气和。主要体现在能够正确认知自己的过错或不足，能够体谅对方当事人的难处或处境，具有一定的换位思考能力，对尽快了结案件充满希望；善于控制与调节自己的情绪，既能克制又能合理宣泄；情绪反应与环境相适应。

三、意志健全

意志是人在完成一种有目的的活动时所进行的选择、决定与执行的心理过程。意志健全者在行动的自觉性、果断性、顽强性和自制力等方面都表现出较高的水平。意志健全的当事人在各种活动中都有自觉的目的性，而不会朝令夕改。有的当事人对诉讼标的迟迟不能确定，或者反复修改，修改后也不满意，这样的当事人在困难和挫折面前，很难会有合理的反应，往往容易与代理人发生争执，甚至有可能将案件败诉的原因归罪于代理律师。因此，作为提供法律服务的律师一定要清楚当事人的意志是否健全，从而有思想上的准备。

四、人格完整

人格指的是个体比较稳定的心理特征的总和。人格完整就是指有健全统一的人格，即个人的所想、所说、所做都协调一致，而不能前后矛盾。它是人格结构的各要素的完整统一。律师通过人格完整的对照，来分析当事人的矛盾心理，以此来让当事人具有正确的自我意识，不产生自我同一性混乱，也不对诉讼理由与诉讼请求产生不对称的地方，以公平的心态对待对方，以解决纠纷为目的来实现自己的提起诉讼的愿望，并以此为中心把自己的诉讼请求、诉讼理由和诉讼行动统一起来。

五、自我评价正确

正确的自我评价乃是当事人心理健康的重要条件，当事人有自我观察、自我认定、自我判断和自我评价能力，恰如其分地认识自己，摆正自己的位置，能够说清与对方的法律关系，并且知道过错的原因或非过错的原因，既不认为自己有充足的理由就一定能够赢得官司，也不能认为自己没有充分的理由而一定就会输官司。

六、人际关系和谐

看待当事人是否具有良好而深厚的人际关系，是办好案件的前提。人际关系和谐表现为乐于与人交往，既有广泛而深厚的人际关系又有知心朋友的当事人，一般很注重与对方当事人的关系调整，对于了结案件，当事人一般会选择让步，以尽快解决纠纷。这样的当事人在交往中保持独立而完整的人格，有自知之明，不卑不亢；能客观评价别人和自己，善于接受律师的调解意见，积极解决纠纷态度多于拖下去的消极态度，打官司的动机比较端正。

七、社会适应正常

当事人应当与周围环境保持良好秩序。对案情能够做到正确认识，以有效的办法应对案件中出现的各种困难，不退缩，特别是对于收集证据材料能够提供良好的方法，能够对法官的不公正评价进行有理有据的说服，还能根据案情的变化特点和自我意识，努力与代理律师和审判法官进行协调，或改变自己对案件的看法，以适应环境。

第三节　当事人的心理变化规律

正确理解当事人的心理是否健康，应当从掌握当事人的心理变化规律入手，并把握好以下几个方面。

一、相对性

当事人的心理健康与不健康并无明显界限，而是一个连续的过程。比如将正常比作白色，将不正常比作黑色，那么在白色与黑色之间存在着一个巨大的缓冲区域——灰色区，世间大多数人都散落在这一区域内。这也说明，对多数当事人群体而言，在诉讼的发展过程中面临心理问题是正常的，不必大惊小怪，代理律师应积极加以识别。与此同时，个体灰色区域也是存在的，律师应善于帮助当事人提高心理健康意识，及时进行自我调整；人的健康状态的变化在于一个人产生了某种心理障碍，并不意味着永远保持或行将加重，这是一个发展的问题。反映到心理上形成心理冲突是非常正常的，这就是好多当事人对案情的认识出现反复的原因所在。还有许多发展性问题可以通过当事人的调整达到自行解决的目的。

二、协调性

把握当事人的心理健康，应以当事人的心理活动为基本，考察其对法律关系的协调性。从心理过程看，健康人的心理活动是一个完整统一的协调体，这种整体协调保证了个体在反映客观世界的过程中的高度准确性和有效性。事实表明，认识是健康心理结构的起点，意志行为是人格面貌的归宿，情感是认识与意志之间的中介因素。从心理结构的几方面看，一旦不能符合规律地进行协调运作时，可能产生一系列的心理困扰或问题，从个性角度看，每个人都有自己长期形成的稳定的个性心理，一个人的个性在没有明显的外部因素影响下是不会轻易发生变化的，否则说明其心理健康状况发生了变化。这种变化也可能就是导致双方当事人产生争议的根本原因所在，当然每位当事人的心理是有差异的，由于所处环境不同，当事人受的教育不同，对事物的认知也就有差异，会反映到当事人的心理上，或对具体的案情分析会有差异。

三、发展性

事实上，不健康的心理可能是人的一生中不可避免的发展性问题，随着案件的厘清，当事人的一些不健康心理会自行消失。因此，律师要善于把握案件的进程，通过冷处理或者转移话题来达到让当事人心理趋于健康的目的。

多年法律咨询和代理实践所积累的经验表明：认知问题、情绪问题、人际关系问题、当事人的个性问题、对家庭的责任问题、对利益的占有问题和当事人对环境变化的适应问题是目前当事人中普遍存在的诉讼心理问题。

下面重点谈一下认知问题、情绪问题、人际关系问题和当事人的个性问题。

（1）认知问题。

对事物的认知与对法律的理解存在偏差是当事人选择诉讼的主要原因，认知上的错误，对法律理解的错误，以及对法律关系的混淆，是当事人很容易发生的认知错误。

主要表现在以下 4 个方面。

第一，对案情陈述不清。很多当事人对一件事情或某一细节不断重复，并且没有先后次序，弄不清事件的起因与结果，但总感到心里不平，有时还会说出一些无关的当事人，甚至希望无关的当事人作证人。

第二，诉讼理由不充分。任何诉讼必须有充足的诉讼理由，通过与证据的对照能够找到一个满意的结果，但仔细考虑当事人的诉讼理由总得不到令人满意的答案。很多当事人为了说明对方当事人的不对，能说出很多理由，但可能都与诉讼请求不相关，这样就很难出示合理的证据供律师形成证据链，尽管所说的事实能够看出对方当事人的过错，或者有不公平或不公正的因素在起作用，但没有有效的证据无法达到诉讼目的。

第三，诉讼请求难以确定。有些当事人，在与律师的交谈中，始终难以将诉讼请求确定下来，这样的当事人虽然在当事人群体中占的比例并不大，但他们对律师的素质是一种考验，因为很多利己的律师总希望当事人有更高的诉讼请求，以此来提高诉讼的标的，但结果很难让当事人满意，有的当事人在与律师的交谈中注意力无法集中，有的当事人感到心力不够，作为代理律师一定要帮助当事人厘清思路，确定合理的诉讼标的，以此来让当事人对案情有很深的理解。

第四，诉讼动机功利化。市场经济的利益杠杆直接影响着当事人的诉讼，对于诉讼，当事人表现出空前的功利意识。明明对自己不利的证据非要说十分有利，有的当事人还故意编造虚假证据，找出虚假理由，对代理律师也不说真话。一味强调，"这案子我准能赢""对方得给我多少""我要让对方放点血"，等等，这些问题是一些当事人挑诉的主要动机。有的在找诉讼理由，有的在找证据，甚至先有诉讼理由后制造证据，就是所谓的"陷阱证据"。骗保险赔偿案件的增多也是这方面的问题。有些当事人想与名人打官司或与国企打官司，正是诉讼功利化的直接表现。当事人充分了解到国企与名人的支付能力，因而放弃了通过劳动获取利益，而是选择诉讼来达到功利的目的。

（2）情绪问题。

稳定的情绪、积极良好的情绪反映，是当事人打赢官司的重要的因素，也是当事人诉讼心理健康中值得重视的问题。在咨询与法律诉讼的过程中，当事人常有以下的情绪问题比较明显。

第一，抑郁。指当事人心中持久的情绪低落，常伴有身体不适、睡眠不足等，心情压抑、沮丧、心情烦躁，总是提不起精神来。在离婚案件中，当事人多数处于这一心理状况。还有的当事人因为家庭经济状况较差，与相邻的关系难以处理，以及对方处于明显的强势状况，很容易产生抑郁情绪。

第二，情绪失衡。大多数当事人的情感丰富而强烈，具有一定的不稳定性与内隐性，表现为情绪波动大，高低不定，喜怒无常。会因为一点小小的迎合而沾沾自喜，也易为一次律师的反对意见而不满，情感受挫而一蹶不振，甚至无法控制自己的情绪，会对对方当事人产生诋毁、谩骂情绪，有的可能还会认为与他交谈的律师不理解他、不信任他，从而有过激行为。特别是负面情绪的控制相对较弱。个体负面情绪表现为情绪高低不定，易怒，难以驾驭自己的情感，不能保持一种常态的情绪，特别是在法庭上可能与对方发生相当大的争执，甚至会与法官产生矛盾，对法官和对方当事人的代理律师进行人身攻击。起因多是因为一句不中听的话，或对一件事实认定的分歧，从而产生摩擦。当事人的情绪一旦激发，很难受到理性与法庭纪律的约束，等情绪稳定下来，又多是后悔不及。

第三，易受外界影响。大多数当事人的情绪易受外界影响，容易接受与之相当的意见，对持反对意见的人易产生反感情绪，受外界影响较大，表现出多疑、爱打探的心理倾向，这时的代理律师一定要冷静思考，学会控制自己的情绪，尽量不要增加当事人的负面情绪，多谈点高兴的事，通过其他话题来稳定当事人的情绪。

(3) 人际关系问题。

良好的人际关系是解决诉讼与识别当事人心理反应与社会化过程中的重要组成部分，也是保持良好心理状态的必备条件。代理律师一定要通过谈话了解当事人的人际关系状态，以确定其心理状态。

第一，人际关系不适。进行诉讼的当事人，一般来说人际关系都不是很和谐。例如，在办理一个邻里纠纷的案子中，全村就没有一个旁观者愿意出来为当事人作证，而通过律师的了解，那位当事人几乎与全村的人都吵过架或者被他骂过大街。他们不适应周围的生活，整天生活在对别人的不信任之中，一位当事人感叹说："在我们村，没有一个好人可以与我交流，心里真的感到好孤独。"有的当事人很少离开自己生活的环境，很少与其他人进行沟通，有的是在别人的让步中生活，对别人很少关心，这样的当事人极易与代理律师发生冲突。

第二，社交不良。当事人有很多纠纷是当事人本身的社交不良引起的，如染上恶习，交了不道德的朋友，他们可能依靠那些霸气十足的朋友来引起纠纷，从中得到好处，可以充分地在那些朋友中展示自我。

(4) 当事人的个性问题。

当事人的个性贯穿着当事人对于案件的态度，影响着当事人对于案件的了结。一般来说，鲜明、独特的个性容易与人产生纠纷。正是当事人的个性倾向性中所包含的需要、动机和理想、信念、世界观，指引着当事人的诉讼请求、诉讼标的和诉讼的进程。

在日常的代理交往中，我们会发现，有的人行为举止、音容笑貌令人难以忘怀；而有的人则很难给别人留下什么印象。有的人虽曾见过一面，却给别人留下长久的回忆；而有的人尽管长期与别人相处，却从未在人们的心目中掀起波澜。

在日常生活中，人们对个性也容易产生一些误解，往往认为一个"倔强""要强""坦率""固执"的人很有个性，而这些所谓有个性的人也容易与人打官司。"倔强""要强""坦率""固执"是一种人在其生活、实践中经常的、带有一定倾向性的个体心理特征，是一个人区别于其他人的精神面貌。由于这种倾向的个性特征比较鲜明、独特，往往容易与人发生争执或者产生纠纷。

个性倾向性是人的个性结构中最活跃的因素，它是一个人进行活动的基本动力。个性倾向性决定着当事人对结案的态度。对当前司法腐败的看法也决定着当事人是否愿意调解的心理准备，也决定着当事人对认识活动的对象的趋向和选择。在诉讼心理中，当事人的个性对案情的认识与诉讼的进程具有选择性。

个性倾向性主要包括需要、动机、兴趣、理想、信念和世界观，它较少受生理、遗传等先天因素的影响，主要是在后天的培养和社会化过程中形成的。个性倾向性中的各个成分并非孤立存在的，而是互相联系、互相影响和互相制约的。

此外，代理律师还要从当事人对家庭的责任问题、对利益的占有问题以及对环境变化的适应问题等进行全面分析，从而正确把握当事人的心理特征，为博弈的成功做好准备。

第四节　心灵感悟：善待对方就是善待自己

有句话说得好："幸福并不取决于财富、权力和容貌，而是取决于你和周围人的相处。"你想做个幸福、快乐、成功的代理律师，那么就从善待对方当事人开始。

"关照别人不就是关照自己嘛！"这虽是普普通通的一句话，但如果让一位代理律师做到善待对方当事人却不是一件容易的事。对于笔者来说也经历了一件很让当事人"不满意"的代理。

典型案例：叶某诉张某离婚纠纷案

入选理由：违背被代理人的意见不等于损害被代理人的利益

案情简介：叶某与张某属于再婚，两人婚生一女。有房屋一套。叶某主张离婚，张某不同意离婚，笔者作为叶某的代理人，帮助其诉至法院，法院最终判决两人不准许离婚。

法理明晰：笔者拿到律师执照后接手的第一件离婚案，就是叶某诉张某离婚纠纷案，对此案感慨很深，至今难忘其中的教益。

叶某是位富有妄想的女医生，她委托笔者代理其诉求离婚的案件。叶某的主张就是极力要求与她的丈夫张某办理离婚手续，而她丈夫执意不肯。

法院立案后，笔者通过多次接触和走访被代理人的亲朋好友，感觉到她的心理不是很健康。经过了解，知道她具有间歇型精神病既往史。在单位她多次与领导吵闹，但大家都让着她。她已经受过一次婚变的痛苦。在法庭上，她对待家庭财产与婚生女从不过问，而只要离婚，什么条件都可以答应。了解这些基本情况后，笔者认为自己作为代理律师，不只是为当事人的一事负责，而是为当事人的一生负责，更要对当事人未来的幸福与身体健康负责。因此，笔者主动找到对方当事人，通过交谈觉得对方张某是位十分懂道理、有责任心的知识分子。他告诉笔者，他们有一个婚生的乖巧、漂亮的女孩，还不到7岁，他说妻子是位文学爱好者，最近写的日记显然过于妄想，总是述说自己到天堂与仙同枕的近乎神话的奇遇，如果离了婚，一是害了孩子，二是她也会没人照顾，提出了他不离婚的理由，那就是要为这个家庭负责。作为叶某的代理律师，听到对方的善言善语，十分感动。笔者有什么理由不善待对方当事人呢？笔者决定违背被代理人的"意志"，提出了请求法院不予离婚的代理意见，尽管当时笔者的当事人十分气愤，对笔者破口大骂，并且执意要求退回代理费，笔者并没有感到不安。最后，法院还是接受了笔者的代理意见，判决双方不准许离婚。

时过多年，笔者的当事人一家子过得十分幸福，也正因为对方当事人的善良，也正因为笔者的善待，使笔者的当事人经过多年医治，恢复健康。笔者想这也许就是善待别人的结果吧。正因为如此，笔者懂得了"种瓜得瓜，种豆得豆"的哲理。

作为一名代理律师，几乎每天都要与当事人打交道，没有哪一位当事人不数说对方当事人的无理或缺少诚信，哪怕是昔日的夫妻、亲生的子女、多年的故友，一旦反目成仇，怨气无法诉说，他们找到代理律师当然是想通过法律途径讨个公道，总认为只有诉讼才能解决纠纷。有的代理律师会极力劝说，为他们出谋划策，但收效甚微。代理律师难以说服他们时，就只有诉诸法律了。但代理律师可千万不要认为对方就是自己的对立面，作为社会法律服务工作者，在整个诉讼过程都要善待对方。因为善待对方就是善待自己，就是善待你所忠诚的代理律师事业。

一、善待当事人，视他们为自己的衣食父母

当事人相信自己，聘自己帮助其做好法律事务。一方面我们要以法律知识为当事人提供法律服务，帮助其解决法律疑难问题，另一方我们要向他们收取代理费用，成就我们的事业。从"顾客就是上帝"的经营理念来讲，我们理应对当事人予以尊重。但对方的当事人我们是不是就可以不予尊重，而同当事人一样仇视对方呢？笔者认为不能与自己的当事人一样带有敌视的感情色彩。

（1）对方当事人与自己的当事人曾经甚至现在还存在着某种特殊的关系。

（2）诉讼结束，就意味着诉讼的平息，双方当事人就应握手言和，努力恢复往日的平静。

（3）今天是对方当事人，也可能将来就是自己的当事人，如果你善待了对方，你的代理律师业务又精湛，日后对方当事人有法律上的问题时没有理由不来找你咨询，没有理由不找你代理。

（4）只有善待对方当事人才能朝着解决问题的方向迈进。大多数民事争议并非完全不能和解，也并非是一方的过错，因此通过善待，让双方能坐下来交换意见，代理律师通过陈理讲法，往往能收到预期的效果。笔者也因为善待对方当事人，不仅使己方当事人对笔者的工作感到满意有事就来找，连对方当事人也能有事就来找，这样就有了稳定的案源。

二、善待对方的代理律师，视他们为自己走向成功的镜子

宽容是一种美德，宽容能获得别人的信任与支持。在代理案件的过程中，我

们必然要与同行打交道，有些代理律师在法庭辩论的过程中，总认为对方的代理律师有意与自己过不去，有时可能受紧张氛围的影响而使自己气急败坏，因此就会在法庭上控制不住自己的情绪，而与对方大打嘴仗，有的甚至恶语伤人，不得不由法官出面来制止，更有甚者因态度恶劣而被法官逐出法庭。这样的代理律师是忘记了自己的身份与职责。这里提出善待对方的代理律师，就是要视他们为自己走向成功的镜子。

（1）要学对方代理律师的为人，从他们的为人中总结自己，提高自我修养。

（2）从对方的学识中了解自己的不足，因为很多代理律师的思维方式、法理思想并不完全一致，我们要从中学习，提高自己的业务水平，因为知识是不断更新的过程，既可从理论上更新，也可从对方代理律师的实践中获取。

（3）即使对方代理律师的法理知识不如自己，也可以通过友好的关系让对方敬重自己，从而提高自己在代理律师行业的知名度，特别是对法律工作者更要善待，通过善待，让对方了解自己的为人，接受自己的法理观点，接受自己对于案情的分析与解决争议的建议，从而有利于法庭调解成功。

从代理第一件案子开始到案源不断，这期间会遇到各种挫折、矛盾冲突，这要求代理律师在成长过程中认识到善待他人、融合他人的重要性，就要从学会与对方代理律师合作与相互理解。在办理民商诉讼的过程中，当事人要达成调解，无不是从双方代理律师的观点一致开始的。可以说如果双方代理律师不能相互合作与理解，就不可能使案件得到圆满的调解。

三、善待对方的证人，视他们为自己最好的老师

在法庭上，当对方的当事人以证人证言的形式进行举证质证时，有的代理律师总认为对方提供的证人证言不可能对自己有利，因此也就不可能善待。实质上，在民商诉讼实践中，大多数人是不愿出来出庭作证的，他们要么迫于压力，要么出于义愤，要么出于亲情，要么出于利益，能出来作证很不容易。再说证人证言也是很好的证据，你可以充分利用证人出来作证获得更多的有价值的东西。

我们知道，证人证言是证人就其所感知的案件情况向法院所作的陈述。而各种诉讼案件都是社会上发生的事情，案件发生，往往就会被人感知，因此凭借证人的证言来查清案件事实为古今中外的法律所重视，也是各国民商诉讼中运用最广泛的一种证据形式。作为代理律师就应当学会在证人证言中寻找对自己有利的证据：

（1）通过发问；

（2）通过与其他证据对照，找出矛盾的地方；

（3）通过与双方当事人的陈述相对照，可以弄清许多是是非非。

由于证人证言属于言词证据，同实物证据比较，具有生动、形象、具体的优

点，但在证明力上客观性较差，容易受到各种客观因素的影响。特别是对方当事人提供的证人证言，不能一概认定为假，要通过代理律师对证人的善待来获得比较有用的信息。在证人中，每个人的情况是不同的，他们对于案件事实的感觉能力、记忆能力、表达能力等方面存在着差别，即使是一个诚实的人提供的情况，也可能有失真的可能。因此，我们要善待对方的证人，并通过以下几方面的判断，来厘清自己的思路：①按照证人证言形成的三个阶段，即感受、记忆、陈述三个阶段，判断证据力的大小与强弱；②审查、判断证人证言与案件事实的关联性；③审查、判断证人与案件当事人或案件本身是否具有利害关系，以确定其证言的倾向性，判断其真实程度；④审查、认定证人的品格、操行对其证言是否产生影响；⑤审查、判断证人的作证能力；⑥综合对比，实物验证，以弄清证人证言的真实性。

通过你的善待证人，看着证人心胸宽广地吐出真言，你会认为他们是你最好的老师。他们能客观地把案情向你陈述清楚，甚至能够让你知道当事人是如何为了自己的利益而不诚实地对待你，但你不要生气，不被当事人欺骗的代理律师是没有的，关键是你要查清事实，不被骗，到最后时你才会感到代理律师职业的崇高。

四、善待对方当事人，从善待自己开始

生活中常是这样：对人多一份理解和宽容，其实就是支持和帮助自己，善待他人就是善待自己。如古语所言"赠人玫瑰，手留余香"，也就是说作为代理律师每一次的善待并非都能有所回报，但自己并不是没有从中受益。

可见，善待对方当事人是代理律师在寻求成功的过程中应该遵守的一条基本准则。在当今这样一个需要合作的法治社会，人与人之间更是一种互动的关系。我们只有在代理每一件诉讼的过程中学会先去善待对方当事人、善意地帮助别人，才能处理好复杂的人际关系，才能让双方得以尊重代理律师、理解代理律师，从而信任代理律师。

在追求成功的过程中，任何人都离不开与他人的合作。尤其是在现代社会里，如果你想获得成功，就应该想方设法获得周围人的支持和帮助，包括你的对立面，他们有时就是你勇于探索与进取的动力。只有你真诚地对待对方当事人，对方才会与你真诚合作，才能让你的代理更轻松，也就更有可能获得成功。

五、要善待别人，更要善待自己

许多代理律师不能善待对方的原因，往往是不能善待自己。他们整天埋头于外出调查取证、出庭，还要忙于人际关系的应付，业务范围之外不读书、不看报，也不注意培养有益的业余爱好，结果是知识老化、视野狭窄，甚至导致性格偏执，

有的连新的法律法规已颁布旧的法律法规已修订都不知道，更谈不上对法学前沿的关心了。因此，他们不可能有思想去善待自己，更不用谈去善待别人。

孟子曾经说过："君子莫大乎与人为善。"那些慷慨付出、不求回报的人，往往容易获得成功；那些自私吝啬、斤斤计较的人，不仅找不到合作伙伴，甚至有可能成为孤家寡人。有的同行询问：怎样才算与对方当事人为善呢？那样做是否侵犯了己方当事人的利益呢？看来与人为善说起来很简单，做起来却不是一件容易的事，它包括相当广泛的内容。

用良知善待自己。正确分析自己是否称职，是否能给予当事人一个满意的结果，既属代理律师的本职所为，也是其良知的体现。这里将文虹律师专为本书出版所撰的《胜诉、败诉与满意的诉讼评判》一文摘录如下，作为对代理律师"追求公平正义，让当事人满意"的绝好提示。

胜诉、败诉与满意的诉讼评判

曾听一位资深律师讲，执业越久，越觉得难以对诉讼结果进行预测，法官怎样判决都有其充分的道理。然而，当事人最希望的也莫过于清楚地从受托律师的嘴里听到明确的诉讼结果预测，这不是不可调和的矛盾，只是令人颇多感慨。

对是否应当给当事人一个满意的诉讼结果预测，不同的代理律师多有不同的做法。有同行说，人一辈子成为当事人的概率很小，过了这个村就没这个店；再者，和当事人讨论专业性强的法律问题令人乏味，即便耐心解释，很多人也听不懂。正是基于这样的怪理，有人不去与当事人一起分析案情，只谈哄人喜欢的结果，拍胸脯，下保证，对输赢妄加评判，更有甚者还拿人头担保。反正当事人不懂，说多了反令人犯疑，倒不如复杂问题简单化，投其所好，干脆给一个输赢的概率，当然那个百分比有时上浮，有时下调，随时、随人、随机而定。如此的诉讼结果预测实质上已经演变成无良的商务谈判伎俩，目的无外揽案。

一直以来，我对于这样的论断及做法颇存疑惑，当事人真的什么都不懂吗？那些文化层次相对较低，对法律一窍不通的当事人可能真的不懂，可那些具有一定法律知识的人，一旦成了当事人，也不懂吗？世间之事皆可触类旁通，何况法律源于道德，即便真不懂，还可以用人类朴素的伦理道德和善良民风来衡量，除此之外，过早而轻率地下结论，若基本的诉讼战略被事实证明是错误的，如何坦然直视当事人含泪的眼睛？又何谈回头的客人！

诉讼如战争，彼此博弈自然少不了。律师服务于当事人，依法有据地为其提供可资评判且基本符合客观现实的诉讼结果预测乃代理律师的一项基本技能。而如何在整个诉讼进程中始终使之向着对己有利、于对方不利的胜诉方向发展，确非易事。

对于诉讼结果的预测确实越来越难，但最终的诉讼结果是可以评判的，律师的执业技能也是可以评判的。哪怕历经漫长而艰辛的一审、二审、再审，诉讼结果的验证可能会被贴上无期限的时间标签，但只要怀着必胜的信念，法律的正义最终能够实现。

代理律师自然也不可能是诉讼结局的最终裁判者，但无论胜诉还是败诉，具有敬业精神的律师终可凭着深厚的法理功底、诉讼技能和良好的人脉为当事人提供一个满意的诉讼结果预测。这才是律师的职业操守，更是律师的良知。

后　记

继《民商诉讼博弈与律师技能突破》一书与读者见面 10 年后，在繁重的工作之余继续伏案深思，终于完成了其再版篇《赢在博弈——民商诉讼技巧与代理实务精要》。这是我对实用法学的热爱，也包含了领导、同事与朋友们的理解与支持。特别是仙桃籍法学专家阳波先生友情合作，使得著作的深度与广度都得到了较好提升，对此深表谢意！

如果说《民商诉讼博弈与律师技能突破》从提升律师执业技能角度讲述了民商诉讼的技巧与素质要求，本书再版则侧重于提升民商诉讼代理律师或民商诉讼案件的当事人处理案件应诉的能力，从案例的数量上显著增加了对判例的研究与分析，强化了民商诉讼实务的指导与应用。

为了写好本书，我对经手的数百宗民商诉讼卷宗进行了整理、分类，并逐一进行了法理分析，认为有必要系统地拿出来与同行分享，特别是对于有志于民商诉讼博弈的同行或具有打破砂锅问到底的涉诉当事人具有较好的法理或实战的提升作用。

本书内容新颖，理念独特，多是我的切身感受与善于思考的智慧结晶。特别是对于行为经济学理论在批判吸收的基础上提出了情感类聚这一独特理念，并将博弈理念用于诉讼案件的分析之中，对于判例的编纂与成文法的法理比较分析具有一定的探索意义。对于年青律师较快地掌握民商代理实务技巧有较高的实务性指导意义。

本书通过"理念构建篇"，让代理律师或涉诉当事人懂得做好任何应诉工作得有深厚的理念相支撑，做好任何诉讼工作都需要谋划，同时要明白"依证据说话"这一永恒的主题背后需要代理律师的严谨工作作风相支撑。并时刻牢记"用事实说话""依法办案"与"涉诉风险管控"的重要性与相辅相成。

"法庭辩技篇"，旨在从代理人证据链、争议焦点等关键词入手，掌握辩护的态势与节奏，从而使法庭辩论达到预期的效果。

"法理功夫篇"，旨在从合同相对性，优先受偿权、善意取得、不当得利与撤销权等法理入手，让你懂得诉讼实务赢在技巧。

"战术实务篇"，旨在从法律关系、案由、请求权基础、归责原则、责任形式、连带责任、责任竞合、诉讼拖延等常用的战术入手，确保案件的代理不出差错，能够得到法官的认同。

"素质提升篇"，让读者知道如何在案件处理的过程中提升自我，严谨思维、懂得谈判技巧，具有应变力、说服力和一定的人格魅力才能真正提升自己的应诉水平。

我在写作过程中，既注重对法理的把握，更注重对典型案例的剖析，打破一般的法理性教材的干枯无味，将法理、实务、经验与感悟四者融会，以满足不同层次读者的需要。我是破万卷书的读者，"一日可无食，但不可一日无书"，当然懂得读者的所思、所想、所求。

本书有较高的专业学术价值，可供执业律师、涉诉当事人、法务工作人员、企业职业经理人、企业风险管控人员及谙熟行为经济与博弈理念的法律人士和经济学家参考；本书对法律术语解释浅显易懂，特别是对于刚刚走出校门或还坐在课堂没有任何实践经验的法学院校的大学生而言，是一本有较好启发性的课外读物，它能够让你对较为复杂的民商诉讼代理起来得心应手，让当事人对你的能力提升感到惊讶不已。

完稿付梓之前，对我的爱人为我的创作辛苦操劳而付出表示由衷的敬意，借此机会再次对合作者阳波先生的独到见解表示钦佩，对我的爱徒石博女士十多年来对我诉讼法律工作的大力支持表示谢意，书中很多案件是她与我共同代理的成果，最后，对所有支持我创作与工作的同事、编辑及同仁表示感谢。

与大家分享才是初衷；

与大家共同提高才是目的；

能够让读者产生共鸣才是我的希冀！

雷彦璋

2018 年 3 月 28 日

参考文献

[1] 拜尔，格特纳，皮克，等. 法律的博弈分析 ［M］. 严旭阳，译. 北京：法律出版社，1999.

[2] 谢识予. 经济博弈论 ［M］. 上海：复旦大学出版社，1997.

[3] 陈阳. 管理博弈 ［M］. 北京：中国经济出版社，2001.

[4] 张勇. 远见 ［M］. 北京：机械工业出版社，2005.

[5] 张卫平. 民事诉讼：关键词展开 ［M］. 北京：中国人民大学出版社，2005.

[6] 李龙. 民事诉讼标的理论研究 ［M］. 北京：法律出版社，2003.

[7] 邵增兴，胡海峰，黄旭能. 民事侵权诉讼实务 ［M］. 广州：广东经济出版社，2002.

[8] 郭谷新，陈立明. 法庭论辩艺术 ［M］. 北京：中国检察出版社，1992.

[9] 福塞尔. 格调 ［M］. 梁丽真，乐涛，石涛，译. 北京：中国社会出版社，1998.

[10] 程根球. 境界：律师策划 ［M］. 北京：法律出版社，2006.

[11] 弗拉斯科纳，赫林顿. 法律职业就是谈判 ［M］. 高如华，译. 北京：法律出版社，2005.

[12] 杨荣馨. 民事诉讼原理 ［M］. 北京：法律出版社，2003.

[13] 李国光. 最高人民法院《关于民事诉讼证据的若干规定》的理解与适用 ［M］. 北京：中国法制出版社，2002.

[14] 黄松有. 侵权法司法解释实例释解 ［M］. 北京：人民法院出版社，2006.

[15] 张新宝. 人身损害赔偿案件的法律适用 ［M］. 北京：中国法制出版社，2004.

[16] 安宗林. 民事案例研究 ［M］. 北京：法律出版社，2006.

[17] 梁赤，黄桦. 律师代理案件的思路与实务 ［M］. 北京：中国检察出版社，2006.

[18] 刘革新. 辩方视角与公正理念 ［M］. 北京：人民法院出版社，2004.

[19] 雷彦璋. 风险博弈：非诉实务技巧与公司法务精要 ［M］. 北京：法制出版社，2018.